박권상
언론학

박권상
언론학

지 은 이 | 박권상기념회
펴 낸 이 | 김원중
기   획 | 김재운
편   집 | 김주화
디 자 인 | 옥미향
제   작 | 허석기
관   리 | 차정심
마 케 팅 | 박혜경

초판인쇄 | 2015년 1월 20일
초판발행 | 2015년 1월 27일

출판등록 | 제313-2007-000172(2007. 08. 29)

펴 낸 곳 | 상상예찬 주식회사
          도서출판 상상나무
주   소 | 경기도 고양시 행주산성로 5-10
전   화 | (031) 973-5191
팩   스 | (031) 973-5020
홈페이지 | http://www.smbooks.com

ISBN 979-11-86172-03-2 (04070)
     979-11-86172-01-8 (세트)

값 20,000원

한국언론현대사 50년

박권상
언론학

상상
나무

언론 일선에서 치열하게 싸워온
참다운 언론인의 자취

박권상기념회 이사장 김진배

　기자를 천직으로 알고 평생, 언론 외길을 걸은 사람이 있습니다. 언론인 박권상은 1952년 한국전쟁의 포성이 채 끝나지 않은 피난수도 부산에서 합동통신 기자로 출발했습니다. 그는 글 잘 쓰는 정치부 기자였습니다. 신식 기자교육을 받으러 미국에 갔던 박권상 기자는 함께 다녀온 동료 기자들과 자신의 관훈동 하숙집에 모여 공부하고 탐구하는 언론인 모임 관훈클럽을 만들었습니다. 박권상 선생 1주기를 맞아 그를 존경하는 동인들이 두 권의 문집을 세상에 내놓습니다. 그분이 언론 일선에서 치열하게 고민하며 싸워온 참 언론인의 자취를 살펴보려는 소박한 소원을 이 책으로 엮었습니다.

　박 선생은 1960~70년대 가장 영향력이 컸던 언론사 동아일보의 논설위원, 편집국장, 논설주간, 편집인으로서 정권의 부당한 압력에 굴복하지 않고 자신이 신앙처럼 지켜온 자유 언론인의 바른길을 묵묵히 걸어간 분입니다. 1980년 전두환 신군부에 의해 동아일보에서 강제해직되어 끝내 신문사로 복귀하지 못했습니다. 대신 그는 1989년 우리나라 최초의 정통 시사매거진 시사저널을 창간했습니다. 1998년 김대중 정부로부터 KBS 사장직을 제의받자 '청와대가 공영방송 KBS 운영에 일절 관여하지 않는다'는 대통령의 확약을 받은 후에야 그 직을 맡아서 공정하고 신뢰받는 공영방송을 만드는 일에 언론인으로서 삶의 마지막 열정을 불살랐습니다.

 영광스런 시기의 박권상을 아는 사람은 많습니다. 그러나 그의 실직 10여 년, 굴욕과 고통의 세월을 아는 사람은 많지 않습니다. 그의 막내딸의 말처럼 그의 직업은 '자유기고가'였습니다. 언론인 박권상 그의 참모습은 이 시기에 '칠흑 속의 촛불'처럼 빛납니다. 그는 원고지 한 장에 5천 원, 1만 원 하는 자유기고가를 할지언정 글 한 번 쓰는데 기백만 원을 주겠다는 유혹을 과감히 뿌리쳤습니다.

 '박권상' 그는 이제 봉분도 표석도 없는 한 그루 나무 밑에 한 줌 하얀 뼛가루 되어 묻혔습니다. 그러나 그가 어찌 저승의 사람으로 그칠 사람입니까. 육신은 가고 없지만 오늘 이승의 우리가 박권상이 주는 준엄한 메시지를 살려내 보자는 것이 이 책을 펴낸 진정한 이유입니다. 나아가 그를 기리는 조그만 기념사업의 시작을 통해 그분의 열정을 우리의 것으로 삼으려 합니다.

 이 책의 원고를 써주신 기고자들, 출판사분들, 관훈클럽 신영연구기금을 비롯하여 물심양면으로 도와주신 많은 분들의 이름을 한 분 한 분 알려 고마움을 표시하지 못하는 것을 너그러이 용서하여 주시기 바랍니다.

2015년 1월

차 례

제3부 언론의 자유와 통제와 책임

제4부 언론 60년, 그 영욕의 발자취

제5부

제1부

언론인이 되려는 젊은이에게

언론인이 되려는 젊은이에게

사람이란 누구나 타고난 독특한 재주가 있는 법이고 사람마다 지능이나 체력이 다를 수밖에 없다. 그러나 학습과 경험을 통해서 얼마든지 발전할 수 있는 무한한 잠재력을 가지고 있다. 언론인이 되는 것도 마찬가지다.

어느 의미에서 누구나 훈련과 노력에 따라 훌륭한 저널리스트가 될 수 있다. 민완기자가 될 수 있고 탁월한 논객이 될 수 있고 통찰력을 갖춘 명주필이 될 수 있고 수완 있는 발행인의 길도 열린다.

그러나 세상일이란 그렇듯 간단치 않고 쉽지도 않다. 특히 언론인이 되는 데는 타고난 재주와 더불어 철저한 훈련이 요구된다. '언론'이란 아마도 가장 어렵고 가장 고된 직업의 하나이고 현대사회에서 맡은 역할 책임이 워낙 크고 무거운 전문 직업이기 때문이다.

중세 보로니아에 처음 대학이 생긴 것은 세 가지의 전문직업인을 양성하기 위한 시대적 요구에서 유래했다. 첫째는 성직자로 사람의 정신을 지배하는 직업이고, 둘째는 의사로서 사람의 몸을 돌보는 직업이며, 셋째는 변호사로 사람의 행동을 다스리는 직업이다. 이 3대 전문 직업은 당시 사회에 절대적 권위를 갖는 것이었는데, 세 직업에 종사하는 사람들에 공통된 두 가지의 필요불가결한 직업적 요소가 있었다.

첫째는 고도의 직업적인 지식과 기량이다. 그것은 장기간의 학습 훈련을 통해서만 가능하다. 두 번째로 공통된 덕목은 철두철미 남에게 봉사하는 정신, 여기에는 드높은 직업윤리와 엄격한 책임의식이 동반된다. 이 두 가지 요소는 인격적인 품성과 도덕성에 기초하는 것이며 자아의 이익추구에 앞서 남을 위해 봉사하는 퍼블릭 서비스 정신이 있어야 한다는 인격적 바탕을 필요로 한다. 적어도 물질적 보수만을 염두에 두고 평생을 바치는 직업이라고 말할 수 없다. 본질적으로 인도주의적 자기희생을 각오해야 한다. 그렇기 때문에 사회적 존경을 받는다.

나는 현대사회에서 언론이야말로 이상 세 가지 전문 직업을 포괄하고도 남음이 있는 소중한 업이라고 생각한다. 인간의 정신생활, 사회생활을 통틀어 다른 어느 전문직업보다도 더 막중한 책임을 가진다. 이렇듯 언론인은 현대판 성직자, 의사, 변호사, 교사, 군인의 임무를 조금씩은 모두 대행하고 있는 것이다.

현대사회에서 우리는 두 개의 세계에 살고 있다. 그 하나는 직접 눈으로 보고 귀로 듣는 '실존 세계'이고 다른 하나는 언론이 선택적으로 취재, 재구성해서 제공하는 '유사의 세계'인데, 대부분 사람한테 대부분의 일은 언론이 제공하는 '유사의 세계'에 적응하는 것이다. 언론을 통해 우리 머리에 도달한 어느 한 '사실'은 실제로 사실이든 아니든 관계없이 우리한테는 '사실'이

되고 만다. 반대의 경우도 마찬가지다. 다시 말해 있다고 전하면 있는 것이 되고 없다고 말하면 없는 것이 된다. 실제로 사실 유무와는 관계가 없다. 엄청난 언론의 마술이고, 우리는 좋든 싫든 압도적이고 일방적인 언론의 지배를 받고 있다는 것을 누구도 부정할 수 없고 거부할 수 없다.

여기서 언론인의 자질과 사명은 자명해진다. 첫째로 어느 직업에서도 볼 수 없는 최고의 정직성, 도덕성이 인격의 바탕을 이루어야 한다는 것이다. 권력의 억압이나 금력의 유혹에 굴하지 않는 가운데 흰 것을 희다 말하고 검은 것을 검다 말할 수 있는 도덕적 용기, 진실을 찾고 진실을 밝히고 진실을 알리는 것을 지상의 보람으로 여길 수 있어야 한다.

퍼블릭 서비스 봉사정신 앞서야

둘째로, 복잡하고 다원적이고 혼란스러운 사회현실 속에서 진실을 밝히고 시비를 가리고 정의를 추구하는 데 지칠 줄 모르는 지구력, 탐구심이 있어야 한다는 것이다. 이것은 학습훈련으로 가능하다기보다는 타고난 기질이기도 하다. 언론에 뜻을 둔 젊은이라면 마땅히 스스로의 적성 여부를 심각하게 물어보아야 한다. 내성적이고 비사교적이고 겁이 많고 세상 돌아가는 일에 별 흥미가 없는 성격이라면, 또한 권력, 돈, 사회적 지위에 인생의 목적을 둔 젊은이라면 그런 사람은 아예 언론에 진입할 생각을 버려야 할 것이다.

세 번째로 언론인의 필수적 조건은 사물을 그대로 관찰하고 균형 있게 표현할 수 있는 표현력의 소유자이어야 한다. 반드시 소설가나 시인의 재주를 요하지 않는다. 언론은 상상력을 토대로 필력을 구사하는 창조의 세계는 아니니까. 그보다 현실을 정확하게, 동시에 신속하게 전달하는, 그런 의미에서의 적극적 활동력이고 뛰어난 집필능력을 말한다.

네 번째로 강조하고 싶은 것은 광범위한 인문교육적 배경이다. 흔히 언론인은 "어느 한 분야에 통달해야 하고 모든 분야에 상당해야 한다(Every thing about something, something about everything)."고 말한다. 누구나 제한된 연한의 교육을 받고 제한된 수명을 산다. 성취하기 어려운 직업이다. 따라서 언론인은 평생 공부하는 생활을 해야 하고 적어도 한 분야에서는 자신 있는 전문가이자 모든 분야에 관심을 갖고 전문가한테 물어볼 능력이 있어야 하고 전문가의 말을 알아들을 능력이 있어야 하며 그리고 그것을 쉽고 간결하게 옮겨 쓸 수 있는 능력을 갖추어야 한다.

언론인은 정치인이나 마찬가지로 누구나 이렇다 할 준비 없이 시작할 수 있다. 그러나 이상 몇 가지 지적한 대로 엄격한 정신적 자기규제의 인격적 바탕에서 세상을 바로 관찰하고 진실하게 전달하고 올바르게 판단할 수 있는 기량을 갖추어야 한다.

자유를 사랑하고 정의를 구현하고 결코 비굴하지 않고 정정당당하게 진실을 추구하고 항상 약자를 돕고 강자를 억누르는 비상한 용기를 갖춘 멋있는 저널리스트. 이 어찌 젊은 사람들이 삶을 불사르면서 몰입할만한 직업이 아닌가. 그러나 거기에 타고난 재주와 피나는 노력이 있어야 한다. 현실언론을 생각할 때 무슨 잠꼬대 같은 소리냐고 반박하는지도 모르지만, 남을 위해 살겠다는 자아희생을 각오해야 한다. 감히 성직 아닌 성직이라고 말하고 싶다.

젊은 기자에게 보내는 글

신문계에 발을 들여놓은 젊은 사람이라면 누구나 한 번쯤은 오늘날 저널리즘에 대한 일반적인 회의에 관해서 깊이 생각했으리라고 믿는다. 점잖게 회의라 했지만, 좀 더 구체적으로 말해서 사회적인 비난과 경시에서 슬픔과 안타까움을 느껴 보았으리라고 생각한다. 그러면서도 다른 한편으로는 저널리즘이 현대 사회에서 차지하는 크고 무거운 역할과 책임을 자부했으리라고 생각하며, 저널리스트가 발산하는 위광과 매력에 때로는 흐뭇해졌으리라고 생각한다.

이 두 가지의 상반되는 가치평가—여기에 오늘날 한국의 신문인이라면 스스로 자학하기도 하고 자부하기도 하는 때가 있을 것이오, 특히 저널리즘에 평생을 바치겠다고 나선 청년들엔 더욱 절실히 생각하는 수가 있으리라고 믿는다.

이 점 결코 나 개인의 독단은 아니겠고 많은 저널리스트가 공감하는 바라고 확신한다.

이럴 때마다 생각하는 것은 저널리즘이라는 직업을 어떻게 보아야 하는가 하는 자기자세다. 아카데미즘이 저널리즘을 비웃는 경우, 거기에는 타당한 이유 또는 부당한 근거가 각각 있겠지만, 한마디로 표현해서 저널리즘 없이 단 하루도 성립할 수 없는 것이 현대 사회의 메커니즘이라 생각할 때 학문한 다는 분들이 저널리즘을 멸시한다는 것은 그들이 살고 있는 현대 사회의 가치를 경시 또는 부인하는 것이므로 별 시비가 될 수 없다고 생각한다.

내가 대학을 나온 직후로 이 직업에 발을 들여놓은 지 꼭 12년이 된다.

12년이라는 세월이 길다면 무척 길고 짧다면 아주 짧은 것이지만 그동안 체험을 통해서 저널리즘은 단순한 생활의 방편으로 생각하기에는 너무도 부적절한 직업임을 뼈저리게 깨달았다. 쉽게 말해서 12년 동안 다른 어느 직업에서든지 그렇듯 정신없이 일했었던들 그에 대한 질적 보수는 대단한 것이었으리라고 생각한다.

그러나 나는 저널리즘은 물질적 보수 이상의 무엇, 단순한 생활 방편 이상의 어떤 높은 가치가 있다는 것을 발견하였다. 내가 얻은 결론은 저널리즘이 비단 하나의 직업일 뿐만 아니라 가치 있는 삶의 길이라는 것이다. 사회를 위하여 봉사한다는 마음 없이 들어가서는 안 되는 직업이라는 점이다. 다른 어느 직업보다도 고된 일이오, 다른 어느 직업보다도 정신적 수련을 요하는 일이오, 때로는 자아 부정과 희생까지 감수해야 하는 일이기 때문이다.

이 점 나는 저널리즘이 어느 직업보다 고결한 직업임을 자위하고 싶고 고결해야 한다고 생각한다. 서구 사회에서 흔히 이야기되는 바지만, 법조는 고결한 전문업(profession)이다. 의술이 그렇고 성직이 그러하며 군인 또한 그렇다. 군인은 사회와 민족을 지키기 위해 사를 버리고 공을 섬기는 직업이오, 목사는 인간의 정신생활을 다루는 직업이오, 의사는 인간의 신체를 다루며, 법률가는 인간의 행동을 다룬다. 그러기에 그들은 일정한 직업적 기량을 체득하여야 하는 동시에 자기의 이윤추구보다는 남의 이익을 위해 섬겨야 할 사명의식, 표현을 고쳐, 사회 대중에 봉사하는 고도의 책임감과 윤리감을 갖추어야 한다. 만일 먹고 살기 위한 생활수단만이 이러한 전문직업의 목적이라면 의사가 어찌 한밤중에 환자 집을 찾아가야 하고 목사가 어찌 평생을 두고 물질적으로 외로운 생활을 해야 하며 법률가가 어찌 법정신과 법조문에 집착해야 하며 군인이 어찌 생명을 바쳐 초연탄우(硝煙彈雨) 속을 돌진할 수 있겠는가?

이 점 신문계에 있어서도 똑같거나 또는 그 이상의 사회적 책임이 요구되지 않겠는가.

저널리즘은 직업 이상의 가치 있는 삶의 길

물론 세상에는 돌팔이 의사도 있겠고 엉터리 변호사도 있겠으며, 비겁한 군인도 있을 것이오, 때로는 성직자 가운데도 사회적 모멸의 대상이 되는 수가 있다. 마찬가지로 신문계에도 협잡꾼도 있고 못된 친구도 있다. 그러나 더욱 많은 의사, 군인, 변호사, 그리고 저널리스트는 자기의 품위를 지켜 사회에 봉사하고 있다고 믿고 싶다.

다만 신문인의 경우 직업적인 성질상 혼탁하고 문란한 사회적 현실의 반사로 악덕을 일삼는 자가 좀 더 많을 수 있을 뿐이오, 이것으로 해서 오늘날 사회적으로 저널리스트의 품위가 떨어졌다고 비난받고 있는 것이다.

이러한 비난, 때로는 혹평에 관해서 우리는 구태여 반박할 필요는 없다. 사실인즉 혁명 전 사회적 혼란을 틈타 많은 사이비 신문과 신문인이 조소와 비난의 대상이었음을 부인할 수 없기 때문이다. 요즘도 그러한 경향이 없지 않다는 주장도 있다. 그러나 오늘날 신문인, 특히 새로이 신문계에 들어온 젊은이는 이것으로 해서 자학하거나 자탄해서는 안 될 줄 안다. 우리들은 우리 직업이 사회생활에서 차지한 중요성을 더욱 가다듬고 사회에의 의무와 책임을 자긍하여야겠다. 여기서 필요한 것은 저널리즘을 보는 자기 자세라 하겠다. 나는 위에서 저널리즘을 고결한 삶의 길이라 했지만 좀 더 구체화해서 저널리즘은 신사의 직업이라고 본다. 신사에는 여러 가지 정의가 있겠으나 그것은 높은 품격을 갖춘 사람이 아닌가 생각한다. 정직과 관용 그리고 신의에 사는 사람, 사리에 앞서 공리를 생각하는 사람, 억강부약하는 사람, C. P. 스콧이 주장한 바와 같이 "사실은 신성하고 논평은 자유"라고 생각하고 실천하는 사람이 아닌가 생각한다. 신문인이 어떻게 품격을 높일 수 있는가는 우리의 '신문윤리강령실천요강'에 훌륭하게 지적되어 있다.

우리 모든 신문인이 높여야 할 것은 신사도요, 품격이다. 불행히 기성 언론인은 사회적으로 반드시 좋은 인상을 남기지는 못하였고 따라서 신인 저널리스트의 책임이 무겁다고 본다. 미래는 그들의 것이기 때문이다. 저널리즘이 본래의 사명 즉 신사의 도를 높일 수 있느냐는 대체로 그들이 좌우하게 될 것이기 때문이다.

이에 관련해서 신문인에 있어 가장 필요로 하는 것은 정직성이 아닌가 싶다. 외국 사람이 흔히 a man of integrity라는 말을 쓰는데, 신문인이야말로 이에 해당되어야 한다고 믿는다. 우리는 불안과 공포와 불신의 세계에 살고 있다. 비단 우리나라의 현실만이 그러한 것이 아니다. 동서냉전, 핵전쟁의 위협 등 안정된 나라, 살기 좋은 나라에서도 불안, 공포, 불신이란 어쩔 수 없는 생활요소가 되어 있다. 그리고 이러한 요소를 제거하는 것이 모든 신문인에 부여된 숭고한 시대적 요청이자 사명이라고 본다. 물론 우리는 전능하신 하나님이 아니다. 그렇지만 적어도 20세기 인간은 성당에서 듣는 설교 소리에 따라 움직이기보다는 매스커뮤니케이션 매체의 보도적 기능에 따라 움직이는 비중이 훨씬 크다고 보아야 한다. '신문에 실렸다'는 것은 현대인에 있어서 거의 절대적인 진리임을 부정할 수 없다. 자유, 독립, 자주, 이성, 비판 등을 근대인간의 특성이라고 하지만 방대한 매스커뮤니케이션의 위압 앞에 원자화된 개개 인간은 저항할 길이 없다.

신문인의 시대적 요청은 정직성

허버트 브러커는 우리가 두 개의 세계에 살고 있다고 본다. 하나는 실제의 세계, 즉 6대륙과 30억의 인간이 살고 있는 세계요, 다른 하나는 "우리 머릿속에 지니고 있는 영상으로 구성되는" 세계다. 그리고,

"외부 세계로부터 어느 한 사람의 머리에 도달할 수 없는 사실은 적어도 그 사람에게 있어서는 단순히 존재치 않는 법이며, 둘째로 한 사람의 머리에 사실이라고 간직되고 있는 한 그 사실이 외부 세계에 존재하든 아니든 그 사람에게 있어서는 사실이다.

(A fact that cannot reach a man's mind from the outside world simply does not exist, as far as he is concerned; and what a man has in his head as a fact is fact, as far as he is concerned, whether or not it exists in the world outside.)"

이런 주장은 저널리즘의 보도적 기능의 거의 절대적인 위력을 입증하는 것이다. 비록 얼마 전 흐루시초프 사망이라는 어느 통신의 오보는 곧이어 수정되었지만, 적어도 수정되기 전엔 그것이 사실이 아님에도 불구하고 사실로 간주되었고, 이에 따라 수백만의 사람이 적응하였다. 하물며 왜곡, 과장, 부분적 사실보도는 아예 수정될 기회조차 잃고 말 것이다. 얼마 전, 미군의 총격 사건에 보도의 공정성 여부로 시비가 있었지만 공정성이라는 명제를 떠나 포괄적 진실성(부분적인 사실성과는 분리되는)을 다 같이 검토해 봄직한 일이다.

그리고 도시 정직하지 못한 인간이 어떻게 진실성을 추구할 수 있느냐는 회의도 있다. 흔히 신문기자의 제일 요건은 inquisitiveness라고 말하는데 이는 끈기 있게 진실성을 탐구하는 자세로, 과학도가 진리를 추구하는 정신과 본질적으로 동일해야 한다고 본다. 여기서 적당히 처리한다는 것은 용납될 수 없다.

정직성이라는 것에서 좀 더 나아가 신문인은 현대의 목사 또는 a daily teacher이어야 한다고 보는 사람도 있다. 그러나 현실적으로 신문인을 보는 사회의 눈은 오히려 목사나 교사와는 정반대로 보고 있는지도 모른다. 과학적인 증거 없이 극히 막연하지만 목사나 교사와는 무릇 거리가 먼 직업, 너무 자학적인 표현이지만, 형사나 세리와 동렬로 취급하는 일은 없는가. 아놀드 토인비는 언젠가 신문기자와 상원의원을 '현대의 야만인'이라고 부른 일이 있었다. 우드로 윌슨이나 딘 애치슨 같은 훌륭한 정치가가 유종의 미를 거두지 못한 것은 두 사람 다 이 야만인들을 다스릴 줄 몰랐기 때문이었다.

그러나 토인비가 말하는 야만인이란 적어도 여론을 지배하는 자였고, 또

신문인을 현대사를 요리하는 차원에서 적어도 상원의원과 동렬에 놓고 논하고 있다는 데 주목치 않을 수 없다.

끈기있게 진실성을 탐구하는 자세

하지만, 야만인이라고 자학하기엔 너무도 맡은 바 책임이 크고 또한 무겁지 않은가.

IPI의 창설자인 「뉴욕 타임스」의 레스타 마켈은 세계평화의 기본적 조건을 편리하게 ABC로 규정한 일이 있다.

A. If there is to be peace in the world, there must be understanding among people.

B. Such understanding cannot be achieved unless people have true information about one another.

C. True information means basically an ample, accurate and understandable flow of the news among nations.

이것은 비단 세계평화에만 적용되는 것이 아니다. 조그마한 지역사회로부터 국가사회에도 똑같이 해당되는 것이다. 신문인이 목사의 위치까지 승화될 수는 없다 하더라도 적어도 평화추구자가 되어야 한다.

오늘날 우리 사회에 신문과 신문인에 비판의 소리가 높다. 근대화의 전위가 되어야 한다고 보는 사람도 있고, 레지스탕스의 심벌이 되어야 한다고 보는 사람도 있다. 자유로워야 한다고도 하고 책임 있어야 한다고도 한다. 독립성이 있어야 한다 하고 품위가 있어야 한다고 한다.

그러나 기본적 자세는 평화를 추구하는 경건한 태도, 이해의 폭을 넓히려는 평화 일군으로서의 정신이 지면에 넘쳐흘러야 한다고 본다.

1964년 5월 신문연구

신문에는 혼이 있어야

어떤 신문에든 편집 방침이 있다. 그러나 막상 편집 방침의 정의가 무엇이냐고 따지고 들 때 선뜻 간명하게 답변할 수 있는 성질의 것은 아니다. 물론 이론적으로 편집 방침의 정의를 꾸며낼 수 없다는 이야기는 아니다. 이를 알기 쉽게 말하면 ① 무엇을 실을 것인가, ② 어떻게 실을 것인가 등에 귀결된다.

그러나 이 두 가지 핵심적인 질문에 단순치 않은 요소가 섞여 있다.

먼저 무엇을 실을 것인가는 주로 뉴스나 읽을거리 그리고 의견의 선택문제에 관련된다. 본질적으로는 신문의 철학 또는 사상의 흐름이 밑바닥에 깔려 있다.

어떻게 실을 것인가 또한 쉽지 않은 명제라고 말하지 않을 수 없다. 편집의 스타일이 있고 활자의 크기, 인쇄 방법, 사진의 배열 등이 모두 다르다.

「르 몽드」 같은 신문은 사진을 좀처럼 쓰지 않는다. 유럽이나 미국의 이른바 고급지의 경우 흥미 본위의 연재만화는 일절 싣지 않는다.

결국 무엇을 취사선택하여 어떻게 인쇄하느냐, 다시 말해 신문제작의 모든 구석구석까지를 결정짓는 것이 바로 편집 방침이다. 그러면서도 편집 방침이 일일이 규정이나 문서로 일목요연하게 제시되는 경우는 지극히 드물다. 매일 매일 새로운 작품을 만드는 작업인데 그렇게 하기엔 기술적으로 불가능하기 때문이다.

매일 지구상에서 벌어지는 무수한 사건을 관찰하고 선택하며 배열하는 데 있어 불변의 원칙이나 규범을 사전에 적시한다는 것은 실제적이 아닐지 모른다. 아무리 완벽한 방침을 정해 놓아도 그 방침의 테두리 밖에서 일어나는 일이 속출하기 때문인지도 모른다.

물론 사시(社是)라는 것이 있다.

그러나 그것은 대개의 경우 지극히 추상적이고 너무나 당연한, 원칙적인 이른바 금과옥조 몇 줄에 불과하며 그럴 수밖에 없다.

결국 편집 방침은 구체적인 지침이 없이 오랜 세월을 거친 체험을 통해 편집 요원들이 체득하는 것이 특정 신문의 방침이 아닌가 싶다.

사람이라면 누구나 혼이 있다. 마찬가지로 신문에는 신문이 가지는 혼과 성격이 있어야 한다. 이런 것이 편집 방침으로 불문율을 이루고 있어 보인다. 이런 불문율 또는 전통이 하루 이틀 사이에 형성되고 정착되는 것은 아니다. 역시 오랜 시일을 두고 구축되는 것이다. 예를 들어 런던의 「더 타임스」에는 "「더 타임스」는 기록이다"는 전통이 있다. "오늘의 독자에 대해서 뿐 아니라 1세기 후의 독자까지 책임을 지는 신문"이 이 신문을 지배하는 '에토스' 가 되어 있다. 그리고 그것은 명백한 편집 방침이다.

따라서 "이 신문은 미심쩍은 기사를 실을 바에야 24시간 보도를 중지하고 경쟁 신문에 지는 것이 낫다."고 믿는다. 이것이 편집 방침이다.

그런 결과는 「더 타임스」를 기록의 신문, 진실의 신문으로서의 권위의 반석 위에 올려놓았으며 영국 국내에서는 물론 해외에서도 「더 타임스」와 반대로 보도한 것이 옳았다고 명백히 입증될 때까지는 「더 타임스」 보도가 항상 옳은 것으로 믿어진다.

정부정책에 과감한 비판을 생명으로

진실의 강조가 가져온 무서운 전통—이것이 「더 타임스」 사원을 지배하는 편집 방침이다. 아무도 이 편집 방침을 고칠 수 없다. 상업지로서의 성격에서 초연한 것도 「더 타임스」의 자랑스러운 편집 방침이다.

다시 말해 영리추구에 입각한 상업주의와 공공의 기능을 다한다는 두 기능 가운데 오직 후자에만 치중하는 것이 「더 타임스」가 자랑하는 요지부동의 편집 방침이 되었다.

공공의 기능 가운데 특히 강조되는 것은 정부 정책에 대한 정중하면서도 과감한 비판을 생명으로 삼는다는 것이다. '썬더러(thunderer, 뇌성 지르는 자)'의 별명이 가리키듯이 실제로는 넓은 의미의 지배계급 이른바 '이스태블리시먼트(establishment)'의 생각을 대변하는 것이 「더 타임스」이면서 그 지배계급을 비판하는 사회정의 구현자가 바로 「더 타임스」—얼핏 보기에 이율배반적—이다. 「더 타임스」의 독자 성분을 볼 때 대부분 중류 이상의 교육받고 부유한 계층이다 보니 그들을 대변하는 현상유지 또는 순응주의 신문이면서, 그들을 비판함으로써 지배계급에 늘 새로운 피가 흐르게 하는 것이 이 신문의 역할이다.

또 하나의 지성지 「가디언」 또한 세계적으로 명성 높은 영국의 고급 신문이다. 자유주의의 기수이며 「더 타임스」와 마찬가지로 대부분 '이스태블리시먼트'가 읽지만 때로는 지배계층의 이익에도 정면으로 도전하는 비순응주의의 전통이 있다는 것이 다르다. 제2차 세계대전 전에 체임벌린내각으로 대표되는 지배층은 유화주의로 히틀러의 팽창주의를 달래고자 하였다. 이때 그 당시의 대세에 정면으로 도전한 것이 「가디언」이었다.

1956년 이집트의 초대 대통령 나세르가 수에즈운하를 국유화하였을 때 영국의 조야는 나세르에 대한 응징론으로 비등했다. 빗발치는 여론의 소용돌이 속에 이든 수상 정부는 프랑스, 이스라엘과 더불어 수에즈 침공에 나섰다.

국민 대다수가 '대영제국'의 미몽에서 깨어나지 못하고 있을 때였고 정부는 여론의 뒷받침을 받고 있었다. 「가디언」은 결연히 영국정부의 침략을 반대하고 나섰다. 양심의 소리, 그러나 고귀한 자살행위였다.

매일 수천의 독자를 잃었다. 그러나 「가디언」의 정론은 마침내 이겼다. 수에즈 침공군은 세계 여론에 굴복하였으며 이든 정부는 쓰러졌다. '논콘포미스트(nonconformist 비순응주의자)'의 전통과 정책이 이렇게 해서 움직일 수 없는 것으로 굳어졌다. 「가디언」의 명성을 구축한 명주필 C. P. 스콧의 명구(名句)가 생각난다.

"신문에 있어 제일 중요한 것은 뉴스를 수집하는 일이다. 그리고 뉴스를 때 묻지 않게 전력을 다해 지켜야 한다. 왜냐하면 의견은 자유지만 사실은 신성하기 때문이다."

장장 57년간 주필 자리를 지킨 스콧, 그는 뉴스의 순결성을 기자의 신앙으로 승화시켰다. 뿐만 아니라 그 스스로를 「가디언」지의 양심으로 자임하였고 그리고 「가디언」지를 영국의 양심으로 만들었다. 원칙의 신문이 바로 「가디언」이었다. 다시 말해 현명하냐 여부가 아니라 옳으냐 여부를 가치판단의 기준으로 삼았다. 물론 그의 드높은 이상주의가 현실과 상충될 때가 있다. 그러나 어느 신문도 「가디언」만큼 양심이 가르치는 바를 관용과 공정의 원칙대로 충실히 실현하는 신문은 없다.

우리 앞에 새로운 시대의 막이 서서히 오르고 있다. 어둡고 곤욕스러웠던 한 시대가 물러서고 있다. 권력의 시녀로 강요당한 것이 구질서의 본질이었다면, 이제 우리는 낡고 쪼들리고 오염된 둥우리에서 벗어나 새 시대의 새 공기를 실컷 마셔 탁한 가스를 내뱉어야 한다.

1980년 1월 동우

정치인과 기자

　정치인과 기자 간의 커뮤니케이션은 언뜻 보기에 대수로운 것이 아닌 것 같지만 실상 이것만큼 어려운 것이 없다. 비단 이 경우뿐 아니라 사람과 사람 간의 커뮤니케이션처럼 쉽고도 어려운 것이 없는 것 같다. 사실인즉 시시각각으로 유동하는 정세에 적응하면서 또는 새로운 국면이 전개되는 데 있어 이를 포괄적으로 정확하게, 그러면서도 지성 있게 보도한다는 것은 고도의 숙련과 인간적 성실성 없이는 불가능한 일이다.

　이러한 보도 작업의 제1 수단인 인터뷰 역시 세련된 테크닉과 성실성 없이는 사명을 다하기 어려운 것이다. 여기에 한 가지 실례부터 소개한다.

　1948년 우리 정부가 수립된 지 몇 달 안 된 때 이야기다. 당시 어느 부 장관으로 있던 모 씨는 이 대통령과 충돌하였고, 이 대통령은 일방적으로 그를 어떤 나라 공사로 임명하였다. 매우 궁금했던 것은 그가 이 대통령의 결정을 수락하느냐 하는 문제였다. 이때 분연히 그는 사표를 제출하고 말았는데 경무대(景武臺)에서 나오는 그를 다수 내외기자가 포위하여 어떤 외국기자가 공사로 가겠느냐고 물었다. 매우 흥분했던 그는 단호한 목소리로 "아무도 나를 이 땅에서 내쫓지 못한다"고 영어로 선언하였다. '내쫓지 못한다'는 표현을 영어로 '오스트러사이즈(ostracize)' 못한다고 이야기했기 때문에 외국기자들은 깜짝 놀랐다. 오스트러사이즈는 고대 희랍에서 조개껍데기 투표로 추방했던 고사에서 유래한 단어로 국외추방이라는 뜻이다. 결국 이 대통령이 그를 공사로 임명함으로써 국외로 내쫓으려 하지만 응하지 않겠다는 의사표시인 것이다. 과연 영어에 능숙한 그의 재치 있는 대답이었다. 그리고 그것이 신문보도에 좋은 재료임에 틀림없었고 모든 기자가 열심히 메모하였다.

이때 오직 한 기자―「뉴욕 타임스」지의 특파원―만이 다시 물었다. "그 표현이 장관님의 참뜻이냐"고. 이 말인즉 장관이 흥분한 나머지 나중엔 후회할지도 모를 만큼 과격한 표현을 했으니 그 표현을 재고할 수 없겠냐는 뜻이었다. "물론이다"고 다시 선언하였지만 후에 그는 "정말 기자도를 이 「뉴욕 타임스」 기자에게서 발견했다"고 술회하였다.

기자는 신사―약하고 어려운 사람 도와야

기자란 본질적으로 신사라야 한다. 신사의 정의엔 여러 가지가 있겠지만, 약하고 어려운 사람을 돕는 사람이 아닌가 생각된다. 그리고 아무리 똑똑하고 아무리 강한 사람도 때로는 어리석기도 하고 때로는 약하기도 하다. 만일 기자가 사람의 약점이나 그릇된 면만 파헤친다면 이 세상은 과연 어떻게 될 것인가?

나는 몇 해 전에 미국의 어떤 시골 주간신문 편집자가 저널리스트는 피스 메이커이어야 하고 그렇지 않다면 우리 사회에서 저널리스트의 존재 이유나 존재 가치가 없다고 단언하는 것을 듣고 우리 신문계를 염려한 일이 있었다. 그리고 작년 봄에 공보부 장관으로 있던 오재경 씨가 "나라를 망친 것은 신문기자가 아니냐?"는 요지의 발언으로 일부 신문의 집중공격을 받던 일이 생각난다. 오 씨 발언의 타당성 여부는 별도로 하고 우선 한국의 신문기자들이 취재활동에 있어 과연 신사도를 지켜왔느냐는 다 같이 자성해 볼 만한 과제가 아닌가 생각한다. 왜냐하면 자아비판 없이 발전이나 진보는 있을 수 없기 때문이다.

물론 기자란 도시 신사일 필요가 없고 그런 소리를 하는 것은 얼빠진 수작이라고 해버린다면, 문제는 다르다. 그러나 신문이 오늘날 현대사회에 미치는 영향을 생각할 때 인간적인 성실성과 정직성, 서양사람이 흔히 말하는 인티그리티(integrity) 없이 저널리스트가 완성될 수 있을 것인가는 생각해볼 일이다.

한편 기자와 회견하는 피회견자, 대개의 경우 공직자의 태도 역시 고려하지 않을 수 없다. 기자라고 하면 처음부터 떠는 사람 또는 불가원 불가근(不可遠 不可近)으로 꺼리는 사람 또는 어떻게 해서든지 자기 이름이 지상에 크게 그리고 자주 취급되도록 별의별 수단을 다 쓰는 사람 등 여러 가지 유형이 있거니와 이러한 분들은 대체로 떳떳이 공직생활을 할 능력과 자격이 없는 자들인 것 같다.

역사적으로 신문 기자회견을 가장 즐겨한 사람은 아마도 미국의 프랭클린 루스벨트 대통령이 아닌가 싶다. 그는 이례적인 장기집권으로 미국을 1930년대의 경제공황에서 구출했고 제2차 세계대전을 승리로 이끈 지도자이거니와 백악관 기자회견을 불문율의 제도로 만든 사람이다. 매주 한 번씩 기자들과 만나 허심탄회하게 소신을 털어놓고 또한 기자들을 통해 국민이 염원하는 바를 경청하였다. 그의 탁월한 화술과 재치 등으로 능히 기자를 매혹시켰지만 또한 자기 발언 가운데 보도해도 좋은 것과 보도해서는 안 되는 것을 분명히 가려주어 사후의 시비가 없게 하는 룰을 세워 불필요한 서로의 마찰을 사전에 제거한 것으로 유명하다. 오늘날까지도 계속되는 이 룰은 다음과 같은 것이다.

기자회견 틀 만든 루스벨트 대통령

첫째로, 기자회견에 앞서 질문 요지가 대통령 공보관에 제출된다. 물론 보충질문이 있고 기타 담론이 있다.

둘째로, 대통령은 답변 또는 발언할 때 자기 말이 직접 인용되어 기사화해도 좋은가 또는 해서는 안 되는가를 지적한다.

셋째로, 직접인용이 허락 안 되는 부분 가운데 뉴스로 취급되어도 무방하지만 대통령이 뉴스 소스로 인용되어서는 안 된다는 것을 분명히 한다. 즉 흔히 지상(紙上)에서 보는 '관변 측에 의하면'으로 나오는 기사가 그것이다.

넷째로, 대통령이 발언한 가운데 절대로 공표되어서는 안 되는 부분, 이른바 오프 더 레코드 내용일 때, 이 점을 지적해 둔다. 아예 기사에 발표 안 하면 되지 않겠느냐는 반론이 나오겠지만 기자들이 정확히 알아 두어야만 표면상으로 나타나는 정치현상을 올바르게 파악할 수 있는 이면 배경이 허다하기 때문에 이 백그라운드 인포메이션을 기자나 국회의원에게 알려 두어야 하는 것이다.

다섯째로, 대통령 발언 가운데 특별히 중요한 부분은 기자회견이 끝나면 프린트해서 기자들에 나누어 준다. 대부분 기자들이 속기로 받아쓰지 않기 때문에 정확한 보도에 이러한 준비와 편의가 필요한 것이다. 또한 「뉴욕 타임스」지와 같은 권위지는 대통령공보관의 허가를 얻은 기자회견 전문을 게재하는 전통이 있다.

이상이 기자회견을 제도화한 미국 대통령부(大統領府)에서의 기자회견 절차다. 여기서 느끼는 것은 대통령이 기자회견을 얼마나 중요하게 여겨 세심한 주의를 기울이느냐 하는 점이다. 그리고 이것이 민주주의 국가의 집권자와 기자의 정당하고 원만한 관계다. 한 가지 부기할 것은 미국대통령에 있어 단독기자회견이란 없다는 것이다(물론 모든 법칙에 예외가 있듯이 여기서도 드물게 보는 예외로 케네디 대통령은 소련 수상 흐루시초프의 사위 되는 「이즈베스치아」지의 주필 아주베이와 단독회견을 허용한 일이 있었다). 이것은 모든 신문에 동등한 취재 권리를 주기 위한 당연한 조치다.

이상에서 보는 바와 같이 대통령과 기자 간 또는 고위공직자의 기자회견제도가 하나의 불문율로 우리나라에서도 확립되었으면 좋겠다. 이것은 민주주의 국가에서 집권자와 국민 그리고 정부와 국민 간의 '위대한 통역자' 또는 '튼튼한 교량'이라고 불리는 신문 등 3자를 위해 다 같이 필요한 것이며 또한 당연한 관계다.

이에 비해 독재국가의 기자회견이란 너무도 대조적이다. 정례회견은 고사하고 좀처럼 기자회견이란 게 없고 가끔 있다는 것이 외국의 저명한 언론인과의 단독회견이다. 이승만 전 대통령이 즐겨 쓴 수법이다. 소련의 경우를 볼 때 모험적으로 외국 특파원들이 일련의 질문서를 소련 수상에 제출해 둔다. 재수 좋은 특파원은 '적당한 시기'에 자기 질문서에 대한 회답을 받을 수 있고 동시에 회답문은 소련의 기관통신 「타스」에 전달된다. '적당한 시기'란 소련 집권자가 그것을 발표하면 최대의 선전 효과를 거둘 수 있다고 판단하는 시기를 말하는 것이다. 예컨대 십여 년 되는 일이지만 일본과 소련이 전후 교섭을 시작하던 전년(前年), 일본 교도통신 편집국장은 주일 소련 대표부를 통해 일·소 관계의 전망을 말해 달라는 질문서를 소련 수상에 내놓은 일이 있었다. 얼마 동안 아무런 대답이 없었고, 나중에는 기대하지도 않았다. 그러던 것이 섣달 그믐날 소련대표부 직원이 장문의 답변서와 일본 국민에 보내는 신년 인사까지를 전달했다는 이야기다. 이 기사가 전 일본신문에 어떻게 취급되었는가는 불문가지의 일이다.

한국언론, 개혁과 침묵 어느 것을…

정월 초하루, IPI 사무국장 로안 리베트 씨는 한국 언론이 후진국에서 취할 수 있는 두 가지 유형, 즉 인도(印度)의 경우를 택할 것인가 또는 인도네시아의 경우를 택할 것인가를 결정지어야 한다고 말하였다. 매우 의미심장한 이야기다. "한국인은 인도처럼 중요한 국가문제에 관하여 들고 일어나 개혁을 요구하고 공표하는 방법을 택하거나 그렇지 않으면 인도네시아의 경우처럼 용감한 언론인은 내쫓기고 혹은 투옥되는 강압적인 침묵 가운데 어느 것을 택할 수밖에 없다."고 리베트 씨는 말하였다.

우리가 어느 것을 택할 것인가는 너무나도 명백하다. 그러기 위해서는 정부가 할 일이 있고 신문이 가질 자세가 있다. 특히 그 가운데서도 인도에서 보는 바와 같은 자유스러운 기자회견의 논리가 확립되어야겠다. 이것은 전적으로 정부가 이니셔티브를 쥐고 할 일이다. 그리고 신문과 신문기자 측으로서는 인터뷰의 윤리를 확립하여야 한다. 앞서 말했지만, 신사도를 좇아야겠다는, 평화의 사도가 되어야겠다는 정신적인 자세가 긴요하다. 특히 신문윤리 실천요강에도 명시되어 있지만 '비공식적이거나 사적인 담론은 그것이 복리에 절대적으로 필요하지 않은 한 보도해서는 안 된다.'는 원칙을 지켜야 한다. 뿐만 아니라 인터뷰의 내용은 '부분만이 아니라 그 전모와 의미를 포괄적으로 보도해야 하고 특히 사실의 요약과 표제에 있어서도 사실이 왜곡되어서는 안 된다.'는 보도의 올바른 태도가 고수되어야 한다. 이렇게 해서 기자는 신사라는 인식을 주어 모든 신임을 얻어야 한다. 우리는 어느 나라 것에 못지않은 신문을 가지고 있다. 문제는 이것이 전면적으로 모든 신문인들에 의해 준수되고 그것이 확고한 전통으로 확립되느냐에 있다.

나는 터키의 가장 용감한 원로 신문인인 아메드 에민 얄만 박사가 터키의 신문의 자유에 관해서 쓴 글을 읽은 일이 있다. 그는 신문의 자유를 위해 평생을 바친 세계적인 존재이기도 하지만, 그의 결론은 매우 비관적인 것이었다. 이유인즉 "터키엔 자유의 전통이 없고, 일단 자유가 허용되기가 무섭게 남용 오용되었고 여기에 집권자는 무자비한 제재를 가하는 전통만이 서 있기 때문이다."라고.

실로 타산지석으로 삼을 만한 노투사의 술회다. 결국 진정한 신문의 자유는 정부 또는 신문 단독으로 성립되는 것이 아니라 양자의 꾸준한 노력과 관용으로 기대되는 것이다. 그리고 그 첫 스타트가 인터뷰의 논리와 윤리의 확립에 있다고 본다.

경희대학교 세미나

영국의 기자 교육

아마도 영국은 서구 언론 발전의 가장 정통적인 나라임에도 불구하고 기자의 직업적 훈련에 관해서는 2차 세계대전 이전까지 별다른 기준이 없었고 별다른 실적이 없었다는 것은 오히려 기이한 일이 아닐 수 없다.

근대자유주의가 싹트고 배양되고 씨를 거둔 정치적, 사상적 풍토 속에 영국에 최초의 일간지 「데일리 쿠란트」가 태어난 것은 1702년의 일이었다. 그러니까 근 3백 년 동안의 긴 역사가 있고 오랜 전통이 있는 영국 언론은 특히 자유언론의 성립과정이라든가 「더 타임스」 같은 권위지의 성장이라든가 또는 수백만 부씩 팔리는 이른바 대중지의 출현 등 언론이 하나의 사회적 세력으로 비약하는 데 세계적 전형을 이루었다.

그럼에도 불구하고 실제 신문을 만드는 주역들의 직업적인 수준이나 훈련에 관해서 언론계의 일치된 합의가 없었다. 어느 나라에서나 마찬가지였지만 영국에서 기자가 되는 길은 어려서부터 신문사에 들어가 글 쓰는 방법을 익히는 것이었다.

1947년에서 1949년까지 2년간에 걸쳐 활동한 '신문에 관한 왕립위원단'이 발견한 바에 의하면 영국 언론의 편집 부문 종사자 가운데 상당수는 중등교육을 받지 못하였고, 대학 출신은 전체의 절반 이내였다. 대부분의 기자는 중등교육을 마친 후 중등교육증서 합격증을 가지고 교육을 마친 후 지방신문 또는 주간신문에 발을 들여 놓았다.

대학 출신을 채용하는 경우도 있었지만 오히려 예외적이었다. 특히 고급지의 경우에 논설위원 또는 전문기자로 대학 출신을 채용하는 사례가 많았지만 대학 출신이 취재기자 또는 편집기자가 될 목적으로 신문사에 들어와 직접훈련을 받는 일은 드물었다. 반대로 일단 신문사에 다니면서 한편으로 직업적 기술을 연마하는 과정에서 대학의 문을 두드리는 사람이 있었다.

그러면 신문기자가 되는 일반적인 길은 무엇인가.

중학 5년 과정을 마치고 16세쯤 되어 이때 벌써 신문사 편집국에 들어간다. 기자란 특별히 장기간 대학교육을 받아 어떤 특정한 기술을 습득할 필요 없이 곧바로 시작할 수 있는 직업이 아닌가. 뉴스를 냄새 맡을 수 있고 연필과 노트북만 있으면, 거기에 기자가 되겠다는 야심만 강하면 한번 몸으로 부딪쳐 볼 만한 직업이다.

처음엔 중학 졸업 뒤 copy boy로

그런 젊은이는 편집국 안에서 'copy boy'로 원고를 나르고 또는 전화로 기사를 받아쓰기도 하면서 6개월 또는 그 이상을 보낸다. 여기서 편집인에게 인정을 받으면 차츰 기자 일을 돌보고 선임기자를 따라다니면서 견습하며, 그러는 동안에 필명을 떨치게 되면 정식으로 기자가 되는 것이다.

이것이 전전(戰前)에 기자가 되는 일반적인 과정, 여기서 강조되는 것은 일하며 배우는 직업훈련이었다.

'신문에 관한 왕립위원단'은 언론기관의 소유형태와 구조, 언론의 수준과 역할 등을 완벽하게 조사하여 49회의 포괄적인 조사보고서를 국회에 제출했다. 여기서 신문의 자율기구로 신문평의회(프레스 카운슬)의 설치를 요구하였고, 동시에 언론인 질 향상을 목적으로 언론계가 획기적 조치를 취하라고 건의하였다. 그리고 장차 설치될 신문평의회가 중심이 되어 "기자모집의 적절한 방법을 연구하고 그들이 적절한 기술적 학문적 훈련을 받을 수 있도록 보장하며, 기성 기자의 직업적인 문제들과 정치, 경제적 실력을 보충하는 방법을 촉진하라."고 건의하였다.

위원단이 이러한 주장을 내세우게 된 동기는 ① 그때까지의 기자모집 훈련 방법으로는 신문이 현대 사회가 기대하는 기능을 제대로 발휘할 수 없고, ② 기자의 기술훈련은 신문사에서 일하며 배울 수밖에 없지만 기자가 필요로 하는 일반 교양교육은 신문사의 실무훈련에서 불가능하다는 것이고 ③ 대학교육을 받은 신입생들은 이미 중학교육을 끝낸 후 곧장 신문기자가 된 연하의 선배에게 실무훈련을 받아야 하는 모순이 있다는 것 등등이었다.

왕립위원단 보고가 있은 후, 곧 영국엔 신문평의회가 설립되었고, 이윽고 1952년에는 공식으로 전국기자훈련원(National Council for the Training of Journalists)이 발족하여 누구나 일단 신문기자가 되려면 훈련원 감독하의 훈련과정을 마쳐야 하고 훈련원이 주관하는 시험에 통과해야만 기자로서의 취업이 보장된다.

이 기구는 언론계(전국지협회, 지방지협회, 편집인조합, 기자조합 등)와 교육과학부 대표를 포함한 교육계 대표 등으로 구성되어 기자의 자격기준 설정과 기자의 훈련교육계획 작성, 집행 등을 목적으로 한다.

1961년부터 훈련원이 운용하는 훈련과정은 언론계 신입생에는 의무화되어 연간 5백 명이 여기에 등록한다. 전국적으로 15개 지역에 지방위원회가 있어 당해 지역 안에서의 기자훈련에 관련하여 지방 정부 교육관계부서 및 지방의 신문편집인들과 조정역할을 맡는다. 훈련원의 운영경비는 언론단체와 개별 신문사 등에서 출연하고, 언론의 질 향상에 특별히 관심이 많은 대기업에서도 기부한다.

대충 말해 훈련원이 조직하는 훈련과정은 두 종류가 있다. 첫 번째는 우선 신문사에 자리를 얻어 훈련과정에 들어가는 것인데, 실무훈련과 더불어 학습훈련을 병행하는 것이다. 두 번째 과정은 훈련원이 조직한 1년간의 전담 훈련과정을 거치는 것이다.

영국에서 대부분의 신문기자 지원생은 전자의 과정을 받는다. 우선 신문사에 들어가는 것이다. 런던에 있는 굵직한 중앙지는 신입생을 뽑아 견습기자 훈련을 베풀지 않는다. 그럴 여유가 없다는 것, 시골에서 완전히 훈련된 기성 기자를 스카우트하는 것이 통례다.

우선 젊은 기자 지망생은 지방지 편집인에 원서를 내고 면담을 요청한다. 신문사에 따라서는 빈자리가 생길 때, 모집사고를 내는 수도 있다. 그러나 대개의 경우 지원서가 남아돌기 때문에 그럴 필요가 없다.

최소한 학력도 '일반교육증서'라고 불리는 국가고시의 '보통급'에서 적어도 다섯 과목 이상 합격한 자라야 된다. 이것을 보통 'O' 레벨시험이라고 하는데, 5년 이상의 중학교 과정을 마치면 누구나 이 O레벨시험을 볼 자격이 생긴다. 성적이 나쁜 사람은 O레벨시험을 안 볼 수도 있고, 한두 과목만 볼 수도 있다. 공부 잘하는 아이들은 10과목도 본다. 적어도 대학에 가려면 다섯 과목은 합격해야 하며 그나마 좋은 학점을 얻어야만 좋은 대학을 바라볼 수 있다.

52년 국가 신문기자훈련원 발족해

이 'O(Ordinary=보통)' 레벨 시험결과는 평생 따라다니는 자격증이 된다. 사회생활에서 어느 학교를 나왔느냐는 별 뜻이 없다. 몇 개의 O레벨을 가지고 있느냐가 중요하다. 일종의 능력표시 기준이다. O레벨시험에 다섯 개 정도는 합격해야만 대학 예과과정인 'A(Advanced=상급)' 레벨과정에 들어가 그 후 2년간 전공과목에 필요한 3과목을 수료하고 합격해야 대학에 들어갈 수 있다.

신문기자 지원생의 최저학력은 O레벨 다섯 과목은 있어야 하되 그중 물론 영어가 포함되어 있어야 한다. A레벨 합격자도 있고 대학 출신도 있으므로, 중학졸업자들은 학력이 나은 자들과 불리한 조건에서 경쟁해야 한다.

일단 지방신문 편집인과 면담해서 편집인의 눈에 들면 6개월 기한부 입사가 허락된다. 시험기간이다. 이 6개월간 견습생은 신문사 안에서 이것저것 잡다한 일을 맡아본다. 여기서 정확, 능률, 성실로 주어진 잡무를 수행하여 신문기자의 소질이 있다고 인정되면 그때 가서 정식으로 '수습기자'가 된다.

본인 스스로 신문사 생활에 안 맞는다고 판단하면 그만두면 된다.

6개월은 쌍방에서 어떤 결론을 내리는데 충분한 기간이라고 할 수 있다. 쌍방이 계속 근무에 합의하면 기업주는 정식으로 '수습사원'으로 입사시켜 계약에 서명하는데 이 계약의 주요 내용은 다음과 같다.

① 고용기간은 3년간이다(대학졸업자의 경우는 2년간이다). 3년 후에 수습 성적결과가 불만스러우면 정식 계약이 안 된다.

② 수습 기간에 신문사 측은 수습에 필요한 훈련을 성실히 실시해야 하고, 수습생 역시 이를 성실히 이수해야 한다.

③ 훈련은 '전국기자훈련원'의 지도를 받아야 하고 끝나면 '훈련원' 주관 의 시험을 보아 결론을 내린다.

신문사는 물론 학교가 아니다. 신문을 만드는 곳, 따라서 신입생의 훈련은 부차적인 것이다. 다시 말해 신입생 측이 솔선해서 배우고 익혀야 하는 것인 데 실무훈련이 아닌 학습훈련은 다음 두 가지 방법의 어느 한쪽을 좇는다.

• 주 1일 수강제도

신문사 가까운 곳에 적절한 대학 또는 전문학교가 있으면, 2년간에 걸쳐 1주일에 하루씩 신문사를 쉬고 학교에 다닌다. 2년간에 걸쳐 수강하는 과목 가운데 영어(2년간), 지방정부론(1년간), 신문법(2년간), 속기(2년간) 등은 필 수과목이다. 이밖에 타자법에 익숙해져야 한다. 수업료 등 경비는 신문사가 부담하기로 하고 지방청부교육구청에서 장학금을 지급하기도 한다.

수업이 끝나면 해마다 6월에 실시되는 훈련원시험에 응하여야 하는데 만 일 떨어지면 가을에 추가로 실시하는 시험에 합격해야 한다. 시험과목은 영 어, 정부론, 신문법, 시사문제, 속기, 타자 그리고 기사작성 등이다.

• 합숙훈련

주 1일 수강이 어떤 이유에서든 불편한 수습생들을 위한 대안이다. 즉 수습생들을 위한 도합 16주간의 강의에 응하는 방법이다. 이 16주간의 수강은 8주간씩 두 번으로 나누어 실시되는데, 첫 번째 입소와 두 번째 입소 사이에는 1년간의 간격을 둔다. 훈련원이 조직하는 이 훈련은 한군데서 합숙하고, 그 기간 공동으로 신문을 만들어 실습하는데, 수강과목은 앞서 열거한 것들이다. 숙식비의 절반은 신문사나 또는 교육청 부담이고, 절반은 본인 부담이다. 전기와 후기 두 번에 걸쳐 기말에 시험이 실시된다.

수습기자 3년 뒤에 정식 계약 결정

이상 두 가지 유형에 모두 불편한 수습기자도 있을 수 있다. 그런 경우에는 훈련원이 주관하는 통신교습과정을 밟기도 하고 특정한 과목을 이수하기 위해 가까운 곳에 있는 전문대학에 가서 수강할 수도 있다. 그러나 이 제3의 방법은 특별한 사유가 없는 한 되도록 억제된다. 역시 능률적인 방법이 아니기 때문이다.

처음 6개월간의 시험기간에 이미 신입생은 속기를 배우기 시작하며, 신문사 각 부문의 기능을 익히며, 지방의 중요행사를 구경한다.

신문사 간부 한 사람이 훈련의 감독책임을 맡는다.

정식 수습기자로 계약한 첫해 동안 취재와 뉴스 평가와 인터뷰 등 분야에 경험을 쌓고 재판소, 경찰, 지방관청에 출입하면서 기사를 쓴다. 그러나 속기 능력은 정확한 기사를 쓸 수 있는 정도에 이르지 못하고 있다. 따라서 수습기자가 쓰는 기사가 그대로 신문에 실리는 일은 드물다. 그러나 일단 쓴 기사는 훈련담당 간부에게 제출되고, 실제 기자가 써서 신문에 게재된 것과 비교 검토되고, 그러는 과정에서 기사취재와 작성법을 몸에 익힌다.

2년째에 들어서 수습생은 1분에 1백 단어를 속기할 수 있는 단계에 들어서고 비로소 청소년재판소나 치안재판소 또는 지방정부분과위원회 모임 등 비교적 사소한 일을 독자적으로 취재 보도한다. 이러한 취재업무에 소상하고 조심스런 설명과 지시를 받지만 그러나 취재보도에 전적인 책임을 지도록 권장 받는다. 이밖에 스포츠행사 또는 예술부문 등 특별취재의 기회도 주어진다. 이때까지 1년간 수련하고 수강한 뒤 시험 본 결과가 판명된다. 따라서 어느 분야가 취약한가를 분명히 알게 된다.

3년째에 들어서면 속기를 완전히 익혀, 어떤 취재도 불편이 없다. 법원, 관청 할 것 없이 어느 부처에도 독자적으로 출입하여 취재보도할 수 있다. 또한 3년째에 들어서 정리·편집을 배우며, 뉴스보도와 또 한 단계 위인 '피처' 쓰기, 논설 집필 또는 평론 등 각 분야에 손을 뻗친다.

3년간의 수습기간이 끝난 후 수습기자는 훈련원이 주관하는 '능력고사 (Proficiency Test)'를 본다. 이것은 전국적인 시험으로 해마다 4월과 10월 두 차례에 걸쳐 실시된다.

시험관으로는 훈련원에서 초빙한 편집인, 기자 등이 맡고 경우에 따라서는 발행인 경영진이 참가한다. 시험관 앞에는 수습기자의 소속신문사 편집인이 작성한 소견표가 있고 또한 수습생이 직접 써서 신문에 게재된 기사 클리핑이 있다. 실제 시험은 15분간의 인터뷰. 그리고 한 시간의 집필이다. 결과를 평점한다. 이어 기사 재료를 나누어 주어 기사를 작성시키고, 시사문제, 신문법, 정부론 등을 중심으로 구두시험이 실시된다.

이 시험에서 합격하면 수습생은 '전국기자훈련원'의 능력평가서를 받고, 그래야만 정식 기자로서 고용주와 계약을 맺을 수 있다. 이 시험에 합격하는 비율은 통상 수험자의 60%에 불과하다. 3년간의 수습을 거친 후(대학 졸업자는 2년)에 보는 자격고사이고 보면 결코 부드러운 시험은 아니다.

수습기간 끝난 뒤 능력고사 통과해야

이상은 신문사에 일단 입사한 후, 2년 또는 3년간 실무훈련을 쌓아 올리면서 주 1일간 또는 계속 8주간씩 두 번에 걸쳐 학문연수를 받는 기자교습과정이다. 대개 이러한 요령으로 신문기자가 되는 것이 대부분이다.

그러나 이 밖에도 기자가 되는 길이 없는 것은 아니다. 가령 프리랜서가 모여드는 뉴스 에이전시(일종의 전문별 소규모 통신사)에 고용되어, 신문기자 훈련을 받을 수도 있다. 그러나 사전에 훈련원의 허가를 얻어 당해 뉴스 에이전시의 공인력을 인정받아야 한다.

이 방법과는 달리 전연 신문사와 관련을 맺지 않은 기자훈련 전담코스도 있다. 이것 역시 훈련원이 실시하는 1년 과정의 '신문기자 양성학원'이다. 다링톤, 해로우, 포츠머드, 프레스톤, 셰필드, 카디프 및 에든버러 등의 대학에 부설된 단기코스인데 여기에 들어가려면 앞서 소개한 A레벨(일반교육증 상급)의 두 과목 이상 합격자야만 한다. 일반대학이 3년인데 1년간만 다니는 단기대학이다. 특이한 것은 연령제한으로 '20세 이하'로 못 박혀 있다. 다시 말해 대학을 나온 후에 다시 밟는 대학원 스타일(미국의 컬럼비아대학 신문

대학원처럼)이 아니다.

이 코스는 해마다 연초에 원로급 편집인 등으로 구성되는 시험위원들이 지원생을 면접하여 선발한다. 학비는 대개 지방교육청에서 지급된다. 교수 과목은 신문실습, 법률, 정부론, 시사문제, 속기, 타이핑 등이다. 1학기 말에 시험이 실시되는데 시험결과가 시원치 않은 학생은 이탈한다. 이 단기대학을 마친 학생은 훈련원의 소개로 지방지에 일자리를 얻는다. 그러나 3년간의 수습기간을 거쳐야 한다.

영국, 저널리즘을 일종의 기술직으로 봐

영국의 두 신문 체인은 독자적인 훈련계획이 있다. 즉, 「데일리 미러」 등을 발간하는 국제출판회사(IPC)와 「더 타임스」 등을 발간하는 톰슨계가 수준 높은 훈련을 실시하여 인재양성에 박차를 가하고 있는데 둘 다 훈련원의 감독을 받되 입사자격을 높여 원칙적으로 대학졸업자 가운데서 선발하여 지방지에서 철저한 훈련을 시킨다. 그러나 능력고사는 역시 훈련원에서 받아 객관적인 인정을 받는다.

영국언론의 수준은 아마도 세계적으로 높은 편에 속한다. 흔히 미국과 비교되지만 적어도 영국 사람들은 미국 수준에 못지않다고 믿고 있다. 그러나 학력은 놀랄 정도로 낮다. 아직도 대다수가 중고등학교 출신이고, 대학 출신은 소수파이다. 반면에 미국신문기자는 대다수가 대학 출신이고, 특히 신문대학에서 4년 동안 연수한 학위소지자들이 많다.

그러나 이것은 교육제도의 차이에서 고려해야 할 것이다. 즉 영국의 중학

5년은 일반교양과목들이지만, 대학예과 또는 옛날 구제 고등학교에 해당하는 A레벨과정은 벌써 전문분야에 집중되어 2년간 전공과목 3과목 정도만을 배우는 것이므로 대학에 입학하면 미국의 초급대학 2년 졸업과 맞먹는 수준이다. 반면에 미국에서는(우리나라에서도 그렇지만) 고등학교는 물론 대학 1년 때까지 일반교양과목으로 망라되고 나머지 3년간을 전공분야에 집중시킨다.

또한 미국과는 달리 영국의 저널리즘은 하나의 학문으로 인정 안 하고 있기 때문에 그 자체가 학위코스는 될 수 없다는 것이고, 신문에 관련한 학위는 정치학, 사회학 분야에서 연구한다. 무역이나 부기나 경영이나 마찬가지로 저널리즘도 일종의 기술 직업으로 보는 것이다. 역시 영국적인 합리주의 또는 경험주의 철학에서 나온 결과가 아닌가 싶다.

1980년 10월 신문과 방송

한국 언론이 가야 할 길

　나는 언론이 권력의 통제하에 묶여 있는 한 절대로 바른 언론, 옳은 언론이 태어날 수 없다고 본다. 자유롭게 생각하고 행동할 수 없는 터에 어떻게 진실하고 책임 있는 언론이 나올 수 있겠는가. 따라서 옳은 언론, 바른 언론이 태어나려면 우선 언론이 자유로워야 한다. 이것은 절대적 전제조건이다.

　그러나, 자유롭다고 해서 반드시 옳고 바른 언론이 나오는 것은 아니라는 것도 진리임을 강조하고 싶다. 자유로워질 때, 그것은 옳고 바른 것이 될 수도 있고 옳지 않고 잘못된 것이 될 수도 있다. 그리고, 자유언론이 사회의 선과 공동이익에 기여하기는커녕 결정적으로 해악을 끼칠 때, 그 결과가 어찌 될 것인가. 다시 말해 언론이 누리고 있는 자유가 국민의 보편적인 '알 권리'에 기여하는 것이 아니라 오히려 여론을 혼탁시키고 왜곡하고 심지어는 국민들한테 귀찮고 혐오감을 주는 역기능의 존재라면, 국민의 보편적인 지지를 받지 못할 것이 분명하다.

불길한 일이지만, 8·15와 4·19 이후 이 땅에서 실험된 자유언론이 어떤 식으로 종말을 고했는지, 역사가 다시 한 번 반복하지 않는다는 보장이 없다.

자, 그러면 어떻게 할 것인가.

답은 간단하다. 언론과 언론인의 도덕과 윤리를 확립하는 데 우리 모두 단호한 결단을 내려야 한다. 자유는 당연히 책임을 함축한다. 자유를 책임 있게 행사하여야지, 만일 그렇지 않는다면 자유 그 자체를 상실할 위험부담이 뒤따른다는 진리를 새삼 가다듬어야 하고 거기에 따라 행동하여야 한다.

구체적으로 도덕성을 회복하는 것으로, 플라톤의 유명한 저서 『국가론』에서 윤리의 기본으로 삼은 네 가지 덕목을 인용하고 싶다.

언론의 기본은 진리에 대한 충성심

첫째는 지혜다. 지혜는 도덕적인 삶에 방향을 가리키고 어떤 윤리제도에나 합리적으로 지적인 기초를 제공한다. 지혜는 타고난 지혜도 있고 후천적으로 터득하는 것도 있다. 사색과 독서와 경험과 대화를 통해서 얻는 인간의 성숙도를 말한다. 그것은 따라서 일생의 노력이다. 자기완성을 향한 부단한 인간수업이다.

둘째는 용기다. 지혜가 설정한 인생의 목표를 지향하는 꾸준한 노력이다. 언론인에 있어서는 지혜가 제시한 바른길에서 일탈하지 않고 일로매진하는 기백을 말한다. 싸움터에서 생명을 초개같이 여기는 그런 성인의 용기라기보다는 해서는 안 될 일을 단호히 거부하는 도덕적 용기를 말한다.

셋째는 절제다. 중용과 온건과 관용을 말한다. 어떤 목표를 이루는 데 있어

광신도적인 극단주의를 피하면서 도덕적인 삶에 조화와 균형을 잡는 것이다.

넷째로 정의의 개념이다. 위의 세 가지 덕목과 구분되는 개념으로 사회생활에서 크고 작은 옳고 그름을 제대로 판단하는 것이다. 가령, 언론은 모든 사람을 평등의 가치에서 동일한 비중으로 다룰 수는 없는가, 사람마다 제값을 인정하는 것, 그것이 정의의 개념이다.

다만, 우리 직업이 다른 직업과 구분되는 기본목표에 이를 맞추어 생각해야 한다. 언론과 언론인의 목표는 물론 여러 가지로 나누어 이야기할 수 있다. 그러나 언론이 추구해야 할 가장 기본적인 것은 역시 진실 또는 진리에 대한 충성심이라고 말할 수 있다.

언론이 지상의 이상이자 가치로 삼는 진리, 진실이란 무엇인가. 답은 간단치 않다. 그것은 분명 수학이나 물리에 있어서의 진리, 절대적인 진리일 수 없다. 그것은 사회과학에서 말하는 상대적인 것, 언론인이 접하는 상황 안에서의 현실을 뜻하는 것이다. 사소한 점 하나하나를 점검하여 사실 여부를 확인하지만, 동시에 그러한 사실이 존재하는 큰 모양새 또한 파악하여야 한다. 나무도 보아야 하고 여러 나무들로 구성된 숲도 보아, 전반적인 진실을 추구해야 한다.

좀 더 구체적으로 진실에는 세 가지의 필요불가결한 구비조건이 있다. 그 하나는 정확성이다. 이름 한자, 주소의 번지까지 정확해야 한다. 남의 말을 인용할 때에는 말 한 마디 한 마디 뿐 아니라 그런 '말의 앞뒤를 연결시킬' 때의 종합적인 인상, 말한 사람의 참뜻이 왜곡되어서는 아니 된다. "사실은 신성하다."는 언론인 수칙의 제1조라고 강조하고 싶다.

둘째로, 정확성에 관련된 것이지만 객관성이다. 어떤 사물이나 사건이든 기자나 편집자가 객관적인 입장을 고수해야 한다. 뉴스와 의견의 분리원칙을 준수해야 한다. 뉴스가 필자의 의견으로 윤색되어서는 아니 된다.

세 번째로, 공정성을 말하고 싶다. 정확성 및 객관성과 긴밀히 연결되는 것이지만 이해관계가 다른 이익집단끼리의 분규를 보고하는 데 있어 어느 쪽에도 기울지 않는 시각에서 관찰하는 공정성이 있어야 한다. 그렇지 않고서는 언론은 계급 간, 지역 간, 세대 간, 직종 간의 이해관계를 조절하여 사회적 평화에 기여할 수 없다.

이상, 우리가 옳고 바른 신문을 만드는 데 필수불가결한 윤리의식을 말하였다.

언론의 자정 혁명에 불을 댕겨라

윤리는 개인적인 것이다. 법이 사회적으로 강제되는 것과는 대조적이다. 개인이 결심하고 개인이 스스로 집행하는 것이 윤리의 세계다. 언론의 윤리도 언론인 스스로 결심하고 집행해야 한다.

언론과 언론인이 자유로우면 자유로울수록 윤리에 대한 요구는 더욱 무거워진다. 즉, 자유로운 판단으로 좋게도 할 수 있고 나쁘게도 할 수 있다. 그러나 스스로 옳고 바른 언론의 길을 택하고 그럼으로써 자유언론의 가치가 국민 대다수의 지지를 받게 되면 좋지만, 스스로 나쁘고 옳지 않은 언론의 길을 걸을 때, 끝내는 사회적인 거부감이 팽배해지고 그것은 결국 국가의 제재(법)로 나타날 것이 분명하다.

지금, 한국 언론은 자율규제로써 애써 얻은 자유를 굳히고 다질 수 있느냐, 방종과 무책임으로 아직 취약한 자유를 송두리째 빼앗기느냐의 기로에 서 있다. 솔직히 말해, 5공 시절 언론을 질식시킨 무리들이 건재하고, 5공 시대에의 회귀를 기도하는 증후가 여러 가지로 나타나고 있지 않은가.

문제는 그런 수구반동세력의 준동에 있지 않다. 그러한 생각, 그런 행동에 찬사를 보내는 국민의 수가 늘어가고 5공 시대에 대한 향수를 느끼는 사람의 수가 늘어나고 있지 않은가 하는 것이 더욱 큰 문제다.

그리고, 거기에 대한 원인제공의 책임이 어디에 있는가. 아직도 성군작당(成群作黨)해서 '촌지'를 뜯어내는 제도와 관행이 그대로 살아 있다면, 그런 상황에서 어떻게 진실에의 충성심을 발휘할 수 있겠는가. 아직도 근로소득세에 일정한 면세 특혜를 받고 있다면, 어떻게 떳떳한 자세로 지혜와 용기와 절제와 정의를 구현할 수 있을까.

말은 물론 중요하다. 그러나 더욱 중요한 것은 행동이다. 지금이야말로 언론의 자정 혁명에 불을 댕겨야 할 때이다. 그것만이 언론의 자존심과 긍지와 그리고 자유를 누리는 유일한 길이다. 살을 베고 뼈를 깎는 아픔을 참으면서.

1990년 7월 기자협회보

제 2 부

언론의 선진화를 위하여

내가 만난 톰슨 경—신의 소리 더 타임스

런던에는 도합 9개의 조간지가 있다. 석간이 둘 있으나, 전국에 보급 안 되는 런던의 지방지 역할을 할 뿐이다. 그렇게 생각할 때 9개의 조간지가 이른바 '전국지'의 기능을 맡는다. 여기에 부수 4백만이 넘은 대중지도 있고, 몇만밖에 안 되는 정치신문도 있는데, 9개 전국지 성격을 말하는 이런 표현이 있다.

"「더 타임스」(34만)는 영국을 지배하는 사람들이 읽으며, 「더 가디언」(35만)은 영국을 지배하고 싶어 하는 사람들이 읽고, 「더 파이낸셜 타임스」(19만)는 영국을 소유하는 사람이 읽으며, 「더 데일리 텔레그래프」(1백41만)는 영국의 옛 영광을 기억하는 사람들이 읽고, 「더 데일리 익스프레스」(3백28만)는 아직도 영국이 과거와 같이 강하다고 믿는 사람이 읽으며, 「더 데일리 메일」(1백85만)은 영국을 지배하는 사람들의 부인이 읽고, 「더 데일리 미러」(4백32만)는 영국을 지배하고 있다고 생각하는 사람들이 읽으며, 「더 모닝 스타」(5만)는 영국을 다른 나라에 지배시키고자 하는 사람들이 읽고, 「더 선」(3백만)은 머독(오스트레일리아 신문왕)이 시장경제의 갭(간격)을 포착한 신문이다.”

처음 네 신문은 이른바 고급지, 점잖은 내용의 보도와 명론탁설을 싣는 신문들이다. 「모닝 스타」는 영국 공산당 기관지인데 부수는 5만에 불과하지만 고급지도 저속한 대중지도 아니며 오직 공산주의 선전에 주력한다. 나머지 4신문은 흥미 본위의 부드러운 신문인데, 「익스프레스」와 「메일」은 그래도 점잖고, 다소 부드러운 내용이지만 「미러」와 「선」은 명실상부한 대중지, 섹스와 스캔들 등 지저분한 내용으로 가득 차 있다.

1978년 12월부터 노조파업으로 「더 타임스」가 쉬고 있는 근 1년간은 결국 이 신문이야말로 영국을 지배하고 있는 사람이 읽으며, 따라서 이 신문만이 참으로 영국을 지배하고 있음을 확인했을 뿐이다. 적어도 영국정부를 비롯한 각계각층의 지도급 인사 5천 명이 예외 없이 읽는 것이 이 신문이다 .

휴간 6개월이 되었을 때 고급 주간지 「이코노미스트」는 「더 타임스」 없는 영국 생활을 특집보도 하였는데 이 특집의 제목이 인상적이었다.

“하루하루 지낼수록 더욱더 서운해져……”

그럴듯한 이야기다.

“매일 아침 어쩐지 허전해서……”라고 케임브리지 대학을 졸업한 어느 텔레비전 감독이 실토하였다는 하소연이다.

“이번 분규로 우리 모두 「더 타임스」를 대행할 신문이 없다는 것을 절실히 깨달았다.”고 다른 신문사 간부가 실토하였다.

그럴 법도 한 것이, 영국을 지배하는 각계각층의 지도자들은 「더 타임스」의 지면과 호흡을 같이하고 생활을 같이하고 있는 것이다.

가령 귀족, 고급관리, 정치인, 경제인, 기업가, 노동운동가, 승려들, 대학총장, 교수, 교장, 변호사, 예술인 등이 모두 영국을 지배하는 이른바 '이스태블리시먼트(지배층)'인데, 그들의 동정, 그들의 명예, 그들의 경조(慶吊)가 「더 타임스」의 지면을 통해 알려진다.

「더 타임스」, 6개월 휴간으로 가치 재확인

논설면 다음 장에 오는 '사교면'에는 반드시 왕실의 일정과 동정을 맨 먼저 다룬다. 로열박스의 자리. 이어 중요한 연회와 출석자 명단, 중요성에 따라서는 연회장면이 사진으로 실린다. 또한 '오늘' 생일을 맞는 저명인사의 이름이 열거된다. 또한 명사 집안의 결혼기사가 20개는 실린다. 아마도 제일 중요한 부분은 부음난—. 항상 5, 6천명분의 사망기사가 준비되어 있는데, 매일 몇 건인가 실리기 마련이다. 물론 죽은 사람의 비중에 따라 다르지만, 프랑코 총통이 죽음과 싸우고 있을 때, 이미 광고 없는 1면 전부를 준비하여 시쇄한 것을 본 일이 있었다. 흡사 이스태블리시먼트에 소속된 게시판이라고 볼 수 있지 않을까.

아마도 가장 특색 있는 부문은 논설 면. 보통 하루에 32면을 발간하는데 제16페이지가 기명 논설면이고, 17페이지가 사설란이다. 전자는 주필 또는 논설위원들을 포함한 사내 필진, 그리고 국회의원, 대학교수 등이 당면한 시사문제에 정중한 논문을 기고하는 의견의 광장이며, 후자는 문자 그대로 사설면이지만, 왼쪽 3단이 사설, 그리고 오른쪽 4단이 유명한 '편집인에 보내는 편지' 란이다.

이 편지란은 영국에서 아마도 가장 권위 있는 여론의 반영장소가 아닐까. 오랜 세월을 두고 "나는 그 문제에 대해「더 타임스」에 편지 쓰겠다."는 표현은 분노한 영국신사가 나타내는 표준적인 항의 표시였다. 그럴 만큼 영국의 지배층이 그들의 고견을 투고하는 공인된 논단이었다. 영국의 명사치고 이 편지란에 한두 번 등장 안 한 사람이 없을 것이다. 가령 버나드 쇼 같은 문호는 장장 52년간 이 편지란을 이용하였는가 하면, T.S. 엘리엇은 텔레비전에 관해, 몽고메리 원수는 스키 수준의 저하를 썼다.

「더 타임스」가 쉬고 있을 때 이상의 모든 기능이 중지될 수밖에 없었다. 다른 어느 신문도 흉내 낼 수 없는 장구한 전통이었으니까. 예컨대, "「더 타임스」가 신의 소리라면,「더 가디언」은 양심의 소리"라는 말이 있으나, '양심의 소리'도 끝내 '신의 소리'를 대신할 수 없었다.

「더 타임스」와「동아일보」는 특수한 관계에 있다. 서로 정보를 교환하는 관계일 뿐 아니라,「동아일보」는「더 타임스」가 싣는 보도·논설내용을 한국에서 독점적으로 활용할 수 있으며,「동아일보」런던 사무소를「더 타임스」건물 안에 두고 더 타임스의 편집국 요원과 마찬가지로 사내시설 모두에 접근할 수 있었다. 이 계약에 따라 10평 정도의 방을 프랑스의「르 몽드」및 스페인의「인폴나쵸네」등 두 신문과 같이 썼다. 특히 편리했던 것은 오후 4시경엔 다음 날 아침 배달될 신문 내용의 예정표가 배부된다. 큰 줄거리를 알수 있고, 이어 중요기사의 '게라'가 잇따라 배달된다.

우리와 같이「더 타임스」와 특수관계를 맺은 회사가 몇 군데였는지 잘 기억이 안 나지만, 주요국가에서 「더 타임스」와 비슷한 위치에 있다고 「더 타임스」 측에서 생각하는 신문들이다. 예컨대 미국의 「뉴욕 타임스」, 프랑스의 「르 몽드」, 일본의 「아사히신문」, 서독의 「디 벨트」, 이탈리아의 「라 스템파」 등이 있는데, 이들 외국신문의 사무소는 모두 3층에 있었고, 「더 타임스」 편집국은 2층이었다. 이따금 편집국에 내려가 이 사람 저 사람을 붙들고 이야기를 듣는 것이 특파원들의 일과 중 하나였다.

「더 타임스」와 「동아일보」의 특수한 관계

신문사 편집국, 그러나 복도까지 노란 카펫에 덮여 있어 부드럽고 따뜻한 공기가 감돌고, 우리나라의 경우처럼 시끄럽질 않다. 정리부, 국내국, 해외국, 경제국 등 모두 칸으로 분리되어 있고, 이른바 '대기자'와 편집 요직은 독방을 쓰는 경우가 많다. 여유 있는 분위기. 살벌한 취재경쟁의 본부 같은 기운이 돌지 않았다.

같은 건물에 있고 같은 식구로 취급되기 때문에 많은 사람들을 알게 되었지만, 그중에서 「더 타임스」 사주 고(故) 톰슨 경의 압도하는 인품을 잊을 수가 없다.

내가 이 영감을 처음 만난 것은 1970년 가을, 톰슨재단 주관의 신문 경영과정을 수료했을 때다. 영국인 3명, 외국인 8명의 합숙훈련이 끝난 후, 톰슨 경으로부터 직접 수료장을 받았다.

미리 인터뷰 신청을 해놓았기 때문에 곧이어 그의 집무실에서 한 시간쯤 담소할 수 있었다. 1970년 9월 3일의 일, 그 내용을 간추리면 다음과 같다.

95kg쯤 되지 않을까, 당당한 체구가 우선 압도한다. 그러나 위압하거나 권위주의 냄새가 전혀 없는 소탈한 서민풍 또한 인상적이며, 부드럽고 조용한 목소리는 그대로 전형적인 호호야(好好爺).

– 당돌한 질문일지 모르겠습니다만, 오늘 현재로 몇 개 신문을 소유하고 계십니까?

"글쎄, 몇 개나 될까……"

(이렇게 중얼거리면서 손을 꼽아 보다가 비서를 부른다.)

– 한 2백 개쯤 되는 게 아닙니까?

"아니, 그렇게는 안 되지. 지난주에 오하이오 주의 몇 신문을 사기로 합의했으니까 약간 혼돈이 있는데, 1백 80여 개로 해두면 되겠구먼."

– 어느 신문이죠? 저도 오하이오 주의 신문 한두 개 이름을 기억하는데요?

"아냐, 말할 수 없지. 아직 정식으로 계약에 서명 안 했으니까. 혹시 비밀이 누설되면 안 되지 않아."

이렇게 말하면서 한바탕 호방하게 웃는다. 나도 따라서 웃었다.

– 몇 나라에 산재되어 있습니까?

"영국, 캐나다, 오스트레일리아, 미국 등 15개국에 산재되어 있어."

– 이렇듯 많은 신문, 잡지, 방송을 소유하고 있는데 특별한 이유가 있는지요?

"나는 돈을 벌기 위해 신문을 사고 신문으로 돈을 벌어 신문을 또 사지. 재미있지 않아? 경영이 건실치 못한 신문을 사서 이를 일으키는 거지."

– 신문의 사명을 어떻게 규정하십니까?

"대중에 알리는 것이지. 기본적으로 어떤 신문이든 마찬가지인데, 특히 발행되고 있는 지역사회에 알맞은 편집내용, 그 지방 사람들의 원하는 바를 제공하는 것이 중요하단 말이야. 다시 말해 첫째로 진실을 이야기하는 것이고, 또 둘째로 지역사회의 이익에 충실해야 돼. 그럼으로써 신문은 독자의 신문이 되고, 독자의 신문이 될 때 신문은 기업적으로 성공할 수 있단 말이야. 기업적으로 자립 못 하면 신문은 남의 예속물이 되기 마련이다. 신문의 자유, 언론의 자유는 파멸될 수밖에 없는 거지."

15개국 1백80개 신문 거느린 톰슨 경

  – 15개국에 신문을 가지고 계시는데, 저마다 그 나라 이익에 봉사해야 한다는 논리인가요?

"말의 뉘앙스는 좀 다르지만, 신문이 존재하고 있는 사회의 이익에 봉사하여야 하고, 실제로 그렇게 하고 있어."

  – 그 기준은?

"그야 편집인이 알아서 하지."

  – 편집 정책은 순전히 편집인에게 위임하고 있다는 말인가요?

"당연한 이야기가 아닌가. 그들이야말로 그 분야에 전문가가 아닌가. 전문가들의 일을 왈가왈부하면 일이 안 돼. 할 수도 없고, 해서도 안 돼. 그들은 신문을 만드는 전문가들이고, 우리는 살림을 맡은 전문가들이야."

  – 회장 스스로 저널리스트라고 생각하십니까?

"생각하지. 그러나 뉴스를 수집하고 글을 쓰는 기자는 아니야. 만일 내가 글을 쓰는 분야에 종사했더라면 나도 꽤 잘했을 거야……"

(또 한바탕 웃음이 일었다.)

– 취미는 무엇인가요? 골프라도 치십니까? 건강의 비결은?

"글쎄. 탐정소설을 읽고 바란스 쉬트를 읽는 것이 내 취미겠구먼. 골프 칠 시간적 여유가 어디 있어. 담배 안 피우고, 술도 거의 안 해. 건강의 비결은 없어. 하나님의 은총이라 할까. 그저 일에 몰두하는 것이지."

– 끝으로 연로하면서도 아직도 일에 몰두하시는데, 저 세상에 갈 적에 돈을 가지고 갈 수는 없지 않습니까?(좀 가혹한 질문이었구나, 하는 생각이 치밀었으나 이미 엎질러진 물이었다.)

"그래? 정 그렇다면 안 가면 되지 않아?"

대단한 노인이었다. 안 가면 된다던 톰슨 경도 연륜은 어찌할 수 없었다. 1976년 8월 세상을 떠났다. 향년 82세.

1973년 영국에 부임한 이래 1976년 그가 죽기까지 네 번인가 그를 만났다. 특히 1975년 '동아사태' 때에는 각별한 관심을 가졌다.

1975년 2월 어느 날, 부른다는 전갈이 왔기에 런던의 번화가 옥스퍼드가 근방에 있는 그의 사무실(톰슨조직체 본부)에 갔더니 「동아일보」에 대한 광고탄압의 단편적인 이야기를 들었다면서 소상한 배경을 들려달라고 요구하였다.

이야기를 듣고 난 다음 그는 "만일 내가 서울에 가서 박 대통령을 만나 「동아일보」가 중요한 신문사이니 죽여서는 안 된다고 직접 간청하면 어떤 결과를 가져오겠느냐"고 말하였다. 그러면서 간단한 메시지 한 통을 주었다. 내용인즉, "귀사의 태도를 찬양하며, 여러분의 용감한 태도가 마침내 정당한 일로 입증되기를 희망한다."는 것이며, 또한 "어떤 결과가 되던 본인 언론의 자유를 수호하기 위해 싸우는 귀사에 세계적인 동정과 지지가 귀사를 고무할 것"이라는 것, 그리고 또한 "만약 나의 신문사들이 어떤 방법이든 귀사의 투쟁에 도움이 된다면 우리는 기꺼이 그렇게 하고 싶다."고 말하였다. 필요하다면 서울에 직접 날아가겠다는 노인의 의지, 절대로 당돌한 것은 아니었다. 왜냐하면 톰슨 경 스스로 어딜 가나 국가원수들과 교환하였으며, 그의 유머 섞인 화술에 흐루시초프나 주은래(周恩來) 같은 공산권 지도자들까지 감탄하였기 때문이다.

언론자유 위해 서울에 날아가고 싶어

톰슨 경의 영향이기도 했겠지만, 「더 타임스」 회장 데니스 해밀턴 경은 특별기고에서 "분명 한국정부는 자유언론이 그들의 정부에 부여하는 위신을 값있게 평가하고, 언론에 대한 검열은 경찰국가에 이르는 첫걸음"이라고 경고하였다. 또한 실천은 안 되었지만 역시 톰슨 경 소유의 「선데이 타임스」 주필 해롤드 에반스 씨 주동으로 세계 10대 신문사 공동선언이 준비되기도 하였던 것이 기억난다. 이 모두 자유 언론의 가치를 신봉하는 동지적인 동정이 국제적 연대로 발전한 것이지만, 톰슨 경의 개인적인 철학이 크게 작용한 것도 사실이다.

1976년, 그는 서울에 오고 싶어 했고, 「동아일보」를 방문하고 싶어 했다. 실제로 홍콩과 서울에의 여정을 짠 일도 있었다. 그러나 노령을 찾아온 심장병으로 뜻을 이루지 못하고 세상을 떠났다.

이발사의 아들로 태어나 자수성가, 세계 최대의 신문왕국을 건설하고, 세계 최고의 「더 타임스」를 소유한 집념의 일생이었다. 이 집념에 관련하여 흐루시초프와 관련한 다음의 에피소드를 소개한다.

그에 있어서 소련 수상 흐루시초프나 또는 불가리아 수도 소피아의 암시장에서 꽃 파는 소냐나 다 같이 이윤추구의 '자본가'였다. 1964년 모스크바를 방문했을 때 수행한 데이비드 리치 기자의 말에 의하면, 그는 소련사회를 공산주의 국가로 보지 않고, 엄청난 규모의 기업집성체로 간주하여 매사를 그런 식으로 해석하려 들더라는 것이다.

흐루시초프와 만날 시간이 되었는데, 그쪽 사정으로 지연되었다. 모처럼 온 신문왕을 소홀히 할 수 없어선지 지연되는 시간에 「프라우다」지 방문을 주선하였다. 부수에 있어 9백만, 세계 최대임을 자랑하는 신문이다.

우선 톰슨 경의 주의를 끈 것은 「프라우다」에 경쟁상대가 없다는 것. 톰슨 경은 안내하는 파벨 사투코프 주필에게 "서방에서라면 자본주의적인 독점이겠구먼."하고 농을 건넸다. 사투코프는 어쩔 줄을 몰랐다. 공무국에 갔을 때 라이노타이프를 치는 여공들과 이야기하면서 근무인원, 시간, 조건 등을 수첩에 적더니 사투코프 주필을 돌아보면서,

"파벨(벌써 이름을 불렀다), 「프라우다」가 「더 타임스」보다 월등하게 이윤이 나겠어, 아무래도 흐루시초프한테 사야겠어……."

라고 말했다. 어이없는 일이 아닐 수 없었다. 그 당시 그는 「더 타임스」를 사기 위해 교섭 중에 있었으며, 소련 지도자들이 신문을 소유하고 있는 것으로 간주했거나, 그렇게 간주하는 척하였다. 또한 그 스스로 소유하고 있는 수많은 신문의 제작에 간섭한 일도 없었고, 그 사회에 봉사하라는 것이 그의 개인 신념이었으므로 설사 프라우다를 사들인다 해도 소련사회에 알맞은 편집을 하면 되는 것이고, 다만 이윤추구의 수단으로 더욱 합리적인 이윤을 추구

할 수 있다는 계산이었을 것이다.

이윽고 그는 흐루시초프와 만나 소련의 중앙아시아 지방을 같이 여행하였다. 이 여행 도중 그는 진지한 태도로 흐루시초프에게 「프라우다」와 「이즈베스티야」 두 신문을 사겠다고 졸라대기 시작하였다. 또한 흐루시초프의 사위 알렉세이 아주베이가 정부기관지 「이즈베스티야」 주필로 있는 것을 "전통적인 자본주의자들의 족벌주의"라고 놀려댔다.

흐루시초프한테 「프라우다」를 사야겠어…

흐루시초프는 막무가내 톰슨의 집요한 상담을 물리치는데 진땀을 뺐다. 「프라우다」까지 사겠다는 상상력. 그에 있어 불가능은 없어 보였는지도 모른다.

내가 그의 방에서 이야기하던 때 일이다. 화제가 주은래(周恩來, 저우언라이)를 만났을 때의 일이었다. 주가 톰슨 경에게 「더 타임스」를 살린 것은 당신의 빛나는 공적입니다 하고 말하더라면서 나더러 "중국에 가 본 일이 있지"하고 물었다. 꼭 가보고 싶지만 한국과 국교가 없으며, 비자가 안 나온다고 대답했더니 "이봐, 이곳 중국대사가 참 가까운 친구야. 이야기해 줄까?"하고 말하는 것이었다. 이야기해도 절대로 안 될 것이라고 설득하는데 한참 걸렸다.

경영의 천재인 톰슨 경도 「더 타임스」의 적자운영만은 해결 짓지 못하고 세상을 떠났다. 1966년 인수한 다음 경영의 합리화에 무척 애썼으나, 이른바 영국병의 만연을 막을 수 없었는지도 모른다. 해마다 1백만 파운드(10억 원) 정도의 손실이었다. 그러나 톰슨 경의 아들은 1978년과 1979년의 휴간으로 3천만 파운드를 찔러 넣었다. 아마 언론에 대한 전례 없는 자선행위인지도 모른다. 그러면서도 줄을 서 사겠다는 사람들의 간청을 물리치고 「더 타임스」를 확보하고 있다.

「더 타임스」 사원들 간에 불리는 비공식 사가의 일부.

"주여, 우리 고귀한 귀족을 구해주소서, 두고두고 우리 두목일 수 있게 유복하게 해주소서."

영국 국가의 일부를 차용하여 가사를 붙인 것이다.

1980년 1월 신동아

리프먼 이후-칼럼과 칼럼니스트

한국에도 바야흐로 칼럼니스트의 세상이 열리고 있지 않는가 하는 생각이 든다. 신문사 사설과는 별도로 개개인 논객들의 주관적인 견해가 다투어 게재되고, 어느 신문의 한두 칼럼니스트들의 인기는 지식인 사이에 폭발적이 아닌가.

20년 전 일이다. 나는 1965년 5월 하순, 런던의 유명한 호텔 '그로브나 하우스'에서 열린 국제신문협회(IPI)의 연차총회에 참석했다. 3일간의 IPI총회에는 2백여 명의 자유세계 언론인이 모였지만 가히 백미라고 부를 수 있는 사람은 월터 리프먼, 그가 행한 30분간의 기조연설이야말로 다른 모든 의제를 누르는 압권이었다. 이미 80을 바라보는 원숙한 나이였으나 정정한 모습이었고 장중한 목소리였다. 연설 내용에 앞서 아마 세계 정상급 언론인이자 경세가의 연설을 직접 들을 수 있는 기회를 가졌다는 행운에 나 스스로 감격했다. 홍안백발, 그리고 짙은 곤색 양복에 붉은 타이를 매었던 것으로 기억하는데 한 마디로 곱게 늙은 위엄 있는 노신사였다는 인상이 머리에 남는다. 그의 연설 제목은 신문과 신문인의 사명에 관한 것이었다. '신문의 제 1차적 충성은 오직 진실의 발견과 진실의 보도에 있다.'는 논제였다. 만일 신문과 신문인에 있어 절대로 버려서 안 되는 꼭 한 가지 책임이 있다면 그것은 독자에게 진실을 알리는 책임이라는 것이었다.

진실의 발굴과 전달, 장엄한 리프먼 호소

만일 한 나라가 국민의 동의에 따라 통치되려면 피치자들은 그들의 통치자들이 동의를 원하는 것이 무엇인지, 그리고 거기에 대한 여러 의견에 접할 수 있어야 하지 않겠는가. 어떻게 그것이 가능한가. 결국 그들은 라디오에 귀를 기울이고 텔레비전을 시청하고 신문을 읽음으로써 언론인이 국내외에서 전하는 사실들에 접해야 한다. 바로 여기에 우리 언론인의 사명이 존재한다. 모든 주권국민들이 직접 나서서 해야 할 일이면서도 그들 한 사람 한 사람이 현실적으로 할 수 없는 일을, 그들을 대신해서 언론인이 수행한다. 이것이 곧 우리의 직업인 즉, 그것은 결코 가볍고 편한 일이 아니다. 우리는 스스로의 직업에 긍지를 가질 권리가 있다는 주장이었다. 여기서 언론인의 충성심은 당연히 진실의 발굴과 진실의 전달에 향해져야 한다는 결론이 나온다.

미국의 리프먼이 아니라 세계의 리프먼이구나 하는 생각을 금할 수 없었다. 과연 세계 언론의 정상이 펴는 진리의 소리였다. 국가 이익이라는 이름 아래 언론은 국가 간에, 민족 간에 얼마나 많은 불화를 조장하고 얼마나 많은 불신을 부채질하고 있는가.

사회 산업화로 대량 생산 및 대량보급이 안 된 초기 단계에서 신문은 가내 수공업 단계에서 크게 비약하지 못하였고, 거대한 대량정보 전달기관이 될 때까지 신문제작의 특색의 하나는 주관적 퍼스널 저널리즘이 지배했다는 것이다. 사주가 사장이고 경영인이고 동시에 편집인으로 모든 것을 걸머쥐고 고작 몇 명 또는 몇십 명의 부하들과 매일 얄팍한 인쇄물을 제작하여 몇천 명의 독자에 뿌리는 단계였다. 여기서 신문의 제작 방향과 노선 및 평론은 다분히 발행인 편집인 등 개개인의 정치 신념 및 철학에 좌우되었다. 객관적 사실 보도보다는 주관적인 선택보도였고 중립적인 시시비비보다는 주관적인 당파평론이었다. 이런 현상은 신문의 발생지인 유럽이나 미국·일본, 그리고 한국 등 어디서나 마찬가지였다. 정론 저널리즘이었다. 그러나 일단 신문이 제한된 소수 독자를 고객으로 하지 않고 수십만 수백만의 독자, 불특정 다수의 대중을 상대로 하게 됨으로써 객관적인 사실보도가 생명이 되고 최대 다수의 취향에 영합하는 무난하고 중립적인 논평으로 변질되고 말았다. 상업 저널리즘의 전개가 가져온 필연적인 방향전환이었다.

신문의 개성과 의견 살리는 칼럼 생겨

이런 신문기능의 발전에 따른 개성의 상실을 보완하고 강한 의견이 만발할 수 있게 하는 필요에서 생긴 것이 신문칼럼이요, 의견 페이지였다. 신문 사주나 편집인의 개성의 상실과 반비례해서 생긴 주관적 개인적 저널리즘이 칼럼과 칼럼니스트의 영역이었다.

다시 말하지만 현대 사회에서 뉴스는 물론 객관적이고 공정하고 냉철해야 하고 또 그럴 수밖에 없다. 원칙적으로는-적어도-그렇다. 사실을 사실대로 보도해야 한다는 것, 거기에 살을 붙이거나 빛깔을 발라서는 아니 된다는 것이 저널리즘의 기본원칙이다. 뉴스를 좇는 일선 기자의 직책은 명료하고 간결한 뉴스, 즉 누가, 어디서, 언제, 왜, 무엇을, 어떻게 했느냐를 독자에게 제시해 주면 된다.

그러나 복잡하고 어려운 오늘의 사회현상을 모두 그런 식으로 간결하게 표현할 수는 없다. 일반 독자들에게 그런 뉴스의 참뜻을 이해시킬 수가 없다. 여기서 신문의 해설적 기능이 태어나고 논설적 기능이 작동한다. 여기에 덧붙여 미국이나 유럽신문들에서는 신문사의 공식 의견을 밝히는 사설이나 해설기사 이외에 신문사 의견과는 관계없는 다양한, 때로는 상이한 칼럼니스트들의 의견이 논설면에서 제시된다. 그들은 정기적으로 고정칼럼을 가지고 개인 의견을 개진함으로써 독자들의 시사적인 이해를 돕는다.

칼럼니스트 하면 우선 월터 리프먼을 손꼽지 않을 수 없고, 칼럼 하면 그의 「오늘과 내일」을 생각하지 않을 수 없다. 1974년 85세의 긴 생애를 마감할 때까지 리프먼은 아마도 세계의 가장 탁월한 칼럼니스트였고, 1931년에 시작한 「오늘과 내일」은 그의 삶이 끝난 몇 해 전까지 40년간의 긴긴 세월, 미국과 세계 여론형성에 찬란한 빛이었다. '월터 리프먼과 커피 한잔을' 이라는 유행어는 그와 커피 한 잔 마시자는 말이 아니라 그의 칼럼을 읽으면서 커피 맛을 즐기는 30년대 뉴욕 시민들의 풍속도를 말한 것이다.

그러면 월터 리프먼이 상징하는 칼럼과 칼럼니스트의 기능은 무엇인가? 한 마디로 주요 공공 뉴스에 개인적인 해석을 가하는 것이다.

여기서 유의해야 할 것은 40년에 걸친 이 칼럼은 「뉴욕 헤럴드 트리뷴」과

「워싱턴 포스트」지에 같은 날에 게재된 동시에, 이 두 신문에 국한되지 않고 2백 50여 개의 미국 및 세계 주요 국가 신문에 실렸다는 사실이다. 지금도 가장 유명한 「뉴욕 타임스」의 제임스 레스턴 칼럼이나 「로스앤젤레스 타임스」의 아트 부크월드의 칼럼 역시 수백 개의 신문에 게재된다. 이 점이 미국 이외의 나라에서는 흉내 낼 수 없는 미국 특유의 제도라고 볼 수 있다. 사회 학자들의 정의에 따르면 칼럼니스트란 어느 한 신문사의 편집진에 전속되지 않는다. 따라서 그 신문사의 편집방침에 구애받지 않는 독립성이 보장된다.

40년간 2백50여 세계 신문에 연재

유럽의 신문, 일본의 신문, 또는 우리나라의 신문에서도 전속 칼럼니스트를 두고 평론가, 작가, 대학교수들이 필진을 구성하지만, 한 사람이 쓴 글이 두 개 이상의 신문에 발표되는 일은 없다(지역적으로 넓은 미국에서는 뉴욕에서 나온 신문이 워싱턴이나 시카고에 보급되지 않는다는 특수성이 미국의 칼럼니스트 제도를 만들어냈다고 보아야 한다).

뿐만 아니라, 미국 이외에서는 본질적으로 한 신문사의 칼럼니스트는 그 신문사의 '전속'이고, 무기명으로 나오는 그 신문사 사설의 논조를 정면으로 반박할 수 없다. 점잖은 신문은 그 신문사 주장을 반박하는 기고를 싣지만 역시 예외적이다. 더구나 '전속' 칼럼니스트가 소속 신문사의 주장을 반박하는 글을 써서 게재하지는 않는다. 그러나 미국의 경우 대부분의 신문이 신문사에 '전속' 안 된 평론가들의 글을 매일같이 서너 개씩 싣고 있다. 가령 「뉴욕 타임스」를 볼 것 같으면 자유진보파인 앤트니 루이스의 칼럼과 보수파인 윌리엄 사파이어 글이 같은 지면에 나간다. 다양성에 있어 단연 뛰어나다. 상반된 해석, 상이한 의견이 논설면이라는 자유롭고 공개된 시장에서 경연하는 셈이다. 이들 견해가 때로는 사설과 정면으로 반대되는 수도 있다는 것, 신문은 그날그날 진실되고 포괄적이고 알기 쉬운 방법으로 내외 뉴스를 전할 뿐 아니라 또한 거기에 대한 사(社)의 해석이나 의견을 제시하는 데 그치지 않고 각계각층의 중요한 입장이나 견해를 적절하게 반영해야 한다. 여기서 신문사의 전속이 아닌 칼럼과 칼럼니스트가 여론의 형성과 반영의 기구로 독특한 역할을 맡는다고 볼 수 있다.

그러나 고도로 산업화된 현대사회는 인간에게서 자유와 독립과 창의성을 구조적으로 박탈하는 추세에 있다. 피치자(국민)의 동의와 심판으로 통치집단이 태어나는 민주주의를 구가하는 구미사회에서도 나라의 주인인 국민 한 사람 한 사람이 올바르게 주권행사에 필요한 진실된 자료에 접근하고 있는지는 의문의 여지가 있다.

이런 선진 사회에서 아직도 완전에 가까운 자유를 누리고 거대한 매스커뮤니케이션 조직에 예속되지 않는 가운데 독자적인 수법으로 스스로의 세계관을 만천하에 밝힐 수 있는 칼럼니스트들, 그들이야말로 드물게 보는 현대 조직사회의 참된 자유인이라고 말할 수 있다.

그들이 하는 일은 각양각색이다. 글머리에 소개한 리프먼, 또는 레스턴 같은 칼럼니스트들은 명백히 경세의 목탁이라고 말할 수 있다. 리프먼의 70세 탄생을 기념하는 글에서 레스턴은 이렇게 썼다.

"그는 우리 세대의 언론인이 자기들의 의무를 수행하는 데 보다 넓은 비전을 제시했다. 그는 오늘 일어나는 일을 어제의 역사와 내일의 꿈에 어떻게 하면 적절하게 연결시킬 수 있는가를 보여주었다."

다시 말해, 리프먼식 칼럼은 세계를 좀 더 높고 넓은 창에서 부감하여 역사의 진운이라는 각도에서 분석, 제시하는 것이다. 높고 넓게 부감하는 만큼 큰 흐름을 포착하는 데 실수가 있을 수 없다.

나는 1965년 2월 CBS텔레비전의 「월터 리프먼과의 대화」라는 프로에 나온 리프먼을 시청한 일이 있다. 당시 실로 인상적이었던 것은 베트남전쟁을 홍수에 비유해서 범람하는 물결을 총칼로 막아낼 수 없다고 단정하고 베트남전쟁에 깊이 말려들어서는 안 된다는 것, 베트남 사람의 적은 역사적으로 미국이 아니라 중국이라는 것 등을 경고하는 소리를 들었다. 형안이요, 탁견이었다. 미국은 그의 경륜을 받아들이는 데 10년이라는 세월과 5만의 전사자, 3천억 달러의 경비를 낭비했다.

미국에서 제일 많이 읽히는 칼럼

또 한 사람 내가 개인적으로 좋아하고 경탄하는 칼럼니스트는 아트 부크월드다. 그는 지금도 정정한 현역. 나는 기회 있을 때마다 즐겨 읽고 있는데, 리프먼의 칼럼은 정말 경세의 목탁이어서 애써 진지한 태도로 새겨가면서 읽어야 했지만, 부크월드의 그것은 가볍게 즐겁게 읽을 수 있다는 데 특색이 있다.

그의 칼럼은 매주 세 번씩 수백 개의 일간신문에 실리는 8백 단어 내외의 그리 길지 않은 시사평론인데 글 자체가 자유롭고 활기차며 재미있는가 하면 짓궂고 익살스럽다. 아마도 미국에서 제일 많이 읽히는 칼럼이 아닌가 싶다.

막대한 영향력을 발휘하는 것은 물론, 부크월드의 수입도 잘은 모르겠으나 연간 3백만 달러가 넘는다는 것, 단연 세계 제1위다. 미국 자본주의의 상징 제너럴 모터스의 사장 연봉 1백만 달러, 미국 정치권력의 정상인 대통령의 연봉 20만 달러와 큰 격차를 이룬다. 돈이야말로 신분을 결정짓고 지위를 부여하는 미국사회가 아닌가.

아트 부크월드의 매력은 무엇일까. 그가 쓴 글을 중심으로 검토하기로 한다.

1984년 1월, 중미 문제에 대한 「키신저 보고서」가 발표된 일이 있다. 이 보고서는 전 국무장관 헨리 키신저를 중심으로 하는 미국의 초당파적인 민간위원단이 레이건 정부가 계속 죽을 쑤고 있는 엘살바도르와 니카라과 등 중미 사태를 어떻게 다루어야 할지, 몇 달간 국내외의 폭넓은 의견을 수집하고 현지를 답사한 끝에 위원단의 결론을 얻어 이를 레이건 대통령에 건의한 것이다. 이 보고서의 요점은 미국이 향후 5년간 80억 달러의 원조를 베풀고 동시에 좌익 게릴라와 싸우고 있는 우파 정부에 보다 많은 군사지원의 필요성을 강조하였다. 「키신저 보고서」가 발표되자 아트 부크월드의 칼럼은 「더 많은 총, 더 많은 버터」라는 제목으로 다음과 같이 논평했다.

"이봐, '레가르디아스' 장군, 좋은 소식이 있어. 엘살바도르 인민의 마음을 얻고, 뱃속을 채워주기 위해 우선 귀국 동부에 1만t의 식량을 수송 중이지."

"감사합니다. 감사합니다. 선생님."

"식량을 시골에 보낼 트럭들을 준비하시겠소."

"아차. '그라파스' 대령이 지난주에 모든 트럭을 반란군에 팔아버렸는데요."

"저런, '그라파스' 대령을 반역죄로 군법회의에 돌렸기 바라오."

"그보다 무거운 처벌을 내렸지요."

"그게 무슨 처벌인데?"

"파리주재 무관으로 좌천시켰으니 말이요."

"트럭 없이 어떻게 양곡을 배급하지요?"

"좋은 질문이십니다. 호로눈코강의 다리를 좌익 게릴라들이 파괴했으므로 다리부터 고쳐 주셔야겠군요. 아니면 내 조카 '페드로' 군에 맡기면 수도의 암시장에서 그 원조물자를 팔도록 할 수도 있고요."

"우리가 경제 및 군사원조를 제공하려는 결정을 할 때 그런 식으로 뿌리려고 한 것이 아니에요. 무신론(無神論) 마르크스주의를 타도하는 데 가장 중요한 것은 이 나라에 만연하고 있는 그따위 부패를 뿌리 뽑는 것이요. 만일 국민이 자기들 지도자들이 그들을 속이고 있다고 생각한다면 우리는 중미(中美)에서 결코 민주주의를 이룰 수 없을 겁니다."

자유분방하고 다양한 관찰력 만발

"당신네들이 최신식 경찰 무기를 대주어 국민을 잘 붙들어 매 두면, 민주주의는 절로 되는 게 아닙니까."

"우리는 근대식 무기를 쾌히 공급하겠소. 그러나 무고한 사람들, 또는 야당 지도자들을 고문하는 데 써서는 안되오."

"그럼, 누가 남지요."

"범죄자들, 공산주의자들, 그리고 파괴주의 혐의자들이 있지 않소."

"수녀들은 어떻게 하지요."

"수녀는 건드리면 안 돼."

"그렇다면 원조에는 끄나풀이 달려있다는 이야기인가요."

"키신저위원단의 판단으로는 당신 나라에 대한 군사원조를 세 배로 늘림으로써 군병력을 자유롭게 늘리고 반란군을 국외로 쫓아버릴 수 있다는 거죠. 적절히 무기를 대주면 당신네 국민들 힘으로 그렇게 해낼 수 있겠죠."

"물론이죠, 우리 엘살바도르 군인들에게 미국 사람들이 넉넉한 봉급만 준다면 구태여 군사물자를 게릴라에 팔아먹을 이유가 없죠."

"이보시오, 장군, 우리는 국회가 문제요. 당신네 극우살인단이 없어지고 무고한 사람을 죽인 자를 처벌해야 한다는 거요."

"그 문제는 걱정 마오. 살인단 두목은 유죄판결을 받으면 로마나 리오의 먼 대사관으로 배치할 터이니까."

"참, 우리 선거가 있기 전에 1백만 달러는 선불로 줄 수 없소? 일이 잘 안되면 우리가 살아야 할 콘도미니엄 한 채를 플로리다주에 사두어야겠으니."

처음부터 끝까지 해학과 풍자가 만발이다. 구체적인 이름은 안 밝혔지만 뉴스를 읽는 사람이라면 당장에 알 수 있다.

이 글에 나타난 '수녀들은 건드리면 안 돼' 하는 대목은, 1980년 여름 4명의 미국 수녀가 우파군에 능욕 살해되었는데, 3년이 넘도록 범인을 잡지 못한 사건을 회상시키는 것이다.

부크월드의 문답식 집필스타일은 특이하다. 시종 짓궂고 익살스럽다. 다른 칼럼니스트들의 진지한 수법과는 판이하다. 무슨 청론탁설(淸論卓說)도, 경세(警世)의 종을 울리는 것도 아니다. 다시 말해 부크월드는 누구나 모두 읽어본 뉴스 가운데 어느 특정사건을 들추어 인물이나 배경을 과장하면서 사건을 다른 각도에서 분석한다. 사건의 기이성과 모순점, 특히 익살스러운 측면을 강조하는 것. 어떻게 보면 무책임하다고 볼 수 있지 않을까. 그만큼 자유분방한 것이다.

그러나 바로 자유분방하기 때문에 어느 특정한 사건을 가능한 모든 시각에서 관찰할 능력이 생길 수 있다는 것, 여기에서 다양성이 생긴다. 부크월드의 칼럼은 이러한 미국언론의 활력을 잘 대표한다고 보여진다. 거기다 수백만 독자가 그의 글을 즐겨 읽기 때문에 그의 칼럼은 정치적으로나 사회적으로 막강한 힘이 될 수밖에 없다. 역시 그는 미국 언론이 일반적으로 갖고 있는 힘을 상징한다고 볼 수 있지 않을까.

한국에 참된 칼럼니스트가 나올까

미국 국무성이나 국방성에서 엘살바도르 정책을 다루는 관료들이 아트 부크월드가 쓴 해학적 논평을 어떻게 받아들이는지 궁금한 생각이 든다.

분명한 것은 부크월드의 그 글이 「로스앤젤레스 타임스」를 비롯한 수백 개 미국 신문에 일제히 실릴 뿐 아니라 미국의 해외 주둔군이 읽는 「스타즈 앤드 스트라이프즈」지까지 크게 싣고 있다는 사실이다. 다시 말해 중미·레바논 사태 등 정부의 외교군사정책을 비판하는, 때로는 '무책임'하게 규탄하는 소리가 군의 기관지에까지 매일 실리고 있는 데 한편으로 놀라지 않을 수 없고, 또 한편으로는 부러워하지 않을 수 없다.

바로 그것이 미국과 미국인이 보편적으로, 그리고 역사적으로 누리고 있는 자유의 정신이다. 자유의 정신이야말로 신문 칼럼의 만발을 가능케 하는 것이 아닐까.

이 점, 한국에서 참된 의미의 칼럼니스트가 탄생할 소지는 아직 없다. 우선 반대와 이설(異說) 등 각양각색의 의견, 아이디어, 입장이 자유롭게 다투어 피어날 수 있는 토양이 아니기 때문이다. 표현의 자유가 크게 제약되는 후진성이 극복되지 않는 한, 정정당당하고 균형 잡힌 평론가가 딛고 설 땅은 없지 않은가. 언론기관의 독과점 상태하에 기존 언론기관은 한편으로 정치권력의 영향하에 숨 쉬어야 하고 다른 한편으로는 과도한 판매경쟁으로 말미암아 독자의 인기에 늘 영합해야 하는 이율배반적 상황인데, 신문사의 임기응변하는 이해관계에서 초연하고 대소 고처에서 시시비비 하는 평론이 태어나기 어렵고, 하물며 신문사 '전속'이 아닌 칼럼니스트라는 독립적 장르가 개척될 수 있는 현실이 아니지만, 그래도 평론의 불모지대에서 몇 사람의 '전속' 칼럼니스트들이 온갖 역경을 무릅쓰고 자기 세계관을 대담하게 표시하는 용기는 그들 주장에 동조하는 사람은 물론, 동조하지 아니하는 사람들까지의 존경을 받아 마땅할 것이다.

1986년 6월 신문연구

공영방송의 모범생 BBC

1985년 8월 7일, 나는 별 희한한 일을 보았다. 그 무렵 나는 영국 옥스퍼드 대학에서 여름학교를 다니고 있었는데, 이날 영국에서 모든 방송 뉴스가 24시간 중단된 것이다.

그것은 이변이었다. 규모에서 세계 으뜸이고 정확성과 신뢰성을 자랑하는 BBC, 영국의 방송매체인 동시에 세계의 매체가 아닌가. 세계 어디서든지 BBC 방송 하나로 세상 돌아가는 것을 파악하는 청취자의 수가 얼마나 될지 알 길이 없다. 그러나 분명한 것은 어느 누구도 BBC 뉴스의 정직성에 대해 이의를 제기치 않을 정도로 BBC가 신임을 받고 있다는 사실이다. 아프리카의 땅에서, 중앙아시아의 붉은 독재 치하에서, 아니면 중남미 일대의 백색 독재 치하에서 압박받는 사람들에게 진실을 전해 주는 BBC, 또한 뉴스의 유입을 가로막고 국민을 압박하는 통치자들도 반드시 경청하는 BBC 뉴스가 아닌가.

왜 그들이 BBC를 신뢰하는가? 이유는 간단하다. 정직하고 공정하고 빠르기 때문이다.

현실적으로 「미국의 소리」나 「모스크바 방송」 등이 전 세계를 뒤덮고 있지만, 신뢰성에서 어찌 비교할 수 있겠는가? 「미국의 소리」나 「모스크바 방송」은 현 정부가 직영하는 해외 선전 방송이기 때문이다. 동·서 양 진영의 사령탑에서 나오는 정책을 알고 싶다면 당연히 이 두 방송을 들어야겠지만, 그들 방송이 흘려보내는 뉴스는 자기 나라 정치노선으로 윤색한 것이라고 볼 수밖에 없다. 영국의 BBC 또한 영국 정부의 견해를 대변한 것이 아니냐고 따질 수 있겠고, 적어도 공식 논평에 관한 한, 영국의 견해라 보아야겠다. 그러나 뉴스에 관한 한, 사실을 사실대로 전하는 것이므로 세계적인 정평을 구축한 것, 이것이 바로 BBC의 힘이요 자랑이다. 신뢰성뿐 아니라 규모에서도 단연 세계 제일. 2만 8천이 넘는 종사원에 15억 달러가 웃도는 예산이다. '영국 최고 최대 문화기관'이라는 데는 의심할 바 없고 '세계적인 문화기관'임에 틀림없는가 하면, 적어도 공정하고 정직한 뉴스를 소통시키는데 최대 다수의 사람이 의존하는 세계의 눈이요, 귀요, 전달자라고 서슴지 않고 말할 수 있지 않을까.

그런데 BBC 뉴스가 24시간 기능을 중단하다니……. 국내용 기구인 '홈 서비스'뿐 아니라 39개 국어로 나가는 '대외 서비스'까지 숨을 죽인 것이다. 1927년 BBC가 발족한 이래 처음 있는 큰 불상사였다. 이 불상사는 BBC 뉴스 중단에 그치지 않았다. BBC와 쌍벽을 이루는 독립방송기구(IBA) 소속 15개 지역 방송매체까지 뉴스 기능을 24시간 중지했으므로 이날 일체의 BBC 산하 텔레비전이나 라디오, 그리고 IBA 산하 텔레비전과 라디오에서 뉴스는 전혀 흘러나오지 않았다.

나는 그날 아침 7시 텔레비전을 켰다. 이미 이날 아침부터 뉴스가 나오지 않는다는 예고는 들었지만, 과연 BBC 1과 IBA 산하 TV의 아침 뉴스 프로까지 방송되지 않는지 확인하려 한 것이다. 여느 때 같으면 BBC 1은 아침 7시에 뉴스와 시사해설 프로인 「브렉퍼스트 타임」을 30분간 진행했어야 할 터인데 검정색 화면에는 노란 활자로 이렇게 적혀 있었다.

"전국 신문기자 조합에 속한 일부 회원 및 방송 오락 직업연합에 속한 일부 회원이 벌인 파업으로 말미암아 예정된 프로를 보내드릴 수 없게 되었음을 미안하게 생각합니다. 불편을 끼쳐 사과드립니다."

독립성 수호를 위해 방송 뉴스 중단

텔레비전의 검정 화면은 끔찍했다. 일찍이 본 일이 없는 기괴한 느낌이었다. 전대미문의 방송 뉴스 스트라이크 아닌가.

나는 바로 ITV채널로 다이얼을 돌렸으나 「굿모닝 브리튼」이라는 뉴스 쇼 프로 역시 죽어 있었다. 여기서는 감색 화면에 흰 활자의 안내문이었다. 「아침 식사 시간」도 「안녕하세요, 영국」도 나란히 쉬고 있다고 할는지, 생명을 스스로 끊었다고 해야 할는지, 시한부이긴 하지만.

"히틀러의 폭격도 감히 중단시키지 못한 BBC 뉴스인데, 누가 중단시켰단 말인가." 분노에 찬 국민의 소리가 메아리쳤다. 기자노조의 횡포 아니냐고? 하도 스트라이크가 잦은 나라이기 때문에 얼핏 이렇게 속단할 사람도 있겠고, 기자노조야말로 히틀러도 감히 침묵시킬 수 없었던 BBC를 억눌렀다고 비분강개할 사람도 있을 수 있다. 잘 모르는 사람들의 이야기다. 사정은 전혀 달랐다. 노조가 임금 인상을 내건 노사분규로, 따라서 노조 횡포로 말미암아 BBC와 ITV가 방송을 멈춘 것이 아니다. 오히려 BBC의 위대한 전통인 독립성을 수호하기 위한 방송 언론인들의 강한 의지의 표현이 방송 뉴스 중단으로 나타난 것, 결국 크게 성공한 것이다. BBC는 흔히 '국유 공영'이라고 간단하게 말하지만, 그 운영은 대단히 복잡한 성격을 띠고 있다. BBC의 재산이 민간 소유가 아니니 국유라고 볼 수 있겠으나 BBC 운영에 정부가 간여하지 않으므로 관영이라고 말할 수 없다.

BBC는 BBC라는 법인체가 움직이는 방송체인데, BBC나 IBA나 할 것 없이 정보·교육·오락의 전파를 목적으로 왕의 칙허를 받은(그러니까 정부가 허가한) '공공 봉사기구'이다. 그러나 방송의 일상 운영, 프로의 편성, 행정 등에서 완전히 독립성을 갖는다. 그렇다고 국민의 대표기관인 의회나 의회의 신임하에 있는 정부가 BBC나 IBA에 전혀 무관한 것도 아니다. 우선 영국 체신부는 방송전파 사용을 BBC와 IBA 산하 방송국에 허가한 감독관청이고 보면 공익기관이라는 BBC나 IBA가 설립 목적에 위배될 때, 다시 말해 뉴스의 공정성 정확성이라든가 기타 프로가 대중문화의 저하를 초래한다든가 하는 경우, 이론상 방송권 전파사용권을 몰수할 수 있는 대권을 가지고 있고, 정부는 국민에게 알려야 할 것을 방송하도록 요구할 권리도 있다.

그러나 실제로 이상의 권한은 한낱 '유보된 권한'으로 비장되어 있을 뿐 역대 정부가 발동한 일이 전무하고 그것은 하나의 전통 및 관행으로 확립되었다. 만일, 그러한 권리를 정부가 악용했던들 BBC는(그리고 뒤늦게 생긴 IBA는) 정부투자 국영기업체로 전락하였을 것이고, 앞서 지적한 세계적 신용과 존경을 받는 문화기관으로 발전할 수 없었을 것이다.

정부가 간여할 수 있는 또 하나의 무기는 BBC 이사회를 정부 멋대로 임면 (任免)할 수 있는 데 있다. BBC나 IBA 모두 이사회를 정부 추천으로 여왕이 임명하는데, 영국의 여왕에게는 실질적인 권한이 없다. 정부 멋대로 임명할 수 있기 때문에 가령 12명으로 구성되는 BBC 이사진을 친정부 일색으로 편성할 수도 있다. 가령, 우리나라 같으면 족히 그렇게 할 수 있고 그렇게 하고 있다. 영국은 상식이 지배하는 나라, 그런 억지는 통하지 않는다. 만일 보수당 정부가 BBC 이사진을 그런 식으로 짰다면, 다음 선거에 패배할 정치적 쟁점을 제공하는 것이고, 노동당이 득승할 때 일거에 개편될 것이 뻔하지 않은가. 따라서 지역별 직종별로 유능하고 덕망 있는 사람들이 임명된다. 지금의 BBC 이사진은 금융계 대표인 스튜어트 영 이사장 아래 지역대표 3인, 전 더 타임스 주필, 전직 외교관, 옥스퍼드 교수, 노조 출신, 교육가, 연예인, 실업계 대표, 여성 대표 등으로 구성되고, 일절 정치성을 띠지 않고 있다.

아마추어와 프로가 균형을 이루어

이론상, 이사회는 BBC의 주인이다. BBC의 운영, 프로 편성, 방송, 기타 사업의 정책을 세우고 집행 등을 감독한다. 무엇보다 집행 책임자인 총국장 (Director General)을 임면(任免)한다.

그러나 실제 BBC를 움직이는 것은 총국장이고, 그에게 사실상 전권이 위임된다. 전문방송인 가운데서 선임되는 총국장은 영국을 움직이는 실력자의 한 사람. 그는 양심과 직업주의에 입각해서 BBC를 운영한다. 그의 휘하에는

BBC 각 분야별 책임자로 구성되는 운영위원회가 있다. 2만 4천 명의 방대한 조직을 움직이는 것은 바로 이 운영위원회이고, 최종 책임이 총국장에게 있다. 아마추어로 구성된 이사회가 프로로 구성된 운영위를 감독하는 것이다. 균형 견제의 관계이다.

1985년 8월 7일, BBC와 ITV의 뉴스가 24시간 파업에 들어간 계기는 총국장의 권한에 내무장관 레온 브리튼이 간여, BBC TV에 나갈 45분간의 다큐멘터리를 방영하지 않도록 종용한 데서 발단하였다. 그것은 영국의 고질병이라고 할 수 있는 북아일랜드 지역 분쟁을 다룬 것인데, 여기서 양측 극단파의 과격한 언동을 그대로 소개한 것이 말썽이었다. 「연합왕국의 '모서리에서'」라는 이 기록물에는 살인 테러를 서슴지 않는 아일랜드 공화군(IRA) 간부와의 인터뷰가 포함되었고, 그의 발언을 소상히 소개함으로써 살인단의 목적을 합리화시켰다고 비난, 치안유지의 책임을 지고 있는 내무장관이 BBC의 스튜어트 영 이사장에게 편지로써 이 프로가 방영되지 않았으면 좋겠다는 희망을 표시하였다. 내무장관의 공한을 접수한 이사회는 문제의 기록물을 직접 보고 검토한 끝에 내무장관의 요청을 7대 3의 표결로 받아들인 것이다.

굳이 따지자면, 내무장관이나 이사회가 법적으로 잘못한 것이 없다. 내무장관의 말에 일리가 있다고 이사회가 판단한 것이지, 압력에 굴복했다는 인상은 없었다. 그런 압력이 통하는 나라도 아니다. 다만 이사회는 BBC의 최고기관이고 보면 어쩔 수 없이 BBC 집행부는 그 결론을 따라야만 되는 것이다.

이에 BBC 운영위가 반기를 들었고, 이어 기자노조가 24시간 파업을 단행하였으며, 방송 뉴스는 BBC와 ITV밖에 없으므로 완전히 정지되었고, 이것이 영국사회를 발칵 뒤집고 말았다. 그들 주장은 BBC 이사회가 방영 전에 프로를 사전 심사한 것 자체가 전례 없는 편집권의 독립을 침해했다는 것과, 내무장관이 어떻게 프로 내용을 사전에 알아 사견으로 '공한'을 띄웠고 이에 이사회가 굴복했냐는 반론이었다.

기자노조 파업에 독립성 재확인

긴급 여론조사에 따르면 영국 국민은 7대 3의 비율로 BBC 노조의 파업조치를 지지하고 나섰다. 결국 내무장관은 BBC에 대한 정부의 "검열이 있은 일이 없고 앞으로도 있을 수 없다."고 공개적으로 BBC의 독립을 다짐하였고, BBC의 멜른 총국장은 BBC의 운영 책임은 총국장에 있다고 편집권의 소재를 분명히 하였으며, 문제의 필름은 테러행위를 정당화한 부분을 수정하여 얼마 후 방영키로 되었다. 서로 약간씩 양보해서 원만히 타협한 것이다. 며칠 동안이었으나 영국사회에 심각한 긴장이 고조되었다. 그러나 여기서 눈여겨 볼 것은 BBC는 독립성을 재확인하였다는 점이다. 실은 기자노조가 파업하던 날, 내무장관, BBC 이사회, 그리고 BBC 총국장 등이 두 시간 이상 구수회의를 열었는데, 멜른 총국장은 자리를 걸고 내무장관과 이사회에 저항하였다는 후문. 만일 여기에서 총국장이 양보했거나 아니면 압력으로 그만두는 일이 있었다면 사태는 어떻게 되었을까?

그것은 BBC의 위기가 아니라 영국정부의 위기로 비약했을 것이 뻔하다. BBC는 기자노조뿐 아니라 연예인 파업으로 파급될 것이고, 국민 여론이 BBC 편에 설 것이 확실하였음에 비추어 보수당 정부는 언론탄압의 누명을 쓰고 자칫하면 총선거로 몰고 가 국민의 심판을 받을 수밖에 없지 않았을까 생각된다.

BBC는 제도상 공영방송이다. 그러나 제도 그 자체도 중요하지만 더 중요한 것은 운영의 묘에 있다는 것을 밝혀주는 사건이었다.

결국, 제도 그 자체보다는 제도를 움직이는 정치문화에 따라 제도의 성패가 결판났다. 만일 우리나라처럼 부당한 명령이나 잘못된 결정일지라도 상부명령에 사족을 못 쓰는 사회라면 아무리 좋은 제도나 법률을 만들어놓아도 실행과정에서 유명무실하게 되고 만다. 우리나라 헌법이나 방송관계법에는 버젓이 표현의 자유가 보장되어 있고 뉴스의 공정성이 담보되어 있다. 그것을 짓밟는 규정이나 심지어 구두 명령에 대해 저항할 줄 모르고 유유낙낙해야 할 정치문화라면, 그런 풍토에서 자유나 민주주의는 결코 피어날 수 없다.

"자유는 오직 용기 있는 사람들만이 누리는 특권이다."

아테네의 철인 정치가 페리클레스가 2천 5백 년 전에 갈파한 명언이다.

요즘의 KBS에 대한 국민적 폭발적 저항운동은 밝은 내일을 기대할 수 있는 자각이며, 어쩌면 이 땅에서 자유와 민주주의가 쟁취될 수 있는 길이 열리고 있다고 높이 평가할 수 있지 않을까.

1986년 5월 부산문화

'관영방송 체제' 청산돼야

나같이 언론 하는 사람이 꺼내 인용하는 것이 좀 쑥스런 일이 될 수는 있겠으나 '신문 방송의 힘에 필적할 수 있는 것은 오직 원자탄의 위력뿐이다' 라는 말이 있다. 꽤 오래전에 읽었으므로 정확한 발설자가 누구였는지 그 이름도 생각나지 않지만, 언론이 하는 일의 값을 평가절하해서 남더러 좀 인정해 달라는 그런 언론인의 목소리가 아니라 어느 고명한 사회학자의 준엄한 말씀이었다는 것은 확실하다.

오늘날, 언론이 흔히 모멸의 대상이 되고 냉소의 존재가 된다. 그러나 현대사회의 언론의 역할과 그 위력을 제대로 알고 보면, 그런 모멸과 냉소는 곧 우리가 살고 있는 현대사회에 대한 것이 되고 만다는 것, 다시 말해 아무리 냉소할 존재일지는 몰라도, 우리 모두 그 지배하에 살고 있어 세상만사 언론 활동의 매개적 기능 없이 성립할 수 없다는 것이 그런 발언의 동기였다고 믿는다.

그렇다. 신문 방송 등 언론은 모든 사람에게 외부환경을 제공, 인식시키는데 결정적 위력을 갖는다. 객관적으로 '사실'이 있든 없든, 어떤 '사실'이 뉴스라는 이름으로 어느 한 사람의 머리에 도달하면 적어도 그에게 있어서는 '사실'이 되고 만다는 것, 반대로 그의 머리에 도달치 않으면 적어도 그에게 있어서는 '사실'이 아니라는 것, 매우 평범하지만 가공할 진리가 아니겠는가. 언론의 생명이 객관적 공정보도에 있는 것도 사실이지만 현실적으로는 '사실'의 주관적 취사선택으로 얼마든지 국민의 인식을 어떤 방향으로 잘못 끌고 갈 수 있다는 것을 주목해야 한다.

누구나 자기 머릿속에서 진실이라고 믿게 되면 실존 여부는 아랑곳없이 그에게 있어서는 실제의 세계일 수밖에 없다는 진리, 요제프 괴벨스는 이 평범한 그러나 중대한 이치를 누구보다 완벽하게 이해했고 탁월하게 실천한 선전의 명수였다. 그는 "뉴스는 조직되어야 한다. 뉴스는 정치적 목적을 추구하는 수단이어야 한다."라고 주장했다. 따라서 사실을 정면으로 뒤집은 거짓말, 어떤 사실을 의도적으로 강조하고 다른 어떤 사실은 묵살하는 '왜곡'이 판을 쳤고, 그것은 오직 정치권력의 판단에 따라 보도할 가치 있는 것만 보도케 하였다.

독일이 폴란드를 기습했을 때 괴벨스가 언론기관에 내린 보도지침에는 '전쟁'이라는 낱말을 써선 안 된다는 것이 있었다. 모든 국민을 국가이익이라는 간판 아래 집권자가 바라는 국가관 속에 묶어 모든 국민이 동일한 세계관을 갖게 하는 것이었다. 그것은 물리적 폭력과 쌍벽을 이룬 심리적인 폭력이다.

그러나 안타깝게 생각하는 것은 그런 획일주의가 나치스의 독점물만이 아니라 오늘날에도 수많은 좌·우파 독재체제가 이를 모방, 답습하고 있다는 현실이다. 부끄럽게도 우리나라 역시 이 점, 예외는 아니었다.

획일적인 보도는 심리적 폭력

특히 지난 7년간 두 관영방송이 조직적으로 뉴스를 조작하고 왜곡하고 그럼으로써 국민 여론을 오도, 타락시키고 민주주의와 민주주의를 위해 싸운 세력에 가한 잔인한 심리적 폭력은 결코 가볍게 보아 넘길 수 없다. 한마디로 악의에 찬 '거짓말' 방송을 규탄하는 소리가 멎지 않았으니, 오죽하면 KBS 시청료 거부 운동이 요원의 불길처럼 일어났던가. 오죽하면, 6월 항쟁 기간 성난 시위군중이 일부 방송국을 습격했을까.

나는 이른바 6·29조치 후, 방송 민주화의 목소리가 관영방송 안에서 드높아지고 있는 뜨거운 현실을 주목한다. "우리는 그동안 현실에 안주한 채 진실을 왜곡, 조작함으로써 전 국민의 여망을 외면해 왔음을 반성하며 이제부터 공정한 방송으로 국민의 눈과 귀가 되겠다."는 것, 남이 아닌 바로 현역 방송기자들이 지난 7월 13일 발표한 선언문의 한 구절이다. 그들은 또한 "앞으로 누가 집권하든 방송매체를 다시 사용화할 수 없음을 천명하며 대통령선거 등 향후 전개될 정치일정에 절대 공정, 불편부당의 보도 자세를 견지하도록 해야 한다."고 다짐하였다. 욕된 과거에 종지부를 찍고 깨끗한 새 출발을 선언한 것이다.

그러나 불행히도 두 공영방송이 젊은 기자들의 요구대로 공영방송에의 길을 획기적으로 걷고 있다고 보기 어렵다는 것 또한 부인할 수 없다. 체제의 개혁 없이 기능의 개혁을 기대할 수 있는가.

관영방송 안의 자정의 목소리

나는 '누가 집권하든'이라고 말하기 전에 지금 당장 공영체제가 구축되어야 한다고 믿고 손쉽게 구축할 수 있다고 생각한다.

여당의 대통령 후보는 이미 '6·29선언'으로 언론의 자유를 기약하였고 국민에게 자유롭고 공정한 정부 선택권을 보장하였다. 그것이 단순한 공염불이 아니고, 그것이 만일 집권세력의 복선 없는 진의의 표시라면, 이미 시작된 민주화 일정 및 다가올 선거전에 공정·정직을 기할 수 있는 공영방송체제 구축에 반대할 까닭이 없을 것으로 믿기 때문이다.

우선 당장에 여야 협상으로 공영임시조치법 같은 것을 만들어 두 공영방송의 운영이 문공부 장관 감독이 아니라 여야는 물론 각계각층의 대표로 구성되는 자율적 독립기구의 지배하에 들어가야 한다. 나는 민정당이 정말 자유롭고 공정한 선거를 실시하겠다면, 그리고 '6·29선언' 구현에 국민적인 신임을 얻겠다면 가장 현실적이고 가장 획기적이며 가장 용기 있는 구체적인 행동으로 '방송공영화임시조치법'을 앞장서 제정하는 것이라고 고언하고 싶다.

다시 한 번 힘주어 말한다. 방송 신문의 위력이야말로 원자탄의 그것에 비길 수 있다고. 미국에서의 통계지만 누구나 태어난 지 석 달부터 텔레비전을 보기 시작해서 고등학교 졸업할 때까지 텔레비전 수상기 앞에서 2만 2천 시간을 보낸다. 대조적으로 선생님 앞에서 보내는 시간은 1만 2천 시간밖에 안 된다.

우리도 이미 수상기 보급률 95%의 사회이고 보면, 미국의 통계와 대동소이하지 않을까. 텔레비전의 막강한 위력을 암시하는 것이고 보면, 선거 등 큰 사회변동을 앞두고 방송매체의 정직성, 공정성이 제도적으로 확립되지 않는 한 공명선거는 한낱 연목구어(緣木求魚)가 된다는 것을 경고하고 싶고, 따라서 명실상부한 공영체제로 고치는 것 이상으로 더 다급한 일이 어디에 있겠는가를 반문한다.

1987년 8월 동아일보

텔레비전과 정치

　1968년 이른 봄 미국 조야는 벌써 5년째에 접어든 베트남전쟁에 골머리를 앓고 있었다. 아직 존슨 대통령은 전쟁에 이길 수 있다고 믿고 있었고, 이기지 않으면 안 된다고 믿고 있었다. 그러나 존슨 대통령이 좋아하는 언론인인 월터 크론카이트는 생각을 달리하고 있었다. 그때의 미국 여론을 주름잡은 CBS 뉴스의 앵커맨이었던 크론카이트의 판단으로는 전쟁에 이기고 있다는 미국 정부나 사이공 정부의 발표문이 몹시 미심쩍었다. 과연 현지 군 지휘관들의 보고를 믿을 수 있느냐는 짙은 회의에 싸였다.

　마침내 그는 몸소 전투현장을 찾았다. 자신의 눈으로 보고서 상황을 똑바로 판단하고 싶었기 때문이다. 그가 베트남에서 돌아온 다음에 CBS 텔레비전 방송망은 그의 '특별보고'를 방영하였다. 말할 나위도 없이 존슨도 크론카이트의 이른바 '특별보고'를 시청하였는데, 이 프로그램에서 크론카이트는 전쟁은 이미 피비린내 나는 교착상태에 빠져들었고 군사적인 승리 또한 기대할 수 없다는 판단을 내렸다. 그리고 그는 다음과 같은 결론을 내렸다.

"전투현장을 찾아본 기자에게는 한 가지 확신이 있습니다. 유일한 합리적인 해결책은 협상하는 것뿐입니다. 그나마 승리자로서 협상하는 것이 아니라 민주주의 수호라는 공약을 이행하는 일에 최선을 다해 명예로운 사람으로서 협상하는 길밖에 없습니다."

크론카이트의 단안을 침통하게 듣고 있던 존슨 대통령은 옆에 앉았던 보좌관에게 중얼거렸다. "다 끝났어, 다 끝났어."라고.

최초로 앵커맨이 전쟁 종료를 선포

존슨은 여론조사 결과에 늘 강한 신뢰를 두는 정치인이었고, 여론의 동향에 누구보다 예민하게 대응하는 지도자였다. 그는 얼마 전의 여론조사에서 크론카이트가 미국 국민에게 '사실대로 말하는 것'으로 미국의 어느 누구보다 국민의 신망을 얻고 있었음에 유의하지 않을 수 없었다. 국민이 손수 뽑은 대통령보다 더 국민의 지지를 받고 있는 언론인이었다. 더구나 존슨 대통령의 대변인이었던 빌 모이어즈가 나중에 털어놓은 이야기는 이 사실을 잘 뒷받침해준다.

"우리는 크론카이트가 미국의 다른 어느 누구보다도 미국 국민한테 권위 있다는 사실을 알고 있었다. 그러기에 존슨은 본능적으로 크론카이트의 결론이 미국 국민의 결론임을 알아차린 것이다."

다시 말해 월터 크론카이트의 생각으로 전쟁이 희망이 없는 것이라고 판단되었다면, 미국 국민들도 그렇게 생각할 것이 뻔한 노릇이니, 이제는 절망적인 전쟁을 거두어버리는 일만이 남아 있다는 것이다. 크론카이트의 텔레비전 프로그램이 방송으로 나간 지 몇 주일 뒤에 존슨 대통령은 텔레비전 화면에 나타나, 북베트남에 대한 공중 및 해상공격을 중단한다고 발표하기에 이르렀다. 아울러 그 유명한 텔레비전 연설에서 존슨은 그 해 11월에 있게 될 대통령 선거에 재출마하지 않겠다고 선언하였다. 이로써 베트남전쟁은 '앵커맨이 전쟁 종료를 선포한 사상 최초의 전쟁'으로 기록되었다. 여기서 주목할 것은 크론카이트의 단안이 있을 때까지 텔레비전이 인식하고 있던 전쟁의 진상, 그러니까 크론카이트가 가졌던 인식과 미국 대통령이 받고 있던 현지보고와는 흑과 백이라는 인식의 차가 있었다는 것이다. 그리고 베트남전쟁에 있어 베트남 현지 말고 워싱턴의 정치에서 크론카이트와 텔레비전 쪽이 이긴 셈이다. 그만큼 텔레비전은 정치적으로 막강한 위력을 발휘하고 있었다.

더구나 텔레비전이 전하는 메시지를 거부하고, 비판하고, 수정할 수 있는 견제장치가 거의 없거니와, 정치를 다룬 프로그램에서는 더욱 그러하다. 특히 텔레비전 뉴스 한 건을 내보내는 시간은 평균 1분 안팎에 불과하고 길어보았자―그것도 매우 드문 사례지만―고작 2분을 조금 넘을 뿐이다. 이것은 방송매체가 지닌 한계성을 가리키는 것이기도 하다. 다시 말해 텔레비전 뉴스는 '헤드라인 서비스'에 지나지 않는다는 결론이 나온다. 사실 텔레비전은 활자매체처럼 기사에 따라 심층보도나 해설보도를 할 수 있는 가능성이 훨씬 더 제한되어 있다. 그뿐만 아니라 그 짧은 1, 2분 동안의 방영에 비치는 화면은 실제로 촬영한 필름의 몇십 분의 일밖에 안 된다. 그러니 뉴스 보도와 그 그림을 선택하고 편집하는 데에 아무리 객관적인 기준을 적용하더라도 주관적인 판단이 강하게 작용할 수밖에 없다는 것이 텔레비전이 지닌 생래적 속성이다.

그 효과는 어떠할까? 그림이 없는 라디오 매체나 소리가 없는 신문 매체와는 달리 말과 소리, 그리고 움직이는 그림이 한데 어우러진 삼위일체가 주는 텔레비전의 생생한 현장감이야말로 단연코 시청자의 관심을 휘어잡는다. 그나마 앞서 지적한 대로 전후좌우를 살피고 완급과 경중을 조절하는 포괄적인 뉴스 보도가 어려운 것이 텔레비전의 속성이고 보면 단편적으로 시청자의 머리에 도달하는 영상은 시청자에게 곧바로 확실한 진리로 굳어지기 쉽다. 따라서 아무리 우수한 텔레비전 저널리즘도 실제의 현실을 실상 그대로 전달하기는 불가능한 일이다.

체제의 개혁 없이는 기능 개혁 못해

더구나 저널리스트가 원한다면, 사실을 사실대로 전하는 체하면서도 얼마든지 거짓말을 하거나 왜곡보도를 진행시킬 수 있고, 그가 원하는 가치판단을 시청자에게 주입시킬 수 있다. 한마디로 무서운 무기라고 말하지 않을 수 없다. 그만큼 직업에 따르는 수칙이 더욱 중요시되겠다. 다시 말해 '공공의 관심, 편의 및 필요' 라는 대원칙에 입각한 방송이어야 하고, 특히 정치보도에서는 이른바 '균등기회의 법칙'과 '공정성의 원리' 가 강조되어야 하겠다. 전자는 선거 같은 때에, 경쟁하는 쌍방에 균등한 시간을 할애하여야 한다는 것이고, 후자는 뉴스 보도나 논평에서 관련된 모든 당사자의 입장과 견해가 균형 있게 반영되어야 한다는 것이다. 월터 크론카이트는 CBS 앵커맨으로서 위에 든 원칙을 준수하면서 '사실대로 말하는 것' 으로 시청자의 신망을 쌓아 올린 산 표본이었다.

우리의 경우에, 지난 7년 동안에 부끄럽게도 텔레비전이 집권세력을 옹호하면서 허위 과장 왜곡을 일삼았던 것을 부인할 수 없다. 그런데 그 부끄러웠던 '공영방송'이 이른바 6·29선언 뒤로 봇물처럼 터진 민주화 요구에 슬며시 올라타 방송민주화와 편성권의 독립을 외치고 있다. 소유, 운영, 방송내용 따위의 모든 면에서 진정한 공영방송이 되어야 한다는 주장이다. 아울러 8월 중순부터는 일부 프로그램의 방영 시간대를 바꾸고, 토론 프로그램을 신설하고, 소재의 영역을 확대하여 방송 제작 방향을 바꾸면서 자구책을 구하려고 안간힘을 쓰고 있다. 그러나 깨끗한 새 출발을 선언한 것까지는 나무라지 않겠지만 체제의 개혁 없이 기능의 개혁을 기대할 수는 없다는 사실에 귀 기울여야 할 것이다.

이제 우리는 바로 그 '체제의 개혁' 앞에 서 있다. 그리고 체제개혁의 노정에서 치러야 할, 민주화의 갈증을 풀어줄 민주헌법의 채택과 대통령 선거에 임하는 공영방송의 자세는 '참된 새 출발'의 시금석이 될 것이다.

과연 막강한 힘을 가진 KBS와 MBC, 두 방송이 그 과정에서 균등기회의 법칙과 공정성의 원칙을 준수하여 '사실대로 말하는' 전통을 세워나갈지 주목된다. 바로 이것이 민주화의 성패를 가늠할 척도가 되기 때문이다. 따라서 그 선행조건으로서 마땅한 '참된 공영화'를 뒷받침해줄 획기적인 법적 조처가 다급하다고 하겠다.

1987년 9월

깨끗한 언론을 위하여

　언론이 행사하는 막강한 힘을 극명하게 표현한 것, 언론인을 가리켜 무관의 제왕이라고 말한다든가, 언론의 위력을 원자탄의 그것에 비유하는 연유는 바로 언론인이 행사하는 '선택'의 힘을 말한다. 바로 '선택'의 힘으로 사실을 사실 아닌 것으로, 사실 아닌 것을 사실로 만드는 마술사 같은 기능을 부리는 것이다. 다음은 언론인으로 출발하여 신문학자가 된 벤 바지키안의 말이다.

　"옛날에는 승려와 제왕이 백성들이 무엇을 들어야 하는가를 결정하였다. 지금은 매스미디어의 주인이 바로 그 역할을 맡는다. 인간이 더욱더 상호 의존하는 대중으로 집합함에 따라 커뮤니케이션의 힘이 더욱더 커진다. 50명의 사람들이 자주 만나는 고립된 촌락에서 산다면 그 지역사회에서 일어나는 일은 어느 공식매체를 통하는 것보다 대면적(face to face) 접촉을 통해서 훨씬 더 효과적으로 인지할 수 있다. 그러나 2억이라는 자아의식이 강한 사람이 모여 사는 나라에서는 뉴스를 수집, 전달하는 기관의 힘이 무한정 커진다."

브러커나 바지키안의 말은 일찍이 월터 리프먼이 『여론』이라는 저서에서 '유사 환경'과 '실제 환경'을 구분한 것과 궤를 같이한다. 사람은 누구나 실제 환경에 의한 직접적이고 확실한 정보에 입각해서 행동하는 것이 아니라 언론매체가 제공한 공공의 일에 관한 관념적인 유사 환경에 적응한다는 것, 객관적이고 실존하는 세계에 적응하는 것이 아니라 언론매체가 선별해서 재구성한 대용품의 세계가 전개된다는 것이다.

그런데 사회가 발달하면 할수록, 유사 환경에 적응하는 비중이 결정적으로 커진데 반해서 언론매체가 대량전달기관으로 발전함에 따라 그러한 매체를 만들고 유지할 수 있는 사람의 수와 언론매체를 이용하는 사람의 수는 적어진다. 물론 선진자본주의 나라에서의 이야기지만 우리나라의 경우 신문발행에 대한 통제가 철폐됨에 따라 언론매체의 수가 급증하였고 거기에 종사하는 언론인의 수가 따라서 급증하였으나 실제로 국민 여론을 좌우하는 영향력 있는 매체의 수는 독과점 상태에서 크게 벗어나지 못하고 있다.

여하한 경우에도 언론직 종사자 즉 기자, 데스크, 편집간부 등 저널리스트가 여론형성과 계도에 있어 행사하는 막강하고 마술적인 힘은 선진 산업사회에서의 그것과 대동소이하다고 말할 수 있다. 그만큼 그들에 부과된 도덕적인 품성과 윤리와 책임 또한 정비례해서 막중하다고 지적하여야겠다.

고전적인 뜻에서 언론의 자유는 정치권력으로부터의 자유 그리고 독립을 뜻하였다. 경제체제에 있어 자유방임하는 시장경쟁원리와 흡사하였다. 권력 관여만 없으면 언론은 자유롭게 돼서 그 자체는 물론 사회 공익에 공헌할 수 있는 것이었다.

그러나 오늘날 일반 시민은 형식상 언론의 자유를 누려도 자기 의견을 발표하기 위하여 신문을 발행할 수도 없고 독과점의 매체에 접근할 수도 없다. 언론의 자유란 그들에 있어 공소한 자유로 격하된다. 여기서 매스커뮤니케이션 매체는 자진해서 정보 및 논평의 운반자로서 누구에게도 독점될 수 없고 누구에게나 다 같이 이용되는 사회적 책임을 수락하여야 한다는 이론이 성립한 것이다. 일부 급진적인 이론가들은 공영신문 또는 공공지배하의 매스커뮤니케이션만이 이러한 사명을 다 할 수 있다고 주장한다.

상업지 혼란 막는 공영신문제도 필요

윌리엄 호킹 같은 철학도는 매스미디어를 소유 경영하는 기업가들이 신문의 공공 기능을 자각하여 자기의 주장과 태도에 반대되는 처지에 있는 자에게 발언할 기회를 주어 공중의 주의를 끌 만한 의견과 보도를 차별 없이 해주어야 한다고 주장하고 신문의 공적인 기능을 민간인 경영의 사학재단에 비하고 있다. 그렇게 되면 신문은 개인의 이익 또는 야심에 좌우됨 없이 공익의 입장에서 운영될 것이며 정부는 공익보호라는 견지에서 예외적으로 개입할 수 있게 법적인 조치를 취할 수 있다는 것이다. 이러한 착상을 좀 더 진보시킨 것이 공영신문제도(public paper system)이다. 오늘날 초등교육은 민주정치의 성공을 위해서 사활적인 것이기 때문에 개인의 재력이나 견지에 맡겨둘 수 없고 따라서 전 국민의 납세를 통해 의무교육을 실시하고 있다.

이와 같은 착상에서 신문기능이 민주적 사회의 원만한 발전을 위해서라면 또한 모든 시민이 책임 있는 정보를 얻기 위해서라면, 정부가 지배하지 않는 가운데 진정한 언론인에 독자적으로 맡겨진 공영신문이 필요하다는 것이다. 공영신문을 통해서 언론기관의 상업적 언사에 현혹됨이 없이 질이 높고 공정한 신문을 다 같이 볼 수 있어 상업지의 살인경쟁으로 말미암은 사회적 혼란을 저지할 수 있다는 것이다. 간과해서 안 될 점은 호킹은 일방으로 공영신문 제도를 제기하면서도 사기업 민간신문이 공공의 이익을 위하여 최대한으로 기여할 수 있으므로, 즉 정부가 무엇을 숨겨두는 일이 없도록 감시하는 역할을 담당하여야 한다고 주장했다는 점이다.

1933년 노벨평화상을 받은 바 있는 영국의 신문인 노먼 에인절(Ralph Norman Angell) 경은 다년간의 풍부한 신문경험을 회고하는 결론에서

(1) 저널리즘을 변호사, 의사 등과 같이 면허제로 할 것

(2) 국가가 신문을 발행하되 정부운영이 아니라, 공정한 보도를 목적으로 정부에서 독립한 신문인 사법부에서 운영하여 공공기능을 발전시켜야 한다고 주장하였다. 그는 이에 사단법인체이고 책임 있는 보도, 높은 교양을 제공하고 있는 BBC와 같이 운영되는 신문이 이윤에 관계없이 상업신문의 횡포를 견제할 수 있다고 생각하였다.

그러나 언론인을 국가면허제로 한다는 것, 그리고 국민의 세금으로 공영신문을 발간한다는 것 등 급진적 아이디어는 한낱 탁상공론으로 거론되었을 뿐이다. 제2차 대전 후 영국노동당이 집권하여 혁명적 사회개혁을 단행했을 때에도 이를 실천에 옮기지 못하였다. 한마디로 그것은 '뿔 고치려다 소 죽이는 꼴'이 될 우려가 크기 때문이다. 그 대신 영국에서는 제2차 대전 후 세 차례에 걸친 '왕립조사위원회'가 구성되어 언론기업의 소유형태, 언론매체의 운영실태, 언론의 공과 등을 조사 분석하였으나, 언론의 감시기구로 언론계

와 비언론계의 대표로 구성된 '언론평의회'를 조직하여 잘잘못을 가리고 언론기업의 독과점 규제가 강화되었을 뿐, '언론의 공영화' 움직임에는 진전된 것이 없다.

결국 언론매체와 언론매체를 움직이는 언론인들의 자율규제로 돌아간다. 타율규제라면 그것은 외부에서 오는 제약, 법적 규제와 정부의 압력을 뜻한다. 물론 언론기업의 창설부터 시작하여 기업적 운영은 물론 편집, 제작에 대한 법적 규제는 자유언론이 보장된 민주주의 국가에서 있을 수 없다.

자율규제와 신문윤리강령의 실천

다만 언론이 개인의 명예와 권리와 충돌할 경우, 사회의 미풍양속과 도덕 가치를 침해할 경우, 자유가 국가의 안정을 명백하고 긴박하게 해치는 경우, 대체로 이 세 가지 영역에서 언론의 자유는 법률적인 제약을 받는다.

그러나 국가가 법의 이름으로 강요하는 타율적 제약은 적을수록 자유와 자율의 폭은 넓어진다. 그것은 절대로 필요하다. 언론의 자유는 그 자체가 소중하지만 정치, 경제, 학문, 사상 등 다른 모든 자유를 촉진하고 보호하는 핵심적인 자유이기 때문이다. 이렇듯 핵심적 자유를 되도록 제약하지 않고 언론의 자유의 본질을 유지하려면 결국 언론매체와 언론인의 윤리에 기대할 수밖에 없다. 윤리는 법과 달리 개인적인 것이고 자율적인 것이다. 개개인이 자진해서 사회적 책임을 다하는 것이다.

신문윤리에 관해서 선두를 달린 것은 미국이었다. 미국 자본주의가 난숙기에 들어선 20세기 초를 전후해서 자본가들의 탐닉, 부정, 부패가 전성기를 이루었듯이 언론과 언론기업의 부정, 부패 역시 절정을 이루었다. 특히 언론의 상업주의가 고도의 선정주의를 조장하여 이른바 옐로우 저널리즘으로 타락하였다. 보다 많은 독자, 보다 많은 부수, 보다 많은 이윤을 거두는 데 수단 방법 안 가리는 부도덕이 하늘을 찔렀다.

당연히 사회적 비판의 소리가 일어났고 언론계 안에서도 자정 자각의 소리가 높아져 주마다 신문윤리운동이 벌어져 1923년에 미국신문편집인협회가 언론윤리강령을 제정하였다. 국가단위로 태어난 첫 번째 윤리강령이고 그것이 모델이 되어 세계 여러 나라에 보급되었다. 우리나라도 1957년에 이를 모방한 신문윤리강령이 채택되었고 1981년에 신문윤리실천요강이 채택되고 신문윤리위원회를 구성하였다.

미국의 윤리강령은 ① 책임 ② 신문의 자유 ③ 독립 ④ 성실과 진실과 정확 ⑤ 공정 ⑥ 페어플레이 ⑦ 품위 등 7개 항목으로 되어 있다. 이것을 모델로 한 것이지만 한국 언론계가 1957년에 채택한 신문윤리강령도 ① 자유 ② 책임 ③ 보도와 평론의 태도 ④ 독립성 ⑤ 타인의 명예와 자유 ⑥ 품격 등을 골자로 하는 언론활동의 지침을 내리고 있다. 그러나 1957년 한국의 언론계가 신문윤리강령을 채택하였을 때 언론은 가부장적인 이승만 정부의 통제를 받고 있을 때였다. 원천적으로 언론의 자유가 제약되고 있을 때고 보면 어느 정도는 자구의 수단으로 채택한 것이다.

1960년 4·19혁명으로 이승만 독재가 붕괴되고 정치적인 자유가 완벽하게 보장되고 언론의 자유가 만발하는 시대가 열렸다. 그러나 자유는 곧바로 방종으로 연결되었다. 자유는 좋은 것이 될 수 있고 나쁜 것이 될 수 있다. 하지만 우리의 경우 불행히도 후자가 두드러졌다. 악덕 언론의 발호로 사회적 비판이 일어나는 가운데 언론계 안에서 자정의 소리가 높아졌는데 5·16군사 쿠데타가 일어나 언론은 다시 정치권력의 노예로 전락한다. 그럼에도 불구하고, 아니 5·16이 계기가 되어 신문윤리기구가 생겼고 언론계는 '신문윤리실천요강'을 채택하였다. 타인의 명예와 자유, 품격 등을 부연 설명함으로써 책임과 윤리적인 의무를 강조한 것으로 다분히 군사정부의 통제를 자율규제의 이름으로 회피하자는 동기였다.

자유는 좋은 것일 수도 나쁜 것일 수도

신문윤리강령과 이를 보완하는 신문윤리실천요강까지 제정한 나라는 없다. 그러나 내실이 다져지지 않는 한 선언적 간판이 아름답다 해도 별 뜻이 없다. 30년의 군사통치가 끝난 6·29 이후 언론의 자유는 크게 진전하였다. 언론매체를 발간할 수 있는 자유, 뉴스원에 접근할 수 있는 자유, 취재한 내용을 전달할 수 있는 자유, 의견을 발표할 수 있는 자유 등에 코페르니쿠스적 전환이 있었다.

그렇다고 자유가 반드시 선을 가져오느냐 아니면 악을 조장하느냐를 성급하게 결론을 내릴 수 없는 중대한 실험단계에 있다. 구조적으로 언론기업은 대체로 현상유지의 편에 서서 기득권 옹호와 스스로의 경제적 이익에 치우치기 마련이다. 때로는 객관성, 공정성과는 거리가 먼 허위 내지는 왜곡 보도로 건전한 여론 형성을 거역하고 공중의 도덕을 위태롭게 하는가 하면, 프라이버시를 침해하고 피상적이고 센세이셔널한 것을 많이 다루고 있다는 비난도 있다.

언론기업이 지니는 구조적 제약을 어떻게 극복하여 공적 기능을 부각시킬 수 있을지는 앞으로 자유사회가 안고 있는 어려운 숙제이다. 예컨대 재벌기업으로 하여금 언론매체를 소유할 수 없는 법적 제한을 강화한다든가, 영향력이 막강한 방송매체를 자유방임의 사기업으로 둘 것인지, 아니면 영국의 BBC처럼 국영이면서 '진정한' 공영제로 할 것인지 아니면 영국의 ITV처럼 '민유공영'으로 할 것인지 이 모든 것에 대한 지혜로운 방향이 설정되어야 한다. 아마도 미국에서 성공한 대로 민간주도로 또는 언론계 발의로 이 나라 최고 지성인들로 '언론자유위원회' 같은 것을 구성, 장기적인 위상정립을 위촉할 수 있고 영국에서 세 번에 걸쳐 실시한 왕립조사단 식으로 국회가 주도하여 우리 언론 현실을 진단하고 적절한 처방을 내릴 수 있을 것이다.

그러나 당장 시급한 것은 언론인들의 의식혁명이다. 언론매체라고 말하지만 언론매체를 실제로 움직이는 것은 사람, 그러니까 언론기업에 종사하고 있는 언론인 아니겠는가. 결국 언론의 막강한 힘을 행사하는 것은 궁극적으로는 언론기업을 소유하는 발행인에 있고 편집책임을 위임받은 편집인에게 있는 것이 사실이지만 현실적으로 그들은 기본 방침과 노선을 정하고 감독하는 사람들이다. 실제로 지면을 어떻게 꾸미고 무엇을 싣고 버리느냐 등 기사의 취사선택과 대소 농담을 결정하는 것은 주로 실무편집자와 기자들이다.

언론종사자의 윤리를 논할 때에는 신문 방송 자체의 윤리성이 전제가 된다. 언론사의 기본 제작방침 말이다. 공적 성격이 강조되는 고급지냐 상업성 본위의 대중지냐 등 언론 하는 목적이 우선 윤리적이어야지, 언론직 종사자만이 윤리적으로 깨끗할 수 없다. 다만 언론매체가 지니는 상업성 등 구조적 문제는 제쳐놓고, '언론직 종사자의 직업윤리'로 좁혀 검토할 적에는 우선 저널리즘이 과연 전문업(profession)의 범주에 들어가느냐가 문제점으로 제기된다.

고도의 훈련과 윤리로 무장한 전문업

일찍이 서구에서 발전시킨 전문직의 개념은 의사, 법조인, 성직자 등을 두고 한 말이다. 의사는 인간의 신체를 다룬다. 법조인은 인간의 행동을 다루고 성직자는 인간의 정신세계를 다룬다. 우선 모든 사람이 필요로 하고 모든 사람을 섬긴다는 공통분모를 갖고 있다. 공통분모는 더 중요한 데 있다. 그들은 다 같이 고도의 직업적 기량을 배우고 익혀야 한다. 동시에 그들은 스스로의 이윤추구보다는 남을 위하여 봉사하는 높은 윤리의식과 책임감을 갖추어야 한다.

따라서 그들은 상당한 기간 고도의 전문교육을 익혀야 하고 일정한 기준에 따라 자격을 받아야 하고 직업인으로서의 윤리강령을 어겼을 때 자격을 정지 또는 박탈당하는 것이 특색이다. 실로 중세 유럽에서 '대학'이 탄생한 것은 이러한 전문업에 진출할 인재를 양성하는 데 그 동기가 있었다.

오늘날 언론업의 중요성에 비추어 그것은 마땅히 전문업으로 규정될 수 있다고 본다. 때로는 의사, 변호사, 성직자가 각각 행사하는 기능을 다 합친 기능을 맡는 것이 저널리즘이라고 말할 수 있다. 국민의 정신세계를 좌우하고 국민의 생명과 국가의 안위, 세계의 평화에 중대한 영향을 미치는 직업이다. 그렇다면 고도의 훈련과 고도의 윤리의식으로 무장되어 있어야 한다.

그러나 현실적으로 저널리즘의 폭은 넓고 저널리스트의 종류나 능력도 천

차만별이다. 뿐만 아니라 신문업에 관한 한 출발부터 공적 성격과 더불어 영리적 성격을 띠고 있다. 가내수공업 시대에서 그러했지만 대기업으로 발전함에 따라 영리적 성공 없이 경제적으로 독립할 수 없고 그것은 곧 누군가에의 예속을 뜻한다. 반면에 상업적으로 성공하려면 뉴스는 보다 많이 팔리는 상품으로 변질되고 만다. 이것은 반드시 언론의 저질화를 말하는 것이 아니다. 공적 성격이 강한, 그런 언론매체를 요구하는 고객이 많을 적에 당연히 고급 언론이 나올 수 있다. 거시적으로 보아 어느 국민이든 그들의 수준에 알맞은 언론매체를 갖기 마련이다.

요컨대 언론업을 다른 전문업처럼 일정한 기준이나 틀 속에 넣어 획일적인 정의를 내릴 수 없다는 데 문제가 있다. 그렇기 때문에 고도의 기술, 고도의 윤리의식을 필요로 하면서도, 누구에게나 분명한 행동 강령이나 기술의 수준을 적용시킬 수 없다.

그럼에도 불구하고 윤리적으로 저널리스트에게 요구되는 기본적인 직업적 필수조건이 있다. 가령 억강부약하고 공명정대한 자세라든가 신의가 있다든가를 말할 수 있다. 그중에서도 특히 정직성(integrity)을 들고 싶다. 그들이 옮겨주는 뉴스가 진실성을 토대로 하지 않는다면 대중이 판단할 자료로서 아무런 가치가 없을 뿐 아니라 대단히 해로운 것이 되고 만다. 언론직 종사자의 첫 번째 사명이고 가장 중요한 사명은 뉴스를 때 묻히지 않고 옮겨주는 뉴스의 순결성을 유지하는 것이다. 바로 진실의 추구에 있다. 진실의 보도는 정확해야 하고 객관적이어야 하고 공정하여야 한다.

그리고 이러한 사회적 기능을 담당하는 데 있어 직업적인 기량에 앞서 필수불가결한 것이 정직성을 바탕으로 하는 윤리의식이다.

촌지와 기자단 제도로 윤리 의식 마비

이 점 우리 언론계는 너무나 개선할 여지가 많다. 이른바 '촌지'라고 불리는 반직업적, 반윤리적 행위가 오랜 세월에 걸쳐 관행화되어 지금은 국제적인 조소거리가 되었다. 그것은 따지고 보면 독재체제가 언론통제의 수단으로 시작한 것이고 생활이 어려웠던 시절, 사이비 언론인이 적극 동조하여 성장한 것이다. 그러나 해괴한 것은 언론인의 정상적인 급여가 만족할만한 단계를 넘어섰는데도 '촌지'라는 낱말이 국제적으로 보도될 정도로 제도화된 것은 무슨 까닭일까. 그 하나는 「뉴스위크」지가 옳게 지적한 것처럼 그것은 '또 다른 형태의 언론통제수단'으로 뉴스원 속에서 악용하고 있기 때문이고 언론인 스스로 여기에 대한 죄의식이 없을 정도로 윤리의식이 박약해졌기 때문이다.

작년 봄 한국의 언론현황을 시찰한 국제기자연맹 대표들은 『한국의 언론자유』라는 소책자에서 "촌지를 받는 관습과 언론인이 누리고 있는 다른 특권들은 널리 알려져 있고 뉴스매체에 대한 대중의 신뢰의 결여를 조장한다."고 지적한다. 이 보고서는 촌지제도가 배타적인 '기자단' 제도와 연계되어 있어 "기자단장의 책임 가운데는 흰 봉투를 단원들에 나누어주는 것이 들어있는데 그것은 유리한 기사에 대한 감사의 표시이거나 더 중요한 것은 공공의 영역에서 불리한 기사가 안 나오도록 막는 것"이라고 말하였다. 이 보고서는 어느 한 편집자가 "촌지를 받고서도 보도하고 편집하는 데 책임 있게 할 수 있다."고 말했다는 것이고 촌지의 수수가 그의 신문윤리와 타협하는 것이 아니라고 주장했다고 부연하였다. 이것은 우리 언론계 일부가 얼마나 윤리의식이 마비 상태에 있는가를 단적으로 표시한다. 우리 신문윤리실천요강은 '품격'란에서 "신문은 그 품격을 유지하여야 한다. 특히 강자에 영합하는 모든 언동을 피해야 하며 물질적 정신적임을 막론하고 뇌물을 요구하거나 받아서는 안 된다."고 못 박고 있다.

돈이 오는 데서 명령이 온다. 뉴스원에서 돈을 받으면서도 그것을 거의 정기적으로 그리고 집단적으로 받아 분배하면서 어떻게 거기서 일어나는 뉴스를 정직하게 보도할 수 있겠는가.

다행히 작년 가을 보사부 기자단의 '1억 원 촌지 사건'을 계기로 주요 신문사의 기자들이 '자정 의지'를 성명하고 기자단 탈퇴를 결의하고 그것을 대대적으로 지상에 보도하였다. 바람직스런 개혁의 제일보(第一步)였다.

한국 언론은 6월 항쟁이 거둔 승리로 자유를 회복하였고 양적인 면에서 크게 신장하였다. 신문의 수가 몇 배로 늘었고 신문의 면수 역시 몇 배로 늘었으나 질적인 측면에서 상응하는 발전이 있었는지는 주의 깊게 따져 볼 일이다. 특히 정직성에 입각한 진실의 보도 등 언론계 스스로 설정한 윤리강령이나 실천요강의 행동지침에 걸맞게 행동하고 있는가에 대해서는 살펴볼 일이다. 언론인 스스로 집단적인 부패관습에서 완전히 풀려났는지 심각하게 자문자답하여야 한다. 높은 긍지와 자부심으로 언론의 기본원칙을 지킴으로써 취재원과 일반 국민의 신뢰를 회복할 수 있느냐는 소중한 언론의 자유를 계속 누릴 수 있느냐에도 관련성이 있다. 그러한 목적으로 몇 가지 실제적인 제안을 시도하고 싶다.

- '깨끗한 언론'을 향한 자정 운동이 구체적으로 전개되어야 한다. 촌지 거부운동은 확산되어야 하고, 취재원에서 제공하는 촌지뿐 아니라 기타 어떤 명목의 특혜를 거부하는 도덕적 용기가 되살아나야 한다. 부패의 온상인 출

입기자단은 해체되어 뉴스원이 모든 언론인에 개방되어야 하고 기자를 반드시 한 부처에 고정 배치하는 제도를 재고해야 한다. 교통문제 전문기자라면 교통부, 서울시, 서울시경 등 관련 부처를 드나들어 종합 취재하는 제도가 바람직스럽다.

모든 특혜 거부하는 도덕적 용기 절실

– 언론기관이나 언론인의 비리 역시 다른 언론매체나 언론인의 취재대상이 되어야 한다. '동업자' 의식에서 언론매체의 허물을 눈감아주고 은폐하는 한 언론계의 부정부패는 견제할 길이 없다. 언론이 다른 모든 영역을 감시 견제하면서 스스로의 부정 비리만 감싼다면 지극히 위선적이고 사직당국의 사법 처리를 자초하는 것이다. 그것을 피하자면 결국 정부권력과 유착관계를 맺어야 한다는 이야기가 된다. 결국 정부권력에 대한 비판적인 입지를 포기하게 된다.

– 독자의 반론권을 언론사가 권장함으로써 자정노력을 벌여야 한다. 마감시간에 쫓겨 불완전하고 미확인된 기사가 나갔을 경우, 당연히 시정되어야 하고 오보로 인한 피해를 충분한 정정보도로 보상하는 관례를 정착시켜야 하고 독자의 비판과 반론을 눈에 띄게 싣는 도덕적 용기가 있어야 한다.

– 옴부즈맨(ombudsman) 제도의 도입이 고려되어야 한다. 일종의 민원조사담당으로 스칸디나비아 언론에서 시작, 구미 여러 나라의 책임 있는 언론매체가 활용하는 제도이다. 첫째 기능은 독자의 항의를 접수 처리하고, 둘째로는 내부적으로 신문의 품위, 언론인의 잘잘못을 비판하여 대내적으로 회람

시키고, 셋째로는 언론매체의 임무수행에 대한 비판적 칼럼을 정기적으로 싣는 것이다.

─ 언론인에 대한 촌지 내지 기타 특혜를 정부와 기업 등 취재원에서 단호히 없애야 한다. 그리고 누구나 언론인 측이 신문 윤리를 어겼을 때 당사자에 항의하고 관련 기구에 고발하는 용기가 있어야 한다. 신문은 길게 보아 독자가 만드는 것, 부도덕한 언론매체 및 언론인은 독자의 반발로 추방되어야 한다.

─ 한국 언론이 누리고 있는 자유와 방종, 뉴스매체의 소유형태와 경쟁 양상, 언론의 공정성, 정확성, 책임과 윤리 등을 면밀히 다각적으로 조사하고 개선책을 건의하는 '언론자유위원회' 같은 것이 바람직스럽다. 어떻게 구성하느냐 어떻게 조사하느냐는 언론계와 시민단체가 연구할 일이되 각계의 대표가 참여하는 것이어야 한다.

1992년 7월 신문연구

고급신문이 태어났으면

신문의 위력을 말할 때 흔히 인용하는 토머스 제퍼슨의 명구가 있다.

"신문 없는 정부를 가져야 하느냐 아니면 정부 없는 신문을 가져야 하느냐를 택일해야 한다면, 나는 서슴지 않고 후자를 택할 것이다."

신문하는 사람들에게 이 이상 기분 좋은 말이 있을까. 이 이상 신문인의 긍지를 부풀게 하는 예찬이 있을 수 있을까.

그러나 따지고 보면, 그만큼 신문과 신문인의 사회적 책임을 강조한 것이며 도덕적인 의무를 역설한 것이다. 쉽게 말해서 우리 일상생활에서 정부보다 신문이 더 소중하다는 것이다. 그것은 어디까지나 신문의 중요성을 극적으로 표현한 것이지 실제로 정부기능이 없어도 된다는 뜻은 아니다. 그는 앞서 인용한 글귀 바로 다음에 "다만 그러한 공공의 신문이 모든 인민에 전달되고 모든 인민이 이를 읽을 수 있다는 것을 전제한 것"이라는 단서를 붙였다.

제퍼슨의 언론관은 첫째로 정부의 기본은 인민의 의사에 있다는 것, 둘째로 인민이 바른 결정을 내리는 데는 세상 돌아가는 일에 관한 정보를 완전하게 인민이 알아야 한다는 것, 셋째로 정보와 의견의 전달기능을 "공공의 신문"이 맡아야 한다는 것이었다. 정확한 정보와 다양한 견해를 접하게 되면 인민이 스스로를 다스리는 데 별 어려움이 없다는 발상이었다.

제퍼슨은 18세기 후반기에 미국 독립혁명의 기수였고, 미국 건국에 참여하여 19세기 초에 두 번에 걸쳐 대통령직을 맡아 이른바 '제퍼슨 민주주의'의 기초를 닦은 철인 정치가였다. 그에 있어 신문이 바른 정보와 공정한 의견을 전해주기만 하면 정부가 굳이 없어도 사람들은 살아나가는 데 별 불편이 없고, 정부가 필요하더라도 "최소의 정부가 최선의 정부"였다. 그에게는 아무리 좋은 상태에서도 정부란 필요악이었다. 필요악의 부정적 측면을 덜어주는 것이 신문이었다. 권력을 비판하고 견제하는 것이 언론의 핵심적인 의무요 책임이었다.

여기서 문제는 '공공의 신문'이 무엇이냐에 있다. 제퍼슨 자신은 신문인도 신문 사주도 아니었다. 그에 있어 그 후에 발달하는 상업언론의 역기능을 짐작할 리가 없었다. 그저 인민의 자치에 자료가 되는 정보를 정확히 알려주고 거기에 관련되는 다양한 의견을 제시해주면 좋다는 생각이었고, 그러한 신문을 '공공의 신문(the public newspapers)'으로 간주한 것이다. 지금 현실로 따질 때 독자가 공민으로 알아야 할 정보와 의견을 정리해주는 고급신문(the quality newspapers)의 개념이 아닌가 생각된다.

그러나 완전한 뜻에서 '공공의 신문'이 현실적으로 존재할 수 있을까. 공공의 일에 관한 진실된 정보만을 신속하게 수집해서 정직하게 알려주고 그런 정보에 대한 냉정하고 공정한 분석을 내리고 나아가서는 다원적인 견해를 소개함으로써 바른 여론형성의 장을 제공하는 것이다. 그런 완전무결한 고급신문이 있을 수 있을까.

고급지와 대중지의 대립개념

신문이 기업적 성격을 띠고 있는 한 완전한 고급신문은 불가능하다고 보는 사람들이 있다. 대단히 어렵다는 것만은 사실이다.

신문은 출발부터 상품이 아니던가. 뉴스라는 상품, 정보라는 상품, 아이디어라는 상품을 독자 시장에 제시하고 고객들이 기호에 따라 선별하는 상품이다. 다분히 독자의 취향과 수준에 달려 있다고 말할 수 있다. 거시적으로 보아 신문은 독자가 만드는 것이다. 적어도 제작·편집자와 고객 간에 함수관계가 있다고 말할 수 있다.

아무리 올바른 신문을 만들어도, 아무리 여론형성에 필요한 소재를 제공해도 다수 독자가 이를 거부하고 오히려 지저분한 흥밋거리 위주의 신문을 선호한다면 '공공의 신문'이 설 땅을 잃고 만다.

고급지(quality paper)와 대중지(popular paper)의 대립개념을 창조한 것은 영국 사람이다. 전혀 성격이 다른 두 범주의 신문을 신문인과 독자가 확연하게 구분한다. 흥밋거리를 찾는 사람은 섹스, 범죄, 스포츠, 엽기적 사건 등으로 가득 찬 타블로이드 페이퍼를 산다. 런던에는 몇백몇십만 부씩 팔리는 대중지가 너덧 개 있다. 일요 대중지 「뉴스 오브 월드」는 일요일 하루에 5백만 부가 팔린다.

반면에 '공공의 신문'의 범주에 들어갈 「더 타임스」나 「더 가디언」은 40만

부 남짓하다. 전자는 '신의 목소리'이고 후자는 '양심의 목소리'라는 별명이 붙었을 정도로 공신력이 있다. 기사가 정확하고 입장이 중후하면서도 명쾌하다는 것이다. 부수는 물론 대중지에 비해 형편없다. 그러나 공공의 일을 결정하는 각계각층의 지도자들은 반드시 고급신문을 읽고 믿고 결정을 내리는 데 참고로 삼는다. 이들 고급지에는 불문율이 있다. 경쟁지에 24시간 뒤떨어지는 한이 있더라도 자신 없는 기사는 내지 않는다는 원칙이다. 독자를 흥분시키는 것은 대중지의 몫이다. 독자를 차분하게 진정시키는 것은 고급지의 역할이다.

우리의 경우, 어느 쪽이냐 하면 모든 신문이 대중지에 가깝다. 정치 외교 경제 등 대단히 중요한 사안도 흥미본위의 센세이셔널리즘에 사로잡혀 있다. 에이펙 회담 취재를 보아도 차분한 분석보다 시시콜콜한 뒷이야기가 더 활개를 친다는 점, 모든 신문이 매한가지다. 지독한 획일주의. 선정주의. 따라서 전 국민이 하루는 어느 특정한 문제에 관심을 쏟는가 하면 다음에는 다른 특정한 일에 흥분한다. 정치가, 기업인, 사회운동가 할 것 없이 감정과 획일주의로 특징 지워지는 언론의 기질을 통해서 대중조작을 손쉽게 할 수 있다.

정말 이 땅에도 국가의 진로를 밝혀주고 국민 여론을 건전하게 바로 계도하는 '공공의 신문'이 나왔으면 하는 마음 간절하다.

1993년 고려대학교 신문

신문의 자살 경쟁

"언론이 자유로우면 좋을 수도 있고 나쁠 수도 있다. 그러나 자유 없이 언론은 반드시 나쁠 수밖에 없다. 개인에게도 그러하듯이 언론에 있어서도 자유란 좋아질 수 있는 기회가 주어진다는 것일 뿐이다. 반면에 예속 상태에서는 나쁠 수밖에 없는 것이 확실히 보장되는 것이다."

프랑스 실존주의 작가이자 저항파 언론인 알베르 카뮈가 남긴 말이다.

6·29 후 언론에 자유가 왔다. 언론의 자유란 언론 경영자, 편집인, 기자들이 권력의 통제에서 벗어나 자유롭게 판단하고 자율적으로 행동한다는 것이다. 그것은 카뮈의 말마따나 반드시 '선'을 가져오지는 않는다. 반드시 사회에 기여한다는 뜻도 아니다. 언론이 책임 있게 행동하느냐에 따라 사회의 공동선을 증진시킬 수 있으나, 그렇지 않은 경우 사회악이 될 수 있다. 근본적으로 언론 자체가 일종의 '권력'이기 때문이다. 국가 권력이 국민을 위해 책임 있게 조심스럽게 행사될 때 그것은 선한 것이다.

언론 권력 역시 마찬가지다. 이 점, 언론 기업, 언론 경영자, 언론인에 대한 사회적 비판의 소리가 비등하고 있지 않는가 하는 느낌이다. 그러한 비판의 소리가 언론 매체에 제대로 반영되지 않지만, 사태는 매우 심각하다. 사람에 따라서는 언론 자유 그 자체에 회의를 말하기도 하고 과연 민주주의가 우리 체질에 맞느냐고 반문하기도 한다.

언론의 자유는 무엇보다도 출판의 자유를 뜻한다. 누구나 능력만 있으면 신문, 잡지, 기타 출판물을 발간할 수 있다는 것은 국민 모두에게 주어진 보편적 권리이다. 어느 나라고 헌법에 보장되어 있다. 우리의 경우, 군사 통치 시절 출판의 자유는 엄격히 통제되어 있었다. 일간신문의 경우 전국적으로 23개 지만이 존재할 수 있었다. 그러다가 지난 7년간 약 1백 개로 늘어났다.

한 도에 1개 지만 주어 국민 여론을 정부 쪽으로 조작하던 것을 생각할 때, 시·도마다 두서너 개의 신문이 생겨 서로 경쟁하게 된 것은 매우 좋은 현상이다. 뿐만 아니라 관 지시하의 카르텔 조직이 무너져 6·29 전만 해도 하루 12면씩으로 묶여 있던 지면이 풀리면서 자유 경쟁 시대로 들어갔다. 모두 좋은 일이다. 그러나 신문 수가 네댓 배로 늘어났고 지면 역시 최대 48면까지로 늘어났다는 것만으로 독자나 국민에 대한 봉사가 그만큼 나아졌다고 볼 수 있을까. 여기에 긍정적인 반응을 보일 국민의 수가 얼마나 될 것인가. 더구나 대부분 언론 매체가 당치 않은 출혈 경쟁으로 자본과 자원을 낭비하고 있을 뿐 국민이 바라는 진실 보도나 공정한 평론 등 적정한 서비스를 하지 못하고 있다.

텔레비전 화면에 비친 일이지만 본사에서 인쇄돼 보급소에 수송된 신문의 상당량이 독자에게 배달되는 것이 아니라 무더기로 폐지 공장으로 직행한다. 어느 통계에 따르면 약 20%의 신문이 독자의 손에 가지 않고 폐지 공장으로

직행한다. 하루 3백만 부가 쓰레기가 되고 이로 말미암은 손실은 연간 6백50
억 원에 달한다.

정상적 시장경쟁 파괴하고 자원 낭비

이렇듯 수요 공급의 시장 원리를 무시하고 자살 경쟁을 벌이는 것은 정말
불가사의한 일이다. 그 이유에 대해 광고주에 보이기 위한 허장성세라고 말
하기도 하지만 별 설득력이 없다. 실제 극소수 신문을 빼놓고 모든 신문 기업
이 적자 운영에 허덕이는데, 연간 몇억, 몇십 억, 중앙지의 경우 몇백 억 씩의
손해를 감수하는 것은 다른 데 의도가 있다고 볼 수밖에 없다. 즉, 대다수 신
생 매체들이 언론 그 자체를 목적으로 하지 않는 데 문제가 있다. 다른 기업으
로 떼돈을 번 사람들이 신문사를 가짐으로써 '권력' 을 누리자는 것이고, 동시
에 모 기업을 보호하거나 출자하는 종교 집단을 선전하자는 데 참뜻이 있다.

결과적으로 언론 기업의 정상적 시장 경쟁 질서를 파괴하고 엄청난 국가
자원을 낭비하고 훈련된 인력의 태부족을 초래하여 언론의 질 저하를 자초하
고 있다. 그리고 독자들에게 원하지 않는 상품을 짓궂게 강요하는 공해 현상
을 일으키고 있다. 이런 비정상적 상태가 오래갈 수 없다. 국민 여론이 악화
될 때 국가 권력이 간여할 빌미를 준다. 해답은 간단하다. 언론 기업 스스로
분수에 맞는 정상적인 시장 경쟁 원리에 따르라는 것이다.

제38회 신문 주간을 맞아 언론계의 냉혹한 자아 성찰이 있어야겠다.

1995년 4월 일요신문

신문의 질적 향상과 대기자론

「뉴욕 타임스」의 해리슨 에번스 솔즈베리(Harrison Evans Salisbury)는 20세기가 낳은 가장 위대한 언론인 중 한 사람이었다. 1993년 84년간의 긴 생애를 마칠 때까지 그는 일하는 언론인으로 일관하였다. 뉴욕의 길거리에서 쓰러질 때 그는 29번째이고 마지막이 되는 갓 나온 책을 끼어 든 채 소련붕괴를 다룬 데이비드 렘니크의 신간평을 쓰기 위해 저자를 인터뷰하러 가는 길이었다.

그의 언론생활을 특집으로 다룬 「니만리포트」(1993년 가을호)에서 니만재단의 빌 코바크는 솔즈베리의 언론생활의 경우를 총괄하면서 "저널리즘의 수준은 정직성을 갖춘 저널리스트의 지칠 줄 모르는 탐구정신에 달렸다."고 말한다. 끝까지 진실을 캐고 규명하고 보도하는 힘든 일과 정직성이야말로 신문의 질을 높이는 원동력이라고 말한다.

솔즈베리는 정상급 공산권 전문기자였다. 30대 기자로 제2차 세계대전 레닝그라드 방위 작전에 참가하여 「뉴욕 타임스」에 생생한 뉴스를 전했고 「900일」이라는 명작을 남겼으며 80이 넘어서 30년대 모택동이 강행한 '양만리 장정(兩萬里 長征)'의 길목을 따라 강행군하여 『장정 : 이야기 안 된 이야기』를 책으로 써냈다. 그는 1956년 흐루시초프가 제20차 당 대회에서 행한 스탈린 격하 비밀보고를 특종으로 터뜨렸고, 중·소 분규가 내연하고 있던 1959년 시베리아와 외몽고 일대 3만 마일을 답사하여 두 공산 대국 간의 분열을 폭로하였는가 하면, 1966년에는 미 공군이 폭격하고 있던 하노이를 방문, 호찌민을 만나 세계를 놀라게 하였다. 모두 세계적인 특종이었다.

20세기 가장 위대한 기자 솔즈베리

솔즈베리는 1989년 천안문 사태가 벌어졌을 때 현지에서 「뉴욕 타임스」에 기사를 보내고, 호텔 유리창 밖으로 보이는 유혈사태를 "마치 올챙이기자가 화재 현장을 묘사하듯" 미국 방송에 현장 중계하였다. 그 무렵 취재 집필한 것이 베스트셀러 『새로운 황제들』로, 공산중국을 분석한 탁월한 르뽀르따쥐(reportage)에 속한다. 그때 그는 나이 82세의 취재기자였다.

그는 우리가 말하는 '대기자'였다. 그러나 내가 아는 한 미국이나 영국에는 '대기자'라는 호칭조차 없다. '대교수'나 '대작가'나 '대예술가'라는 호칭이 있을 수 없는 것과 같다.

그럼에도 불구하고 우리에게 '대기자'라는 말이 가슴에 와 닿는 것은 무엇을 시사하는 것일까. 우리 언론에 부수가 백만을 헤아리는 일간신문이 몇 있고 하루 48면까지 찍고 세계 어디에 갖다놓아도 손색이 없는 웅대한 사옥들에 최첨단 인쇄시설을 갖춘 신문사가 있는데도 (런던의)「더 타임스」나「뉴욕 타임스」같은 신뢰와 존경을 받는 '대신문'이 없고 솔즈베리 같은 '대기자'가 없다는 것을 아쉬워한다. 우리 언론이 지난 30년간 급속한 경제성장에 힘입어 양적인 비약을 거듭했으나 거기에 상응하는 질적인 향상을 기하지 못했다는 뜻이 된다.

세계 일류 가는 부수나 시설이나 사옥에서 세계 일류 신문을 만들지 못하는 까닭은 무엇일까. 여기에 대한 해답을 여러모로 찾을 수 있지만 우리 언론계에 솔즈베리나 레스턴 같은 '대기자들'이 존재치 않는 데 그 원인을 돌릴 수 있다. 거꾸로 그런 '대기자'가 자연스럽게 대성할 수 있는 정치적, 사회적, 제도적 조건이 갖추어지지 않았다고 말할 수 있다. 솔즈베리같이 직업적으로 탁월하고 헌신적인 사람이 종횡무진 세계를 누비면서 그의 잠재력을 한껏 키우고 발휘할 수 있는 그런 조건들이 언론계 안팎에 구비되어 있지 않았다. 신문이란 결국 사람이 만드는 것인데 그런 스타 플레이어들을 키울 수 없으므로 세계 일류 신문이 될 수 없었고 따라서 대신문이 나올 수 없었다. 실패의 순환논리다.

의회민주주의가 가장 순조롭게 발달했고 원숙의 경지에 달한 나라가 영국이듯 언론 역시 가장 자유롭게 모범적으로 성장한 나라가 영국이 아닌가 싶다. 흔히 영국 국민의 자유는 의회와 언론이 지킨다고 말할 정도로 영국 민주주의의 두 기둥이다.

영국 언론의 경우 자유분방한 정신적 토양에서 백화제방하고 백가쟁명하는 데서 큰 신문인이 나오고 큰 신문이 나온다. 자유로운 까닭에 '다양성'의 극치를 이루고 피나는 실력경쟁으로 적자생존하는 언론 및 언론인이다. 빛깔, 성격, 내용, 메이크업, 크기, 면수 등이 천차만별이다. 신문마다 개성이 뚜렷하고 선호하고 따르는 독자가 제각기 있다. 충분한 독자가 없으면 자연 도태된다. 놀랄 일은 치열한 경쟁 속에서도 런던에만 12개의 일간전국지와 11개의 일요전국지가 있고 1개의 석간지가 있다는 것이다. 일간지나 일요신문은 다시 고급지(quality paper)와 대중지(popular paper)로 대별된다.「더 타임스」,「가디언」,「파이낸셜 타임스」,「인디펜던트」,「데일리 텔레그래프」 등 이른바 고급지는 공공의 일에 관한 풍부한 정보를 정직하고 균형 있게 전달하고 수준 높은 논평을 싣는데 반하여「데일리 미러」,「데일리 익스프레스」,「선」,「모닝 스타」,「데일리 스타」,「데일리 메일 투데이」 등 대중지는 부드럽고 흥미본위의 내용에 치중하고 간결하고 선정적으로 꾸민다. 구분이 확연하다.

자유분방한 정신적 토양의 백가쟁명

고급지 가운데 1백만 부 이상이 팔리는「데일리 텔레그래프」가 있으나 다른 모든 고급지는 부수 40만 내외 또는 그보다 적다. 같은 고급지들도 정치노선에 뚜렷한 차이가 있고 뉴스의 취사선택에 있어 시각과 기준이 다르다. 2년 전 내가 옥스퍼드에 있을 때 보수당정권 각료 한 사람이 이란에 대한 무기밀수출사건에 관련되어 정계가 발칵 뒤집힌 일이 있었는데,「가디언」 같은 신문이 1면 톱으로 다루고, 대부분 신문이 1면에 대대적으로 다루었으나, 권위 있는「파이낸셜 타임스」는 맨 뒷면 한구석에 일단 취급이었다. 놀랄 정도의 시각차였다.

두 달 간의 짧은 관찰이었으나 나는「더 타임스」,「가디언」,「인디펜던트」 등 고급지들의 1면 톱이 같은 소재인 경우를 거의 보지 못하였다.

흥미본위의 대중지들 간의 차이는 말할 것도 없다. 대중지는 모두 타블로이드판이라는 점이 고급지와 구별되지만, 「선」이나 「미러」 등 3, 4백만 부가 팔리는 경우 섹스, 범죄, 스캔들 등 저천한 흥밋거리에 뉴스감각을 집중시킨다. 반면 부수 2백만 이하를 맴돌고 있는 「데일리 익스프레스」나 「데일리 메일」의 경우 부드럽고 따뜻한 화제성 기사에 초점을 맞추어 중산층 가정주부에 인기가 있다. 존 메릴이 쓴 『엘리트신문』은 오래 런던에 주재한 어느 독일 특파원의 이야기를 이렇게 인용한다.

"이 신문(「더 타임스」)은 미심쩍은 뉴스를 발표할 정도라면 24시간 보도를 보류함으로써 차라리 경쟁에 지는 것이 낫다고 생각하고 있다. 그러나 그러한 신중한 태도로 적절한 보수를 얻고 있다. 즉 영국 안에서나 밖에서나 반대한 편이 옳다고 증명될 때까지는 「더 타임스」가 무조건 옳은 것으로 간주되고 있다. 나는 10년간 런던생활에서 「더 타임스」가 틀렸다는 것은 거의 본 일이 없다."

정도의 차이는 있으나 「가디언」이나 「인디펜던트」 등 고급지나 BBC, ITN 등 방송에 대한 국민의 신뢰도 역시 대단하다. 그러면서 신문의 개성이 뚜렷하고 독자층이 다른 것이 희한하다. "「더 타임스」는 영국을 지배하는 사람들이 읽으며, 「가디언」은 영국을 지배하고자 하는 사람들이 읽으며, 「파이낸셜 타임스」는 영국을 소유하는 사람들이 읽고, 「데일리 텔레그래프」는 영국의 옛 영광을 기억하는 사람들이 읽는다."

20년 전에 영국생활 때 들었던 말이지만 그때나 지금이나 이들 고급지의 성격을 재치 있게 묘사한 글이다.

영국 신문이라고 해서 다 질이 높은 것은 아니다. 앞서 시사한 대로 영국에는 세계 최고급신문이 있는가 하면 최하급신문도 공존하고 있다. 영국 신문의 특색을 편의상 9개 항목으로 나누어 정리한다.

① 좀처럼 상상할 수 없는 정도의 다양성이 있다는 점이 부럽다. 그것은 3백 년 이상에 걸친 언론의 자유의 투쟁, 사회산업화와 의회민주주의의 발전에 따르는 필연적 결과였다. 이념, 신조, 취향, 생활 스타일, 이해관계가 다원화된 사회이고 보면 이들에 공급되는 정보나 의견 및 문화, 교육, 오락적 기획물 역시 다양화될 수밖에 없다. 모든 신문이 다소는 슈퍼마켓식으로 나열한다 하더라도 전시된 상품의 질이 다르고 전시방법에서 개성이 발휘되고 우선순위가 판이하다. 저마다 뚜렷한 개성이 있고 혼이 있다.

그것은 한편으로 자유로운 경쟁체제에서 편집제작 측의 창의력 다툼의 산물이기도 하고 다른 한편으로 영국사람들이 개인주의적이고 개성이 강하고, 정치적 신조, 인종과 종교, 계급의식, 사회적인 지위, 문화교육의 수준 등이 분화되어 있는 외부조건에 적응하는 데에서 발생한 언론의 다양성이기도 하다.

영국, 재벌이나 기업이 신문 소유 안 해

② 신문은 기업이다. 다만 일정수준의 공민의식을 갖춘 중산층 이상을 대상으로 공적 기능에 중점을 두는 것이 고급지의 존재이유이고 그런 테두리 안에서의 기업경쟁이다. 서로 지켜야 할 한계가 있다. 대중지는 흥미본위의 뉴스나 읽을거리를 센세이셔널하게 다루고 스캔들 추적과 프라이버시의 침해로 늘 말썽과 빈축을 일으키지만 법과 관례에 따르는 한계를 알고 있다. 대중지들은 기자와 카메라맨을 풀어 범죄, 섹스, 스캔들을 추구하지만 정치, 경제, 교육 등 정책적 분야에 대한 취재에 열을 올리지 않는다. 그것은 고급신문의 영역이다.

신통하게도 재벌기업이나 또는 중소기업이 신문을 소유하고 운영하는 사례가 없다. 런던에서 발간되는 고급일간지 다섯, 대중지 일곱, 고급일요지 넷, 대중일요지 여섯 가운데에 재벌기업이 직접 소유·경영하는 것이 없고 따라서 언론이 경제계의 지배에서 독립한다. 언론 이외의 목적(가령, 정치나 기업)에 신문이 봉사하거나 눈치 볼 근본이 없다. 신문 다수가 몇 신문그룹에 소속되어 있는 집중화 현상이 문제가 되었다. 그러나 신문 재벌 소유의 신문들도 편집의 독립성이 있다. 세계적 신문재벌 루퍼트 머독의 「뉴스 인터내셔널」이 가장 큰 대중일간지 「선」(약 4백만 부)과 가장 큰 일요지 「뉴스 오브 월드」(근 5백만 부)를 소유하고 있는가 하면 가장 존경받는 「더 타임스」(40만 부)와 「선데이 타임스」(1백20만 부) 등 고급지를 발간하고 있다. 소유주는 같지만 제각기 전통과 성격을 그대로 살리고 경영혁신으로 모두 경제적으로 수지를 맞추고 있다. 영국 신문에서 주목할 것은 신문의 기본 성격과 노선에 관하여 사주와 편집주간이 사전에 합의하고, 합의한 편집인이 기본 정책에 입각한 제작 업무를 자유롭게 전담하고 있다는 것이다. 편집인과 간부 및 기자의 창의력이 발휘될 수 있는 바탕이 마련되어 있다.

③ 언론은 물론 권력이다. 막강한 권력이다. 언론 소유주는 권력자임에 틀림없다. 그러기 때문에 정치권력을 쥔 사람이나 경제 권력을 행사하는 사람이 언론권력까지를 장악한다는 것은 민주주의 사회에서 건전한 일이 아니다. 영국에서는 정치가나 대기업이 법적 규제가 아니라 상식의 규제로 신문기업에 뛰어들지 않는다. 만일 상식에 어긋나는 짓을 하면 사회가 이를 받아들이지 않는다. 이것은 권력의 분산으로 특징지어지는 선진민주주의 사회의 공통

된 현상이다.

언론의 소유주나 경영주가 반드시 언론인일 필요나 이유는 없다. 그러나 언론을 실제로 움직이는 순간부터 소위 '언론인'으로서 막강한 권력을 행사하는데, 경력으로 보아 언론계와 전혀 무관했던 사람이 돈을 댄다는 이유 하나로 하루아침에 언론권력을 행사한다면, 그리고 그 사람이 말단기자만도 못한 자질인데 언론인을 지배하는 권력자로 둔갑한다면, 그것은 영국적 상식에 어긋나는 일이다. 좋은 편집인이라면 편집권의 독립이 보장되지 않은 그런 신문사에 가서 일하지 않을 것이고, 좋은 기자들을 끌어들이더라도 그들이 직업주의를 발휘할 수 있을지 의문스럽다. 따라서 기업으로 성공할 수 없다.

사내 경쟁 통해 우승열패 질 높여

④ 독자한테 신문을 선택할 권리가 있다. 대부분의 경우 신문이 가판되거나 뉴스 딜러에 의해서 집에 배달된다. 딜러는 대개의 경우 어느 특정신문 하나의 보급을 전담 판매하는 것이 아니라 모든 일간·주간지를 사다가 파는 기업이다. 따라서 독자에 1백 프로 신문 구독 선택권이 있다. A지를 몇 주일 보다가 B지로 바꿀 수 있고 여행 중에는 구독을 중단시킬 수 있다. 자유롭게 라디오나 텔레비전 채널을 선택할 수 있는 그러한 권리가 독자한테 보장되어 있다. 신문의 적자생존, 우승열패가 자연스럽게 저절로 이루어진다. 그것이 시장원리다.

⑤ 저널리스트의 채용, 승진 등 사내에서의 경쟁이 합리적이어서 우승열패를 통해 우리가 말하는 '대기자'가 자연스럽게 솟아날 수 있는 시스템이다. 우선 영국의 기자가 되려면 반드시 전국기자훈련원(NCTJ)이 직접 주관하거

나 인정한 대학에서 기자훈련과정을 밟아야 한다. 연수과정을 1년간 이수하는데 이 연수기간에는 인터뷰, 기사작성 등 언론 실무, 속기, 정부, 헌법 등을 익힌 다음 수습기자 시험에 합격함으로써 수습기자가 된다.

수습기자는 반드시 지방신문에 자리를 얻어 다시 2년간의 수습생활을 시작한다. 2년간의 실무경력이 있은 후 다시 NCTJ(National Council for the Traning of Journalists)서 실시하는 국가자격고시에 합격함으로써 사회적으로 인정받는 기자가 된다. 참고로 최종시험을 치르는 과목은 ㉠ 인터뷰 및 전화로 기사 부르기 ㉡ 기사작성 ㉢ 속보작성 ㉣ 신문제작 실습 ㉤ 행정, 법률 등의 지식 등이다.

이렇듯 '언론고시'에 합격한 후 반드시 지방지에서 근무하다가 기자로서 일정한 명성을 얻은 자가 전국지에 스카우트된다. 쉽게 말해 기자로서 갖추어야 할 기본적인 자질과 능력을 갖추어야 한다는 것이다. 예컨대 ㉠ 취재능력(뉴스 판단력 포함) ㉡ 기사작성, 표현력(속기 포함) ㉢ 언론활동에 필요한 기본적인 지식 ㉣ 편집 제작 등 기본적인 경험과 능력을 갖추고 어느 정도 실력이 인정되는 자만이 런던에 진출한다.

우리나라처럼 영어, 국어, 작문, 상식 등 몇 과목 시험에 패스하면 수습기자가 되고 6개월 정도 선배기자 따라다니다 사실상 적성이나 능력에 관계없이 정식기자가 되는 것과 대조적이다.

⑥ 다른 모든 서양기업에서 그렇듯이 언론계에서도 종신고용이나 연공서열식 인사제도는 생소하다. 모든 것이 기업주와 종업원 간의 계약관계이고 부당해고나 근로조건의 안정을 위한 노조가 있다.

신문사의 편집 측은 편집주간(Editor)의 지휘 하에, 취재부문에서는 국내 취재부, 국제부, 경제부, 체육부, 특집기획부, 사진부 등으로 나누어지고 국내취재부 안에는 다시 분야별 팀이 있다. 별도로 편집조사부 그리고 논설위원들이 있다. 미국식으로 편집국(뉴스)과 논설위원실(의견)이 분리되어 있지 않아 서로 협조관계에 있다. 다시 말해 사설은 에디터의 지시에 따라 논설위원도 쓰고 부장들도 쓰고 전문기자(specialist correspondent)도 쓴다.

기자단 없고 일반기자와 전문기자 구분

일반기자와 전문기자의 구분은 매우 주목할 만하다. 젊은 나이로 갓 들어온 일반기자(general reporter)는 이론상 어느 분야든 배치된 대로 취재하지만, 일단 전문기자로 승격이 되면 그만둘 때까지 아니면 다른 전문기자가 될 때까지 담당 분야의 뉴스를 취재하고 논평한다. 이 전문기자의 영역에는 외국특파원(foreign correspondent), 외교담당(diplomatic correspondent), 정치담당(political correspondent) 등이 포함되고 경제, 재정, 금융, 교육, 보건, 환경, 예술, 법조, 경찰 등의 담당이 한두 사람씩 있다. 영국에 배타적인 '출입처 기자단'은 없다. 누구든지 취재할 수 있다. 전문기자는 전문분야에 관한 취재활동을 어느 부처에서도 할 수 있다. 기능적 취재 시스템이다.

행정상 우리나라식의 하위급 부장, 차장이 있으나 일반기자가 서열에 따라 전문기자가 되고 이어 차장, 부장, 부국장, 국장이 되는 그런 개념은 없다. 20년 전 나는 「더 타임스」 안에 있는 사무실에서 근무했는데, 60이 넘는 데

이비드 우리드라는 정치부장이 은퇴했을 때 당연히 나와 가까운 관계를 맺고 있던 정치담당 전문기자이자 정치부 차장이던 조지 클라크가 승진할 것으로 기대했다. 그러나 실제로는 그보다 10년이 젊은 워싱턴 특파원이 정치부장으로 부임하는 것을 보고 놀란 일이 있다. 일단 부장이 되면 특별한 하자가 없는 한 장기 존속한다.

⑦ 전문기자는 당연히 그리고 부장도 자주, 때로는 매일, 기사를 쓴다. 직접 취재한다는 이야기다. 서명기사를 쓴다는 것은 일반기자, 전문기자, 부차장 할 것 없이 동일조건에서 독자의 심판을 받은 것이고 독자의 인기도에 따라 언론인으로서의 생명이 연장되고 우리식 표현인 '대기자'로 인정받는다. 가령 연극담당 전문기자가 A지로부터 B지로 옮김으로써 A지의 연극기사나 논평을 읽던 독자가 B지로 옮긴다는 것이다.

윌리엄 리스모그는 68년부터 80년까지 「더 타임스」의 편집주간(Editor)이었다. 지금도 영국의 예술원 원장, BBC 부회장 등 대표적인 문화, 언론계 원로이다. 옥스퍼드대학 시절 옥스퍼드 유니언의 회장이었고 장래 영국 수상감이라는 평을 들었다. 그는 언론계 최고위직에 올라 명논설을 쓰고 신문을 제작한 「더 타임스」 사람이었는데 86년 「인디펜던트」라는 새 고급지에 칼럼니스트로 참여하였다. 「더 타임스」가 머독의 소유가 되면서 상업주의 냄새가 나고 질이 떨어진다는 우려 속에 안드리레오 스미스라는 「데일리 텔레그래프」의 경제부장 중심으로 새 고급지 「인디펜던트」가 발족하고 영국의 '대기자'들이 대거 참여했다. 「인디펜던트」의 1987년 총선거기간의 독립적인 입장과 성공의 비결은 리스모그 같은 많은 독자를 가지고 있는 대기자들의 집결 때문이었다.

몇 해 후 리스모그는 「더 타임스」에 돌아왔다. 그의 동정은 모든 언론매체의 뉴스가 되었고, 그는 지금도 매주 한 번씩 정치 칼럼을 쓰고 있다. 어느 중요한 이슈에 리스모그가 칼럼에서 어떤 주장을 한다면 타임스의 제1면에 "리스모그 가……라고 말하다."라는 요약을 싣는 경우를 보았다. 명실상부한 대기자다.

우선 본인이 탁월한 능력이 있어야겠고, 따라서 명성에 차츰 독자층이 생기고, 따라서 신문의 질 향상에 크게 기여하고, 그러므로 신문사 측은 어떤 형태로든지 그가 언론활동을 할 수 있도록 무대를 제공한다는 상호보완관계 가 형성된다.

자유롭고 공개된 아이디어의 시장

⑧ 영국 고급지의 경우, 역시 오피니언 기능으로 신문의 개성이 살아나고 영향력을 행사한다. 중요한 공공 이슈라면 각양각색의 의견과 아이디어가 쏟아져 나와 신문에 반영되고 여기에 언론사의 사설, 칼럼니스트의 입장이 밝혀진다. '자유롭고 공개된 아이디어의 시장' 이 곧 언론매체다.

대부분의 영국 신문은 2페이지에 걸친 논설면이 있다. 여기에는 3, 4개의 사설, 역시 3, 4개의 개인 서명 칼럼, 한 개의 시평만화 및 독자편지 등이 있어 논설면만 보면 그날의 중요한 이슈가 무엇이고 이슈들에 어떻게 대할 것인가 의 해답이 있다. 편집주간을 50년간 지내면서 「맨체스터 가디언」을 세계적인 신문으로 만든 찰스 스콧은 "사실은 신성하고 의견은 자유"라는 명언을 남겼 다. 보도의 진실성, 정확성 및 객관성, 공정성은 신성불가침이라는 것, 거기에 대한 평가는 자유롭다는 고급언론의 원칙을 밝힌 것이다. 가디언의 경우 일관된 기본정책은 자유주의에 입각한 인간의 진보를 믿는 것, 역사의 흐름을 투시하여 때로는 소수파의 양심을 밝히는 데 비상한 용기를 보였다. 제국주의 전성시대에 스콧은 아일랜드의 자치를 지지하였다. 1956년 영국, 프랑스 및 이스라엘이 수에즈 운하를 점령했을 때 영국의 국민 여론은 압도적으로 보수 정부 정책에 박수를 보냈으나 가디언은 일요신문 옵저버와 더불어 수에즈 침공을 "시대착오적인 제국주의"의 잔재라고 정면으로 공격하였다.

두 신문이 정의로운 필봉을 휘둘렀으나 판매 부수가 격감하는 "고결한 자살행위"였지만 역사는 양심의 소리 편이었다. "오늘의 소수가 내일의 다수가 될 수 있으므로 언론의 자유가 실천되어야 한다."는 존 스튜어트 밀의 자유론을 행동으로 입증시킨 것이다.

⑨ 뉴스의 속보성에 관한 한 지금은 텔레비전 시대다. 천안문 사태, 베를린 장벽 붕괴, 중동전쟁 등 텔레비전이 현장 중계하는 마당에 활자매체가 당할 길이 없다. 결국 활자매체는 속보주의보다는 사건의 해석과 분석 그리고 포괄적인 심층보도 그리고 다양한 의견 제시로 살 길을 찾을 수밖에 없다.

영국 언론의 경우 두드러진 것은 이른바 탐사보도(investigative reporting)이다. 출입기자단이 출입처에서 배부하는 뉴스 중심의 '발표 저널리즘'이 없는 것은 아니지만 그것은 속보 위주의 텔레비전의 몫이고, 고급신문의 경우 되도록 발표 저널리즘에서 탈퇴, 좀 더 독자, 소비자의 입장에서 심층보도하는 경향이 짙다.

무엇을 뉴스로 결정하느냐의 아젠다 세팅의 주도권을 출입처 뉴스원이 쥐는 것이 아니라 언론 측이 쥐려는 노력이 신문내용을 풍부하게 만들고 개성이 두드러지게 한다. 런던의 「선데이 타임스」는 종합보도, 논평, 연예오락, 책 소개 등 모든 분야에 탁월한 신문이지만 특히 조사보도로 명성을 떨친다. 2~3명씩으로 구성된 몇 개의 탐사보도팀이 상시 가동, 특정 문제를 몇 달씩 파고들고 이따금씩 깜짝 놀랄 정도의 작품이 나와 사회적인 관심을 이끌고 정치적 결단을 재촉한다. 역시 노련한 전문대기자가 젊은 일반기자들을 거느리고 전개하는 유격전이다.

뉴스는 출입처 아니라 탐사 보도로

「가디언」 같은 신문은 아예 요일별로 전문기자들의 심층조사보도면이 할당되어 있다. 월요일에는 언론과 창작, 화요일에는 교육, 수요일에는 건강과 경제, 목요일에는 컴퓨터 과학, 금요일에는 건설 레저, 토요일에는 상품매매 등 분야별 특집기사가 한두 면씩 나간다.

이벤트(events)보다 이슈(issues)에 무게를 두는 저널리즘이다. 정치의 단편적 사건이 아니라 정치의 본질을 폭넓게 깊이 있게 종합적으로 다루는 것이 텔레비전 시대에 신문이 살 길이다.

우리 언론은 비교적 짧은 기간에 엄청난 양적 비약을 이룩하였다. 세계 일류의 부수, 세계 일류의 시설을 갖추고 있다. 그러나 거기에 상응하는 질을 갖추었느냐에 대해서는 실로 외화내빈의 경지를 벗어나지 못하고 있다.

나 개인적인 체험이다. 작년 초 3개월간 국회제도개선위원회의 장을 맡은 일이 있는데 일류신문의 기자들 가운데 직접 만난 일도 없는데 다른 기자의 잘못된 전문에 입각, 의젓이 인용부호까지 써가면서 내 말을 기사화한 것을 보았다. 한번은 전화로 "국회에 대한 로비제도를 미국식으로 법제화하는 것이 이야기되었느냐"고 질문해온 기자가 있었다. 나는 며칠 전 위원들의 저녁 모임 때 그런 말이 나왔는데 대부분이 우리나라 현실에서는 악용될 우려가 있다는 반응이었다고 알려주고, 지금은 모든 것이 의견교환의 단계이므로 최종단계에 가서 누군가 제안하면 토론될 수 있겠으나 채택될 가능성은 매우 희박하다고 말하였다.

신문에 난 것은 정반대였다. 나의 이야기를 직접 인용하는 형식으로 미국식 로비제도가 도입될 것이라는 기사와 더불어 별도의 해설기사까지 곁들였다. 전혀 사실과 다른 것을 서슴지 않고 보도하고도 아무 말이 없었다.

뉴스의 전달이 정확해야 하고 객관적이어야 하고 공정해야 한다는 기본적 훈련이 안 되어 있고 뉴스라는 간판 아래 자기들의 의견이나 희망적 관찰을 그냥 갈겨대는 미숙함이 여실히 드러났다.

나는 지난달 서울대학교 고위정책과정 토론에서 정부 고위 관리한테 이런 말을 들었다.

㉠ 우리 부처에 2, 3년 만에 출입기자가 갈린다. 때로는 1년이 안 되어 갈리는 수가 있다. ㉡ 어찌 된 셈인지 전문지식이 전무, 태무한 젊은 기자가 배치된다. ㉢ 새로 나온 기자는 얼마 안 돼 반드시 우리 부처에 관련된 장문의 기획기사를 쓰는데 내용이 대개의 경우 착오투성이고 때로는 악의도 섞여 있다. 힘을 과시하는 것이다. ㉣ 우리 부에서는 관련자들이 전전긍긍할 수밖에 없다. 왜냐하면 출입기자가 쓴 잘못된 기사가 정책의 입안, 수립, 집행에 국회의원의 발언보다 훨씬 영향이 크기 때문이다. ㉤ 그러니 어떻게 해서든지 달래고 설득하고 잘 보이도록 노력해야 한다.

나는 이 이야기가 반드시 보편적인 현상이라고 믿고 싶지 않지만 어느 정도 사실이라고 추정된다.

6·29 이후 8년간 발행의 자유, 뉴스 취재의 자유, 보도전달의 자유, 의사표시의 자유에 큰 발전이 있었으나 자유가 가져오는 밝고 긍정적인 효과 못지않게 어둡고 부정적인 측면을 과소평가할 수 없다.

출입처 자주 바꾸면 전문성 훈련 안 돼

일간신문의 경우 23개에 불과하던 것이 100개 내외로 늘어났고 하루 12면 정도였던 것이 최고 48면까지 늘어났다. 30년간의 '군사통치' 기간 자유경쟁이 결핍된 마당에 언론인의 질적 향상이 있을 수 없었다. 훈련된 인력이 태부족인 조건에서 신문의 수와 면수가 몇 년 사이에 몇 배로 늘어났다. 질 향상은커녕 질 저하가 불가피하다는 비관론이 있다.

신문이 많이 생기자 지면이 늘어나는 등 자유경쟁이 활발해진 것은 경하할 일이지만, 새로 진출한 신문의 대부분 또는 상당수가 순수한 신문기업이라기보다는 다른 기업에서 성공한 사람들이 '언론 권력'을 장악 행사하고 모기업을 보호하려는 경우도 있어 시장원리에 입각한 정상적인 경쟁이 빛을 잃고 있다. 신문 소유주 경영자가 언론의 사회성 공익성보다는 영리적 성공에 혈안이 되는 현실이고 바야흐로 절정에 달한 대신문 간의 소모적인 판매경쟁이 언론의 질을 높여 독자의 신뢰를 얻는데 어떤 효과를 가져올는지 염려스럽다.

이상의 걱정스러운 현실적 언론 상황을 떠나서 '신문의 질 향상과 대기자제'라는 과제를 놓고 제도적으로 실무 면에서 개혁을 시도할 의제를 몇 가지로 정리하고 싶다.

① 판형부터 획일주의에서 다양성을 지향해야 한다. 신문의 수와 면수가 늘어나 다소는 다양성을 띠고 있으나 본질적으로 획일주의 바탕을 떠나지 못하고 있다. 전면 한글 횡서로 짜는 한겨레 등 예외가 있으나 그 밖의 종합일간지는 국한문혼용 종서이고 중간 면은 한글 횡서로 짜고 있다.

모든 교과서와 서적, 잡지가 한글 횡서인데 사실상 모든 신문이 국한문 종서를 원칙으로 하고 횡서쓰기 간지는 오른쪽으로부터 장을 넘겨야 하는 기형적인 판형이다. 전혀 설명이 안 되는 수구주의에 묶여 있다.

기사의 배치 순서 역시 획일주의가 지배한다. 1면이 종합면이라는 데는 이의를 제기할 수 없으나 1면 아래 5단 광고와 바로 그 위의 단평란의 위치를 비롯하여 말미의 사회면까지 대동소이하다. 대체로 아직도 일본신문의 획일주의를 그대로 답습하고 있는 느낌이다. 판형부터 개성이 없고 다양함이 없다.

지면이 늘어나 이른바 '섹션신문'이라는 낯선 변화가 시도되는 판이지만 '뉴스와 의견의 분리원칙'을 선명히 하고 사의 성격을 나타내기 위한 '오피니언 섹션' 같은 것이 시도될 법도 한데 어느 한 신문도 서양식 오피니언 페이지를 만들지 못하고 있다. 나는 「인터내셔널 헤럴드 트리뷴」을 볼 때 다른 면은 스쳐 가도 중간 쪽 2면으로 구성된 오피니언 섹션만은 눈여겨본다. 세계적 주요 이슈가 집결, 다양한 논평이 있기 때문이다.

② 획일주의는 보도내용에도 해당된다. 우선 대부분이 '출입처'에서 제공한 '발표 저널리즘'의 성격을 띠고 있다. 뉴스의 의제를 반드시 언론 측에서 정할 수 없지만 의제의 선택에서나마 언론 측이 주도권을 쥐어야겠다는 것이다.

어떤 발표나 이벤트나 사건에 보도진이 구름처럼 집단적으로 움직여 집중

호우식으로 전개되며 내용은 대동소이하다. 의식적으로 때로는 무의식적으로 뉴스원의 홍보도구가 된다. 미국서 말하는 팩 저널리즘이 일본이나 우리의 경우 폐단이 심하다. 여기에 배타적인 기자단 중심의 획일주의가 한몫한다. 지금 형태의 기자단 제도에 획기적인 개혁이 이루어져 소극적 발표 저널리즘에서 적극적인 취재 본위로 개혁하고 관이나 생산자나 정치가 입장에서 전개되는 뉴스가 아니라 민이나 소비생활자나 국민의 입장에서 전개되는 뉴스였으면 한다. 당연히 뉴스의 생과 멸, 기사의 취사선택이 달라질 수 있고 매체마다 개성과 특색이 살 수 있다.

획일주의에서 다양성 지향해야

③ 속보주의와 단편적 정보의 나열에서 벗어나 심층보도, 탐사보도가 늘어나야 한다. 무한경쟁에 입각한 속보제일주의는 오보, 왜곡보도를 야기한다. 뉴스원이 발표한 것을 제대로 이해할 수 없는 가운데 또는 전반적 진실을 파악할 수 없는 가운데 뉴스원의 홍보기능을 자초한다. 뉴스의 속보성은 전자 매체의 역할이고 슈퍼마켓식 단편적 정보는 통신사에 의존할 수 있다. 각 사마다 독자적인 철학으로 취재력을 집중 활용함으로써 특색을 살릴 수 있다. 그런 뜻에서도 부처마다 출입기자를 고정시키는 일본식 제도를 지양하고 서구식 기능주의 접근을 시도할 때다. 영국식으로 국내취재부로 종합취재체제를 갖추고 분야마다 전문기자 한둘씩을 두되 더 많은 수의 일반기자의 풀이 있어 편집자의 판단에 따라 집중 동원하는 제도를 생각해 볼 수 있다.

④ 명실상부한 전문기자제도를 도입, 실천할 때가 왔다. 그러나 학위소지

등 전문지식이 있다는 한 가지로 전문기자가 될 수 없다. 기본적으로 취재경험과 능력과 판단력, 표현력을 고루 갖춘 노련한 기자로서 전문지식을 갖출 때 전문기자가 되는 것이다.

그런 뜻에서 네댓 과목의 필기시험이 주종이 되는 지금의 기자 모집제도로서는 해당자가 과연 저널리스트로 적성인가조차 분간할 길조차 없다. 미국식으로 4, 5년간 저널리즘과에서 스스로를 테스트, 소양을 검증받은 후에 언론계에 들어가든가, 영국처럼 훈련과 시험을 통해 자질이 검증된 사람이 입문하고 지속적 근무 실적에 따라 전문기자가 되고 에디터가 되는 과정이 바람직스럽다. 일단 전문기자가 되면 그 자리에 오래 있어야 한다. 예컨대 외국특파원은 '전문기자' 이어야 할 텐데, 그 나라 말도 제대로 못 하는 특파원이 있고 게다가 3년쯤 있으면 으레 교체된다. 인력낭비다.

⑤ 전문기자가 반드시 우리가 말하는 '대기자' 는 아니다. 전문기자로서 대성하고 원숙한 단계에 들어선 자가 곧 대기자가 아닐까 싶다. 그것은 본인의 자질과 노력이 있어 다수 독자들이 인정하고 따르는 직업인이어야 한다. 그러나 그런 전문기자, 대기자를 기르는 제도적인 뒷받침이 있어야 한다.

우선 부장, 국장이 될 수 없어 인사 편의상 위촉되는 '편집위원' 이라면 권위가 처음부터 떨어진다. 명형사가 반드시 경찰서장이 될 수 없고, 명의가 반드시 병원장이 될 수 없으며, 명교수가 반드시 대학 총장이 될 수 없다. 취재력이 뛰어나고 글 잘 쓰고 전문지식이 높다고 부장이나 국장에 적임일 수 없다. 그런 논리에서 전문기자, 대기자의 개념이 떠오르지만 지금의 입사제도, 연공서열, 종신고용식 인사제도에서 전문기자제가 성공하고 '대기자' 가 태어날 수 있을지 의아스럽다. 지금의 인사제도에서는 필연적인 인사적체가 나타나 한군데 오래 있을 수도 없고 한자리에서 오래 일할 수 없다. 아래로부터 솟아오르는 압력으로 부장만 되면 글 안 쓰고 부장을 지내면 국장급으로 올라가지 않는 한 별 볼 일 없는 조로현상이 벌어진다.

다른 분야에서도 그렇지만 언론계에서 노·장·청의 조화에 의한 질 높은 저널리즘을 기할 수 없다.

모집제도 바꿔 전문기자 키워야

⑥ 또 한 가지 손쉽게 개혁할 수 있는 제도의 하나로 사내 전문 인력으로 비판 평론기능을 강화하는 것이다. 일본, 미국, 유럽 어느 나라치고 '대학교수 박사'의 글이 매일 신문에 나는 것을 볼 수 있는가. 대학교수는 어느 한 분야의 전문가이므로 그들의 의견을 물어 기사화할 수 있고 평론에 참고할 수 있으나 그들을 저널리스트나 직업적 평론가로 대입시킬 수 없지 않은가. 우리 기자들은 우수한 바탕에 훌륭한 잠재력을 가지고 있어 신문사에 들어올 수 있었던 인재들이다.

사내에서 또는 언론계 안에서 필진을 발굴하고 스타로 기르는 노력 없이 안이하게 '교수 박사'의 기고에 의존하는 것 자체가 비굴한 권위주의적 발상으로 '언론의 질 향상과 대기자' 지향에 역행하는 것이다. 한편, 꼭 필요할 때라면 모르되 매체를 타고 대중인기에 영합하려는 학자들이 있다면 그것 역시 정상적인 일은 아니다.

1995년 7월 신문연구

관훈클럽이란 무엇인가

　정말 하잘것없고 남의 눈에도 띄지 않는 지극히 작은 첫걸음이었다. 41년 전, 구체적으로 말하여 1956년 4월 30일 밤 8시 40분. 서울특별시 종로구 관훈동 84-2 소재 화양식(和洋式) 이층집, 계단으로 올라가 두 번째 다다미 방에 9명의 젊은 기자들이 자리를 함께 하였다.

　여기에 모인 사람은 김인호(합동통신), 노희엽(합동통신), 박권상(합동통신), 박중희(코리아 타임스), 임방현(합동통신), 정인양(합동통신), 조세형(평화신문), 진철수(AP통신), 최병우(코리아 타임스) 등이었다(이 모임에 초청받은 한국일보의 천관우와 로이터통신의 이시호는 못 나왔는데, 이시호는 다음 모임부터 참여했다.).

　이들 가운데 김인호, 박권상, 정인양은 전주고등학교 동기인 데다가 합동 통신에서 같이 일했고 바로 관훈동 84-2의 하숙집에 같이 묵고 있었다. 우리 9명이 첫 모임을 가진 것은 김인호가 묵던 8조 너비의 제일 큰 방이었다.

임방현과 조세형은 역시 전고 1년과 2년 후배였고, 임은 역시 합동통신 기자였다. 1년 후 조세형이 이승만 대통령과의 기자회견에서 이기붕 씨의 의장 당선과정 스캔들 고발 직후 당일로 평화신문에서 쫓겨나 '해직기자 제1호'가 되자 자유주의적인 분위기의 합동통신이 그를 받아들여 합류했다.

뿐만 아니라 진철수의 AP와 이시호의 로이터통신이 합동통신사의 계약사로 합동건물 안에 있어서 10명 가운데 7명은 수시로 만나 노는 가까운 사이였다. 한편 최병우와 박중희는 안국동 로터리에서 가까운 중학동에 있는 한국일보사 자매지 코리아 타임스에서 일하고 있었다. 관훈클럽의 발상지가 된 관훈동 84-2는 안국동 로터리에서 2, 3분 거리. 한국일보, 코리아 타임스 기자들은 관훈동까지 나와야 다방, 식당, 술집을 찾을 수 있었다.

미국 연수 뒤 언론에 새바람 일으켜

다시 말해 관훈클럽을 처음 구상했던 10명은 언론계를 망라한 어떤 대표성을 띤 것도 아니고 대단한 목표를 내세워 동지적으로 결속한 것이 아니라 합동통신과 한국일보에서 늘 만나는 친구들이 자연스럽게 합류한 것이다. 그렇다고 아무 뜻 없이 막연하게 어울려 술 마시며 잡담이나 나누자고 모인 것도 아니었다.

실은 그 전해, 그러니까 1955년 9월 11명의 젊은 기자들이 미 국무성 초청으로 미국 연수 길에 올라 시카고 교외 노스웨스턴대학에서 6주간 오리엔테이션을 받고 이어 3개월간 두 번에 걸쳐 따로따로 중소 도시의 신문사에 배치되어 신문제작과정을 견습하였고 한 달간 미국 각지를 돌아보았다. 현대판

'신사유람단' 이었다. 그들이 느낀 것은 구한말, 최초의 외교사절로 미국을 방문한 민영익이 실토한 대로 "암흑계에서 광명계에 갔다가 또다시 암흑계로 돌아왔다."는 식의 그런 감격이었다. 그 가운데 김인호, 노희엽, 박권상, 박중희, 조세형, 진철수 등 6명이 만나 '신세계'에서 받은 엄청난 충격과 경험을 바탕으로 우리 언론에 무엇인가 새 바람을 일으켰으면 하는 결의를 하게 된 것이다.

이 6명이 귀국 후 개인적으로 늘 만나고 가깝던 최병우, 정인양, 임방현 등과 자리를 함께 한 것이 곧 1956년 4월 30일 밤의 조그마한 사건이었다.

먼저 사회를 맡을 임시의장으로 최연장자인 최병우를 뽑고 박권상이 서기를 맡았는데, 첫 결정사항은 앞으로 사회는 돌아가면서 보며, 매회 다음 사회자를 미리 정하고 공식단체로 출범할 때까지 기록, 기획, 연락, 회계 등 이 모임의 살림을 맡을 유일한 임원으로 서기를 두되, 박권상이 서기직을 맡는다는 것이었다. 이어 실질적 토론에 들어가 박권상이 미국시찰에서 보고 느낀 것들, 무엇인가 뜻을 모아 개혁에 나서야겠다는 것, 그리고 우선 친목과 연구를 위한 느슨하고 사사로운 모임이 바람직하다는 보고를 하였고, 이어 '연구와 친목'을 위한 클럽을 만드는데 세 가지의 클럽 회원 자격에 합의하였다.

첫째, 선진문물을 흡수하는 연구활동에 있어 영어의 해독이 절대로 필요하다는 것, 둘째, 친목이라는 또 하나의 목적을 위해서는 동년배들이어야 하고 따라서 젊은 기자들이어야 할 것, 셋째, 언론계에서 평생 일하겠다는 직업의식이 강한 자여야겠다는 것이었다.

최병우는 우리가 의도하는 것이 순수한 친목연구단체이므로 굳이 사회단체로서 당국에 등록할 필요가 없을 것이라는 현실적인 문제를 말하였다. 정당사회단체의 등록과 규제가 엄한 권위주의 시대였으니까 '등록'에 신경을 쓴 것이다. 이어 언론계 기성 단체나 언론인 선후배들에 겸허한 자세로 절대로 대립하는 인상을 주어서는 아니 되고, 우선 스스로 닦고 갈고 힘을 길러 언론계의 질적 향상에 기여하면 우리를 인정해줄 것이므로 서서히 내실을 기하자고 제안하였다.

이어 우선 출발 회원을 11명으로 하고(실제로는 10명이 되었지만) 공식클럽 발족까지 회원 수는 매월 회원을 1, 2명 정도 늘려가되 배를 넘기지 않고, 단체로 발족할 것인가 아니면 포기할 것인가의 시험기간을 6개월 정도로 잡으며, 새 회원은 회원 2인이 추천하여 충분한 토론을 거쳐 전원 찬성을 얻어 가입도록 하고, 새 회원의 기준은 35세 내외를 넘기지 않는 기자로 하되 일간신문 · 통신에서 근무하는 자로 한정하였다. 또한 한 달에 두 번씩 모이되 첫 번째 금요일에 일반 화제, 세 번째 금요일에는 회원 가운데 연구논문을 발표하거나 외부 인사를 모셔 강의를 듣도록 한다는 결정을 내렸다.

이상은 당시 대학노트에 기록한 회의록을 요약한 것이다. 이 회의록에 몇 시에 끝났는지는 기록이 안 되어 있으나, 통행금지 시간인 자정에 가까웠던 것으로 기억한다.

10명이 창립, 친목 연구 자질향상 겨냥

이런 모임이 있은 후 8개월 반 만인 1957년 1월 11일 같은 장소에서 19번째의 모임이 열렸다. 그동안 거듭된 연구모임에 18명이 모여(4명 결석) 전문 18조 규약을 채택, '젊은 신문인 간의 친목과 신문연구'를 목적으로 하는 클립을 결성하였고, 15일에는 진철수를 총무로 하는 운영위원 7명을 뽑았다. 1월 25일에는 33명으로 늘어난 회원이 언론계 선배들을 비롯하여 정부관계자 및 외빈들을 모시고 창립을 알렸다. 생각건대 극히 사소한 첫걸음이었다. 그러나 꿈은 멀었고 뜻은 컸다.

그로부터 41년이 지났다. 실은 1953년 9월부터 판문점에서 두 달 이상 계속된 인도군 주관으로 실시된 포로교환 취재 시절 한국기자들 가운데 단연 두각을 나타낸 최병우(당시 조선일보 외신부장)가 "우리에게도 미국의 시그마 델타 카이나 영국의 직업인 클럽 같은 것이 있었으면……." 하고 말했던 구상단계부터 따져 44년의 세월이 흘렀다.

그러나 분명한 것은 10명밖에 안 되는 그러나 무엇인가 뜻을 같이하는 소수의 아주 가깝게 지내던 친구들이 '친목, 연구, 자질향상'을 내걸고 디딘 그 작았던 첫걸음이 오늘날 이 땅에 확고하게 뿌리내린 우람한 나무로 자라나 이제 누구도 부정할 수 없는 한국 언론의 확고한 '제도(institution)'가 된 것이다.

정말 대견스럽고 개인적으로 45년간을 언론에 몸담고 있는 사람으로서 클럽 창립, 특히 그에 앞서 8개월의 준비기간에 심부름을 맡았던 사람으로서 감개무량함을 가눌 길이 없다.

1957년 1월 11일, 클럽 발족의 규약은 채택했지만 거창한 선언문 같은 것을 채택하지 않았다는 것은 클럽의 성격을 이해하는 데 도움이 된다.

규약 제3조에 따르면 "본 회는 신문의 자유를 향상하고 신문인 간의 공동이익과 친목을 도모하고 신문에 관하여 서로 연구하며 언론의 향상을 위해 힘쓴다."는 것이 클럽의 목적이다. 으레 어떤 운동의 출발에는 당연히 웅장한 '선언'이 나오게 마련인데 왜 관훈클럽은 거대한 출발 선언을 하지 않았던가?

한마디로 클럽의 보수성을 시사한 것이다. 프로그램이나 계획의 보수성이라는 말이 아니다. 정치적, 경제적 노선의 보수성을 말하는 것도 아니다. 클럽 출범 초창기에 신문 문장의 서구화, 스타일북 제정, 회지 발간, 신문의 날 제정 등 급진적인 개혁운동을 전개했으나, 추진방법은 지극히 조심스럽고 점진적이고 온건하고 스스로의 공을 내세우지 않는 겸허한 자세로 일관했다는 것, 온건하고 보수적인 접근방법이었다는 것이다. 그것이 관훈클럽의 지혜로운 덕목이다.

7인의 운영위원, 모든 걸 합의제로

또한 어느 한 사람이 독주하고 끌고 가는 권위주의 리더십을 전면 부정하고, 더디고 비능률적이고 어렵더라도 모두가 수긍하고 합의하는 운영체제가 40년간 지속되어 이제는 확고부동한 전통이 되었다.

민주적인 의식훈련이었다. 구체적으로 한 사람의 카리스마적 지도력으로 움직이는 조직이 아니라 모든 것을 공론에 부쳐 결정하는 것이다. 그것이 관훈클럽이 지향한 자유와 민주주의 실천양식이다. 그것은 클럽 창립의 대부 격인 최병우의 확신이었다.

"우리나라는 역사적으로 감투싸움 때문에 파벌이 생기고 분열 갈등을 겪다가 망하고 마는 문화이고 보면, 우리 클럽운동은 이 점을 극복해야 한다."

이것은 최병우가 확신하고 늘 우리에게 들려주던 말이다. 그리고 "작은 데 시작하여 중지를 모아 서서히 내실을 기하면서 큰일을 해야지, 너무 거창한 목표를 앞세워 호흡조절 없이 한두 사람이 앞장서 성급히 나섰다가 시작이 곧 종말이 되는 경우가 얼마나 많은가"라는 생각이었다. 무실역행(務實力行)이라 할까. 겉으로 나타내지 않고 참되고 실속 있게 힘써 일하자는 것이었다.

최병우의 이러한 보수적이고 민주적인 경륜은 클럽의 명칭, 조직 등에 그대로 반영되었다. 우리들은 비록 가까운 동창 직장 친구들의 모임으로 출발하지만, 장차 모든 뜻있는 언론인을 망라해야 할 테니 단체 이름도 서울프레스클럽 같은 포괄적인 이름으로 하고 당연히 회장 부회장을 두어 책임 있게 운영하자는 주장이 강했다.

그러나 최는 단연코 반대였다. 그렇게 하면 지난날 경험에 비추어 자칫 파벌이 생기고 감투싸움이 벌어져 조만간 깨진다는 것이다. 명칭만 해도 관훈동 84-2에서 매월 두 번씩 연구모임을 가진 끝에 태어나는 것이니 관훈클럽으로 하자는 것, 영국의 수많은 클럽처럼 탄생과 관련 있는 이름을 따야 한다는 주장이었다. 이름이 관훈클럽으로 낙착되기 전에 관훈구락부(寬勳俱樂部), 관훈회(寬勳會) 등 아이디어도 나왔으나 '관훈(寬勳)'이라는 한자어가 풍기는 보수성과 클럽이라는 외래어가 풍기는 진취성을 배합·조화시키자는 것이었다.

가장 큰 논란이 있었던 것은 7명의 운영위원으로 집행기구를 구성하되 모든 것을 합의제로 하고, 대외적으로 총무가 클럽을 대표한다는 결정이었다. 역시 최병우의 아이디어였다. 다만 영문표시의 경우는 외국 사람들의 이해를 돕기 위해 프레지던트로 한다는 것까지 합의하였다.

또한 회원들의 리더십 수련, 참여의식 고취를 위해 임원의 임기를 6개월로

한 것도 특이하다. 철두철미 봉사직이고 모두 바쁜 기자생활이니 6개월씩 교대로 봉사한다는 의도였다. 결국 6개월은 일하기에 너무 짧다는 성찰로 몇 해 후부터 임기 1년으로 연장되어 지금까지 43명의 총무가 태어나 클럽 살림을 책임짐으로써 리더십을 체득하고 또한 그만큼 클럽에 대한 귀속의식과 애착심을 갖게 하였는데, 총무를 포함한 운영위원 7명의 합의제가 지금까지 지속되어 이제는 이 제도를 바꿀 엄두를 낼 수 없을 정도로 하나의 불문율이 되었다는 것도 클럽의 성격을 말하는 것이다.

그러나 관훈클럽이 지니는 보수정신은 개혁을 거부하는 수구주의와 확연히 구분되어야 한다. 근대 보수주의의 원조인 영국의 에드먼드 버크의 말마따나 "적절한 개혁의 수단을 갖지 않는 조직은 자기 보존의 수단도 없다."는 진리가 관훈클럽에 그대로 적용된다. 클럽 출발의 동기는 곧 낙후되고 침체되고 권위주의 체제에 질식 상태인 우리 언론을 개혁하고 쇄신하자는 데 있지 않았던가. 다만 접근방법을 신중히 점진적으로 하자는 것이었다.

최병우의 안목과 실천력이 버팀목

가장 명백하고 자랑스러운 발전은 클럽 준비단계에 비쳤던 폐쇄적 성격을 발족과 더불어 슬기롭게 졸업했다는 것이다. 공식 발족 전엔 어느 특정지역, 특정학교 출신, 특정직장 소속 기자들이 끼리끼리 노는 집단이 아닌가, 미국 다녀온 자들(그때만 해도 미국 유학은 희귀한 특권이었으니까) 아니면 외국 통신사에서 일하는 영어를 좀 한다는 족속들 중심으로 버터 냄새 풍기면서 잘난 체하는 집단이 아닌가 하는 곱지 않은 시각이 언론계 일부에 있었던 것도 사실이다.

누구나 총망라하는 직능단체가 아니라 친목을 도모하는 클럽이기 때문에 누구한테나 문을 열 수 없고 어느 정도의 폐쇄성을 부인할 수도 없다. 그러나 클럽 준비단계 10명의 구성이 나타낸 직장 내지 지역의 폐쇄성은 공식출발과 더불어 사라졌다. 오늘날 우리나라 각계각층에 발호하고 있는 망국적인 지역갈등이나 학벌대립, 기타 파벌 계보 다툼 같은 용어가 한 번도 있어본 일이 없던 것이 관훈클럽이 아닌가. 아니, 그런 유의 개념조차 스며들 틈이 없었으니 클럽운동이 거둔 찬란한 성취가 아니고 무엇인가. 이것이야말로 관훈클럽의 위대한 정체성이다.

이미 언급한 대로 최병우의 주창에 따라 감투싸움이 생길 요소를 미리 차단하고 운영위원들이 합의제로 운영함으로써 어느 한 사람에 권한을 위임하지 않고 섣불리 다수결로 판가름하지 않는 합의 민주주의가 자리 잡은 것이다. 이 전통은 클럽운영위뿐 아니라 클럽에 관련된 모임, 예컨대 관훈언론상 심사위원회 같은 데도 적용되어 반드시 '합의'로 결론을 내리고 있다.

이 전통을 세우는 데, 거듭 말하지만 역시 최병우의 안목과 실천력에 힘입은 바 컸다고 말할 수 있다. 그는 맨 먼저 클럽 창설의 아이디어를 냈고 1956년 4월 7일이 독립신문 창간 60주년이 된다는 사실을 제기함으로써 이듬해 클럽 창설과 더불어 클럽의 제1차 사업으로 4월 7일을 신문의 날로 정하고 신문주간을 만드는 데 앞장섰다.

클럽의 이니셔티브와 헌신적인 심부름으로 편집인협회가 생기고 윤리강령이 선포되고 그럼으로써 자유언론을 향한 언론계의 목소리가 결속되었다. 혁명적인 변화의 기폭제가 곧 관훈클럽의 탄생이요, 클럽회원들의 무실역행이었다. 그리고 이 변화와 개혁의 선두에 최병우의 경륜, 설득력, 도덕적인 리더십이 있었다. 연령, 경륜, 언론계에서의 비중, 그 어느 모로 보나 그는 클럽의 초대 총무를 맡아야 할 인물이었다. 모두가 그것을 원했고 기대했다. 그러나 그는 끝내 사양했다. 우리는 그를 '최고위원'으로 부르며 그의 지침에 따라 움직이는 경우가 많았다.

따라서 그가 만일 공식적으로 대표자리에 앉았던들 모든 일은 명실상부하게 그 한 사람의 판단에 집중되었을 것이다. 다른 이유도 있겠지만 그가 끝내 총무 자리를 고사한 것은 행여 권력의 1인 집중을 걱정하고 그렇게 되면 생겼다가 망해버린 수없이 많은 다른 단체들과 마찬가지가 되지 않을까 고심했던 것이 아닌가 생각한다.

클럽출범에 거창한 선언이나 강령이나 결의의 선포는 없었지만 그것은 어디까지나 흔히 있는 외화내빈(外華內貧)의 과오를 피하자는 것이었지, 합의된 신조나 행동방향이 없었던 것은 아니다.

신문의 날, 편집인협회, 윤리강령 만들어

1957년 4월 7일을 신문의 날로 정하고 편집인협회와 윤리강령을 만드는 데 산파역을 하면서도 매달 연구모임은 지속되었고, 그 연구결과를 집약한 「회지」 제1호가 그해 8월 22일에 나왔다. 관훈클럽의 이름으로 발표한 권두언은 창립회원들의 결의를 편집책임자였던 조세형이 요약 기초, 운영위원회에서 공식 채택한 것이므로 클럽 창립 선언문으로 간주할 수 있다. 그 내용은 다음과 같다.

"진실과 의를 내세우고 거짓과 사악을 물리쳐 자유와 평화의 복지 사회를 이루기 위하여 오늘의 혼돈된 사회에서 신문이 짊어진 사명이 무겁고 귀함을 우리는 알고 있다. 세계 사조는 숨 가쁘게 흐르고 현실의 과업은 겹겹이 절박해 오는 이때 어찌 언론만이 수구하여 주저앉아 있겠는가. 자성과 개신으로 취약과 편협과 횡포를 박차고 새 사조를 호흡하여 능히 세대의 앞장을 서야 할 것이다.

우리 젊은 신문인들은 이 나라 신문의 긴 전통을 귀히 여기며 자랑삼고자 한다. 항상 정의와 약자의 편에 서서 강압과 싸워온 그 줄기찬 의기며 오늘의 문화적 터전을 이룩한 발자취는 우리가 자랑삼아 이어받고 또 후대에 넘기는 데 부끄러울 것이 없다.

그러나 일제 수십 년과 그 뒤를 이은 불안정의 시기는 전진하는 세계에서 우리 사회를 낙후케 하였고 신문에도 많은 불합리를 남겨 놓았었다. 이리하여 우리는 신문과 아울러 신문인인 우리 자신을 돌아보지 않을 수 없게 되었다.

신문인은 그의 직업사명에 투철하면서 모든 진실을 두려움 없이 보도·비판하고 공정과 정확에 철저한 신조에 살아야 할 것이며, 신문은 많은 점에서 더욱 연구·검토되어 점차 시정 향상되어야 할 것이다.

우리는 이것을 더 일찍 깨닫고 더 바삐 서둘러 공부했어야 마땅했다고 느끼고 있다. 뿐만 아니라 우리는 이 나라 젊은 신문인이 더욱 자주 교통하고 상친하며 서로 단합하여 직업영역 안에서 자유를 지키고 또 스스로의 권익을 수호하여야 한다고 생각한다. 사회의 모든 분자는 각자의 직업영역에서 가장 충실하고 가장 자유로워야 한다고 믿기 때문이다.

우리는 이 원대한 목적들을 위하여 '신문의 연구와 젊은 신문인 간의 친목'을 내걸고 작으나마 구체적인 범위에서 클럽을 만들게 된 것이다. 동료들과 힘을 모아 공부해 나가야 한다고 믿고 있다.

여기에 내놓는 이 크지 못한 연구회지는 우리의 '작고도 구체적인' 노력의 한 가지 표시일 따름이다. 1957년 8월 관훈클럽."

77년 신영기금 만들어 제2의 중흥

육필로 쓰고 등사판으로 복사해서 만든 「회지」는 1958년에 두 번째로 나왔고 59년에 「신문연구」라는 공식명칭으로 인쇄되어 발간되었으며 오늘까지 64호가 나왔다. 「회지」 제1호가 43면밖에 안 된 수제품이었음에 반해 「신문연구」 64호는 화려하고 육중한 350면의 당당한 계간지다. 장족의 발전이라고 말하지 않을 수 없다.

「신문연구」에 그치지 않고 클럽이 벌이고 있는 사업은 국내 어느 언론단체보다 많고 다양하다. 회원들 동정을 알리는 「관훈월보」가 나오고, 관훈토론회는 이 나라 각계 지도자들이 국민에 포부를 알리고 검증받는 대표적 포럼이며, 해마다 젊고 우수한 언론인들이 해외연수를 떠나고 1958년 금문도(金門島) 전투에서 산화한 최병우를 추념하는 연례 심포지엄이 해마다 9월에 열리며, 클럽 창설기념일에는 관훈언론상과 최병우 국제보도상이 수여되고, 역시 연례행사로 책을 써서 내고 싶은 언론인들에게 저작보조금이 지급된다.

이렇듯 거대한 단체가 된 데는 아산 정주영이 쾌척한 조건 없는 기금이 결정적으로 기여하였다. 사실 창립 20년이 되도록 클럽은 재정적으로 기초가 없어 회원들이 내는 회비로 연명하였고 때로 신문연구지를 만들어놓고 찾지 못한 어려움도 있었다.

예컨대 1963년 여름, 내가 세 번째 총무를 맡았던 시절이었는데 1년에 고작 한두 번 내는 「신문연구」를 어렵사리 만들어 500부를 찍어놓고도 인쇄비 2만 5천 원이 없어 한 달이 넘도록 출판사 창고에 처박혀 있었다. 그런데 우연한 사교모임에서 미국 공보원장한테 말한 것이 단서가 되어 100달러밖에 안 되는 지원을 받으면서 '미합중국 정부와 관훈클럽 간의 재정협정'이라는 두둑한 문건 여러 장에 서명했던 기억이 난다. 내가 동아일보 논설위원으로 받은 월급과 같았고 우리 국민의 연평균 소득과 맞먹었다. 우리 정부예산의 3분의 1 정도가 미국원조에 의존할 때 이야기다.

클럽활동이 제대로 돌아가지 못하고 때로는 개점휴업의 정체상태에 빠진 때도 있었다. 그러나 1977년 도약의 기회가 왔다. 클럽 중흥의 결의 아래 이례적으로 창립회원이고 근 20년 전에 총무를 지낸 조세형이 총무가 되었다. 그는 주미 특파원을 지내고 귀국 후 한국일보 편집국장이었으므로 '거물' 총무가 되어 클럽 중흥의 사명을 띠고 총무직을 맡은 것이다. 우선 회원들 간의 200만 원 모금운동이 벌어졌는데, 이 소식을 듣고 클럽 초창기 회원이었으나 독일유학 중 아깝게 요절한 정신영의 형 아산 정주영이 거금 1억 원을 희사하였다.

아산의 1억 원은 클럽 중흥의 기폭제였다. 그것은 여느 재벌이 기업 홍보 차원에서 만들어 직영하는 그런 언론재단이 아니었다. 일찍이 베트남, 중동에 뛰어들어 부를 창조한 아산이 지극히 사랑했던 아우 신영을 생각하고 신영의 친구들이 언론 개혁에 나서 벌였다가 좌절의 위기에 처해 있는 클럽에 조건 없이 쾌척한 것이다. 아산의 '조건 없는 기탁'으로 클럽은 고참회원 중심으로 '신영기금'을 만들어 소생의 길이 열렸다.

그로부터 다시 20년이 흘렀다. 관훈클럽은 한국 언론을 대표하는 막중한 세력으로 웅비하였다. 당초 20대의 창업회원들이 더러는 유명을 달리하고 모두 60대 후반기에서 인생의 황혼기를 맞고 있다. 그러나 관훈클럽은 이 땅에 영원한 하나의 '제도'로 뿌리내렸다. 이렇듯 만인이 인정하는 '제도'로 대성한 것은 일찍이 최병우가 실천한 '무실역행'의 전통이 면면히 이어졌기 때문이고, 재정적으로 뒷받침한 것은 정신영과 신영의 벗들을 향한 아산 정주영의 사심 없는 사랑의 산물이었다.

아산의 거듭된 재정지원 조건 없어

여기서 꼭 강조하고 싶은 것은 아산의 거듭된 재정지원은 명실상부하게 '조건이 없다'는 것, 바로 이것이 클럽의 제도화 성공의 비결이었다.

단언컨대, 거듭된 출연으로 관훈동에 4층짜리 회관이 섰고, 금융재산이 80억 원이 넘어 언론연구 지원, 언론인 연수, 계간지 발간 등 고정사업은 물론 1996년부터 '한국 언론 2000년위원회' 임시기구가 존경받는 각계 대표로 조직되어 '한국 언론의 진단과 처방사업'을 진행하고 있지만, 단 한 번도 출연자가 기금운영에 간여한 일도, 심지어 '조언'한 일도 없었다. 정말 흐뭇한 것은 재단법인 신영기금은 100% 회원들의 자치기구라는 점이다.

이러한 출연자의 큰 덕은 거기에 상응하는 보답을 얻고 있다. 신영기금을 운영하는 역대 임원들이 한 점의 오점 없이 깨끗이 조심스럽게 보수적으로 운영하고 일체의 마찰과 잡음 없이 돌아간다는 것이고 그것이 전통으로 굳어졌다.

나는 클럽 창립에 적극 참여했고 예외적으로 세 번이나 '총무' 자리를 맡았으며 또한 발족하기 이전 8개월간의 준비 기간 '서기'라는 이름의 유일한 감투를 썼음에 무한한 긍지를 느끼지만, 뜻하지 않게 거기서 오는 엄청난 대가를 받고 있다.

관훈클럽 신영연구기금은 1997년 봄부터 고려대 신문방송학과에 '석좌교수'를 파견하게 되었는데, 첫 번째 영광이 나한테 돌아온 것이다. 정말 흐뭇하고 자랑스럽다. 40년 전 내가 묵던 하숙집 다다미방에서 내디딘 조그만 발걸음, 그리고 1년밖에 안 되는 정신영과의 기자로서의 교우관계, 그리고 그를 클럽에 끌어들인 사소한 사건, 그것이 40년 후 나로 하여금 고려대 관훈언론석좌교수 제1호가 되게 하였다는 것. 생각할수록 희한한 느낌이다. 인생이란 온갖 풍상 속에서도 결국 살 만한 가치가 있는 것이 아니겠는가 하는 생각이다.

6명이 미국 에반스턴시 몬티셀로 폴리스 817번지에서 뜻을 세운 것이 1955년 겨울의 일인데, 이제 관훈클럽 식구는 600명으로 늘었다. 1957년 1월 18명으로 출범 시 최고 연장자로 최병우 나이가 33세였고 '젊은 기자들'의 친목 연구단체로 출발, 불문율로 35세 미만의 기자들의 모임이었다.

세상이 흐르고 회원들도 자연히 노령화되었고 규약상 '젊은'이라는 제한도 바뀌었다. 친목, 연구, 자질향상이라는 다분히 내부지향적인 강령도 관훈토론회라든가 언론상 수여 등 활동영역이 확대되었다. 지금은 클럽 역사상 최대 야심찬 사업으로 한국 언론 2000년위원회를 가동시키고 있다. 국민적인 비판의 대상이 된 우리 언론의 병리 현상을 진단하고 해법을 찾기 위한 노력으로 클럽 지원 아래 각계각층의 덕망 있는 원로들과 전문가들이 개혁의 방향과 방법을 찾고 있는 것이다.

여기서 한 가지 클럽의 정체성이 선명해진다. 40년 전이나 지금이나 언론과 언론인의 자질향상이라는 행동목표는 세상이 달라지고 환경이 바뀌었지만 그 근본은 전혀 바뀌지 않고 있다는 것이다.

한 조직이 '제도화' 되려면 상황의 변화, 리더십의 변화에도 불구하고 기본 목표에 일관성이 있어야 하고 운영에 자율성이 있어야 하며 업무 복합성이 더해가고 새로운 여건에 적응력이 있어야 한다. 새뮤얼 헌팅턴이 정한 '제도화' 의 기준이다.

관훈토론회, 언론상 등 활동영역 넓혀

우리 클럽은 시간이 흐르고 세대가 바뀌었음에도 잡음과 분규 없이 일관성과 안정성을 유지했고 자율자치의 시범이었으며, 10명밖에 안 되는 젊은 기자들의 단순하고 폐쇄적 친목조직에서 발행인 · 사장 · 주필 · 국장 · 기자를 망라한 복합성을 띠는 거대조직이 되었고, 벌써 정권이 여러 번 바뀌고 전근대사회에서 산업사회, 후기산업사회로 변천되는 과정에서도 사회변화에 유연한 적응력을 보였다. 그럼으로써 막강하고 반석 같은 조직, 거듭 말하지만 '제도' 로 뿌리내렸으며, 이러한 제도는 역사와 더불어 영원할 것이다.

물론 개선의 여지도 많다. 조직의 비대화에 따르는 불가피한 현상이기도 하지만, 태동기에 보였던 '친목' 의 빛깔이 너무나 퇴색되었다는 느낌이다. 이것 역시 어떤 형태로든지 시정되고 발전될 수는 있다고 믿는다. 이미 확보한 회관 건물에서 회원들이 만나 담소하고 술 마시는 매력적 공간을 확보하여 영국식 클럽의 성격을 보완할 수 있을 것이다. 지금은 지방 자치의 시대가 아닌가. '제도'가 가지는 '적응력'을 발휘할 수 있지 않은가.

1년에 한 번쯤 장소를 바꾸어가며 컨벤션을 열어 그 해의 톱인물을 모셔 '대강연회'를 듣는 것도 좋다. 미국의 시그마 델타 카이가 행하는 애뉴얼 컨벤션이다. 가족동반 야유회를 주관할 수 있고 수학여행도 마련할 수 있다.

앞으로 할 일은 많다. 회원들이 보다 자주 만나고 참여하고 그럼으로써 창의력을 발휘할 수 있다. 전도는 양양하고 무궁하다. 끝으로 클럽 창설의 아이디어를 제공했고 창설에 실질적 지도자였다가 금문도 바다에서 산화한 '최고위원' 최병우를 다시 생각한다.

정직하고 근면하게 공부하고, 남을 위해, 독자를 위해 쉴 새 없이 뛰고 사회현실에 대한 지칠 줄 모르는 탐구심, 호기심을 발휘하였던 최병우. 그리고 이 모든 것을 정직성과 도덕성 위에 한껏 발휘했던 참 언론인, 참 기자. 나는 그러한 기자, 언론인들의 수가 늘어남으로써만이 언론의 질이 향상되고 독자의 신뢰를 얻는다고 믿는다.

1997년 5월 신문연구

제 3 부

언론의 자유와 통제와 책임

표현의 자유-이론적 고찰

사람은 본질적으로 사회적 동물이다. 태어나는 순간부터 그의 감각을 발전시켜 환경에 적응한다.

'감각을 발전시켜 환경에 적응하는' 데 있어 직접 대상은 그를 낳은 어머니다. 이때부터 요구하고 부여하고 의존하고 협동하고 배우고 가르치는 과정이 시작한 것이다. 이 모자 관계에서 시작되는 것이 곧 커뮤니케이션이고, 커뮤니케이션은 라틴어의 'communicare'에서 유래한 것으로 '더불어 말하고, 의논하고, 토론하고, 서로 협의하는 것'이다. 결국 인간사회는 인간이 서로 공동의 목적을 위해 협조의 토대 위에 더불어 살고 더불어 일함으로써 성립하며 커뮤니케이션 없이 협조관계의 성립은 불가능하다. 또한 인간은 커뮤니케이션을 통해 지식, 정보, 경험 등을 나누고 그럼으로써 남을 이해하고, 설득하고 또는 통제한다. 커뮤니케이션의 방법은 여러 가지, 예를 들어 간단한 얼굴의 표정이나 제스처로부터 시작해 접촉이나 신호, 그림, 산술의 기호,

화학의 부호, 음악, 춤에 이르기까지 수많고 다양한 방법이 있다. 그러나 인간 커뮤니케이션의 대종을 이루는 것은 언어이다. 입을 통한 말이든 또는 글씨로 표시된 글이든 언어야말로 가장 중요한 커뮤니케이션 수단이라고 말할 수 있으며, 또한 언어야말로 인간이 다른 일반 동물과 구분되어 고등동물일 수 있는 주요 특질의 하나라고 말할 수 있다. 결국 인간은 사색하는 동물이고, 사색의 결과로 사상이 있고, 신앙이 있으며 학문·예술이 있고 과학이 성립하여 발달하였다.

　여기서 기본적인 요소가 원활한 커뮤니케이션인데, 그것은 곧 사람이 생각하는 바를 자유롭게 남에게 표현할 수 있느냐에 따라 인지의 발달과 사회의 진보가 확보된다. 다시 말해 표현의 자유야말로 사상, 신앙, 주장, 감정 등을 서로 전달하고 이해하며 발전시키는 기본조건이 되고, 그럼으로써 사회적 진보가 가능할 것이다. 따라서 근대적인 헌법을 채택하고 있는 나라는 예외 없이 이 표현의 자유를 보장하고 있다. 실제적으로 보장되고 있느냐는 별개 문제이지만, 적어도 형식에 있어서 세계 대부분 나라의 헌법은 사상, 양심, 신앙, 표현 등 정신적 자유를 구체적으로 규정하고 있으며, 1948년 12월 10일 유엔 제3차 총회에서 '만장일치'로 채택한 세계인권선언(Universal Declaration of Human Rights)은 제1조에서 "모든 인간은 태어나면서부터 자유이며 존엄과 권리에 있어 평등하다"라고 규정하였고, 제3조에서는 생존, 자유, 신체의 안전에 대한 권리를 인정하고, 이어 제18조에서는 "어느 누구도 사상, 양심 및 종교의 자유를 누릴 권리를 가진다. 이 권리는 그러한 종교 또는 신념을 변경할 수 있는 자유와 그리고 단독으로 또는 다른 사람과 공동으로 또는 공개적으로 사사롭게 교육, 행사, 예배 및 의식의 집행 등으로 종교 또는 신념을 표현할 자유를 포함한다"라고 했다.

우리 현행 헌법 또한 양심의 자유(제18조), 신앙의 자유(제19조)에 이어 제20조에서는 "모든 국민은 언론·출판의 자유와 집회·결사의 자유를 가진다"고 규정하고 제21조는 다시 "모든 국민은 학문과 예술의 자유를 가진다"고 보장하였다. 이 모두 정신적 자유의 보장을 뜻하는데, 이러한 정신적 자유는 그 외적 표현이 보장될 때 비로소 그 참뜻이 있다고 할 것이다. 표현의 자유에 있어 핵심적인 요소는 두말할 것 없이 언론·출판의 자유다. 즉 표현의 자유는 언론·출판의 자유를 기본으로 하는 기타 여러 가지 표현상의 자유를 포괄한 것으로, 이 두 가지 자유는 대부분의 경우 동의어로 보아 무방할 것이다.

이 글은 표현의 자유가 왜 필요하고 왜 소중한가, 그 가치에 대한 이론적인 연혁을 더듬어 정리해 보려는 것이다.

자유주의 성장, 국가 권력 행사에 제약

표현의 자유 또는 좁은 의미에서 언론·출판의 자유 등은 다분히 근대적 자유주의의 산물이다. 즉 17세기와 18세기 유럽, 특히 영국에서 성장한 개념이다. 쉽게 말해 인간의 본질을 규명하고 인간과 국가의 관계를 혁명적으로 재정립한 개념이었다. 자유주의자에 있어 개인을 국가에 예속시키고 모든 진리의 원천으로 군주나 승려를 모셨던 권위주의는 참을 수 없는 것이었다. 한참 기승을 부리던 종교적 및 정치적 절대주의에 대한 반발이었다.

물론 근세 초 절대주의의 긍정적 역할을 과소평가할 수는 없을 것이다. 우선 강력한 국가 단위의 권력제도가 성립함으로써 로마 교황청의 절대 권위가 붕괴되었고 중세의 암흑시대에 종지부를 찍었다. 다시 말해 국가의 힘으로 이미 세속적 권력으로 타락한, 그러나 선과 진리를 독점하였던 로마 교황청 지배를 벗어나려 했다. 근대 국가가 이룩한 또 하나의 성과는 지방마다 할거한 봉건 제후 세력을 누르고 또한 경합하는 다른 근대국가와 대항하여 민족 단위의 중앙집권체제를 갖춘 것이다. 이에 국가지상주의의 개념이 생겼다. 대표적인 사상가로 영국의 토머스 홉스를 들 수 있다. 그의 사상에서 인간이란 본질적으로 탐욕과 이기심에 사로잡힌 동물이고, 아무런 구속이나 통제 없이 방임할 때 "죽을 때까지 중단 없는 권력에의 욕망"에 가득 차 결국 "만인의 만인에 대한 투쟁"으로 발전한다는 비관론이며, 그런 "자연 상태"가 통제되지 않을 때 사람은 투쟁과 공포로 말미암아 절망과 죽음을 맞을 수밖에 없다는 것이다. 따라서 죽음의 공포에서 살아남기 위해 인간은 자연권을 포기하고 계약 또는 합의로 어느 특정인 또는 특정집단에 권력을 위탁하여 질서를 세우고 그럼으로써 생존권을 보장받는 것이다. 그것이 곧 국가요, 정치권력이다.

이러한 군주주의론 또는 절대주의는 근대주권국가의 기초를 다졌고, 봉건사회에서 근대사회로 넘어가는 과도적 역할을 맡았던 것도 사실이다.

그러나 홉스와 국적을 같이한 영국의 철학자 존 로크는 국가의 연원에 대해 뜻을 같이하면서도 인간과 국가의 관계를 보는 눈은 전혀 달랐다. 즉, 홉스나 로크나 다 같이 국가 성립 이전의 인간이 살던 "자연 상태"라는 것이 인간의 생활에 위험한 것이라는 전제에서 출발하였다. 그러나 로크에 있어 국가는 자유로운 인간성을 억제하려는 것이 아니라 인간 본래의 자유와 권리를 자연상태 그대로 놓아둘 때 야기되는 위험으로부터 보호하기 위해 국가권력이 등장하고 행사된 것, 따라서 국가 권력의 행사에는 일정한 제약이 설정되어 있어야 한다는 것이다. 바로 자유주의 철학의 기본 출발인데 이를 더 부연하면 다음과 같다.

18세기 영국, 미국, 프랑스, 계몽 시대 열려

자유주의 철학자들은 이렇게 말한다. 사람이란 "이성의 동물"이다. 인간 자신이 목적이요, 인간이 다른 어떤 목적을 위한 수단일 수는 없다. 인간의 행복과 번영은 사회의 궁극적인 목표이며, 사람이라는 사고하는 갈대는 자기 주위의 세계를 조직하여 자기 이익을 추구하는 능력을 저마다 가지고 있다. 물론 모든 사람이 이러한 천부의 능력을 언제나 행사하고 있는 것은 아니지만 그러나 개개인이 각자의 운명을 결정짓는 것이 집성누속(集成累續)하여 인류 문명이 오늘에 이르렀다는 것이다. 사람은 사고하고 기억하고 그리고 자기 경험을 살려 어떤 결론을 도출해 낼 수 있다는 데에서 다른 하등동물과 크게 다르다. 이러한 유일무이한 능력으로 인해서 인간은 유일무이한 만물의 영장일 수 있는 것이며 그런 까닭에 인간은 문명의 기본 단위인 동시에 문명의 추진발전자였다. 그렇다면 당연히 이러한 인간의 자체완성만이 인간의 목표요, 사회의 그리고 국가의 궁극적인 목표가 되어야 한다.

국가사회의 제1기능은 사회의 개개 구성원의 이익을 증진시키는 것이다. 또한 국가사회는 인간의 번영발전에 큰 공헌을 하는 것이 틀림없기는 하지만 그렇다고 인간보다도 인간이 구성하는 국가가 더 소중한 입장이 되고 국가 자체가 목적이 되는 경향은 단호히 저지되어야 한다. 국가가 의심할 바 없이 필요하고 유용한 "도구"라는 것은 인정은 하지만 "국가가 인간행동의 최고 표현"이라는 것은 언어도단이며 만일 국가가 인간의 목적을 위한 도구로서의 사명을 다하지 못할 때에는 이러한 결함은 폐지되거나 대폭적으로 수정되어야 한다고 주장한다.

16세기는 절대주의가 절정으로 치달았지만, 한편 인간의 경험이 비약한 시대였다. 지리적 발견은 유럽인에게 새로운 사고의 지평선을 열어놓았다. 17세기에 이룩한 과학적인 여러 발견에는 우주를 지배하는 합리주의적 법칙이 포함되었다. 종교개혁은 1천 년의 절대 교권의 권위에 도전한 것이고 궁극적으로 유럽 자유주의의 보모가 되었다. 이어 18세기에 시작된 상공업계급의 대두는 정치권력을 독점한 절대군주 세력과 귀족지배세력에게 위협이 되었고 자본주의 경제가 점진적으로 성장하였다. 이와 같은 사회적ㆍ역사적 배경으로 영국에서는 1688년 명예혁명 등 민주주의적 개혁이 진전되었고, 미국에서는 1776년 독립혁명이 성공하였으며, 프랑스에서는 1789년 대혁명이 발발하였다. 18세기에는 바야흐로 자유주의 철학이 인간사회의 여러 분야에 침투ㆍ계몽되고 실천에 옮겨지는 이른바 '계몽의 시대'가 열린 것이다.

이러한 역사의 흐름 속에 태어난 표현의 자유에 대한 이론적 근거를 검토하기로 한다.

1) 자유공개시장론

표현의 자유를 제일 먼저 선창한 것은 아마도 영국 시인 존 밀턴일 것이다. 아직 절대주의 통치가 영국사회를 지배하고 있었고, 이미 로마 교황의 절대권위는 영국에서 퇴각하였다. 이에 대체된 절대 군주의 권위도 이른바 청교도 혁명으로 붕괴되고 있던 17세기 전반기였다. 바야흐로 왕당파와 교회파

간의 내란이 절정에 달하고 있었는데 양측이 모두 반대파 의견을 말살하고 스스로의 권위를 강요하는 사고방식엔 별 차이가 없었다. 출판물에 대한 사전 허가와 검열은 여전히 계속되고 있었다. 1644년 밀턴은 출판물에 대한 허가검열제에 정면으로 도전하는 역사적인 문헌 『아레오파지티카(Areopagitica)』를 발표하였고 이는 자유언론 옹호의 고전적 성서가 되었다.

밀턴의 '진리와 허위가 대결토록 하라'

밀턴의 이론적 근거는 '사람은 이성적인 존재로 이성의 힘으로 선악을 분별할 수 있으며 그렇게 함에 있어 누구나 다른 사람의 사상과 이념에 자유롭게 제한 없이 접근할 수 있어야 한다'는 것이었다. 진리는 절대적이고 입증할 수 있으며 진리란 것이 '자유롭고 공개된 경쟁'이라면 반드시 생존할 수 있는 독특한 힘을 가지고 있다. 즉 '사상의 공개시장'과 '자율조정의 과정'을 이론화시킨 것이 밀턴이었다.

"진리와 허위가 대결토록 하라. 자유롭고 공개된 대결에서 진리가 불리한 편에 놓인다는 것을 본 사람이 있느냐? 모든 사람으로 하여금 저마다 자유롭게 말할 수 있게 하라. 그러면 진실의 편이 반드시 생존하고 승리한다. 허위와 불건전은 '공개된 자유시장'에서 다투다가 마침내는 패배하리라. 권력은 이러한 선악의 싸움에 일절 가담하지 말라. 설혹 허위가 잠정적으로 득세하더라도 선악과 진위가 자유롭게 싸워가면 마침내 선과 진이 '자율조정의 과정'을 거쳐 궁극적인 승리를 얻으리라." 이것이 밀턴이 세운 학문과 표현의 자유의 이론적인 근거였다.

요컨대 밀턴이 제시한 '자유롭고 공개된 시장이론'이 표현의 자유의 가치를 말하는 가장 중요한 명분의 하나라는 것은 이제 시공을 초월한 진리가 되었으나, "자유로운 토론은 좋은 결과를 가져온다."고 한 명제가 자본주의의 성숙에서 보는 언론매체의 독과점 시대에도 진리로서 실증될 수 있는지는 검토의 여지가 있다.

그럼에도 불구하고 표현의 자유의 말살이 훨씬 더 나쁜 결과를 가져왔다는 것은 역사적으로 입증된 사실이 아닐 수 없다. 마치 민주주의가 최선의 제도는 아니지만 일체의 독재보다는 훨씬 낫고 아직까지 인류가 발견한 제도 가운데 민주주의보다 나은 제도는 없다는 논리와 마찬가지다.

2) 자연권론

표현의 자유가 천부의 권리라는 견해는 자유공개시장 이론처럼 사회적인 의미를 논하는 것이라기보다는 사람이 태어나면서부터 지닌, 하고 싶은 소리를 자유롭게 할 수 있는 개개인의 권리를 말한다. 사람이 스스로의 사상과 신앙을 형성하는 내면적 자유는 누구도 막을 수 없는 하늘이 주신 것임에 틀림없다. 누구도 이를 억제할 수 없으며, 그런 사상·신념을 밖으로 표현한다는 것은 너무나 당연한 일, 사람으로서 지상의 속성이 아닐 수 없으며 이것이야말로 '신성불가침'의 권리라고 단언할 수 있다.

표현의 자유를 자연권으로 규정지은 것은 존 로크였다. 존 밀턴과 더불어 17세기에 활동한 정치사상가였지만 밀턴(1608~1674)이 17세기 중엽에 활동한 작가였음에 반해 로크(1632~1704)는 17세기 말엽에서 18세기 초에 걸쳐 활동한 한 세대 후배였다.

사상, 의견의 자유는 가장 귀중한 권리

　로크의 사상 역시 밀턴의 그것과 마찬가지로 인간은 창조적으로 생각할 수 있는 능력과 사물 판별에 기본적인 이성의 힘이 있다는 전제 위에 서 있었다. 그는 동시대의 자연과학자 아이작 뉴턴이 발견한 자연법칙과 같이 인간에게는 불변하는 자연권이 있다고 믿었다. 인간은 자연상태에서 자유롭고 평등하며 양도할 수 없는 자명한 권리를 가졌다는 것이다. 그들은 그러한 자연권을 확보하기 위하여 그들 스스로의 동의하에 정부를 구성하므로 만일 그런 인민의 권리를 보호치 않는 정부는 본래의 목적을 침해하였으므로 마땅히 해체되고 그런 권리를 보호하는 정부로 대체되어야 한다.

　로크의 자연권 사상은 최초의 민주혁명인 미국 독립혁명에 크게 이론적 뒷받침이 되었다. 예컨대 1776년에 발표된 버지니아 권리선언은 "모든 사람은 태어나면서부터 평등하고 자유롭고 독립적이며 천부의 권리를 가진다. 이러한 권리는 그것이 사회상태에 들어감에 있어 여하한 계약에 의해서도 빼앗길 수 없고 그들 자손들로부터 빼앗을 수 없다. 여기서 그러한 권리란 생명과 자유를 누리고, 재산을 취득하고 소유하며, 행복과 안전을 찾는 수단을 갖는 것이다."라고 말하였으며 "언론의 자유는 자유의 일대보루이며, 압제 정부하에 있지 않는 한 이를 제약할 수 없다."고 밝혔다. 1776년 7월 4일에 채택된 미국 독립선언서는 서두에서 "우리는 모든 사람이 평등하게 태어났고 창조주로부터 양도할 수 없는 권리를 부여받았으며 여기에 생명, 자유 및 행복의 추구가 들어 있다는 것은 자명한 진리로 인정한다."고 시작한다. 자연권 사상을 그대로 건국이념에 도입한 것이다. 그것은 또한 1789년 프랑스의 인권선언에 영향을 주어 "모든 정치적 결합의 목적은 양도할 수 없는 천부의 인간 권리를 보전하는데 있다(제2조)."고 규정되었고 "사람은 태어나면서 또는 생존함에 있어 자유 및 평등의 권리를 가진다(제1조)."는 것이고, 또한 "사상 및 의견의 자유로운 교환은 사람의 가장 귀중한 권리의 하나이며, 따라서 공민은 법률이 정하는 바에 따라 그런 자유의 남용에 대해 책임을 지는 경우를 제외하고서는 자유롭게 언론, 제작 및 출판할 수 있다(제11조)."로 되어 있다. 1791년에 채택된 프랑스 헌법은 "헌법은 자연권 및 민권으로서 공표 시에는 검열을 받지 않고 사상을 말하고 쓰고 인쇄하고 발행하는 자유를 모든 사람에 보장한다."고 규정하였다. 18세기 하반기는 자연권 사상이 미국과 유럽을 풍미한 시대였다.

　존 로크 등 표현의 자유를 자연권으로 보는 사상은 자연과학에서의 아이작 뉴턴(1642~1727), 경제학에서의 애덤 스미스(1723~1790) 등의 학설로 더욱 보강되었다.

　물리학과 천문학에 새 기원을 연 뉴턴은 1678년에 일정한 법칙에 따라 영구히 변함없이 움직이는 질서 있는 기계가 곧 우주라는 것을 알아냈고, 이를 세상에 내놓았으며, 이성적 동물인 인간이 자연의 법칙을 계속 발견할 수 있다는 진리를 깨우쳤다. 국가나 정치권력이 '법'으로 만들 수 없는 초법적 법칙이 이미 존재한다는 것을 비단 자연과학의 세계에서뿐만 아니라 인간과 국가의 관계에도 적용한 것이 자연권 사상이다. 국가나 권력이 법으로서도 침해할 수 없는 '신성불가침의 권리'로 인정한 것이며, 이것이 구체적으로 반영된 미국 수정 헌법 제1조 2항은 "의회는 언론·출판의 자유를 제약하거나 또는 인민이 평화스럽게 집회할 권리와 고충의 구제를 정부에 청원할 권리를 제약하는 법을 만들 수 없다."고 규정한 것이다.

1776년 애덤 스미스는 경제의 원칙이 뉴턴의 질서 있는 세계에 비교되고 로크의 자연권 및 자치정부에 비유되는 법칙을 증명하였다. 그는 또한 자연법칙의 미묘한 작동을 파괴하지 않기 위해서 정부는 인민의 일에 소극적인 역할만 맡아야 하고 자유방임의 입장을 택해야 한다고 믿었다. 그는 또한 누구나 자기 스스로의 이득을 위해 일하면 그것이 곧 공공의 이득이 된다는 고전적 자유경제이론을 창안하였다.

언론은 인간을 계몽하는 최후의 도구

3) 권력견제론

표현의 자유를 대의적 민주정치 또는 국민의 자치정부의 기본요소에서 보는 이론이다. 이 주장에 이론을 전개한 사람은 수없이 많지만, 가장 대표적인 이론가요 실천가로 미국 건국의 원로 토머스 제퍼슨(1743~1826)을 들 수 있다. 그는 인간의 이성과 덕성에 낙관적인 신앙을 가졌고 정부에 대해 비관적인 불신을 가졌다. 그는 스스로 유럽에 체류하면서 그곳에서 벌어진 폭군 정치를 목도하였으며 강력한 중앙집권제가 인민을 억압하는 데 분노하였다.

그의 신념으로는, 인간은 근본적으로 이성적인 동물인 만큼, 또한 인간은 일정한 자연권을 가지고 있는 만큼, 인민은 최소한의 통치를 받아야 한다는 것이었다. 또한 아무리 좋은 정부하에서도 공직에 있는 사람들은 부패될 수 있고, 그러므로 인민의 자유를 말살하려 들 수 있다는 것이다. 따라서 인민은 항상 정부의 그러한 성향을 경계해야 한다. 그러한 시민관 및 국가관에서 언론의 역할이 정립되어야 한다.

제퍼슨에 있어 언론의 자유는 신앙의 자유처럼 하나의 자연권은 아니었다. 그보다 언론은 국민을 계몽하고 개인의 제 자유를 보호하는 도구였다. 1823년, 그러니까 그가 정계를 은퇴한 후 조용한 사색으로 세상을 보내고 있을 무렵, 그는 이렇게 썼다. "언론(the press)이야말로 인간의 마음을 계몽하고, 그를 이성적, 도덕적, 사회적 존재로 향상시키는 최후의 도구이다."

언론은 또한 정부에 대한 견제 기구라는 것이 그의 생각이었다. 개인의 자유는 민주주의의 핵심인데, 그러나 심지어 민주정부까지도 그런 시민권을 유린할 수 있는 것이 권력의 속성이다.

언론의 중요한 기능은 그러한 개인의 자유를 정부로부터 보호하고, 감시 역할을 맡아 개인의 권리가 위협을 받을 때 또는 침해될 때에 경종을 울려야 하는 것이다. 그럼으로써 공직자들이 독재적인 경향에 흐를 때, 혁명 수단을 통해 강제적으로 그들을 축출하는 것이 아니라 여론의 힘을 통해 평화적으로 물러갈 수 있게 된다.

제퍼슨은 1787년 그의 친구 캐린턴에게 보낸 글에서 "통치자에 대한 검열관은 인민 이외에 없다."고 단언하고 여론 성립의 수단으로서의 신문 자유의 중요성을 다음과 같이 지적하였다.

"그들(인민)의 과실을 가혹하게 벌하는 것은 공공의 자유에 대한 유일의 보장을 억압하는 것이 된다. 인민의 변칙적인 간섭을 막는 것은 신문을 통해 그들에 관해 일어난 일의 완전한 보고를 그들에 알려주는 데 있으며, 이러한 신문이 인민 전체에 도달할 수 있도록 노력하는 데 있다. 우리 정부의 기본은 인민의 의견에 있는 만큼 제1목적은 인민의 의견을 올바르게 보전하는 데 있다. 만일 신문 없는 정부와 정부 없는 신문의 그 어느 쪽을 택하여야 할 경우 나는 서슴지 않고 후자를 택할 것이다. 그렇지만 이런 경우 누구나 다 신문을 입수할 수 있고 아울러 읽을 수 있다는 것을 뜻하는 것이다."

미국 역사상 신문의 폭력과 신문 자유의 남용에 가장 많이 희생된 자이기도 한 그는 만년에 다음과 같이 썼다.

"정부를 정직하고 압제적인 방향으로 흐르지 않게 하는 유일한 보장은 신문에 있다. 여론의 힘이 자유롭게 표현될 수 있게 될 때 이에 저항하는 것은 불가능하다. 그것이 일으키는 동요엔 복종해야 한다. 그것은 흐름을 순결하게 보전하는 것이다."

신문비평 못 참는 정부는 쓰러져야

그는 영국의 자유주의와 준법주의, 그리고 전통주의에 프랑스의 급진적인 합리주의를 혼합시켜 개인의 안전과 기회를 최대한으로 보장하는 정치를 창조하려 하였다. 제퍼슨은 결론적으로 정부의 제1기능은 개개인이 자기 목적을 추구할 수 있는 그러한 환경을 만들고 유지하는 것이며 신문의 기능은 개개인의 교육에 참가하고 동시에 정부가 제 기능을 망각, 일탈하지 않도록 감시하는 데 있다. 그는 그 당시 신문의 횡포에 크게 분개한 사람이었으나 그의 태도는 시종일관하였다. 1804년 재차 대통령으로 취임하는 연설 가운데 "신문의 비평에 참을성이 없는 정부는 쓰러져야 마땅하며 연방정부의 참된 역량은 공중의 비평을 허용하고 이에 인내하는 데 있다."고 그는 선언하였다.

제퍼슨의 그러한 주장은 20세기에 이르러 민주주의를 신봉하는 사람에게는 지극히 당연한 것으로 받아들여지지만, 18세기에 있어서는 실로 혁명적인 사상이었다. 특히 그가 순수한 이론가나 철학가가 아니라 두 번이나 대통령을 지낸 실천 정치가였다는데 더욱 뜻이 깊다.

제퍼슨 유형의 사상이 미대륙에서 돌연히 태어난 것은 아니었고 위에서 지적한 대로 유럽 대륙에서 싹튼 자유주의, 계몽주의의 물결을 이어받은 것이며, 미국 대륙에서 영국 식민주의에 대립, 쉴새없는 반항과 투쟁이 전개되는 가운데 자유의 전통이 착실히 가꾸어졌던 것이다. 특기할 사건은 1735년 뉴욕에서 벌어진 '피터 젠거 사건'이었다. 영국 왕이 임명한 뉴욕주 총독 그로스비의 실정을 지적한 형사상 명예훼손 사건이었다. 이에 소추된 피고 젠거의 변호인 앤드루 해밀턴의 변론은 표현의 자유와 권력의 관계를 장중하게 설명한다.

즉, "자유인이라면 모두 침해를 받았을 때, 그의 뜻을 주장하고 고충을 말하는 것은 그의 권리이며, 가장 강한 어조로써 권력의 남용에 대해 항의하고 권력자의 악의적이고 명백한 폭력에 대해 동료들을 경계시키고 의연히 자유가 베푸는 감각과 가치를 하늘이 내리는 최대의 강복의 하나로서, 어떤 희생을 무릅쓰고도 단호히 수호할 결의를 표명할 권리가 있다."고 주장한다.

"권력은 마치 큰 강물과 같다. 강물이 양 기슭 사이를 흐르는 동안에는 아름답고 또한 유용한 것이지만 일단 범람하면 이미 이를 막아낼 여지가 없다. 범람한 물결 앞에 모든 것이 정복되며, 닥치는 대로 파괴와 황폐를 가져온다. 만일 권력이 이런 성질의 것이라면, 우리는 (자유를 존중하는) 그의 의무를 다하고 현자와 같이 자유의 옹호에 전력을 다해야 할 것이다. 야만스런 욕망과 끝없는 야심에 불타 인류 최상의 사람들의 피를 희생시키는 무법적 권력에 대한 유일한 장벽이다.”

해밀턴이 전개한 장중한 호소는 무명의 발행인 피터 젠거의 무죄 석방을 가져왔는데, 그의 주장은 언론이 권력을 견제하고 청결케 하는 작용을 맡고 있다는 제퍼슨의 생각과 같은 맥을 이루고 있다.

헌법에 언론 출판의 자유 제약할 수 없어

4) 공리주의론

표현의 자유를 주장한 이론가로서 우리는 존 스튜어드 밀(1806~1873)을 생각하지 않을 수 없다. 즉, 그는 자유주의 이론에 새로운 근거를 제공하였다. 그의 고전적 저작인 『자유론』에서 밀은 표현의 자유를 자연권이라기보다는 효용성에 입각해서 생각하고 이를 정당화하였다. 모든 인간 행동은 “최대 다수의 최대 행복”을 창조하는 데 목적을 두어야 한다고 그는 믿었으며, 그러한 행복의 상태는 개인이 자유롭게 생각하고 원하는 대로 행동할 때 틀림없이 생긴다고 보았다. 개개인은 그의 능력이 최고로 발휘되도록 우선 자유로워야 하고, 개개인이 번영할 때 사회 또한 전반적으로 득을 본다고 생각했다. 그의 선배 자유주의자들이 정부의 권력을 제한함으로써 자유가 확보된다고 생각했던 것과는 달리, 밀은 자유의 전통적인 적 ‘정부(政府)’만이 개인의 자유에 대한 유일한 위협이라는 견해에 찬성하지 않았다. 그는 ‘정부의 폭군’에 경고했을 뿐 아니라 ‘다수의 폭군’에도 경고하였다. 즉 다수가 소수의 의견에 참을 수 없어 억누름으로써 개혁과 통찰력과 그리고 진리를 질식시킬 수 있다고 보았다.

밀은 네 가지 기본명제를 내렸는데 그것은 첫째, 만일 우리가 어느 한 의견을 묵살시킨다면 그것은 곧 진리를 묵살시키게 될 수 있을 것이며, 둘째로 그 릇된 의견일지라도 전반적 진리를 탐구하는 데 필요한 약간의 진리를 내포하고 있게 마련이며, 셋째로 일반적으로 용납된 의견이 전반적인 진리일지라도 그것이 전반적인 진리라는 점이 강력히 변호되지 않으면 공중은 그것을 이성적인 토대에 세워진 진리라고 보지 않고 편견이라 보기 쉬우며, 넷째로 일반적으로 용납된 의견도 때때로 다른 의견과는 논쟁되지 않으면 활력을 잃게될 것이며 결국 인간행위나 인격에 영향력을 잃게 된다는 것이다.

표현의 자유를 주장하는 밀의 이론은 자연권론과는 입장이 전혀 다르다. 즉 자연권론은 국가나 사회가 만드는 법률 이전의 초법적 원리로서 표현의 자유의 우월성에 근거를 둔 것이며 따라서 '언론·출판의 자유를 제약하는 법을 만들 수 없다'는 식으로 절대적 입장이 헌법에 구현된 것이다. 그러나 공리주의적 입장은 표현의 자유가 선험적 원리로서 부여된다기보다는 경험적 결과로서 진리 발견에 가장 현명하다는 것이다. 이것은 밀턴이 당초에 제기한 사상의 자유공개시장이론(free and open market of ideas)에 연유한 것이며, 또한 애덤 스미스가 창안한 자유방임주의의 경제이론에 비유되기도 한다. 다시 말해 자유롭고 공개된 시장에서의 상품의 교환이 모든 사람에게 가장 이로운 결과를 가져온다는 모델이 바로 자유언론에 적용되고, 특히 영국적인 실증주의 사상에 적합하여 미국에서 표현의 자유가 선도적으로 발달하는 계기가 된 것이다.

그리고 공리주의적 근거론에 한 가지 덧붙여 이야기한다면, 자연권의 입장에 표현의 자유를 정당화하는 이론은 전적으로 '표현하는 사람'의 자유를 염두에 두고 있는 데 반해, 공리주의적 입장은 '이야기하는 측'의 권리일 뿐 아니라 '듣는 측'의 권리도 중요시하고 있다는 것이다. 누구나 손쉽게 자기주장을 발표할 수 있고, 영세 자본으로 신문 등 출판물을 만들 수 있던 19세기 현실에 비해, 지금은 언론기관이나 출판이 매스커뮤니케이션으로 비대해졌다. 따라서 지금은 능동적으로 이야기할 수 있는 소수와 피동적으로 듣는 다수가 석연히 양분되어 있다.

미국에서 표현의 자유 선도적으로 발달

자칫 언론의 자유는 소수의 능동적으로 이야기할 수 있는 측의 독점적 권리로 전락하는 경향이 있다. 따라서 듣는 측의 권리가 더욱 강조되는 공리주의론이야말로 현실적인 의의가 있다고 하겠으며, 제2차 대전 이후 미국에서 크게 대두된 인민의 '알 권리'라는 이론 역시 표현의 자유를 공리주의적 입장에서 또는 자유공개시장이론에서 이론적 근거를 찾아볼 수 있을 것이다.

지금까지 표현의 자유의 가치에 대한 이론적 근거를 역사적으로 고찰하고 편의상 자유공개시장론, 자연권론, 권력견제론 및 공리주의론 등으로 분류하였다. 그러나 처음부터 뚜렷이 구분된 개념이 있는 것은 아니고, 여러 가지 개념이 서로 겹치면서 세련되고 발전한 것이다. 한 가지 공통된 것이 있다면, 모두 근대 유럽 자유주의 사상과 민주주의적 정치철학의 바탕에 서 있다는 점이다. 이건 사상과 철학 위에서 생각하는 사람과 보는 각도에 따라 그 가치와 기능을 조금씩 달리 표현했을 뿐이다.

이상의 이론과 주장을 다시 다음과 같이 요약할 수 있을 것이다.

첫째, 표현의 자유는 그것이 천부의 자연권이든 아니든, 개개인의 인격 완성, 자질의 향상, 능력의 개발 등을 완수하는 필요불가결한 수단이라고 보아야 한다. 그것이 타인의 권리, 타인의 명예, 타인의 이익과 충돌하지 않는 한, 생각하고 믿고 주장하는 바를 자유롭게 표현할 수 있어야만 스스로 인격 완성, 자질향상, 능력 개발이 순조로울 것이며, 자유롭고 독립적인 근대적 인격으로 성장할 수 있을 것이다. 21세기를 눈앞에 바라보고 있는 오늘에 있어서도 인류 대다수가 아직도 자유롭고 독립적 인격을 거부당하고 있다. 거기에서 국가는 전부이며 인간은 단순히 국가지상의 도구에 불과하다. 공산주의 사회에서는 물론, 식민지 생활을 벗어난 신생 독립국가에서 전체주의 사상이 창궐하고 있음을 본다. 이런 상황에서 표현의 자유의 자연권적 해석은 각별히 강조되어야 한다고 믿는다.

둘째, 표현의 자유는 지식을 얻고 진리를 추구하는 데 필요불가결한 과정이라고 단정할 수 있다. 이것은 너무나 자명한 이치라고 말할 수 있다. 권력과 기타의 통제나 조작으로 말미암아 지식이 왜곡되고 진리가 빛을 보지 못할 때, 그것은 개개인에 있어 손실일 뿐 아니라 국가 사회는 개개인의 손실이 축적된 보다 큰 손실을 입어야 한다는 것이 명백한 것이다. 이것은 밀의 공리주의적인 이론에 너무나 명확하게 설명되어 있다. 문명화된 근대 사회라는 것은 다양한 '아이디어'가 서로 작용하는 것이 특색이고 그럼으로써 변화와 발전이 이루어진다. 근대 사회의 구성원들 앞에 보다 많고 보다 다양한 아이디어들이 제시될수록 좋다. 검토와 선택의 기회가 폭넓게 주어지기 때문이다. 사상의 자유롭고 공개된 시장이 바로 이것이다. 잡다한 의견이 서로 교류되는 가운데 하나의 진리가 부각되는 것이다.

언론의 자유, 형식보다 실제가 중요

셋째로 표현의 자유는 사회의 모든 구성원이 중요한 결정에 참여하는데 긴요한 역할을 맡는다. 정치의 세계에서는 자유주의의 원칙이 표현의 자유 없이 성립할 수 없다는 것은 자명하다. 뿐만 아니라, 다른 모든 부문에서도 마찬가지다. 종교·문학·예술·과학 및 모든 인간의 지식과 학문의 영역에서 표현의 자유는 하나의 전제가 되는 것, 다시 말해, 표현의 자유는 다른 모든 분야의 자유의 모체이며, 불가결의 조건이다.

이상은 표현의 자유의 가치에 대한 이론적 근거를 정리한 것이다. 그러나 이론이 실천에 옮겨지는 데는 여러 가지 문제가 있다. 사회 현상을 다루는 데 있어 자연과학에서처럼 시공을 초월한 진리의 절대성은 없다. 시공에 따라, 표현의 자유의 기능도 현실적인 차이가 있을 수밖에 없다. 다시 말해 표현의 자유는 어느 시대 어느 사회에나 공통적으로 적용할 수 있는 고정되고 고립된 가치는 아니고, 사회의 현실 속에서 기능하고 변화할 수 있는 것이다. 같은 사회 안에서도 전시와 평시에 기능이 달라지고, 시민의 신념과 관습에 따라 달라진다. 대체로 어느 나라 어느 사회도, 표현의 자유는 3가지 영역에서의 가치와 충돌할 때, 그 우월성을 양보하고 있다.

- 개인의 명예와 권리에 충돌할 경우
- 사회의 미풍양속 등 품위나 도덕과 충돌할 경우
- 국가 사회의 안위와 결정적으로 충돌하는 경우

그러나 구체적으로 제약의 정도를 어떻게 하느냐는 헌법이나 법률의 상황이지만, 헌법상 또는 법률상 어떻게 표현의 자유가 보호를 받든, 그것은 자유의 본질을 수호해야 한다는 국민과 정부의 굳은 결의가 선행되어야 한다. 예컨대 성문 헌법이 없는 영국 같은 나라에서 표현의 자유가 성문 헌법상 '절대적 보호'를 받고 있는 미국 같은 나라에서의 표현의 자유보다 덜 보호받고 있다고 말할 수는 없다. 또한 스탈린이 제정한 소비에트 헌법에도 버젓이 그러한 자유는 명시적으로 보장되어 있다. 그러나 형식은 별로 중요치 않다. 실제가 문제이다. 그리고 그것은 한 나라 한 사회를 지배하는 정치문화에 모든 것이 달려있다고 보아야 할 것이다. 정치문화의 내용과 수준에 따라 화려한 헌법적 보장이 한낱 휴지가 될 수 있고 헌법에 보장 없는 것이 신성불가침의 규범으로 준수될 수도 있다.

1982년 겨울 신문연구

언론의 책임이란 무엇인가

가령 남산공원 으슥한 곳에서 강간살인사건이 났다고 가정하자. 대낮에 미모의 여대생 한 사람이 몇몇 불량 청년에 끌려가 욕을 당하고 이어 목이 졸려 죽은 사건이 일어났을 때 이 사건을 어떻게 보도해야 정말 신문의 책임을 다한다고 말할 수 있을까?

나는 신문 편집국 책임을 맡았던 경험에 비추어 이 정도 사건이면 그날 다른 특별한 기사가 없는 한 사회면 톱기사가 되어야 한다고 생각한다.

톱이 안 된다 하더라도 중간 톱 정도는 충분하지 않을까. 서울의 심장부인 남산공원에서 더구나 대낮에 그런 끔찍한 사건이 일어나다니……. 어디 좀처럼 있을 수 있는 일이겠는가. 이렇게 따질 때 뉴스거리, 사회면 톱기사거리임이 틀림없다. 당연한 뉴스 평가라고 보아 마땅하다.

아마도 신문 제작의 실무에 종사한 직업언론인이라면 그러한 뉴스가치에 별 이의가 없겠고 지금까지 우리나라 신문의 관행으로 보아 모든 신문에서 비슷하게 처리할 것으로 보아도 무방할 것이다.

사회면 톱이 아니면 중간 톱으로 독자의 시선을 끌도록 할 뿐만 아니라, 기사 내용도 '육하원칙'에 따라 소상하고 생생하게 묘사할 것이며 물론 현장사진 한두 장을 반드시 곁들이고, 만일 현장사진이 없다면 어떻게 해서든지 피살자의 사진 한 장쯤은 구하지 않았다면 사회부 기자의 책임을 다했다고 말할 수 없을 것이다.

그러나 이 사건을 그렇게 대대적으로 센세이션을 일으키게 보도하는 것이 과연 언론의 책임을 다한 사명감의 발로라고 볼 수 있을까. 나는 이에 얼마든지 긍정적인 답변을 내릴 수 있다고 본다. 그렇듯 섬뜩한 엽기적 사건이 대낮에 남산공원에서 일어났다는 것은 첫째로 공공의 안전에 이상이 있다는 붉은 신호이므로 치안 당국의 반성을 재촉하는 것이 될 것이고, 둘째로는 남산공원에 으레 사람이 많이 드나들지만 으슥한 곳만은 인적이 드물고, 따라서 괴한들이 배회하고 있으므로 특히 연약한 여자는 조심해야 한다는 경계심을 일깨워 주는 뜻도 있겠으며, 셋째로 차차 살기도 나아지고 지식수준도 높아지고 있는 것과는 반비례해서 비행 청소년과 폭력 사범이 늘어간다는 일반적인 사회현상을 고발하는 뜻도 있겠다.

어느 모로 보나 이 사건은 대대적으로 다루어 사회적으로 경종을 울려야 한다는 것, 그것이야말로 신문의 책임을 다한 것이라고 말할 수 있지 않을까.

그러나 대서특필하는 것을 그렇듯 마냥 미화할 수만은 없는 대목도 있다는 것을 지적하지 않는다면 공정치 못할 것 같다. 그런 종류의 사건을 대대적으로 보도하는 것은 반드시 위에서 지적한 책임의식 때문이라기보다는 그렇게 해야만 보다 많은 독자를 만족시킬 수 있다는 경험법칙에 의한 판단에 기인했다고 말하는 것이 편집자의 솔직한 고백이 아닐는지……. 다시 말해서 그런 엽기적 사건을 비롯 섹스, 스포츠, 살인, 스캔들, 싸움 등 누구나가 읽고 싶어 하는 뉴스가 있고, 신문장이들은 최대 다수의 사람에게 최대 다수의 쾌락을 주는 기술을 익혀야만 한다.

언론의 공적 책임 vs 기업적 성격

그래야만 보다 많은 독자가 신문을 사 보겠고 부수가 많이 나가야 비싼 광고주가 달라붙고 판매 및 광고 경기가 좋아야 사세가 오르고 따라서 처우도 나아진다.

따지고 보면 남산에서 일어난 엽기적 살인사건을 선정적으로 떠드는 속사정을 살펴보면 신문사의 기업적인 성공을 위한 것으로 이어지는 것임을 알 수 있다. 그렇다고 신문사 편집자가 늘 그런 얄팍한 수지타산만 가지고 기사를 키우고 줄이고 한다고 그렇게 단정하려는 것은 아니다. 내가 여기서 힘주어 말하려는 것은 정말 신문의 책임을 다하기 위해 남산 살인사건을 크게 다룬다는 논리를 전개하면 그것은 새빨간 거짓말일 수도 있고 아무리 양보해서 이야기해도 지나친 과장이라는 것이다. 이 문제는 언론의 공적 책임이라는 차원과 언론의 기업적 성격이 겹치는 좋은 본보기가 아닐는지, 그런 생각도 해본다.

매스미디어와 사회를 연구하는 전문가들의 일치된 견해는 신문, 잡지, 라디오, 텔레비전 등 대중매체가 청소년 비행을 크게 소상히 노출시킴으로써 자라나는 새 세대에 그런 못된 짓을 감염시킨다는 것이다. 매스미디어가 반사회적인 사건을 널리 홍보함으로써 비행 지향적인 성향을 부채질한다는 것도 분명하다. 미처 모르고 있던 것을 가르쳐 주고 일깨워 준다는 것이다.

그렇기 때문에 개인의 사회활동을 철저히 통제하는 사회주의 국가에서는 매스미디어에 일체 반체제적인 내용뿐 아니라 반사회적인 것도 싣지 않는다. 언론은 사회주의 건설에 기여하는 뉴스나 논평을 엄격히 선택해서 싣지, 인간의 도덕이나 윤리를 타락시키는 어떤 것도 신문지상에 발표해서는 안 된다는 가치기준이 있다. 비단 사회주의 신문만 그런 것도 아니다. 대체로 종교적 신문이 또한 그렇다. 예컨대 국제적으로 건실하기로 정평이 있는「크리스천 사이언스 모니터」같은 신문은 살인, 강도, 사고, 섹스, 스포츠, 범죄 등 원칙적으로 우리가 말하는 사회면 기사는 싣지 않는다. 그런 종류의 뉴스나 읽을 거리는 많은 사람들이 읽고 싶어 하지만, 읽는 사람에게 정신적 영양제일 수가 없고 오히려 그들의 마음을 오염시킨다고 믿는다. 사회주의 신문의 가치기준과 적어도 이 한 가지는 일치한다.

그러나 톱기사도 아니고 그렇다고 아예 싣지 않는 것도 아닌 그 중간치도 있을 수 있다. 독자의 취향에 영합해서 그런 것을 대대적으로 내는 것은 아니고, 그러나 독자에게 경종을 울려야겠다는 나름대로의 사명의식에서 사실보도로 간결하게 그리고 적당한 제목을 붙여 눈에 띄게 게재할 수도 있다.

영국에서 발간되는 이른바 고급신문이 이에 해당된다. '인쇄할 가치가 있는 뉴스만을 인쇄한다'는 것. 바꿔 말해 상업주의적인 타산에서 뉴스를 선택하지 않는다는 것인데, 이 경우 최대 다수의 최대 관심거리를 좇는 대중지와는 달리 별로 많은 부수가 팔리지 않는다. 따라서 경영에 지장이 올 수도 있지만 그러나 '고급신문'을 사회 교과서처럼 아끼고 부추기는 지식층도 폭넓게 있어 「뉴욕 타임스」「르 몽드」「더 타임스」「아사히신문」 등 세계를 움직이는 신문이 건재해 있다고 하는 것은 인류를 위해 퍽 다행스러운 일이라고 믿는다.

지금까지 남산에서 대낮에 강간살인사건이 났다고 가정했을 때 어떻게 다루는 것이 가장 책임 있는 것인지 서너 가지의 유형을 열거하였으나 나로서 어느 한쪽이 반드시 옳다고 단정하기 어렵다.

인쇄할 가치가 있는 뉴스만 인쇄한다

그러나 '그러나'를 강조하면서 주장하지만, 스스로가 설정한 책임의 기준에 맞추어야 한다는 것이다. 절대로 책임의 기준이 일률적일 수 없다. 모든 사람에게 일치되는 기준이 더러 있을 수 있으나 대개의 경우 입장에 따라, 개성에 따라 뉘앙스가 다를 수밖에 없지 않은가. 따라서 '무책임'이라는 이름으로 개인이나 언론에 어떤 제약을 가하기 시작한다는 것, 다시 말해 책임을 강제한다는 것은 자유를 억압한다는 것이다. 언론탄압이 바로 책임의 강요에서 출발한다는 논리다.

책임을 강요할 적에 당장에 두 가지 질문이 생긴다. 누가 책임을 규정하느냐, 그리고 누가 그것을 집행하느냐. 여기에 누가 합당한 답변을 내릴 수 있겠는가. 모든 사람, 모든 언론에 적용되는 기준을 만드는 주체가 정부가 되고, 그런 기준에 준거해서 정부가 고발자가 되고 심판관이 될 때 신문은 자유를 잃고 만다. 그 순간 신문은 다양성을 잃고 활기를 잃고 '국가와 민족을 위한다'는 명분을 앞세우게 되고 사회안전을 책임진다는 점을 떠맡게 되고 그런 명분, 그런 책임을 조작하는 권력의 시녀로 전락한다. 참 딱한 일이지만 오늘날 우리 언론의 자화상이 바로 그런 것이 아닌가 싶다.

더욱 딱한 것은 우리 언론이 스스로의 그러한 모습을 제대로 인식하고 있는지조차 의심스럽다는 사실이다. 언론의 독과점과 온갖 특혜로 언론인들이 먹고사는 데 별 걱정 없게 되었고 기존 언론기업이 새로운 언론기업의 도전을 받지 않는 가운데 가히 태평성대를 누리고 있는 까닭이겠지만, 스스로가 실은 자유롭지도 떳떳하지도 않다는 본질을 망각하고 있어 '공적 책임'을 강조한 나머지 언론과 언론인의 생과 사가 다 같이 문화공보부 장관의 재량에 달려 있게 한 언론기본법의 폐지에 말 한마디 제대로 못 하다가 언론기관의 압력에 못 이겨 언론의 활성화라는 이름으로 개정을 거론하자 그때 가서야 한두 마디씩 입을 열기 시작한 것, 참 딱한 현실이다. 나는 무책임을 일률적으로 규정짓는다는 것이 현실적으로 불가능에 가깝다는 것을 강조하는 것이고 공적 책임을 강요한다고 하는 것이 실은 언론탄압과 표리일치한다는 것을 지적하려는 것이다.

　사실 독재자는 어느 시대 어느 나라에서도 그러했다는 것을 잠깐 유의시키려는 것이다.

1987년 6월

선거와 공정보도

선거 커뮤니케이션에서 주요 참가자는 ① 후보자와 그의 선거운동원, ② 언론매체와 취재기자, ③ 유권자들인데, 삼자의 목적, 동기 등이 다르고 선거 커뮤니케이션에 임하는 접근, 입장이 저마다 상이하다.

첫째로, 후보자 및 그의 선거운동원은 우선 유권자에게 자기들의 주장을 알리고 설득해서 선거에 이기고, 가능하면 보다 많은 지원표로 압승함으로써 선출된 후 강한 정치력을 행사하고자 한다. 그들은 당선이 목적이다. 어렵다 하더라도 그의 개인적인 능력과 정책과 이념의 정당성을 널리 알려 정치에 영향을 주고 다음 선거에 대비하려는 경우도 있다.

둘째로, 언론인과 언론매체는 정치인들의 입장과는 판이하다. 그들의 정치적 목적달성과는 원칙적으로 이해관계를 달리한다. 누가 선거에 이기든 신문사나 신문기자로서 크게 간여할 바가 아니고 언론은 정확하고 공정한 보도와 권위 있는 논평으로 스스로의 공신력을 높여 부수를 늘리는 것이고, 기자는 우수한 취재보도로써 독자와 상사의 신임을 얻어 스스로의 직업적인 명성을 올리는 것이다. 여기서 언론사와 언론인이 1차적으로 신경을 쓰는 것은 역시 최대 다수의 최대 관심을 불러일으키는 뉴스를 찾는 것이다.

누가 어느 당의 대통령 후보가 되느냐, 몇 명의 후보가 나서느냐, 그 가운데 몇 명이 당선권에 드느냐, 그들의 정책은 무엇이며 그들의 인물과 경륜과 지도력은 어떠한가, 그들이 어떤 선거 캠페인을 벌이느냐 등 그리고 치열한 선거전 끝에 어느 누가 최종적으로 승리자가 되느냐 등 모두가 생동하는 뉴스에 속한다.

여기서 후보 측과 언론은 한 가지 면에서 동일한 기능을 맡는다. 후보의 이념, 철학, 정책을 소상히 유권자에게 알린다는 것이다. 매체는 후보와 유권자를 연결시키는 전도관의 역할을 맡는다. 여기서 후보와 매체의 관계는 이율배반적이다. 협조관계인가 하면 대립관계고, 지원관계인가 하면 파괴관계다. 후보 측에서는 그들의 입장을 매체를 통해 보다 광범하게 정확히 유권자에 알려야겠고 이 점 양자는 지원 협조관계지만, 후보 측은 자기에 유리한 것만 알리려 하고, 매체 측은 후보 측에 유리한 것만 알리는 것이 아니라 후보 측의 약점도 더불어 알려야 한다. 대통령으로서의 지론이 있는가, 국가를 다스릴 수 있는 능력이 있는가, 또는 후보자가 애써 감추려는 부정적인 측면까지 샅샅이 알려야 하는 데 뉴스 전달자의 사명이 있다.

셋째로 유권자 역시 선거 커뮤니케이션에서 중요한 역할을 맡는다. 유권자 가운데에는 언론매체를 통한 커뮤니케이션을 일방적으로 받아들이는 사람이 대부분이고 그 가운데 일부가 선거유세장에 나가 후보자의 연설에 박수로 호응하지만, 그들은 원칙적으로 피동적인 입장이다. 그러나 일부 유권자는 특정 후보를 지지 또는 반대하는 공공활동을 벌여 공개성명을 내기도 하고, 외국서는 자금염출 활동을 벌이기도 하고, 공명선거 캠페인을 벌여 스스로 뉴스 메이커가 된다. 이들을 가리켜 능동적인 유권자 집단이라고 부를 수 있는데, 결국 선거는 능동적이건 피동적이건 유권자가 투표소에 가서 결론을 내리는 것이며, 이 행위 및 결과야말로 선거보도에 있어서 가장 크고 가장 중요한 뉴스로 예정된다.

매체와 후보의 관계는 이율배반

다른 취재보도에서도 마찬가지지만 선거 커뮤니케이션에 있어서도 언론과 언론인은 어느 특정 후보의 이익에 봉사해서는 안 되고 유권자에게 정확하고 객관적이고 포괄적인 뉴스를 전하는 초연한 입장을 지켜야 한다. '불편부당 엄정중립'이라는 상투적, 원론적 표어야말로 선거 취재보도에 그대로 적용되어야 한다. 따라서 어느 특정 후보의 잘잘못만 일부러 들추어내는 것은 금기사항이라고 지적하여야겠고, 늘 타 후보의 잘잘못과 비교해서 보도해야 할 것이다.

이유는 명료하다. 대부분 유권자에 있어, 후보자와 접촉하고 후보자의 인물, 철학, 정책 등에 접하는 것은 언론매체를 통한 것이다. 그들의 극히 일부는 선거유세 등에 참여하지만 모든 후보의 유세에 참가하는 것도 아니고 한두 시간 참가했다고 해서 해당 후보자의 전부를 이해할 수 있는 것도 아니다. 미국의 경우 유권자의 4%가 평소 정당 활동에 정기적으로 참가하고 있으며 10%가 선거기간에 선거운동에 참가하며 25%가 정기적으로 다른 사람들과 정치토론을 벌인다. 다시 말해 대부분은 매체의 선거보도를 통해 최종 선택을 결심한다는 것이다. 따라서 매체가 객관적으로 각 후보자를 소개한다는 것은 건전한 유권자의 인식, 판단에 필요불가결한 요소이며 민주주의의 성패가 곧 여기에 달려 있다고 말해야겠다.

따라서 언론매체는 선거 결과를 크게 좌우할 수 있는 강한 무기를 가지고 있다. 예컨대 어느 특정 후보의 선거활동을 보도하느냐, 어느 정도 크게 하느냐에 따라 유권자들을 그와 연결시킬 수도 있고 그렇지 않을 수도 있다. 언론매체에 무시되거나 중요하게 다루어지지 않는 후보는 유권자에게 그를 인식시켜 바람을 일으킬 길이 막혀 사실상 다수 사람의 지지로 승리할 가능성이 없어지고, 그럴 경우 누구도 재정적으로 지원하지 않기 때문에 활발한 운동을 벌여 유권자의 적극적 관심을 끌 수가 없다.

또 한 가지, 언론매체는 후보자의 인물 비교, 정책 대결, 유권자의 호응 등 매우 복잡다기한 선거운동 진행을 해설하고 요약하는 기능을 맡고 있다. 선거운동은 항상 생동하는 것이고 복합적으로 얽혀 있어 언론매체가 이를 정리해서 공정한 결론을 내리는 데는 탁월한 직업적 기량을 요한다. 자칫하면 어느 특정 후보에 유리 또는 불리한 것으로 유도할 수 있으며, 후보 측에서는 온갖 수단을 써서 언론의 안 보이는 지지 획득에 열을 올린다.

언론은 뉴스의 취사선택 그리고 뉴스의 경중을 다루는 데 있어 어느 측에 유리 또는 불리하게 적용할 수 있다. 물론 상업주의적인 동기에서, 또는 직업윤리에서 객관 균형보도는 선거보도의 제1수칙이지만, 그럴수록 엄정중립을 가장하면서 교묘한 방법으로 뉴스를 편파 왜곡할 수 있다.

이 밖에 인쇄매체는 의견란을 통해 특정 후보를 지지할 수 있다. 그러나 우리나라의 경우, 그것은 법적으로 금지되어 있으므로 공식적으로 사의 입장은 중립을 취하면서 기사의 취사선택과 경중 측정에서 편파적으로 행동한다. 떳떳하지 못한 위선 사기가 아닐 수 없다.

공정보도에 탁월한 직업적 기량 필요

　선거취재에 있어서도 평상시 다른 취재와 마찬가지로 '사실'에 입각한 보도, '출처'에 입각한 보도, 편견이 섞여 있지 않은 보도여야 하고, 아울러 해석적이고, 그리고 테마를 뚜렷이 드러내고 극적인 요소에 유의하는 뉴스 보도라야 된다.

　여기서 가장 중요한 것은 어떤 뉴스 가치가 있는 사건에 관해 명백하고 애매한 점이 없는 사실들을 제시하는 것이다. 초기 언론은 어느 나라에서나 당파적이고 이데올로기에 입각한 것이었다. 따라서 뉴스인지 의견인지 평론인지 분간할 수 없고 신문은 노골적으로 정론적(政論的) 의견을 내세웠다. 그러나 신문이 대량화됨에 따라 어느 계층, 어느 당파만 만족시킬 수 없게 되면서 정론지적 성격을 지양하여 객관보도의 규범을 익히게 되었다. 이 규범이야말로 뉴스와 의견을 구분하고 가능한 한 사실의 전달에 충실하고 편파적인 성향을 거부한 것을 뜻한다. 그리고 그것은 민주주의적 정치제도가 성숙됨에 따라 정치인과 국민 간의 정직한 매개역할로 발전하였다. 그것은 또한 의견이 다양하고 이해관계가 다른 각계각층 전체에 보다 많이 받아들여질 수 있고 보다 신뢰받는 언론을 출현시켰다. 민주주의와 언론의 상호보완을 뜻한다. 여기서 취재기자의 제1수칙은 어떤 사건이나 행사에 관한 정확한 관찰과 사실의 전달능력을 익혀야 하는 것이 되고, 뉴스란 뉴스 메이커들의 언동을 기록하는 것이 되었다.

객관보도의 규범이라 하지만 실제로 선거기간에 취재기자가 하는 일은 주로 후보자의 움직임을 되도록 완벽하고 소상히 취재, 보도하는 것이고, 또한 그들의 신문발표문, 대중연설과 접촉 등을 관찰하여 이를 요약하는 작업이다.

여기서 주의할 것은 취재뉴스 보도는 이데올로기의 편파성을 초월하여야 하고 기자의 의견이 작용해서는 안 된다는 것이다. 물론 뉴스의 취사선택과 표현전달에 있어 기자의 개인적 가치관에서 완전히 초연할 수 없지만, 그러나 의도적으로 자기 의견이나 주관을 반영시켜서는 안 된다.

그러나 단편적 사실만 두서없이, 초연한 입장에서 공정하게 보도하는 데는 문제가 있다. 독자들로서는 복잡하고 난처한 사회현상을 어떤 사실 한두 가지로 얼른 이해 납득할 수 없는 경우가 많기 때문이다. 현실적으로 어떤 사건이 일어났는데, 그 사건의 주제가 무엇인가를 알려주고, 극적인 요소를 부각시켜 독자의 흥미를 돋우고 전반적인 의미를 부여해주어야 한다. 이른바 '해설적인 보도'를 말한다. 단편적인 '사실'의 보도가 아니라 사건에 입각한 '진실'을 알려야 된다는 것이다. 역사적인 연혁과 사회문화적인 문맥의 교차점으로서의 뉴스의 진의를 설명해주지 않고서는 완전한 보도라고 말할 수 없지 않은가. 그러나 여기서 정당한 해석적 개척과 필자의 주관이 섞인 논평과는 구분되어야 한다. 다만 양자 간의 구분을 뚜렷이 제시하기가 매우 어려운 경우가 있고, 결국 기자의 직업적인 성숙도와 인간적인 정직성이 크게 작용된다고 말할 수밖에 없다.

선거보도 역시 일반보도나 마찬가지로 사실에 입각하고 필자의 의견을 넣지 않는, 그리고 해설적이고 주제가 드러나고 극적인 것이어야 하되, 취재기자가 스스로 무수한 사실 가운데서 가치 있다고 판단되는 것들을 선택하고 조직하고 재미있고 논리가 닿는 것으로 만들고 특히 복잡하게 얽혀 있고 애매한 여러 가지 현상을 단순화하고 이해할 수 있게 풀어서 알려주어야 하는 어려움이 있다.

의도적으로 기자 의견과 주관 반영 안 돼

선거취재는 여러 가지 각도에서 진행할 수 있다. 2대 정당제의 나라에서라면 순전히 정책의 차이성에 입각한 양자택일로 볼 수 있다. 특히 내각책임제를 택하고 있는 영국 등 유럽 여러 나라에서는 좌파냐 우파냐, 진보냐 보수냐의 색채가 선거전에 뚜렷하게 나타난다. 미국도 공화당과 민주당 양당제지만, 두 정당 모두 뚜렷한 정치철학에 입각한 정책정당이 아니라 평범한 세력의 연합체의 성격이 강하고, 따라서 대통령 선거는 정책 대결에 못지않게 인물 대결의 경향이 짙다. 우리나라의 경우 역대 대통령 선거는 정책 프로그램의 대결이라기보다는 자유냐 독재냐(야당 측 주장), 혼란이냐 안정이냐(여당 측 주장)의 양자택일의 논쟁이 지배적이었다. 그러나 결국은 어느 경우에서나 선거는 '권력쟁취를 위한 싸움'이라는 본질에 귀착되며, 취재의 방향도 권력쟁탈전이라는 데 초점을 맞추게 된다.

대통령 선거의 경우, 언론사마다 후보자 진영에 몇 사람의 취재기자를 배치하고 특정 후보자를 수행 취재한다. 같은 열차를 타고 같은 호텔에 묵고 후보의 연설모임을 지켜보고 기자회견에 참가한다. 그런 결과 나타나는 것이 이른바 팩 저널리즘(Pack Journalism) 현상이다. 수행기자들이 같이 여행하고 같은 경험을 쌓기 때문에 대동소이한 보도내용이 되고 만다. 같은 자료에 입각하고 그리고 같은 장면을 목격하기 때문에 같은 결과가 나올 수밖에 없다.

한편 데스크에서 지휘하는 편집자들은 자기들 기자의 기사를 다른 경쟁사의 기사와 비교 검토하고, 다른 사의 기사와 상치될 때에 그 이유를 따지게 되므로, 특별한 각도에서 관찰하는 노력을 게을리한다. 여기에 후보 측의 적극적인 뉴스관리 청탁이 압력으로 작용한다. 여기서 후보 측의 능률적인 수행기자단 운영이 우호적 보도 여부에 크게 작용한다. 가령 마감 시간에 알맞은 시기에 알맞은 양의 보도 자료를 제공하는 뉴스관리야말로 선거보도에 크게 작용한다.

한 걸음 나아가 특정 후보의 수행기자단은 그 후보 및 그 진영과 친밀도를 갖고 유착관계가 성립하고 차츰 그 후보의 승리를 원하는 심리적 변화가 일어난다. 한마디로 불리한 기사를 안 쓰는 경향이 조장된다. '객관보도'라는 사명에 대단히 위험스런 일이 아닐 수 없다. 청중 수 보도에 있어 자꾸 숫자가 늘어나는 추세는 불가피하다고 본다.

다음은 필자가 1971년 봄의 대통령 및 국회의원 선거 시 동아일보 편집국장으로서 작성, 실행했던 '보도지침'이다. 지금은 크게 상황이 달라졌으나 큰 원칙에 있어서는 마찬가지가 아닌가 생각되어 여기에 소개한다.

대통령 선거 및 국회의원 총선거에 즈음하여 공정하고 정확한 보도와 논평을 가하기 위하여 다음의 지표를 준수하기로 한다.

제1. 본사 간행물 및 방송은 초연한 입장에 선, 독립적 자세를 취하며 따라서 어느 특정 정당이나 후보에 고의로 이해를 미치게 하지 않는다.

제2. 민주적 공명선거를 위하여는 잠시도 감시의 눈을 게을리해서는 안 될 것이며 공명선거에 역행되는 발언, 행동, 조치 등은 이를 규탄한다.

제3. 자유와 민주주의를 거역하는 경향의 세력 대두는 이를 적극 저지하고 국가적 이익보다 당리당략에 입각한 허위선전임이 명백한 내용은 이를 되도록 묵살하거나 또는 적게 취재한다.

공무원 선거 간여는 권력의 정통성 상실

제4. 선거운동 기간 또는 그에 임박해서 어느 특정 정당이나 그 후보에 유리하거나 불리한 결과를 자아내는 보도(특집, 기획기사) 및 방송은 삼가야 한다. 따라서 정당의 정책 및 정책수행에 관련되는 표명·공박 등은 지면제작 및 방송편성에 있어서 되도록 형평을 기하도록 다음 사항에 각별히 유의하여야 한다.

(가) 편집에 있어서 부당하게 선동적인 경향은 지양하여야 하고 특히 어느 특정 정당이나 후보에 유리하거나 불리한 인상을 주어서는 아니 된다. 따라서 정책과 정책수행에 직접 관련이 없는 인신공격은 이를 묵살하거나 또는 적게 취급한다.

(나) 뉴스 방송에 있어서 각 주요 후보자의 유세 등의 보도는 처우에 차별이 없도록 세심한 유의를 요한다.

(다) 사진보도에 있어서도 주최 측에 유리하게 또는 불리한 인상을 주지 않

는 각도에서 이를 다루어야 한다.

제5. 유세 보도에 있어서 청중 수는 가능한 한 정확을 기하고 장소의 넓이와 밀집 정도를 추정인원수와 더불어 보도한다(예 : 3천 평의 운동장을 빈틈없이 메운 3만 군중……).

제6. 지역감정을 유발시키거나 충동시키기 위한 선거운동임이 명백한 내용의 보도는 특히 신중을 기하여야 한다.

제7. 사실상 집권 가능성이 전무한 군소정당에는 지면 및 방송시간 할애를 삼감으로써 건전한 의회정치를 지향케 한다.

제8. 여하한 보도에 있어서도 필자의 주관이 반영되어서는 안 된다.

우리나라의 후진성이지만, 관권의 선거 간여는 철저히 감시, 이를 폭로 규탄하는 직업적 용기가 있어야 한다. 공무원이 선거에 직접 간접 간여하는 것이 묵과되는 풍토라면 선거를 통한 권력의 정통성은 성립할 수 없고 국가는 다시 혼란과 갈등으로 불안할 수밖에 없다. 언론은 공정성과 균형을 생명으로 삼아야 하되 정의와 불의, 진실과 허위, 선과 악 사이에 인위적인 중립을 지키라는 것은 아니다. 그것이 위선이고 기만이고 보면, 역대 선거에서 빠짐없이 작용했던 관권 개입과 압력을 배격하는 것이야말로 한국적 현실에서 언론이 맡아야 할 일차적 책임이라고 보여진다.

1987년 11월 기자협회보

의견은 자유, 사실은 신성하다

　영국의 런던과 맨체스터에서 발간되는 「가디언」이라는 신문이 있다. 1821년 맨체스터에서 당초 주간지로 발간되었던 자유주의의 빛깔이 짙은 고급일간지로 보수적인 「더 타임스」가 '신의 소리' 라면 「가디언」은 '양심의 소리' 라는 권위와 명성이었다. 이 신문을 세계적인 '양심의 소리' 로 구축한 편집인 찰스 스콧이 남긴 어록이 생각난다. "신문에 있어 가장 중요한 일은 뉴스를 수집하는 것이다. 그리고 뉴스를 사도로 타락시키지 않게 심혈을 기울여 순수성을 지키는 것이다. 왜냐? 의견은 자유이지만, 사실은 신성하니까."

　그는 명문 옥스퍼드를 나온 이후 입사 1년 만에 편집인, 주필이 된 귀재. 재직 58년이란 긴긴 세월, 뉴스 제일주의를 고수하면서, 그러나 거기에 못지않게 수집한 뉴스의 순결성에 보다 신경을 썼다. 뉴스의 정직성, 뉴스의 공정성, 뉴스의 진실성에 으뜸가는 충성을 다하여 격조 높은 「가디언」의 체질로 제도화하였다.

그러나 자유로운 평론 전개에 있어 그 스스로를 「가디언」의 양심으로, 나가서는 영국의 양심으로 승화시켰다. 그 휘하에 계관시인 존 메이스필드, 경제 대가 존 메이너드 케인즈, 역사학자 아놀드 토인비 등 당대의 석학들이 몰려들어 진보적 논진을 펴 아일랜드의 독립과 식민지 청산을 주장하는 등 근시안적 애국주의를 배척하고 한 차원 높은 양심과 정의의 소리를 대변하였다. 1956년 영국이 프랑스, 이스라엘과 더불어 수에즈 운하를 침공했을 때 이 신문이 단호히 반대의 기치를 들어 "고결한 자살"을 시도한 것도 실은 스콧의 언론관을 계승한 것이다. 당시 영국 사람 대다수는 물론 목전의 국가이익에 현혹되어 「가디언」의 '이적' 노선에 분개하였다. 그러나 역사는 "고결한 자살"에 승리를 안겨 주었다.

어느 경우든 사실은 신성하고 의견은 자유라는 철학, 바로 여기에 자유사회의 힘이 있고 자유언론의 빛이 있지 않을까. 이유는 오히려 명백하다. 진실과 허위가, 선과 악이 자유롭고 공개된 시장에서 당당하게 경쟁하면 반드시 진실이 이기고 선이 살아남는 까닭이다. 진실 앞에 허위가 활개 칠 수 없고, 선 앞에 악이 고개 들 수 없다는 자율조절의 과정이 전개된다. 바로 여기에 자유언론의 근거가 있고, 그것이 곧 대의 민주주의의 기본원리에 연결된다.

대전제는 "사실은 신성불가침하다"는 것. 자유언론의 본질은 사실은 사실대로 모든 사람에게 알려주는 책임에 있다. 그러면 독자는, 그러니까 국민 대중은 그것에 기초하여 자유로운 입장에서 자주적으로 스스로의 판단을 내리는 것, 그 판단이 곧 정치에 반영되고 정부를 구성하는 것이다. 여기서 제일 큰 걸림돌이 곧 권력의 용훼요, 따라서 무엇보다 권력을 쥐고 있는 자에 대해 비판할 수 있고, 또한 그런 사실까지 때 묻지 않고 정직하게 보도하는 권리가 확보되어야 하는 것이다.

나는 문화방송이 지난주 내보낸 「어머니의 노래」를 보고 "사실은 신성불가침하다"는 진리에 다시 한 번 압도당하였다. 카메라의 눈에 이제 거짓말이 있을 수 있겠는가. "백문이 불여일견"이란 바로 이런 것이 아니겠는가.

스콧의 어록처럼 언론의 제1기능은 뉴스를 수집하는 것이고, 그것을 순결하게 때 묻지 않고 전하는 것. 그러나 광주 비극이 있은 지 9년간 때 묻지 않고 순결하게 진실이 전해질 수 없다는 데 또 하나의 비극이 있었다.

아직도 밝혀지지 않은 광주 비극의 본질

여러 날에 걸친 국회청문회는 광주 진상을 규명하는 마당인데도 진실을 은폐하려는 가해자 측의 반격으로 잔학행위 자체가 제대로 부각되지 않았다. 어디 그뿐인가. 5 · 17 당시 현지 계엄 사령관이 경찰병력으로도 감당할 수 있는 정세였는데도 불구하고 공수특전단을 보내 과잉진압으로 광주 비극이 일어났다고 증언했으나, 누가 왜 그런 결정을 내렸는지조차 밝혀지지 않았다.

「어머니의 노래」는 분명 진실을 밝힌 것, 사실은 신성하다는 교훈을 가르쳐주었다. 일시적으로 덮어둘 수 있어도 영구히 덮어둘 수 없다는 것을 교시하였다. 불과 한 시간여의 다큐멘터리가 9일간에 일어난 모든 진실을 속속들이 완전무결하게 포괄적으로 수록했다고 말할 수는 없을 것이다. 그러나 분명한 것은 비극의 본질을 접한 것이다. 혹 부족한 것이 있다면 좀 더 보완해서 방영하면 되지 않을까.

가령 민주 항쟁 시 든 깃발은 분명 태극기였다. 희생자들의 관을 덮은 것 역시 태극기였다. 그런데도 당시 당국의 선전보도는 어찌하였는가. 마치 용공세력 또는 그 비슷한 불순 난동분자의 준동인양 몰아붙이지 않았던가. 계엄하의 언론은 이를 비판 없이 보도했고 보도할 수밖에 없었으니, 일부 국민의 뇌리에는 허구ㆍ왜곡된 이미지가 무의식중에 남아있을는지도 모른다.

진실은 마땅히 밝혀져야 하고 밝혀질 수밖에 없다. 광주 비극뿐 아니라 5공 비리 역시 마찬가지다.

일단, 모든 진실을 밝혀내고 그런 다음에 그것을 어떻게 처리하느냐, 가령 사법처리 하느냐 국민화합적 차원에서 정치적으로 용서하느냐는 얼마든지 자유롭게 논의하여 중론에 따르면 되는 것 아니겠는가.

자유화 시대, 민주화 시대에 언론의 책임이 중차대하다는 비판이 크게 일고 있다. 당연한 논리이다. 자유와 책임을 대립개념으로 보고 동전의 양면처럼 등가원칙을 강조한다. 누리는 자유만큼, 맡은 책임도 크다는 것이 마땅한 논리이다.

그러나 그에 앞서 강조할 것이 있다. 언론은 먼저 진실에 충실한다는 당위에, 자유와 책임은 목적을 같이한다는, 상호 대립개념이 아니라 상호 보완하는 개념이라는 것이다. "어느 상황에서도 사실은 신성하다"는 신앙 속에 진실을 캐고 진실을 말하고 진실을 부추기는 그런 자유요, 동시에 그런 책임이 있다.

「어머니의 노래」는 일부 반론에도 불구하고 이 땅에 새 언론, 참 언론의 방향을 제시한 도덕적 용기의 발로라고 말하고 싶다.

1989년 2월 동아일보

디오게네스의 철학과 참 언론

기원전 3세기 그리스를 풍미한 철인 디오게네스는 햇빛(진실)을 좋아했다고 전해진다. 또한 그는 요샛말로 철두철미한 자유주의자가 아니었나 하는 생각이 든다.

세상을 제멋대로, 아니면 지극히 자연스럽게 산 사람이다. 일정한 거처 없이 떠돌이 탁발승처럼 아무데서나 자고 동냥으로 끼니를 잇던 기인. 그러나 부정, 부패, 사치를 규탄하고, 철저한 금욕생활 속에 스스로 '도덕성의 수호자' 라는 높은 긍지를 가지고 염치의 개념을 중히 여겼다. 사정없이 악과 위선을 폭로, 규탄하고 무엇보다 진실과 개혁의 빛을 뿌리고 다녔다.

한번은 그의 높은 명성을 듣고 천하의 알렉산더 대왕이 직접 그를 찾아갔다. 왕이 오라 한다고 해서 고분고분 왕명을 따를 사람이 아님을 알렉산더 대왕은 알고 있었기 때문이다.

때마침 디오게네스는 잔디밭에서 윗도리를 벗고 일광욕을 즐기고 있었다.

대왕이 선 채로 물었다. "짐에게 소청할 것이 없느냐"고. 디오게네스는 만면에 미소를 띠면서 말하였다. "폐하, 저한테는 이 세상에서 필요한 것이란 아무것도 없습니다. 굳이 청원드리자면 자리를 비켜주시어 폐하께서 가로막고 계신 햇빛을 바로 쪼일 수 있게만 해주십시오."

무엄하고 괘씸한 일이었다. 그러나 대왕은 말없이 자리를 떠났다. "내가 알렉산더 대왕이 아니었다면 디오게네스가 되기를 바랐을 것이다."라는 독백과 함께. 정말 무관의 제왕이라 말하지 않을 수 없다. 그리고 무관의 제왕이 유관의 제왕을 긍지와 위엄으로 누른 것이다. 햇빛이 제왕보다 소중하다는 신념을 지킨 것이다.

그는 분명히 별난 사람이었다. 어느 때인가 그가 대낮에 등불을 들고 아테네 거리를 배회하고 있었다. 사람들이 물었다. 왜 백주에 등불을 비추고 다니느냐고. "진실을 찾고 있는 중이야."라는 반응이었다(정직한 사람을 찾고 있다고 대답했다는 전설도 있다).

그에게 있어서의 신앙은, 2천 년 후 영국의 낭만파 시인 존 키츠와 마찬가지로 진은 미요, 미는 진이었다. 그것이 인간 누구나 이 세상에서 추구해야할 모든 것이라고 키츠는 노래하지 않았던가. 그러나, 나에게 있어서 디오게네스는 오늘을 사는 언론인에게 깊은 교훈을 남기는 철인이면서 고대 언론인이었다는 생각이 든다. 가령, 언론과 언론인에게 가장 요한 일은, 아니 가장 중요한 자질은 역사에 대한 지식도 인간의 지혜도 아니다. 구체적으로는 어떤 사실의 핵심을 포착하는 민첩한 통찰력도 아니다. 사실을 바로 객관적으로 균형 있게 표현하는 문장력도 아니다. 기사 내용에 적절한 제목을 뽑는 편집 재능도 아니다.

언론으로서, 언론인으로서 역사의 지식, 인간의 지혜, 통찰력, 표현력, 그리고 사물을 요약하는 지능, 어느 한 가지도 소홀히 할 수 없다. 그러나, 아마도 가장 소중한 것은 디오게네스가 대낮에 등불을 들고 다니면서 추구했다는 '진실'에 대한 신앙이 아닐까. 그것은 어떤 단편적인 사실이 아니라 나타난 사실을 둘러싼 포괄적이고 완전한 진실이다. 그런 진실을 찾고 알리고 부추기고 가꾸고 꽃 피우는 것, 그것이 곧 언론의 생명이요, 빛이요, 뜻이라고 말할 수 있다.

진실을 찾고 알리는 게 언론의 생명

지금 우리는 디오게네스 시대와는 전혀 다른 현대의 복잡다기한 세계에 살고 있다. 그러나 세상이 발달할수록 정비례해서 진실의 발견은 어려워진다. 날마다, 방대한 양의 뉴스가 홍수를 이루고 있다. 무엇이 옳고 무엇이 그른지, 어떤 것이 참이고 어떤 것이 거짓인지 좀처럼 식별할 길이 없다. 이러한 상황에서 참된 진실을 찾아 알린다는 것은 디오게네스 같은 신앙 없이는 이루어질 수 없다. 더구나 언론이 갖는 상업주의의 본질은 뉴스를 때 묻히지 않고 있는 그대로 전달하는 작업을 더욱 어렵게 만든다.

"오해와 오보라는 악성의 세균이 하루 24시간 쉴 새 없이 사람들 머리에서 활동하고 있다."

근엄한 아이젠하워가 8년간의 대통령직을 떠나면서 상업주의 언론을 두고 개탄한 말이다. 또한 언론이 계층, 지역, 세대, 남녀, 신앙, 인종, 국가 간에 쉴 새 없는 심리전을 부채질하고 있다는 비난을 덧붙였다. 옳은 말이다. 한마디로 관용과 평화에 대한 언론의 철학과 비전이 없다는 것이다. 비전은 정직성과 공정성에 대한 깊은 사려 없이 성립할 수 없다. 정말 마음을 비우지 않는다면 어떻게 공정한 의견과 심오한 경륜이 떠오를 수 있겠는가.

그러나 분명한 것이 있다. 언론이 정직성과 공정성에 입각한 진실을 제시하고 미래에 대한 비전을 제시하지 않는다면 자유사회의 사려 깊고 다원적인 대화란 성립될 수 없다는 것이다. 시민 한 사람 한 사람이 자주적인 판단을 내려야만 성립하는, 그런 의회 민주주의는 불가능하다는 것이다. 솔직히 언론의 바른 기능 없이 민주주의는 불가능하다는 간결한 등식이 나올 수밖에 없다. 언론의 바른 기능을 위해서는 당연히 자유의 원칙이 선행된다. 언론의 자유가 다른 모든 자유에 우선한다는 것은 논리적으로 맞는 말이다. 그것 없이는 선거의 자유도 집회·결사의 자유도 공허한 것으로 전락될 수밖에 없다.

그러나, 언론의 자유가 무 목적한 것은 아니다. 적어도 인간다운 삶, 진실의 발견, 다양하고 가치 있는 의견의 전파 등으로 보다 평화롭고 보다 문명된 사회를 구축하고 의회민주주의를 구현한다는 목표 속에 자유언론의 가치가 비로소 빛나는 것이다.

바야흐로 언론의 정글 속으로 뛰어든 「시사저널」은 작은 첫걸음을 내디뎠지만, 참 언론이라는 원대한 이상주의를 향해 용기 있고 공정하고 자제하는 태도로 언론을 고귀한 직업으로 끌어올리는 데 디오게네스적인 철학으로 임할 것이다.

1989년 10월 시사저널

언론의 자유와 책임과 윤리

언론의 기능을 논할 때 먼저 인식해야 할 두 가지의 명제가 있다. 그 하나는 뉴스매체가 전하는 외부환경은 실존하는 세계가 아니라 언론이 만들어 낸 '유사 환경(pseudo environment)'이라는 사실이고 다른 하나는 유사 환경은 '실존 환경(real environment)'을 그대로 축소한 것이 아니라 언론이 주관적으로 선택 · 구성 · 재현한 것이라는 사실이다.

우선 이상적으로 말해 언론활동이 실존 환경과 유사 환경을 일치시킬 수 있느냐에 있겠는데 현실적으로 매스미디어가 작성하는 유사 환경은 실존 환경과는 다른 차원의 것, 뉴스의 발견 · 수집 · 분배를 맡는 언론기관이 만들어 낸 실물 아닌 실물의 복사품이라는 데 문제가 있다. 물론 카피한 대용품이 실물에 충실하면 충실할수록 언론의 기능이 제대로 집행되었다고 보겠지만 현실적으로 그것은 불가능한 일이다. 우선 기술적으로 실물과 카피의 일치란 상상할 수 없다. 이른바 뉴스의 소재가 되는 인간의 움직임, 사건 · 사물 등

수효는 헤아릴 수가 없다. 세계 각국에서 중요 국제통신을 통해 들어오는 세계뉴스만 하더라도 보통 일간신문이 소화하는 수량의 100배가 넘는다. 국내에서 일어나는 정치 · 경제 · 사회 · 문화 등 사건만 하더라도 엄청난 양인데 신문에 활자화되고 방송을 통해 전달되는 것은 극히 일부에 불과하다. 어디 그뿐인가, 가령 '뉴스'라는 개념을 두고 생각할 때 ① 어느 날 어느 때 어느 곳에서 어떤 사건이 일어났을 때 ② 그 자리에 보도요원이 있어 목격했다더라도 그의 판단으로 뉴스 가치가 있다는 결론이 났을 때 사건의 카피를 본사에 송고할 것이고 ③ 본사에서는 송고된 카피의 중요성을 다른 많은 원고들과 비교해서 게재키로 결정한 다음 ④ 일정한 제목으로 일정한 장소에 일정한 크기로 싣게 된다. 뉴스의 탄생인데 주목할 것은 어떤 사건이 일어났다 하더라도 발생 자체는 결코 뉴스라고 말할 수 없고 상당히 복잡한 과정, 어려운 관문을 거쳐 신문지상에 실릴 적에 뉴스로 탄생하는 것이다. 그러나 설사 뉴스가 어렵사리 탄생하였다 하더라도 그것이 막상 독자의 눈을 끌고 그의 머리에 도달하지 않는 한 그한테는 뉴스가 될 수 없다는 사실도 유의해야 한다. 여기에 신문방송 등 언론매체의 무서운 힘과 중대한 역할이 있다.

이 무서운 힘 · 중대한 역할을 좀 더 부연한다.

이미 뉴스는 무수한 사회 현상 가운데 언론매체가 선택하고 추상화 과정을 거쳐 복사하고 재구성한 것이 뉴스라고 지적하였는데 현대인간은 실재하는 환경에 적응하는 것이 아니라 언론매체가 카피한 환경에 적응하기 마련이라는 것이다.

그러나 현실은 어떠한가. 언론매체를 아예 정권의 선전도구로 규정하는 전체주의체계는 논할 여지조차 없다. 언론매체와 언론인이 국가권력의 일부이거나 국가권력에 협조하는 머슴(a cooperating servant)이거나 강제된 노예(a forced slave)이기 때문에 그들한테 자주적이고 독립된 시각에서 생존의 세계를 있는 그대로 묘사할 수 없다. 비근한 예로 유신 및 5공 시대 한국 언론이 바로 그것이었다.

독재시대, 협조하는 머슴, 강제된 노예

문제는 언론의 자유가 있는 민주주의체계에서 언론매체가 '유사 환경'을 '실존 환경'과 일치시키는데, 그리고 두 개의 세계를 하나의 세계로 만드는 데 그것이 가능한가에 있다. 여기에 대한 해답은 우선 구조적으로 심히 어렵다는 비판론이다.

신문 등 언론매체는 처음 시작부터 야누스의 두 얼굴을 가지고 출발하였다. 그 하나는 공기적인 기능이다. 정치, 경제, 사회, 문화, 과학 등 현대인들이 직접 접촉할 수 없는 사회적 환경을 가능한 한 정직하고 진실되게 보도하고 거기에 대한 분석과 시비를 가려주는 기능이다. 바로 이 기능의 적절한 가동 없이 현대사회는 성립할 수 없고 원만하게 움직일 수 없다는 것이 사실이다.

언론매체의 또 하나의 얼굴은 뉴스를 상품으로 하는 이윤추구의 수단이라는 기업적인 성격이다. 기업적으로 성공하여야만 자유로운 판단을 내릴 수 있으므로 기업적인 성공은 자유언론의 전제가 될 수밖에 없다. 이론이 있을 수 없는 명제임에 틀림없다. 따라서 신문이 존재키 위해서는 수지 채산이 맞아야겠으며 보다 많은 광고수입과 보다 많은 구독료로 경제적인 자립이 있어야만 외부압력에 수그리지 않고 공정하게 제 기능을 다 할 수 있다.

그러나 동시에 신문의 기업화는 자본주의 법칙에의 종속을 뜻하는 것이다. 여기서 보다 많은 독자를 얻기 위한 경쟁이 전개되고 따라서 실물을 옮겨 재구성하는 보도사업은 이윤획득의 경쟁성격을 띠게 된다. 보다 많은 이윤을 거두기 위해서는 보다 많은 독자를 얻는 것이요, 보다 많은 독자를 얻기 위해서는 보다 많은 독자의 관심에 만족을 주는 일이다. 무수한 사건에서 독자에게 제시되는 것은 되도록 독자의 관심을 끄는 것, 가장 많은 독자의 공통된 관심사여야만 한다. 성, 연령, 직업, 지식, 취미 등의 차이를 넘어 공통된 관심사라 함은 윌버 슈람의 이른바 즉시 보수 뉴스(immediate reward news)다. 그것은 성, 연애, 범죄, 투쟁, 사고 재해, 스포츠, 사교, 기타 인간흥밋거리로서 인간의 원시적 관심을 불러일으키는 것이다. 프로이트의 쾌락의 원리에 비추어 이러한 것들은 독자들에게 즉각적인 보수를 주는 것이다. 그러나 독자가 정작 필요로 하는 것은 즉각 보수 뉴스보다는 정치, 경제, 사회과학, 교육, 일기, 보건 등 즉각적인 보수는 얻지 못하지만 독자가 사회 환경에 적응하기 위해서 필요한 지연 보수 뉴스(delayed reward news)이다.

신문은 독자가 읽어야 할 것(what the public should read)보다 읽고자 하는 것(what it wants to read)을 우선하여 게재하기 마련이며 전자의 것을 게재하는 경우에도 후자를 다루는 수법으로 다루기 마련이다. 예컨대 이른바 특종기사를 쓰기 위해 해외특파기자는 평온한 국제회의까지 센세이서 널게 왜곡하여 국제정치의 모습을 혼란과 분규가 있는 것처럼 스테레오타입을 대중에게 심어놓기 마련이며 어느 정당 내부의 세력구성관계나 정당과 정당 간의 대립관계를 취급함에 있어서도 건설적인 정책의 차이나 우선순위의 배려보다는 분열, 싸움 등에 치중한다. 프린트가 말한 바와 같이 한 교량의 파괴는 건설보다 훨씬 더 큰 흥미를 돋운다는 것이다.

자본주의 법칙 아래 언론 기업도 차츰 독과점 기업이 될 수밖에 없다. 독자 대중은 소비자로서 완전히 피동적인 입장에서 일방통행으로 밀어닥치는 뉴스를 받아들일 수밖에 없다. 자유, 독립, 이성 등이 현대인간의 특성이겠는데 판단의 자료를 일방적으로 받아들일 수밖에 없다는 것, 그것이야말로 현대사회의 비극이 아닐 수 없다. 이 비극은 매스미디어가 조장하는 사회마취제적인 역기능으로 더욱 심화된다.

상업주의와 사회마취제적 역기능

사회마취제적 역기능(social narcotizing dysfunction)이란 무엇인가.

현대사회에서 사람들이 매스미디어에 배당하는 시간은 증가되고 날로 넓어진 사회적 환경에 간접적으로 적응하기 위해 매스미디어에 전면적으로 의존할 수밖에 없는 입장인데, 그러나 매스미디어가 제공하는 대량의 정보로 사회문제에 표면적인 관심은 경계되지만 사실은 대중의 무감각 무관심을 불러일으킨다는 것이다.

요컨대 홍수 같은 정보의 흐름에 일반독자나 시청자는 자극을 받고 비교분석하고 바른 판단을 내리기보다는 마취되기 마련이다. 첫째로 '인포메이션'을 읽고 듣는 시간이 많으면 많을수록 이에 대한 비판적 활동에 할당하는 시간은 그만큼 적어지기 마련이다. 둘째는 신문이나 라디오가 시시각각으로 퍼붓는 뉴스 보도와 의견은 극히 단편적이고 상호연결이 없는 잡다성을 띠고 있어 쇄도하는 보도와 의견의 물결에 능동적으로 저항하여 비판적 안목으로 착실한 반응을 기도하기에는 인간은 너무도 무력하고 너무도 미약한 원자화된 존재에 불과하다. 물론 일부 사람은 그가 얻은 직접적인 경험이라든가 지식 등을 방패 삼아 매스커뮤니케이션이 압도하는 일방통행에 저항을 하지만 그것은 현실적으로 불가능한 개입(介入)임을 깨닫게 된다. 여기서 비판 능력의 무조건 항복이라든가 사유 없는 행동이라든가 하는 최면술과도 같은 것에 걸려들고 만다.

프랑스의 작가이자 언론인이었던 알베르 카뮈는 말했다.

"언론이 자유로우면 언론은 좋을 수도 있고 나쁠 수도 있다. 그러나 자유 없이는 확실히 나쁠 수밖에 없다. 사람에 있어서도 그렇듯이 언론도 자유란 좋아질 수 있는 기회이다. 예속은 반드시 나쁠 수밖에 없다."

옳은 말이다. 자유가 없는 데서 책임이 있을 수 없다. 권리와 의무, 자유와 책임은 동전의 앞뒤와 같다. 어느 한쪽이 없는데 다른 한쪽이 있을 수 없지 않은가.

자유롭지 못한 마당에 물론 윤리라는 것도 기대하기 어렵다. 의무 · 책임 · 윤리 이 모든 정신활동은 독재자에 대한 지지 · 응원의 형식으로 동원될 뿐이다.

그러나 자유롭다고 해서 그것이 곧 선이냐 하면 반드시 그렇지 않고 오히려 나쁠 수도 있다는 카뮈의 관찰은 속이 깊다.

언론의 자유에 대한 전문가이기도 한 하버드의 법학자 제차리아 채피는 미국의 신문에 "놀랄 만큼 대량의 무책임한 발언, 그리고 고의적인 허위마저 내포되어 있다."고 지적하였다. 이것은 뉴스와 논설이 엄격히 분리되지 않은 한국에서는 더욱 그러하다. 여기서 무엇이 진리이고 무엇이 허위인가를 당장은커녕 영구히 분별치 못하고 마는 수가 적지 않게 되었다. 여기에 언론매체는 재력 있는 소수자의 독점기업인 오늘날 사회의 각계각층 각인이 말하고 듣고 하는 이른바 담론의 세계(a universe of discourse)가 형성되기는 지난한 것이요, 건전한 여론형성에 필요한 바 사회 구성원이 알아야 할 일을 편파나 두려움 없이(without favor or fear) 보도하지 않는 한 그러한 언론의 자유란 국민 대중에게 큰 가치가 없는 것이 된다.

이윤을 추구하는 상업적 언사(sales talks)

더구나 신문이 사실과 진실을 발굴해서 일반 대중에 알리는 본연의 사명에서 유리되어 순전히 이윤추구를 목적으로 하는 상업적 언사(sales talks)의 경쟁이 되고 있는 가운데 언론의 자유란 어떻게 하면 대중의 하천(下賤)한 격정을 불러일으키느냐의 경쟁이 되어 뉴스는 심지어 정치·경제 문제까지도 선정화되고 단편화되어 시민의 공중으로서의 활동에 필요한 간접적 환경을 제시한다든가 그렇게 함으로써 상호이해의 촉구에 기여한다든가 하는 것과는 거리가 먼 것이 되고 만다. 더욱 중요한 것은 이상과 같은 상업신문의 맛에 젖은 대중은 정작 읽어야 할 뉴스(예컨대, 정책이나 경제문제 등)나 또는 건설적인 것, 그리고 건전한 것보다는 성·범죄사고·천재지변·참사 등 파괴적인 것, 공중으로서 알아야 할 것이라기보다는 우선 본능을 자극하는 뉴스를 찾게 되었다는 점이다. 읽어야 할 것을 읽지 않는 대중, 따라서 대중이 읽고자 하는 것만을 다투어 찍어내는 신문, 여기서도 그레샴의 법칙 같은 것이 작용하여 도덕수준이 낮은 신문이 높은 수준의 신문을 구축하는 경향이 있는 가운데 밀턴이 묘사한 사상의 자유롭고 공개된 시장에서의 자율조정의 과정은 사실상 어렵게 된 것이다.

언론의 자유를 주장하는 또 하나의 이론적 근거는 17세기 존 로크를 중심으로 발전한 자연권사상이었다. 생명, 자유 등은 천부의 권리라는 것이다.

자연권이라고 할 때 언론의 자유는 밥 먹고 숨 쉬는 데 하등 의무가 부과될 수 없듯, 아무런 의무를 동반할 수 없는 절대적 권리인 것이다.

그러나 무릇 권리는 의무를 같이 한다는 일반적 원칙이 언론출판의 자유에 적용되어야 한다는 이론이다. 윌리엄 호킹은 이를 가리켜 도덕적 권리라고 불렀다. 표현의 자유는 자기 사상, 자기 양심에 대한 의무에 기초를 둔 것이며 타인의 같은 권리가 보장되는 성질의 것이라고 호킹은 주장하고 여기서 권리는 '상호의무적인 요소'를 띤 것으로 표시된다. 도덕성이라는 전제하에 표현의 자유는 결코 절대적인 것이 아니며 다른 사람의 권리 및 사회의 중요한 이익과 균형이 잡힌 범위 내에서의 권리이다. 따라서 표현의 자유는 자기의 사상과 양심에 비추어서만 사용할 수 있는 권리일 뿐 허위·증오·왜곡·사기 등 비양심적인 목적으로 쓰일 수 없다. 도덕적인 권리는 도덕적 의무를 동반할 때만 정당화되는 것이다. 만일 의무를 무시하고 거부한다면 이 권리를 주장할 근거가 소실되는 것이다. 여기에 법률적으로 표현의 자유를 제한하는 이론적인 근거가 생기는 것이다. 가령 한 신문이 조직적으로 사회의 풍기를 해칠 적에 그 신문은 벌써 표현의 자유에 대한 도덕적 권리를 포기하는 것이며 당연히 법률적인 제재에 복종하여야 한다는 것이다.

미국은 역사적으로 자유기업체제가 가장 앞선 나라이고 자유언론 역시 제일 발달된 사회라고 말할 수 있다. 당연히 거의 무제한한 언론의 자유를 누리고 그런 자유가 수반한 언론의 횡포가 가장 먼저 사회적 지탄거리가 된 나라이다. 19세기 후반에 사회산업화가 급진전됨에 따라 이른바 '대중신문'의 시대가 열렸고 대량보급으로 매스커뮤니케이션 단계에 이르렀는데 선전선동을 일삼는 악덕 언론의 폐해가 눈에 띄게 두드러졌다. 이른바 '황색언론(yellow journalism)' 역시 이 시대의 산물이다. 신문의 영리적 기능이 우선되고 공적 기능이 빛을 보지 못하였다.

언론자유의 도덕적 권리는 상호의무적

테오도어 피터슨은 제2차 세계대전까지 언론매체에 대한 세찬 사회적 비판론을 다음 일곱 가지로 요약하였다.

① 매스미디어는 그 소유자의 이익을 위해 강대한 권력을 행사하고 있다. 특히 정치 경제의 문제에 관해서는 그 자신의 주장을 내세우고 반대의견을 무시한다.

② 미디어가 대기업에 종속되어 흔히 광고주들이 그들의 정책이나 내용을 통제할 수 있게 하고 있다.

③ 미디어는 사회 변동에 저항하고 있다.

④ 미디어는 사건을 보도함에 있어 중요성이 있는 것보다 피상적이고 센세이셔널한 것을 더 많이 다루고 있으며 오락도 예술성이 없다.

⑤ 미디어는 공중의 도덕을 위태롭게 하고 있다.

⑥ 미디어는 정당한 이유도 없이 개인의 프라이버시를 침해하고 있다.

⑦ 미디어는 '기업가 계급'이라고 할 사회경제적 계급에 의해 지배되고 있

으며, 신참자의 언론기업 진입장벽이 매우 높아 사상의 자유공개시장이 위협을 받고 있다.

이러한 강한 비난 속에 타임지의 발행인 헨리 루스가 출연하고 당시 미국의 대표적 지성인 로버트 허친스(시카고대학) 총장을 의장으로 하고 12명을 위원으로 한 '언론자유위원회(Commission on Freedom of Press)'가 구성되어 장장 4년에 걸친 연구조사를 진행하였다.

그 결과로 나온 종합보고서가 『자유롭고 책임 있는 언론(A Free and Responsible Press)』이라는 명저다. 이것을 계기로 이른바 사회책임이론이 자유주의이론의 대안으로 대두했다.

이 책에서는 자유사회가 신문의 존재를 요구하고 있다고 전제하고 신문 기능의 필수조건을 다섯 가지로 규정하였는데 신문의 책임을 잘 정리하였다.

첫째는, 언론매체는 "진실하고 포괄적이고, 지성 있게 나날의 일들을 의미 있게 보도하여야 한다."는 것으로, 이 요구조건은 신문보도가 정확을 기하고 허위 보도를 해서는 아니 된다는 것을 강조한다. 이 조건은 또한 신문은 사실과 의견을 분리해서 사실은 사실대로, 의견은 의견대로 각각 식별할 수 있도록 하여야 한다는 것을 요구한다. 19세기의 신문은 정치적인 무기로 사용되어 왜곡되고 편협하고 일방적인 보도로 일관하였다. 그러나 19세기 말부터 소위 사설면이 독립하고 뉴스는 객관적으로 보도하여 필자의 논평이나 의견을 삽입함이 없도록 한다는 것이 신문의 윤리 기준으로 강조된 것이다. 그러나 위원회는 한 사실을 충실하게 보도하는 객관적인 보도에 만족하지 않았다. 현대사회에 있어 사실을 충실하게 보도하는 데 그치지 않고 '사실에 관한 진실'을 보도함이 필요하게 되었다. 그것은 종래의 사실보도나 객관보도는 참다운 양상을 대중에 전달하는 것이 아니라 사실은 '절반의 진실', '미완성 또는 납득하기 어려운' 보도가 되기 쉬우며 정말 요청되는 것은 포괄적인 '진실보도(truth reporting)'라는 것이다.

신문 기능의 필수조건 다섯 가지

둘째로, 언론매체는 논평과 비판을 교환하는 광장이어야 한다는 것이다. 신문기업이 독점화되고 있는 오늘날 신문은 사회에서 일어나는 토론을 다각도로 게재할 의무가 있으며 공공토론의 운수기관이어야 한다는 것, 모든 논쟁을 공정하고 공평하게 실어줄 책임을 갖는다. 이 점 발행인이나 기자가 하고 싶은 말만을 자유로이 발표한다는 고전적 자유론은 이미 전세기적인 이론이다. 루이빌에서 발행되는 「타임스」지 편집인 노만 아이삭은 다음과 같이 주장하였다.

"우리가 지닌 기능 중에서 다른 모든 기능에 앞서는 것은 의견을 전달하는 것이다. 우리는 의견 운수업자들이다. 신문의 자유는 그 목적 때문에 부여된 것이요, 그 목적만을 위해서 주어진 것이다. 신문의 자유란 것은 사람들에 알리지 않게 하기 위한 특권일 수 없다."

이 말은 좀 지나친 표현인지도 모른다. 그런 신문을 소유하고 발행하고 그럼으로써 스스로의 아이디어나 의견을 발표할 수 있는 길이 극도로 제약되어 있는 이상, 독과점 상태의 언론기관이 스스로의 견해와 상치되는 것도 보도해야 한다는 논리다. 만일 그것을 거부할 때 견해의 자유롭고 공개된 시장이 형성될 수 없다는 것, 따라서 당초 언론의 자유를 제기한 본지와 위배되는 것이다.

물론 언론매체는 기술적으로 모든 사람의 모든 견해를 반영할 수는 없다. 그러나 언론매체는 스스로의 견해나 주장에 반대되는 주요 견해나 의견을 게재할 도덕적인 의무가 있다.

셋째로 언론매체는 "사회를 구성하는 여러 집단의 대표적 모습을 반영해야 한다"는 것이다. 미국 같은 복합민족사회는 인종·종교·민족 등의 잡다한 배경 속에 이해관계가 다르고 상충하는 수가 많다. 백인인 앵글로 색슨족의 신교도가 주류를 이루고 있고 특히 흑인에 대한 사회적 편견과 경멸이 심한 사회인데 언론매체가 어느 계층·집단의 모습을 왜곡해서 묘사함으로써 불법·긴장·대립을 조장해서는 안 된다는 것이다. 오히려 모든 계층과 집단의 참 단결을 언제나 포괄적으로 제시함으로써 이해·관용·합의·평화를 조장할 의무가 있다는 것이다. 가령 텔레비전 연속극 같은 데서 흑인은 으레 문지기나 식모 따위로 등장한다면 흑인에 대한 스테레오타입이 그런 식으로 형성될 것이 뻔한 일이다. 우리나라의 경우 국토가 남북으로 분단되어 아직도 '준 전시상태'에서 벗어나지 못하고 사상적으로 극우·보수·중도·진보·급진 등으로 갈라져 있고 사회산업화의 결과로 극소수의 부유층과 중간층 및 근로계층으로 분열되어 암투하고 있는가 하면 지역적으로 동과 서의 대립이, 연령적으로 세대 간의 반목이 첨예하다. 모두가 소속집단의 권리확보 내지 증진에 앙앙불락이다. 여기서 이질적인 여러 집단의 협상을 이지러지지 않고 정직하게 표상시킨다는 것은 쉬운 일이 아니다. 그러나 독과점체제의 언론매체가 게을리해서는 안 될 의무사항이라고 강조할 수 있다.

넷째로, 언론매체는 사회의 목표와 가치를 명시하여야 한다. 바로 언론매체의 교육·문화적인 기능을 지적하는 것이다. 실제로 학교에서 배우는 것과 신문방송 등 대량매체에서 배우는 공통의 규범·가치·경험이 인격형성에 미치는 영향을 비교할 수는 없지만, 분명한 것은 매체의 교육적인 기능이 엄청나다는 것이다.

학교보다 매체의 교육이 엄청나

그 한 가지 예로 미국서 조사된 통계에 따르면 미국 어린이들은 세 살 먹을 때부터가 아니라 생후 '석 달' 될 때부터 텔레비전을 보기 시작하고 고등학교를 마칠 때까지면 교사 앞에서 1만 2천 시간도 안 되는 기간을 보내는 데 반하여 텔레비전 앞에서 보내는 시간은 무려 2만 2천 시간이 넘는다. 대부분 미국 어른들도 직장에서 일하는 것 그리고 잠자는 것 빼놓고 텔레비전 보는 시간이 가장 길다는 것이다. 그나마 학교에서 배우는 것, 일터에서 일하는 것은 스스로의 뜻에 반하거나 내키지 않는 가운데 어쩔 수 없이 하는 수도 있지만, 텔레비전에 대한 접촉은 자진해서 신이 나서 하는 일이니 텔레비전 화면을 통해서 자연스럽게 머릿속에 들어오고 몸에 익히면 교육 효과가 얼마나 크겠는가.

여기서 대량매체의 사회적 기능, 즉 교육자로서의 사명이 부각된다. 즉 전통을 이어받고 문화를 전수시키고 발전시키는 가운데 바른 수단이 되어야겠는데 문제는 이러한 사명과 언론매체의 영리주의와 어떻게 조화시키느냐에 있다. 요컨대, 대중의 원시적 관심과 호기심을 불러일으키고 가장 저속한 공통분모를 자극하는 것이 아니라 대중의 취미와 교양을 높이는 데 기본방향을 삼아야 한다.

다섯 번째로 언론매체는 독자·시청자에 "나날의 정보에 전면적인 접근"을 기약해야 한다는 것이다. 이른바 알 권리의 충족이다. 오늘을 사는 현대인이 흡수해야 할 시사 정보량은 엄청나게 많아졌다. 따라서 대부분의 시민이 소화불량에 걸려 매체는 거꾸로 사회최면술적 역기능을 발휘하기 마련이다. 여기에 대한 뾰족한 대안은 없다. 그러나 현실적으로는 모든 시민이 그들한테 제공되는 모든 정보량을 언제나 흡수하는 것이라고 볼 수 없다. 결국은 매체가 지니는 또 하나의 기능인 '해석과 지시'의 기능에 의존할 수밖에 없다. 그만큼 매체의 제도적 책임은 무거워지는 것이다.

이상 다섯 가지가 미국의 언론자유위원회가 언론매체에 요구한 사회적 책임이다.

미국의 언론자유위원회의 주장은 고도로 발달한 현대사회에서 참다운 자유언론을 수호하고 정부의 법적 제약을 최소한에 그치게 하고, 그 대신 언론매체가 스스로 책임 있는 자기 규제를 강화하여야 한다는 시대의 흐름을 반영한 것이다. 이른바 그것은 한편으로 자유주의이론을 수정한 것으로 마치 수정자본주의가 자유방임적 자본주의의 병폐를 제거하여 보다 건전한 시장경제를 출현시킨 것과 같다고 보는 견해도 있다. 반대로 그것은 자유주의에서 떠나 권위주의로 복귀하는 것이라고 비판하는 소리도 있다.

분명한 것은 고전적 자유론에서 말한 소극적 자유, 즉 '⋯⋯으로부터의 자유'가 아니라 적극적인 자유, 즉 '⋯⋯을 위한 자유'로 변질한 것이다. 자유주의자들이 주장한 자유는 명백히 정부 또는 외부의 제약으로부터의 자유를 뜻하였다. 자유방임적 시장경제원리와 흡사하였다. 외부 구속만 없으면 언론은 자유롭게 그 자체는 물론 사회 공익에 공헌할 수 있었다. 그러나 오늘날 인간은 형식상 언론의 자유를 누려도 자기 의견을 발표하기 위하여 신문을 발행할 수도 없고 독과점의 매체에 접근할 권리가 보장되어 있지 않은, 말하자면 공소한 자유를 가졌다. 여기서 매스커뮤니케이션 기관은 정보 및 논평의 운수업자로서 누구에게도 독점될 수 없고 누구에게나 다 같이 이용되는 사회적 책임을 수락하여야 한다는 이론이 성립한 것이다. 한때 일부 급진적인 이론가들은 공립신문 또는 공공지배하의 매스커뮤니케이션만이 이러한 사명을 다할 수 있다고 주장하기도 했다.

질 높은 공립신문이 필요하다

언론학자 윌리엄 호킹은 매스미디어를 소유, 경영하는 기업가들이 신문의 공공적인 기능을 자각하여 자기의 사상과 태도에 적대되는 처지에 있는 자에게 균등한 기회를 주어 공중의 주의를 끌 만한 의견과 보도를 차별 없이 해주어야 한다고 주장하고 신문의 공공적인 기능을 민간인 경영의 사학재단에 비하고 있다. 그렇게 되면 신문은 개인의 이익 또는 야심에 좌우됨이 없이 공익의 입장에서 운영될 것이며 정부는 공익보호라는 견지에서 개입할 수 있게끔 법적인 조치를 취할 수 있다는 것이다. 이러한 착상을 좀 더 진보시킨 것은 공립신문제도(public paper system)이다. 오늘날 초등교육은 민주정치의 성공을 위해서 사활적인 것이기 때문에 개인의 재력이나 독지에 맡겨둘 수 없고 따라서 전 국민의 납세를 통해 의무교육을 실시하고 있다.

이와 같은 착상에서 신문기능이 민주적 사회의 원만한 발전을 위해 또한 모든 시민이 책임 있는 정보를 얻기 위해서라면 정부의 지배 없고 진정한 언론인에 독자적으로 맡겨진 공립신문이 필요하다는 것이다. 공립 신문을 통해서 언론기관은 상업적 언사에 현혹됨이 없이 질이 높고 공정한 신문을 다 같이 볼 수 있어 상업지의 살인경쟁으로 말미암은 사회적 혼란을 저지할 수 있다. 간과해서 안 될 점은 호킹은 일방으로 공립신문제도를 주장하면서도 사기업 신문이 공공의 이익을 위하여 최대한으로 기여할 수 있는 방편, 즉 정부가 무엇을 알고 숨겨두는 일이 없도록 감시하는 역할을 담당하여야 한다고 주장했다는 점이다.

결국 언론매체와 언론매체를 움직이는 언론인들의 자율규제로 돌아간다. 타율규제라면 그것은 외부서 오는 제약법적 규제를 뜻한다. 물론 언론기업의 창설부터 시작하여 기업적 운영은 물론 편집·제작에 법적 규제는 자유언론이 보장된 민주주의 국가에서도 있을 수밖에 없다. 다만 국가가 언론을 억제 제재하는 기관으로서 법적·정치적 규제가 있다면 그것은 전제주의 또는 전체주의 국가이겠고, 언론의 자유를 침해함이 없이 언론활동의 조건을 조절함으로써 언론을 공공에 봉사케 하는 목적으로서의 법적 제약, 또는 언론의 자유에 못지않은 다른 사회적 가치들과의 충돌을 조절하는 의미에서의 법적 규제가 있을 때 그것은 민주주의체제라고 부른다.

민주주의체제에서도 언론의 자유가 개인의 명예와 권리와 충돌할 경우, 사회의 미풍양속과 도덕가치가 충돌할 경우, 자유가 국가의 안정을 명백하고 긴박하게 해치는 경우, 대체로 이 세 가지 영역에서 언론의 자유는 법률적인 제약을 받는다.

그러나 국가가 법의 이름으로 강요하는 타율적 제약이 적을수록 자유와 자율의 폭은 최대한 넓어진다. 그것은 절대로 필요하다. 언론의 자유는 즉 정치적, 경제적, 학문적, 사상적 등 다른 모든 자유를 촉진하고 보호하는 핵심적인 자유이기 때문이다.

이렇듯 핵심적 자유를 되도록 제약하지 않고 언론의 자유의 본질을 유지하려면 결국 언론매체와 언론인의 윤리에 기대할 수밖에 없다. 윤리는 법과 달리 개인적인 것이고 자율적인 것이다. 구체적으로는 자진해서 사회책임을 다하는 것이다.

미국 신문윤리에 관해 선두 달려

신문윤리에 관해서 선두를 달린 것은 미국이었다. 미국 자본주의가 난숙기에 들어선 20세기 초를 전후해서 자본가들의 탐닉 · 부정 · 부패가 전성기를 이루었듯이 언론과 언론기업의 부정 · 부패 역시 절정을 이루었다.

당연히 사회적 비판의 소리가 일어났고 언론계 안에서도 자성자각의 소리가 높아져 주마다 신문윤리운동이 벌어지면서 1923년에 미국 신문편집인협회가 언론윤리강령(canon of journalism)을 제정하였다. 국가단위로 태어난 첫 번째 윤리강령이고 그것이 모델이 되어 세계 여러 나라에 보급되었고 우리나라도 1957년에 이를 모방한 신문윤리강령이 채택되었고 1961년에 신문윤리실천요강이 채택되고 신문윤리위원회를 구성하였다. 미국의 윤리강령은 ① 책임 ② 신문의 자유 ③ 독립 ④ 성실과 진실과 정확 ⑤ 공정 ⑥ 페어플레이 ⑦ 품위 등 7개 항목으로 되어있다. 이것을 모델로 한 것이지만 한국언론계가 1957년에 채택한 신문윤리강령도 ① 자유 ② 책임 ③ 보도와 평론의 태도 ④ 독립성 ⑤ 타인의 명예와 자유 ⑥ 품격 등을 골자로 하는 언론활동의 지침을 내리고 있다. 그러나 1957년 한국의 언론계가 신문윤리강령을 채택하였을 때 언론은 가부장적인 이승만 정부의 통제를 받고 있을 때였다. 원천적으로 언론의 자유가 제약되고 있을 때 어느 정도는 자구의 노력으로 채택한 것이다. 스스로 품행을 단정히 함으로써 정부권력에 탄압의 구실을 안 주겠다는 의도도 일부 깔려 있었다.

1960년 학생혁명으로 이승만 독재가 붕괴되고 정치적인 자유가 완벽하게 보장되었고 물론 언론의 자유를 만끽하는 시대가 열렸다.

그러나 자유는 방종으로 연결되었다. 자유는 좋은 것도 될 수 있고 나쁜 것도 될 수 있다. 하지만 우리의 경우 불행히도 후자의 경우가 두드러졌다. 악덕언론의 발호로 사회적 비판이 일어나는 가운데 언론계 안에서 신문 자정의 소리가 높아지는 가운데 5·16군사 쿠데타가 일어나 언론은 다시 한 번 정치권력의 노예로 전락한다. 그럼에도 불구하고 아니 5·16 사태가 계기가 되어 신문윤리기구가 생기고 언론계는 '신문윤리실천요강'을 채택하였다. 타인의 명예와 자유품격 등을 부연설명함으로써 책임과 윤리적인 의무를 강조한 것으로 다분히 군사정부의 법적 통제를 자율규제의 이름으로 회피하자는 저의가 깔려 있었다.

신문윤리강령과 이를 보완하는 신문윤리실천요강까지 제정한 나라는 없다. 그러나 선언 전의 간판이 아름답다 해서 내실이 다져졌다고 말할 수는 없다. 30년의 군사통치가 끝난 6·29 이후 언론의 자유는 괄목하게 진전하였다. 언론매체를 발간할 수 있는 자유, 뉴스원에 접근할 수 있는 자유, 취재한 내용을 제약할 수 있는 자유, 의견을 발표할 수 있는 자유 등 코페르니쿠스적인 전환이었다. 신문 등 출판물을 발간할 수 있는 자유에 관한 한 일정한 시설기준을 미리 갖추어야 하는 등 기본적인 조건에 하자가 없는 것은 아니지만 어차피 재력이 있는 사람만이 누릴 수 있는 현실을 감안할 때 언론의 자유는 제도적인 측면에서 거의 완전한 것이다.

언론기업의 공기적 기능이 큰 숙제

그렇다고 자유가 반드시 선을 가져오느냐 아니면 악을 조장하느냐는 성급하게 결론을 내릴 수 없고 중대한 실험단계에 있다. 앞서 인용한 테오도어 피터슨이 미국 언론에 가했던 7개 항의 비판론은 그대로 오늘의 한국 언론에 적용될 수 있을 것이다. 구조적으로 언론기업은 있는 자의 편에 서서 기득권 옹호에 급급하고 스스로의 이익에 치중하여 "공중의 도덕을 위태롭게" 하고 있는가 하면 "프라이버시를 침해하고 피상적이고 센세이셔널한 것을 많이 다루고 있다"는 비난을 받아 마땅하다.

언론기업이 지니는 구조적 제약을 어떻게 극복하여 공기적 기능을 부각시키느냐는 앞으로 자유사회가 안고 있는 어려운 숙제다. 예컨대 재벌기업으로 하여금 언론매체를 소유할 수 없도록 하는 법적 제한을 고려한다든가, 영향력이 막강한 방송매체를 자유방임식 사기업으로 둘 것인지, 아니면 영국의 BBC처럼 '진정한' 공영제로 할 것인지 아니면 영국의 ITV처럼 '민유공영(民有公營)'으로 할 것인지 이 모든 것에 대한 지혜로운 방향이 설정되어야 한다. 아마도 미국에서 성공한 대로 민간주도로 또는 언론계 발의로 이 나라 최고 지성인들로 '언론자유위원회' 같은 것을 구성, 장기적인 위상정립을 위촉할 수 있고 영국에서 세 번에 걸쳐 실시한 왕립조사단식으로 국회가 주도하여 이 나라 언론 현실을 진단하고 적절한 처방을 내릴 수 있을 것이다.

그러나 당장 시급한 것은 언론인들의 의식혁명이다. '언론매체'라고 말하지만 언론매체를 실제로 움직이는 것은 사람, 그러니까 언론기업에 종사하는 언론인이 아니겠는가. 결국 언론의 막강한 힘을 행사하는 것은 궁극적으로는 언론기업을 소유하는 발행인이며 편집책임을 맡은 편집인인 것이 사실이지만 현실적으로 그들은 기본성격과 노선을 정하고 감독하는 사람들이다. 실제로 지면을 어떻게 꾸미고 무엇을 싣고 기사의 취사선택과 대소농담을 결정하는 것은 실무편집자로 기자들이다.

그들이야말로 언론의 윤리를 매일매일 실천할 수도 있고 짓밟을 수도 있는 사람들이라고 믿어진다.

그러면 직업언론인이란 어떤 사람이어야 하겠는가. 우선 직업에 임하는 정신, 직업정신부터 살펴야겠다.

그동안의 체험을 통해서 얻은 것은 저널리즘은 단순한 생활의 방편으로 생각하기에는 너무도 안이하고 적절치 않은 직업이라는 깨달음이다. 어느 직업도 일의 대가, 물리적 보수를 제쳐놓고 생각할 수 없다.

그러나 저널리즘에는 물질적 보수 이상의 무엇, 단순한 생활 방편 이상의 어떤 높은 보람이 있다는 것을 알아야 한다. 저널리즘이 비단 하나의 직업일 뿐만 아니라 가치 있는 삶의 길이라는 것, 사회를 위하여 남을 위하여 봉사한다는 마음 없이 들어가서는 안 되는 직업이라는 점이다. 다른 어느 직업보다도 고된 일이요, 다른 어느 직업보다도 정신적 수양을 요하는 일이요, 때로는 자아부정과 희생까지 감수해야 하는 일이기 때문이다.

이 점 저널리즘은 어느 직업보다 고결한 직업임을 자인하고 싶고 고결해야 한다고 생각한다. 저널리즘은 신사의 업이라고 본다. 신사에는 여러 가지 정의가 있겠으나 그것은 높은 품격을 갖춘 사람이 아닌가 생각한다. 정직과 관용 그리고 신의에 사는 사람, 사리에 앞서 공리를 생각하는 사람, 억강부약하는 사람, 찰스 P. 스콧이 주장한 바와 같이 "사실은 신성하고 논평은 자유"라고 생각하고 실천하는 사람이 아닌가 생각한다.

직업언론인의 자질, 봉사정신

언론인에 관련한 추악한 현실을 부인할 수 없다. 언론인이 취재원에서 받는 이른바 '촌지'는 국제적인 조소거리가 되어 있지 않은가. 취재원으로부터 향응을 받고 돈 봉투를 받고 이권을 얻는 것이 법적으로 형사 처벌의 대상이 되는 것인지는 알 수 없다. 그러나 분명히 윤리에 어긋난 것이고 도덕에 먹칠을 하는 것이다. 그럼에도 그러한 반윤리 부도덕이 버젓이 제도화되어 이른바 '제도언론'을 형성하고 있다.

언젠가 파리에서 발간되는 「마땅」지의 주필 스태판스 로잔이 한 말이다.

"신문기자에게 가장 중요한 자격은 역사의 지식도 아니고 인간의 지혜도 아니다. 요점을 빨리 파악하는 능력도 아니고 사실을 올바르게 표현하는 기술도 아니다. 또한 뉴스에 딱 들어맞는 표제를 붙이는 재능도 아니다. 그것은 그리스의 철학자 디오게네스처럼 사랑과 진리에 대한 신앙을 갖는 것이다. 그는 대낮에 등불을 들고 아테네 시내 구석구석을 헤매면서 진리를 찾아내려 했다. 신문기자는 어느 때는 그것을 발견하고 거기에 꽃을 피울 수도 있다.

그의 영광이고 생명이다. 때로는 그것을 발견했으나 잘못임을 깨닫고 다시 노력을 계속한다. 신문기자에 있어 가장 중요한 것은 좋은 신앙을 갖는 것이다."

여기서 말하는 진리(truth)는 곧 진실이다. 진리에 대한 신앙, 아니면 충성심이야말로 신문과 언론인 윤리의 바탕을 이룬다.

1991년 7월 신문연구

왜 우리에겐 대신문이 없는가

'신문'이라고 하지만 그 내용이나 성격이나 목적이 천차만별이다. 따라서 모든 신문을 포괄할 수 있는 완벽한 정의를 내리기란 그리 쉬운 일이 아니다.

그러나 신문의 질을 놓고 말할 때 크게 두 가지로 분류할 수 있지 않을까. 그 하나가 이른바 고급지고 두 번째가 대중지다. 고급지 역시 조금씩은 뉘앙스가 다르다. 그러나 한 가지 공통점은 있다. 팔아먹는 수단으로 지저분한 내용을 싣지는 않는다는 것이다. 독자가 책임 있는 시민으로서 알아두어야 할 사실을 전하고 바른 판단에 도움이 되는 조언을 하고 건전한 취미 오락을 제공하는 것이다. 특히 뉴스보도에 있어 '진실성'이 생명이다. 진실성을 좀 부연해서 말한다면 어느 한 사실이나 사건이나 논쟁에 관하여 첫째로는 정확한 기술이어야겠고, 둘째로는 객관적인 시각에서 접근한 것이어야겠고 셋째로는 공정한 입장에서 다룬 것이어야 한다.

정확성, 객관성 모두 말과 같이 쉬운 일이 아니다. 더구나 '공정한 입장'에

선다는 것이 어디 뜻대로 되는 것인가. 언론하는 사람도 사람이다. 누구나 어느 사안에 대해 선입견이 있을 수 있고 더러는 이해관계가 있을 수 있다. 있는 사람한테나 없는 사람한테나 또는 강한 자나 약한 자에 대등하게 대한다는 것이 어디 그리 쉬운 일인가.

그러나 이 모든 조건을 극복하고 어떤 일을 접하는데 정말 마음을 비우고 '사실'을 둘러싼 '진실'을 발견하는 끈질김이 있어야겠다. 이것이 곧 고급지를 만드는 기본조건이다. 이 기본조건을 갖춘 기자들이 있어야겠고 편집자가 있어야겠는데, 그것만 가지고 고급신문이 나오는 것이 아니다. 근본적으로 막대한 돈을 써서 신문사를 만들고 움직이는 경영진에 그런 사명의식이 있어야 한다. 고급지는 자유사회의 시민에 건전한 판단의 자료로서 필요불가결한 뉴스 및 의견을 수집하고 선택하여 대소경중을 가려 변형 있게 제시하는 공공봉사의 철학을 전제로 한다. 매일 정신적 영양제를 공급하는 서비스업이다.

다만 정신적 영양제를 제공할 적에 과연 그런 신문이 다수 국민의 호응을 얻을 수 있느냐라는 다른 하나의 문제점이 있다. 팔려야 하는 것이다.

지금까지 우리에게 진정 '정신적 영양제'를 보급하는 신문이 없었다는 것은, 그것을 받아들이고 따라서 그런 신문이 기업적으로 성공할 수 있는 가능성이 적었기 때문이라고도 말할 수 있다. 결국 뉴스를 상품으로 하고 보다 많은 사람, 보다 큰 흥밋거리를 제공하는 경쟁이었다. 대중의 지천한 말초신경을 자극하는 내용이어야 했다.

심지어 정치, 경제, 문화 등 우리 생활에 진지하고 중요한 뜻을 갖는 뉴스조차도 가십화하고 흥밋거리의 시각에서 조정되는 현실이다. 많은 사람들이 그런 저취미에 젖어 있는 것도 사실이고, 신문이 거기에 영합하여 잘 팔리는 뉴스를 장사하는 악순환의 되풀이였다.

경영진의 사명의식, 고급지의 기본조건

물론, 진실과 정론을 억압한 군사독재의 책임을 가볍게 보아 넘길 수 없다.

그러나 이제는 모든 것이 핑계다. 이제야말로 참다운 고급언론이 나올 때가 왔다. 국민의 의식 수준도 높아졌고 주머니 사정도 나아졌다. 자주적으로 사물을 판단하고 바로 행동에 옮길 수 있는 '시민' 의 수가 엄청나게 늘었다. 그들의 지적 욕구를 채워줄 수 있는 고급신문이 여럿 나올 수 있지 않을까 생각한다. 여럿이 아니라도 좋다. 단 하나라도 좋다. 군계일학처럼 우뚝 솟아 이 사회를 지배하는 엘리트들의 정신적인 일용품이 나타나면 얼마나 좋을까. 큰 부수가 아니면 어떤가. 영향력 있는 소수가 보는 신문, 영향력 있는 독자이기 때문에 수는 적지만 광고효과는 반비례해서 클 수 있다.

영국의 유명한 「파이낸셜 타임스」는 20만 부수 밖에 안 되나 4백만이 나가는 「데일리 미러」보다 광고수입이 더 크다.

왜 우리는 부수가 적으면서도 보도할 가치가 있는 것만 보도하고, 말하여야 할 때 바른말 하는 '대신문' 이 아직도 없을까.

1994년 5월 대한언론인협회보

언론의 자유를 말한다

나는 작년 봄, 옥스퍼드대학에서 언론의 자유에 관한 '에엔 워카' 기념강연을 들은 일이 있다. 강사는 런던대학의 석학 존 브렌트 교수였다. 그는 바로 언론매체의 자유(freedom of the press)를 현실적으로 규명했다.

그는 오늘날 언론의 자유에 관해 서구사회에서 통용되는 두 가지 사상적 흐름을 소개했다. 그 하나는 주로 미국에서 뿌리내린 것으로 언론매체에 헌법 해석상 특권을 부여하는 것이다. 입법, 행정, 사법 등 세부에 추가한 제4부가 곧 언론부이고 이 언론부는 정부를 이루는 다른 세 부보다 더 중요하고 일반 국민이 누리는 언론(the speech)과 언론사가 누리는 언론(the press)이 구분되어 검토되어야 한다는 것이다. 미국 헌법의 제1 수정 조항은 신문 방송 등 언론매체야말로 "정부 행동을 감시 견제하는 독특한 역할을 맡고 있고 따라서 헌법에 대한 대법원 판례는 명예훼손이나 사생활 침범 등의 처벌에 있어 언론매체에 일종의 특권을 인정하고 재판소나 군출입 등 일반 국민에 금지된 특권을 누린다."고 말하고 신문기사에 대한 법적인 '반론권'을 인정하지 않는다는 것이다.

브렌트 교수는 미국 대법원이 내린 '밀스 대 앨라배마주' 사건의 판결문을 인용한다. 이 판결에서 대법원은 선거일에 신문이 어느 특정 후보를 지지선언할 수 없다는 앨라배마 주법을 위헌판결하면서 이렇게 말했다.

"연방 헌법은 공공문제의 토론에 언론매체가 중요한 역할을 행사토록 특별히 선택하였다. 따라서 언론매체는 정부관리의 권력 남용에 대한 강한 해독제로서 봉사하도록 되어 있으며 인민이 선출한 관리들이 모든 인민에 책임지도록 만드는 헌법상 수단으로 봉사하고 봉사하도록 되어 있다."

언론매체는 일반국민의 신탁인

이것은 언론매체에 주어진 특별한 권리를 함축한다. 물론 이런 주장에 이론의 여지가 있다. 무엇보다도 언론매체(the press)를 어떻게 규정하느냐는 쉬운 일이 아니다. 정보나 의견의 수집 전파와는 관계없는 오락적 출판물도 이에 포함시켜 특권을 누리게 할 수 있을 것인지, 또한 이 특별보호로 말미암아 독자의 반론권을 인정하지 않는데, 이것은 유럽대륙에서도 대체로 인정하지 않는다는 것이다. 미국식 논리의 근거는 진리와 허위, 선과 악을 모두 방임하라는 밀턴의 주장에 따른 것이다. 그러나 여기에 대한 반론은, 반론권의 인정은 보다 많은 정보나 의견을 독자에게 제공한다는 독일, 프랑스 등 대륙 나라들의 흐름이다.

브렌트 교수는 미국식 자유에 대한 대안으로 언론매체의 자유를 일반적으로 말하는 자유(freedom of speech) 또는 표현의 자유에 봉사하는 수단으로서의 권리(instrumental rights)로 규정하고 있다. 따라서 매체의 자유는 말하는 자유, 표현의 자유를 촉진하고 발전시키는 한도에서 보호되어야 한다는 주장이다. 따라서 매체의 자유는 어느 특정한 일을 할 때 좋은 것이고 그렇지 않을 때는 나쁘다는 것이다. 대체로 독일, 프랑스 등 유럽대륙에서 통용되는 사고방식이다.

브렌트 교수는 근자에 영국의 고등법원 판결에 나타난 존 도널드슨 판사의 말을 인용한다.

"자유언론(free press)의 존재는 의회민주주의와 우리가 알고 있는 영국식 생활양식을 존속시키는 데 기본적 요소이다. 그러나 언론매체가 왜 이 중요한 위치를 차지하는가를 기억하는 것이 중요하다. 그것은 사주나 편집인이나 기자가 누리는 어느 특별한 지혜, 이해관계나 자격 때문이 아니다. 그것은 언론매체가 일반 국민의 눈이요, 귀이기 때문이다. 그들은 일반 국민을 대신해서 행동한다. 그들의 알 권리나 출판할 권리는 일반 국민의 그것 이상도 이하도 아니다. 실로 그들은 일반 국민의 신탁인(trustee)들이다."

국민의 신탁자로서 법원, 관청, 군 출입 등 언론매체는 일정한 특권을 누리지만 그것은 정보나 의견을 보다 완전하게 수집하여 전파하려는 공공이익에 필수라는 것이다.

나는 대체로 브렌트 교수가 말하는 국민의 말하는 "수단으로서 권리"가 곧 언론매체의 자유(freedom of the press)의 기초라는 주장, 그리고 언론매체는 일반 국민의 신탁인이라는 개념에 동조한다.

여기서 자연히 언론매체의 책임이 무엇인가로 들어간다.

언론매체의 책임을 이야기함에 앞서 언론이 곧 막강한 권력이라는 점을 잠시 강조하고 싶다. 한 가지 예를 들어보자.

1993년 3월 3일 동아일보 사회면 머리기사는 김상철 서울특별시장이 그린벨트에 묶인 밭 524평을 "무단 형질 변경했다"고 보도했다. 이 기사에 따르면 김 시장이 개발제한구역 내 농지를 사들여 정원으로 개조하여 쓰고 있다는 것이고 "조경수에 원두막 한 폭의 그림"이라는 제목 아래 현장 묘사 기사와 사진 등 신임 김 시장의 사저와 정원에 관한 기사가 사회면의 3분의 2를 메웠다. 다른 어느 신문에도 나지 않은 특종이었다.

만 24시간이 지난 후 3월 4일자 같은 신문 제1면 톱은 "김 서울시장 사표 수리"라는 큰 제목으로 김 시장의 퇴진을 전하고 그가 청와대에 들어가는 컬러사진 한 장이 큼직하게 곁들여 있었다. 동아일보가 3일 김 시장의 호화주택 문제를 대서특필하자 다른 언론매체가 이 사실을 추적하였고 그날 밤에는 3사의 텔레비전 뉴스가 생생한 현장사진을 여러 각도로 찍어 수백만 시청자에 방영했다. 언론의 힘이 무엇인가를, 언론의 막강한 권력이 어떤 것인가를 극적으로 표시한 사례의 하나이다.

여론 좌우하는 매체의 영향력 독과점

여기서 유의할 것은 김 시장의 그린벨트 변조 사건이 언론매체에 대대적으로 보도되는 순간 그의 정치생명이 끝났고 내각구성에 65% 내지 85%의 지지율을 보였던 김영삼 신정부의 이른바 '참신성'이 결정적으로 치명상을 입었다는 사실이다. 언론은 권력이다. 특기할 것은 김 시장이 형질 변경한 그의 자택에서 살고 있다는 사실은 언론매체의 보도 이전이나 이후나 전혀 변화가 없었다는 사실이다. '그러한 일이 있다.'고 보도함으로써 있는 것이 되었고, 보도가 없었으면 아무 일도 없었을 것이다. 허버트 브러커라는 직업언론인은 "우리는 두 개의 세계에 살고 있다."고 말했다. 그 하나는 실제로 존재하는 세계이고 다른 하나는 "우리 머릿속에 투영된 실제 세계를 묘사한 그림 속의 세계"라고 말했다. 그 하나는 5대양 6대주 50억의 인간을 포함한 실제 살아 움직이는 세계이고, 다른 하나는 그것을 언론이 선택, 재구성하고 추상화한 관념의 세계이다.

첫째로, 외부에서 어느 한 사람의 머리에 도달하지 않는 사실은 그것이 사실이든 아니든 적어도 그에 있어서는 사실로 존재하는 것이 아니고, 둘째로 사람 머리에 사실이라고 전달된 사실은 실제로 사실이든 아니든 그에게 있어서는 사실로 존재한다. 언론이 행사하는 막강한 힘을 극명하게 표현한 것, 언론인을 가리켜 무관의 제왕이라고 말한다든가 언론의 위력을 원자탄의 파괴력에 비유하는 연유는 바로 언론인이 행사하는 '선택'의 힘을 말한다. 바로 '선택'의 힘으로 때로는 사실을 사실 아닌 것으로, 사실 아닌 것을 사실로 만드는 마술사 같은 재주를 부리는 것이다.

다음은 언론인으로 출발하여 신문학자가 된 벤 바지키안의 말이다.

"옛날에는 승려와 제왕이 백성들이 무엇을 청취해야 하는가를 결정하였다. 지금은 매스미디어의 소유자가 바로 그 역할을 맡는다. 인간이 더욱더 상호 의존하는 대중으로 집합함에 따라 커뮤니케이션의 기술이 더욱더 중요하게 되고 커뮤니케이션의 힘이 더욱더 커진다. 50명의 사람들이 자주 만나는 고립된 촌락에 산다면 그 지역사회에서 일어나는 일은 어느 공식매체를 통하는 것보다 대면(face to face) 접촉을 통해서 훨씬 더 효과적으로 인지할 수 있다. 그러나 2억이라는 자아의식이 강한 사람이 모여 사는 나라에서는 뉴스를 수집, 전달하는 기관의 힘이 무한정 커진다. 그 자체가 현실의 원천이다. 세계 대부분 사람한테 그리고 세계에서 일어나는 대부분의 일에 관해서 뉴스기관이 전달하지 않으면 아무것도 발생하지 않는다. 그런 정도로 세계와 세계에 사는 주민들은 뉴스매체가 그들이 존재한다고 전함으로써 존재하는 것이다."

언론의 책임은 진실에 대한 충성

브러커나 바지키안의 말은 일찍이 월터 리프먼이 『여론』이라는 저서에서 '유사 환경'과 '실제 환경'을 구분한 것과 궤를 같이한다. 사람은 누구나 실제 환경에 의한 직접적이고 확실한 정보에 입각해서 행동하는 것이 아니라 언론매체가 제공한 공공의 일에 관한 관념적인 유사 환경에 적응한다는 것, 객관적이고 실존하는 세계에 적응하는 것이 아니라 언론매체가 선별해서 재구성한 대용품의 세계에 적응한다는 것이다. 사회가 발달하면 할수록, 유사 환경에 적응하는 비중이 결정적으로 커진 데 반해서 언론매체가 대량전달기관으로 발전함에 따라 그러한 매체를 만들어 소유하는 사람의 수와 언론매체를 이용하는 사람의 수는 적어진다. 물론 선진자본주의 나라에서의 이야기지만 우리나라의 경우 신문발행에 대한 통제가 철폐됨에 따라 언론매체의 수가 급증하였고 거기에 종사하는 언론인의 수도 따라서 급증하였으나 실제로 국민 여론을 좌우하는 영향력 있는 매체의 수는 독과점 상태에서 크게 벗어나지 못하고 있다.

나는 1965년 5월, IPI 런던총회에서 월터 리프먼의 강연을 직접 들은 일이 있다. 그는 80에 가까운 나이였고 몇 해 후에 세상을 떠났지만 그때만 해도 홍안백발에 정정한 '그랜드 올드 맨' 이었다. IPI 기조연설을 하는 그의 목소리는 장중했다. 그의 연설 제목은 신문이 일차적으로 충성을 바칠 데가 어디냐는 것이었다. 그는 단호한 말투로 "신문의 제1차적 충성은 오직 진실의 발견과 진실의 전달"이라고 주장했다. 신문은 신문사의 이익이나 사회의 이익이나 국가의 이익을 추구하기 마련이지만 회사나 사회나 국가에 대한 충성보다는 진실에 대한 충성이야말로 참된 언론의 책임이라는 말이었다. 나는 그때 '과연 세계관적인 언론을 말하는 그랜드 올드 맨이구나.' 하는 느낌을 받았다. 미국의 그랜드 올드 맨이 아니라 세계의 그랜드 올드 맨이었다.

기본적으로 언론매체에 부과된 일차적 책임은 리프먼이 말한 '유사 환경'을 '실제 환경'에 접근시키는 것이다. 쉽게 말해 진실의 발견과 보도이다. 외부세계에서 일어난 공공의 일을 포괄적으로 사실 그대로 옮겨 주는 것이다. 대소, 경중, 심천, 원근 등 사실 묘사에서 선악, 시비, 진위, 정사 등 가치판단까지 꿰뚫어 알려야 한다. 단편적 사실보도가 아니라 '사실'에 대한 포괄적인 '진실'의 보도이어야 한다.

그럼으로써 자유사회의 시민에게 바른 판단을 위한 성실한 자료의 제공자가 되어야 한다. 뿐만 아니라 사회적 관심을 끄는 어느 사안에 대한 다원적 의견을 교환하는 공적 토론의 광장이어야 한다. 언론의 자유, 미디어의 자유는 언론매체가 진실을 알리고 진실에 대한 다원적인 의견을 전달하는 목적 때문에 부여된 것이며, 좀 강조해서 말한다면 그런 목적만을 위하여 신문의 자유가 부여된 것이지, 신문의 자유가 어떤 사안을 알리지 않기 위한 특권이

거나 거짓 왜곡을 일삼아 영리수단으로 악용해도 좋다는 권리일 수 없다.

진실의 보도란 무엇을 말하는 것인가. 여기에는 적어도 세 가지의 충족요건이 있어 보인다. 첫째로는 정확성이다. 이 점 우리 언론은 빗발치는 비난의 대상이 되고 있다. 이 비난에 대해 겸허하게 반성할 여지가 있다고 본다. 기자는 특히 남의 발언을 인용할 때 정확성을 잃을 수도 있고 여러 사실을 취사선택하는 과정에서 전반적인 인상을 왜곡하는 수가 있다. 여기에는 고의성과 훈련 미숙을 지적할 수 있다. 심지어는 만난 일도 없는데 버젓이 인용부호 안에 발언내용이 게재되는 경우도 있다.

부패관행은 명예와 권리 포기하는 것

둘째로 진실보도의 속성은 객관성에 있다. 기자는 취재 집필할 때 국외자의 입장에 서고 데스크는 바로 이 점을 감독하게 되는데, 특히 정치기사에 있어 집필자가 사설 또는 사설에 가까운 기사를 쓰는 경우가 있다. 뉴스라는 간판 아래 실은 의견을 전하는 수가 있다. 뉴스와 의견의 분리원칙이 전혀 몸에 배어 있지 않은 것이다.

세 번째는 공정성이다. 인간의 능력에는 한계가 있어 정확성, 객관성에 완벽을 기한다는 것은 불가능하다. 그러나 공정성(fairness)은 편집자나 기자의 입장, 태도에 따라 어느 정도 실현성 있는 조건이다. 매사를 공평무사하게 보고 다룬다는 것이다. 심지어 적과 동지, 있는 사람과 없는 사람, 잘난 사람과 못난 사람을 일응 동렬에 놓고 뉴스를 다룬다는 이야기이다.

말하기가 쉽지 실제로는 대단히 어려운 것이다. 완전히 지킨다는 것은 인격적으로 기술적으로 정치적으로 또는 기업적으로 불가능에 가깝다.

언론의 책임은 궁극적으로 진실을 알아내고 알리고 부추기는 데 있다고 말하겠는데 과연 우리 언론은 그런 책임을 다하고 있다고 자신 있게 단언할 수는 있을지 매우 회의적이라고 보아야겠다. 여기에는 몇 가지 저해요소가 있다.

첫째로 오늘날 매체 발행의 자유가 있는 것은 경하할 일이지만 영향력이 큰 매체일수록 엄청난 자본을 요한다. 재벌 또는 재벌급 사람들만이 서울에서 일간신문에 뛰어들 수 있다. 실제로 6·29 이후에 일간지는 20여 개에서 100개 가까이로 늘었는데 언론 자체가 목적이라고 말할 수 있는 순수한 신생 매체가 몇이나 될까. 대부분 다른 숨은 의도나 목적이 있는 언론사가 경향 간에 쏟아져 나오고 있다. 순수하게 정보를 전하고 다양한 의견을 교환하는 순수한 언론기업끼리 진정한 의미에서 자유롭고 공개된 경쟁을 하고 있는지 의심스럽다. 이런 상황에서 "뉴스는 신성하고 의견은 자유"라는 참 언론이 뻗어나고 생존번영 할 수 있을까.

둘째로 아직도 정치권력과 언론이 정상적인 관계가 확립된 대등한 경쟁자(an equal contender)라고 말하기 어렵다. 물론 유신·5공 때처럼 강제된 노예(a forced slave)라고 말할 수는 없다. 정부의 지시에 따라 기사의 취사 선택이나 의사표시가 좌우되지는 않는다. 그러나 다분히 협조하는 머슴(a cooperative servant)으로 전락할 우려는 있다. '개혁'이라는 대의명분, '문민정부'라는 정통성을 내세워 정부 하는 일에 무조건 따르고 따라야 하는 독선은 없는지. 여기에 대해 언론은 일반 국민이 위임한 '신탁자'로서 또한 '국민의 눈과 귀'로서 역할을 다하고 있는지. 국민의 입장에 서서 권력의 교만을 견제하고 부정을 감시하는 도덕적 용기가 있는지 같이 생각해보아야 할 것이다.

셋째로 언론계의 부패 관행은 근자에 많이 개선되었으나 오랜 세월에 걸쳐 형성된 고질이다. 그 자체가 부도덕한 것이고 스스로의 명예와 권위를 포기하는 것이다. 한 걸음 나아가 그것은 분명히 언론통제의 수단이었다. 이것은 언론계 지도자들이 힘과 뜻을 모아 하루속히 해결해야 할 초미의 과제이다. 같은 범주로 다룰 수 있지만 과다한 부수 경쟁으로 생기는 강매행위 등은 언론의 체면을 손상시키고 있다.

고급언론, 편집인의 용기와 지혜에 달려

넷째로 우리 언론은 양적인 비대에 비례해서 질적인 향상이 이루어지고 있느냐를 살펴야겠다. 신문 잡지의 수가 늘어났고 지면이 몇 배로 증면되었다. 그러나 진실에 집착하고 국민 여론을 계도하고 국민적인 신망을 얻고 있는 고급지가 태어나지 않고 있다. 어느 사실에 접할 때 진실을 추구할 의지가 없거나 시간적 여유가 없어, 또는 그 내용을 이해할 능력이 없어서 오보를 내고 왜곡하고 부정확한 것을 보도한다. 그저 대중의 흥미, 말초신경을 자극해서 독자의 수를 늘리자는 센세이셔널한 경향을 씻을 수가 없다. 제임스 레스턴이 말한 것처럼 "대중의 바른 판단에 자료가 되는 필요한 사실을 차분하게 포괄적으로 제시한다"기보다 대중의 흥미를 부추기고 거기에 영합하는 것이다. 지면이 늘어났으나 오히려 뉴스의 홍수가 뉴스의 '아나키 상태'를 초래하였다고 본다. 자유사회의 사려 깊고 다원적인 대화가 각계각층에서 벌어지는 향도적 역할을 다하고 있다고 볼 수 있겠는지.

다섯째로 모든 신문이 다 같을 수 없고 저마다 특색이 있어야 한다. 지면이 늘어남에 따라 우리 언론의 획일주의는 다소 타파되고 있다.

그럼에도 불구하고 다양성은 미흡하다. '신의 소리'라는 「더 타임스」, '인쇄할 가치가 있는 모든 뉴스'를 전하는 「뉴욕 타임스」, 일체 추악한 것을 안 싣는 청결한 「크리스천 사이언스 모니터」 등 진실을 알리고 국민이 존경하는 신문이 한둘 나올 때가 되었다.

분명한 것은 그러한 고급 언론이 자유롭고 독립적이고 용기 있고 도덕적인 발행인, 편집인, 기자들의 공동작품이라는 것, 특히 제작의 실무를 담당하는 편집인들의 용기, 지혜, 리더십에 달려있다고 보겠다.

1930년대 영국의 재상 스탠리 볼드윈이라는 보수당 영수는 이렇게 말했다.

"이들 신문의 소유자들이 목적하는 바는 권력이요, 그러나 책임 없는 권력이요, 영원한 창녀의 특권이다."

대단히 유명한 말이다. 지금도 신문의 책임을 말할 때 자주 인용되는 관용어가 되었으며, '무책임한 권력(power without responsibility)'은 곧 '신문'의 대명사로 쓰이기도 한다. 물론 볼드윈이 지적한 '무책임한 권력'은 상업적이고 선정적이고 저천한 대중지를 말한 것이지 이른바 고급지를 말한 것 같지는 않다.

볼드윈이 그렇듯 극한적인 단어를 선택한 것은 당시의 2대 신문재벌인 비바브로크 경(「데일리 익스프레스」 사주)과 로더메아 경(「데일리 메일」 사주)이 1931년 어느 보궐선거에서 당연히 보수당을 지지할 것으로 알았는데 의외로 자유당의 로이드 조지와 손을 잡았고 이따금 사회주의 세력인 노동당에도 추파를 던지자 격분해서 '창녀의 특권'이라는 영국신사로서 입에 담지 못할 욕설을 퍼부었던 것이다.

함축한 뜻은 명백하다. 신문을 팔기 위해서는 무슨 짓이라도 하고 누구와도 제휴한다는 것이다. 무책임하고 무원칙한 인기영합을 규탄한 것이다.

그러나 언론 측은 생각이 달랐다. 비바브로크 경은 언론매체가 너무 힘을 가졌다는 것은 거리가 먼 이야기고 대중지의 소유주야말로 '권력 없는 책임'을 지고 있다고 반박하였다고 한다. 사주나 편집인은 정치인보다 훨씬 공격받기 쉬운 존재라고, 예컨대 신문은 매일매일 독자한테 책임추궁을 받지만 정치인의 잘못은 선거 때 가서야 책임추궁을 당한다는 논리를 전개했다. 별로 공감을 불러일으키지는 못하였다.

영·미, 무책임한 보도에 엄청난 배상

혹시 "무책임한 권력, 영원한 창녀의 특권", 이런 비난이 우리 사회에서 일고 있지 않을까. 내가 알기로 신문 소유주, 편집인, 기자 등 언론인은 서구사회에서도 크게 존경받는 직업은 아니다. 영국의 한 여론조사에 따르면 으레 법관, 경찰관, 의사 등이 상위에 오르고 기업가, 언론인, 정치인, 노조지도자들이 늘 하위권을 차지한다.

영국에서 신문의 무책임한 보도는 명예훼손죄로 엄청난 배상을 물어야 하는데 배심원들이 내리는 배상액은 최소 5만 파운드 이상이고 대개 10만 파운드에서 20만 파운드, 때로는 50만 파운드가 넘는 경우도 있다. 이런 사건이 번번이 있었다. 그만큼 언론에 대한 책임, 사회적 추궁이 엄중하다는 것이다. 미국도 영국처럼 심하지는 않지만 언론매체의 자유는 개인의 명예나 권리보다 더 소중히 여겨지지는 않는다.

이 점 우리 언론에는 개선될 여지, 개혁되어야 할 문제점이 많다. 지금 일일이 지적할 겨를이 없다. 또한 완전한 해결책이 있는 것도 아니다.

끝으로 강조하고 싶은 것은 언론이 권력이라는 것을 언론 사주는 물론 모든 종사자가 심각하게 깨닫고 이를 솔직히 받아들여야 한다는 것이다. 편집국 한구석에서 기사를 쓰고 방송국 어느 스튜디오에서 마이크를 잡고 있는 언론인들, 그들은 자기 눈으로 독자나 시청자를 보고 어떤 지시나 명령을 내리고 권력을 행사하고 있는 것도 아니고 그런 의식조차 없다. 그러나 권력이 바로 거기에 있다. 막강한 권력에는 의무가 동반하고 반드시 권력행사에 수반하는 책임이 있고 의무가 있다. 정치가 다루는 영역보다 언론이 다루는 영역이 더 많고 더 직접적이고 더 충격적이며 더 항시적이다. 그만큼 언론의 권력이 크고 책임도 크다는 것이다.

언론의 자유는 있다. 정치적 자유가 신장됨에 따라 언론의 힘은 막강하다. 그러나 진실을 촉구하고 다원적 의견을 반영하여 자유로운 토론을 유도하는 책임을 소홀히 한다면 그런 자유는 뿌리내리기 어렵다.

1994년 8월 신문연구

언론자유수호를 위한 긴급동의

언론의 자유, 왜 좋은 것이고 왜 필요한 것이냐의 이유는 열 가지, 아니 백 가지로 말할 수 있다. 그러나 우리는 기나긴 독재 시절 우리 언론이 권력의 시녀로서 어떻게 존재했고, 또는 언론인들이 권력의 나팔수로 어떻게 살아올 수밖에 없었느냐를 직접 체험하였다.

6·29 이후 언론의 자유는 왔다. 우선 누구나 능력만 있으면 간행물을 펴낼 수 있는 자유가 왔고 취재·보도·논평의 자유도 크게 신장하였다는 것을 우선 인정해두기로 하자. 적어도 남산이나 홍조실에서 내리는 보도지침에 따라야 하는 그런 예속상태를 면했다는 것은 대견스럽게 생각한다.

그러나 오늘날의 신문, 방송 등 언론매체가 국민의 눈이 되고 귀가 되고 입이 되어 국민의 입장에 서서 권력층을 비판하고 감시하고 견제함으로써 언론 자유의 이론적 근거가 되는 '정보·의견의 자유롭고 공개된 시장'을 제공하고 있는지, 아니면 권력과 부의 강제된 노예까지는 아니라 하더라도 자진

'협조하는 머슴' 정도로 안주하고 있는 것은 아닌지, 여기에 대해서 심각하게 성찰할 때가 아닌가 사료된다.

뿐만 아니라 자유의 이름 아래 언론이 대기업 내지 중소기업 하는 사람들에게 부와 더불어 무책임하게 권력을 행사할 수 있도록 만들어 언론이 그들의 종속구조로 전락하고 있지는 않은지, 그리고 갑작스런 지면확장을 메우는 데 필요한 광고수입 때문에 금력의 유혹에 굴복하고 있지는 않은지 자문자답하여야겠다. 같은 선상에서 무모한 부수 경쟁, 살인적인 뉴스경쟁에서 오보, 왜곡보도를 일삼고 강한 자에 꼬리치고 약한 자를 짓누름으로써 국민적 신뢰를 스스로 실추시키고 있지 않은지 우리 스스로 따져 보아야 한다.

분명한 진리가 있다. 헌법이 아무리 언론의 자유를 보장하고 법이 아무리 출판의 자유를 규정해도 국민 다수가 언론 자유의 가치를 외면할 때, 궁극적으로 그러한 보장은 한낱 휴지 조각이 될 수밖에 없다. 언론의 자유는 반드시 사회에 선을 가져다주어야 한다는 도덕적 의무가 있다.

지금이 어느 때라고 아직도 사이비 기자가 날뛰고 언론기관에 속한 기자들이 버젓이 '촌지'를 받는 사례가 있단 말인가.

「뉴욕 타임스」는 1995년 11월 13일 자에서 '한국의 신문들은 노태우를 규탄하지만, 한국의 언론인들은 기사에 쓰고 있는 사람이나 회사에서 현금을 받는 것이 오랜 관행이었다'라고 꼬집었다.

견딜 수 없는 모독이다. 신문이 독자들에게 판단의 자료가 되고 가치의 기준이 되고 행동의 준거나 된다는 현실을 생각할 때 한국 언론의 얼굴을 이렇듯 먹칠할 수 있는 것일까. 참으로 고약하고 창피스런 사건이 아닐 수 없다.

이런 국제적 모욕에도 한국 언론은 아무런 말이 없었다. 세계적으로 권위 있는 뉴욕타임스의 독자들이 그것을 그대로 받아들여도 좋다는 것일까. 어쩔 수 없다는 체념일까. 반면에 그러한 모욕적인 평가가 전혀 근거 없는 것이라고 당당하게 반론을 제기할 수 있는 것인가를 묻지 않을 수 없다. 「뉴욕 타임스」의 보도가 우리 언론을 통해 국내에 널리 알려진다면 우리 사회 각계각층에서는 어떻게 반응할지 궁금하다. 지금도 언론을 매도, 규탄하는 소리가 소리 없이 들려온다. 이런 상태가 지속되고 악화될 때 우리가 누리고 있는 언론의 자유는 조만간 근본적으로 훼손되는 것이 아닐까.

NYT "한국 언론인들 기사 쓰고 현금 받아"

이제 우리는 어두운 현실을 정확하게 진단하고 올바른 처방으로 늦었지만 '개혁'의 깃발을 올릴 시기가 아닌가 생각된다.

누가 어떻게 이 작업을 주도적으로 집행할 것인가. 나는 관훈클럽 같은 데서 긴급 사안으로 제기할 수 있지 않을까 싶다. 1957년 암울한 자유당 시절 관훈클럽은 용기 있게 언론의 자유와 동시에 언론의 책임의 가치를 들고 나섰다. 20대 젊은 기자들이 조촐하게 일으킨 '개혁' 운동이었다. 그것이 신문윤리강령을 채택하게 했고, 신문의 날을 탄생시켰으며, 신문편집인협회를 만들었다.

그 후 우여곡절은 있었으나, 우리는 경제적으로 성장했고 언론도 발전하였다. 시설, 면수, 부수, 사옥 등 족히 G7 선진국에 낄 수 있는 정도가 되었다. 그러나 하드웨어에서 그렇다는 것이지 과연 소프트웨어는 어떤지 검증해야 하겠다.

나는 1943~47년, 허친스 위원회가 미국의 언론의 자유를 진단하여 "자유롭고 책임 있는 언론"이라는 보고서를 냈고 그것으로 언론의 '사회책임이론'이 태어난 것을 유의하고 싶다. 타임과 라이프 발행인 헨리 루스가 당시 돈 100만 달러를 제공하여 시카고 대학 총장 로버트 허친스를 중심으로 미국의 각계 원로 석학들이 언론의 자유, 소유 형태, 실적(performance)을 구체적으로 실사한 것이고 결론적으로 스스로 책임 있게 규제하지 않는다면 정부의 간여를 자초한다고 경고하였다.

미국의 언론의 자유에 새로운 이정표를 세운 것이다. 1947~49년 영국에서는 의회의 결의로 왕립위원회가 발족하여 미국과 비슷한 조사활동을 벌여 그 결과 가시적으로 태어난 것이 프레스 카운슬이었다. 그 후 두 번에 걸친 특별조사단 활동이 있었다.

마지막 조사는 1989년부터 1년간 케임브리지 대학 칼 카타 경이 주관해서 언론의 프라이버시 침범을 집중 조사한 것이고 그 결과로 언론고충평의원(Press Complaint Council)이 보강되었다.

우리의 경우, 정부나 국회가 주도할 것이 아니라 우리 언론계 스스로 현실진단과 개선, 바른 처방을 내놓는 용단을 내릴 수 있다. 그것을 우리가 제기하고 지원하고 심부름을 다 하되 언론계뿐 아니라 덕망 있는 각계 대표로 구성하여 객관적인 보고서가 나오면 권위와 정당성을 인정받을 수 있지 않을까 기대한다.

중요한 것은 문제를 제기하고 검토하고 지원하는 것이다. 내일이면 늦을 수도 있다. 오늘 바로 시작해야 할 우리 언론계의 과제, 우리 클럽의 과제가 아닐까 생각하여 긴급으로 동의하고 싶다.

1995년 12월 관훈통신

정부와 신문은 공존할 수 있는가

하버드대 법학과 교수인 제차리아 채피(Zechariah Chaffee)는 정부와 신문의 관계를 다음과 같이 세 가지 측면에서 이야기하였다. 즉 ① 정부는 신문의 활동을 제약 또는 억제하기 위해 권한을 행사할 수 있고, ② 정부는 보다 훌륭하고 보다 광범한 커뮤니케이션을 격려하기 위해 긍정적으로 행동할 수 있고, ③ 정부는 신문을 매체로 해서 인민과의 쌍방 커뮤니케이션의 일방이 될 수 있고 여기서 정부는 신문을 통해서 뉴스 의견 및 권고를 보내는 홍보기능과 더불어 인민으로부터 사실과 의견을 수집하는 정보기능을 갖는다.

채피의 이와 같은 분류는 정부가 신문 등 매스커뮤니케이션 매체에 대하는 태도를 말한 것인데, 이 명제에 관한 한, 신문학자 프레드 S.시버트의 네 가지 분류가 보다 이해하기 쉽고 적절할는지 모른다. 즉 시버트는 커뮤니케이션과 정부의 관계를 ① 구속기관으로서의 정부 ② 조정기관으로서의 정부 ③ 조장기관으로서의 정부 ④ 참여기관으로서의 정부로 설명한다. 시버트는 커뮤니케이션 매체의 목적을 "세상 사람들이 평화적이고 생산적인 사회를 유지토록 하고 동시에 개인적 만족을 줄 수 있는 내용의 커뮤니케이션을 이용토록 하는 것"이라고 전제하고 이러한 커뮤니케이션 매체의 기본 목적에 관련하여 정부와 커뮤니케이션의 관계를 위와 같이 네 종류로 분류한 것이다.

1. 구속기관으로서의 정부

첫째로 구속적 기관으로서의 정부는 어느 시대, 어느 사회에나 적용되는 현실이다.

아무리 선진화된 나라나, 또는 아무리 민주제도가 발전된 사회에서도 커뮤니케이션 매체에 대한 정부의 구속적 기능은 이론적으로나 실제적으로 배제할 수 없다. 고쳐 말해서 신문 등 커뮤니케이션 매체는 법률 위에 존재치 않는 것이고 절대적 자유를 허용하지 않는다고 해서 또는 정부 존립 자체를 위태롭게 하는 공격에 참을성 없다고 해서 그 정부를 비난할 수는 없는 것이다. "출판의 자유는 이상적으로 말해서 완전하여야겠지만 실제에 있어서는 제한될 수밖에 없다는 것이 현실이다."고 국제신문협회의 한 보고서는 말한다. 흔히 제퍼슨의 명언을 인용해서 "……그리고 우리가 신문 없는 정부를 가져야 할 것인가 또는 정부 없는 신문을 가져야 할 것인가를 내가 결정하여야 한다면 나는 일순도 서슴지 않고 후자를 택할 것이다."고 주장하는 것을 보며, 이것이야말로 민주사회에서의 정부와 신문 관계의 이상이라고 보는 사람도 있으나, 제퍼슨이 1787년 1월 16일 그의 벗 에드워드 캐링턴에 보낸 이 편지 내용을 소상히 검토하면 이상 흔히 인용되는 주장에 단서가 붙어 있음에 유의할 수 있다.

제퍼슨의 생각인즉슨, 아메리칸 인디언 사회가 정부는 없어도 서로 정보교환이 잘 되어 있어 당시 유럽의 전제정부의 인민들보다 훨씬 행복하게 살고 있다는 점에 착안해서 신문 없는 정부보다 정부 없는 신문이 낫다는 이상주의적 발언을 한 것이다. 그러나 우리 현실사회와 그리고 18세기 말이 아닌 20세기 사회에선 정부 없는 사회도 상상할 수 없고, 적어도 근대화된 또는 근대화 과정에 있는 사회에서 신문 없이 제대로 기능을 다하는 정부는 상상할 수도 없다.

정부와 신문은 우리 사회에 다 같이 필요한 근대 사회의 제도이다. 그리고 이 두 가지 제도가 존재하는 한 어떤 유형의 정부 형태이든 혹종의 정부 제약이 신문에 가해지는 것은 어쩔 수 없는 것이다. 문제는 정부의 구속기능이 그 사회와 인민의 이익을 위해서 행사되느냐에 있다고 보아야 하겠다.

집권자의 관직 영속수단으로 악용

이에 대한 자유사회의 일반적 원칙은 대체로 ① 언론의 자유는 명백히 타인의 권리를 해치는 특권이 아니라는 것, ② 언론의 자유는 명백하고 현존하는 위험이 있는 경우 국가의 안전보장이라는 사회적 이익에 양보한다는 것, ③ 언론의 자유는 외설에 관한 법률과 같이 사회적 표준이나 규범을 다스리는 법률적 규제에 복종하여야 한다는 것 등 몇 가지 한계가 법적으로 혹은 사회 규범으로 정해져 있다.

다만, 이런 제약 특히 국가의 안전보장이나 사회의 치안유지 등 공공의 이익을 목적으로 하는 정부의 구속기능이 표면상은 공공사회의 이익과 일치되면서도 실은 집권자의 관직을 영속시키는 수단으로 악용될 가능성이 언제나 존재한다는 것을 잊어서는 안 된다.

커뮤니케이션 매체를 완전히 정부 통제하에 두는 전체주의 사회 또는 전제주의 사회의 제도는 이러한 가능성이 최대한으로 현실화된 극악의 경우이다. 우리나라는 헌법 18조에 자유언론의 원칙이 명시되어 있다. 그리고 헌법 32조에는 소위 유보조항이라 해서 사회복리나 혹은 공공의 이익에 한해서만 제한을 할 수 있다는 단서가 붙어 있다.

그러나 만일 이런 한계를 넘어서서 우리 헌법에 금지된, 가령 출판물에 허가제를 실시한다든가 혹은 검열제를 실시한다든가 했다면 그때는 이미 민주주의 사회 혹은 민주주의 정부형태의 테두리를 벗어나는 것이고, 그러한 신문과 정부 관계는 독재체제의 것이다. 법률적으로 볼 적에 신문에 자유가 있느냐 없느냐 혹은 출판물에 자유가 있느냐 없느냐는 사전억제가 있느냐 없느냐로 대강 구분된다.

사전억제라는 것은 적어도 두 가지로 분류할 수 있다. 하나는 정부가 '사전 출판물 허가'를 주는 제도이다. 자유당 때의 군정법령 제88호가 여기에 해당된다. 다른 하나는 '검열제'로 자유언론 유무가 결정된다. 사전억제와 더불어 중요한 것은 사전억제와 실질적으로 같은 효과를 가진 그러한 가혹한 형법을 가지고 있느냐이다. 가령, 신문이 대통령이나 실권자를 비난했을 경우 비난이 사실이든 사실이 아니든 간에 거기에 대한 처벌이 반역죄로 다스려진다든가 혹은 기타 중형에 처할 수 있는 그러한 상황 같으면 이것은 실질적으로 사전억제와 마찬가지 효과를 나타내게 된다.

2. 조정기관으로서의 정부

둘째로, 조정기관으로서의 정부 기능은 사회가 발달하면 발달할수록 강화될 가능성이 있다.

신문 활동의 자유를 침해함이 없이 국가는 신문 활동의 조건을 규정하여 공익에 보다 더 봉사하게 할 수 있다. 그것은 마치 경기를 한층 공정하게 하기 위해서 룰이나 조건을 설정하는 것이 경기자의 참된 자유에 위배되는 것이 아니라는 것과 같다. 이러한 정부 간여의 목적은 낭비를 덜고 무질서를 덜며, 최대 다수의 민중에 최선의 신문봉사를 촉구하기 위한 것이다. 예컨대 반독점법 같은 것이 이에 해당한다. 미국의 신문의 자유를 검토한 신문자유위원회는 이러한 조정적 기능이 강화되어야 한다는 결론을 얻었다. 원래 신문자유의 철학적인 근거는 존 밀턴이 1644년 『아레오파지티카』에서 내건 '지식·이념의 공개시장(open market place of information and ideas)'이었고, 이런 사회, 시장이 형성된다면 선과 진실이 악과 허위를 반드시 이기고 만다는 자율조정의 과정(self-righting process)을 거친다는 것이다. 그러나 그것은 근대 초기사회에 해당하던 진리이지 오늘날처럼 매스미디어가 극소수에 독점되는 사회, 사회 구성원 간에 의견의 상호 교류 또는 쌍방 교통의 과정이 제대로 되지 않고 매스미디어의 일방적인 교통만 강요되는 대중사회에서 밀턴의 이상이 만족스럽게 구현될 수 없다는 것은 누구나 쉽게 짐작할수 있으리라.

신문 자유에 관한 전문가이기도 한 법학자 채피는 미국의 신문에 "놀랄 만큼 대량의 무책임한 발언 그리고 고의적인 허위마저 내포되어 있다."고 지적하였다. 이것은 뉴스와 논설이 엄격하게 분리되지 않은 한국에서는 더욱 그러하다. 무엇이 진리이고 무엇이 허위인가를 당장은커녕 영구히 분별치 못하고 마는 수가 적지 않다. 여기에 신문이 소수의 독점기업인 오늘날, 사회의 각계각층 각인이 말하고 듣고 하는 이른바 담론의 세계(a Universe of Discourse)가 매스미디어로서 형성되기는 극난한 것이요, 따라서 적어도 건전한 여론형성에 필요한 사회구성원이 알아야 할 일을 편파나 두려움 없이 (without favor or fear) 보도하지 않는 한, 그러한 신문에 있어 자유란 별다른 가치가 없는 것이 된다.

읽어야 할 것을 읽지 않는 대중, 따라서 대중이 읽고자 하는 것만을 다투어 찍어내는 신문, 여기서도 그레샴의 법칙 같은 것이 작용하여 도덕 수준이 낮은 신문이 높은 수준의 신문을 구축하는 경향이 있는 가운데 밀턴이 묘사한 사상의 자유롭고 공개된 시장에서의 자율조정 과정은 사실상 불가능하다.

5·16 군정하에서 실시된 사이비 언론기관의 정리 또는 조석간제를 폐지하고 단간제로 전환하도록 한 것은 동기 여하를 막론하고 그 단계에서는 정부의 조정 기능을 보여준 것으로 지적할 수 있다고 본다.

3. 조장기관으로서의 정부

셋째로 조장기관으로서의 정부의 기능은 이른바 언론기관에 베풀어지는 특혜조치에 대해 생각하게 한다.

IPI 조사에 의하면 대부분의 나라에선 언론기관에 특수한 위치를 부여해서 감세 또는 면세, 신문용지, 수입의 편의, 운수시설 이용의 특권, 통신사에 대한 원조 등 여러 가지 조장 정책을 쓰고 있다. 우리나라도 이 테두리 안에 들어가며 이런 조장적 기능을 정부가 취하는 이론적 근거는 신문이 단순한 영리기업이 아니라 공공의 이익에 봉사하는 공기(公器)라는 데 있다.

미국의 신문자유위원회는 정부에 건의하여 커뮤니케이션 기업에 대한 새로운 투자를 조장하고 새로운 기술의 도입을 장려할 것을 주장하였다. 그러나 정부의 특혜는 용이하게 신문을 탄압하는 조치가 될 수 있는 가능성을 배제할 수 없다. 특히 기업적으로 취약한 후진국가의 신문에 대한 정부의 보조적 정책은 신문의 독립성을 위태롭게 할 충분한 가능성이 있고 더구나 반정부계 신문에 대한 신문용지 배급의 차별대우, 정부공고 게재의 차별대우 등 경제적 압력으로 사용될 수 있다.

여기서 부언할 것은 기업적으로 독립되지 않은 상황의 자유는 사상누각이 될 우려가 있다는 것이다. 신문의 자유라는 것은 신문이 매스커뮤니케이션화해서, 즉 굉장히 비대해져서 모든 사람이 신문을 보지 않으면 안 되게 되고 모든 사람이 육체적인 생활에서의 양식이나 마찬가지로 신문을 정신생활에 있어서의 영양제로 여겨 신문 없이는 살 수 없을 정도로 되어야만 명실상부하게 보장된다고 본다.

그런 사회에서는 당연히 신문이 기업적으로 완전히 독립되고 채산이 맞으며 신문 자체가 경제적으로 품위를 유지할 수 있고 따라서 탄압받을 요소나 탄압받을 구실을 주지 않게 된다. 그런 상황에서 즉 신문이 매스커뮤니케이션화했을 때 감히 그런 신문을 정부가 없앨 수 있겠는가. 만일 정부가 그런 상황에서 신문을 없앤다면 그것은 마치 일반 사람들로부터 먹는 밥을 빼앗는 정도의 모험이 되지 않겠는가.

신문의 자유가 법률적으로나 제도적으로 보장되는 동시에 실질적으로 보장되기 위해서는 신문이 그 정도로 많이 나가서 경제적으로 독립될 때에 완전한 것이 된다고 생각한다.

4. 참여기관으로서의 정부

끝으로 참여기관으로서의 정부는 정부가 신문, 방송 등 커뮤니케이션 매체를 소유하여 국민 대중과 직접 접촉하는 것을 말한다.

이런 경향은 후진국에서는 물론 선진사회에서도 증대되고 있고 미국의 USIS 같은 기관의 탄생에서도 지적될 수 있다. 미국의 신문자유위원회는 대정부 건의에서 "우리는 매스커뮤니케이션 매체를 통하여 정부가 정부정책과 정책이 가지는 목적에 관해서 대중에 알려야 하고 민영 매스커뮤니케이션 매체가 이런 매체를 정부에 제공치 않거나 못하는 경우 정부는 그 스스로의 매체를 동원할 것을 건의한다."고 말하고 "우리는 또한 민영 매스커뮤니케이션 매체가 특정 외국에 대한 우리나라의 사정을 알려주지 못하는 경우 그 부족한 점을 정부의 매스커뮤니케이션 매체를 동원해서 보충할 것을 건의한다."고 말하였다.

심지어 급진적인 이론가 가운데는 매스미디어를 소유 경영하는 기업가들이 신문의 공공적인 기능을 자각하여 자기의 사상과 태도에 적대되는 처지에 있는 자에게 균등한 기회를 주어, 공중의 주의를 끌 만한 의견과 보도를 차별 없이 해주어야 한다고 주장하고 신문의 공공적인 기능을 민간인 경영의 사학재단에 비하는 사람도 있다. 그렇게 되면 신문은 개인의 이익 또는 야심에 좌우뜸이 없이 공익의 입장에서 운영될 것이며 정부는 공익보호라는 견지에서 적극적으로 개입할 수 있게끔 법적인 조치를 취할 수 있다는 것이다. 이러한 착상을 좀 더 진보시킨 것이 '공립신문제도(public paper system)'라고 할 수 있다.

오늘날 초등교육은 민주정치의 성공을 위해서 사활적인 것이기 때문에 개인의 재력이나 독지에 맡겨둘 수 없고, 따라서 전 국민의 납세를 통해 의무교육을 실시하고 있다. 이와 같은 착상에서 신문 기능이 민주적 사회의 원만한 발전을 위해 또한 시민이 책임 있는 정보를 얻기 위해서는 정부의 지배 없이 진정한 신문인에 독자적으로 맡겨진 '공립신문'이 필요하다는 것이다. '공립신문'을 통해서 시민은 상업적 언사에 현혹됨이 없이 질이 높고 공정한 신문을 다 같이 볼 수 있어 상업지 간의 살인경쟁으로 인한 사회적 혼란을 저지할 수 있다. 간과해서 안 될 점은 호킹이 일방적으로 공립신문제도를 주장하면서도 사기업 신문이 공공의 이익을 위하여 최대한 기여할 수 있는 방편, 즉 정부가 무슨 일을 숨겨두는 일이 없도록 감시하는 역할을 담당하여야 한다고 주장했다는 점이다.

1933년 노벨평화상을 받은 바 있는 영국의 저명한 신문인 노먼 에인절 경은 다년간의 풍부한 신문 경험을 회고하는 결론에서 ① 저널리즘은 변호사, 의사 등과 같이 면허제로 할 것과 ② 정부가 신문을 발간하되 정부 운영이 아니라, 공정한 보도를 목적으로 정부에서 독립한 '신문 사법부'에서 운영하여 공공사업을 발전시켜야 한다고 주장하였다. 그는 사단법인체로 책임 있는 보도, 높은 교양을 제공하고 있는 BBC와 같이 운영되는 신문이 이윤에 관계없이 상업신문의 횡포를 견제할 수 있다고 생각하였다.

5. 신생국가의 경우 정부 신문 모두 미숙

신생국가의 정부나 신문에 있어 한 가지 공통점이 있다면 그것은 대개의 경우 양자가 다 같이 잘 훈련된 사람이 적고 질적으로 미숙하고 양자가 다 같이 자기의 권력 확보에 민감하다는 것이다.

둘째 특색은, 신생국가의 정부는 다른 선진국가의 정부와는 달리 자기 나라의 급속한 근대화라는 사명의식에 불타는 소수의 전위적 엘리트들이 차지하고 있고 만일 그렇지 않고 전근대적 전제정권의 경우엔 역사의 새 물결 앞에 그 사회의 전체가 크게 동요되거나 동요될 전야에 있다는 것이다.

셋째로, 이상의 어느 경우이건 신생국가는 전통사회에서 근대사회로 급속히 변천하는 이행사회의 성격을 띠고 있어 역사의 긴 눈으로 볼 때 혁명의 과정에 있다고 볼 수 있다.

넷째로, 신문 등 매스커뮤니케이션의 특성은 사회적 경제적 여건으로 보아 매스커뮤니케이션의 영역에 미치지 못하고 있음에도 불구하고 국민 여론을 좌우하는 지식층을 상대로 하고 있기 때문에 그 영향력은 선진국가의 신문보다도 더 크다고 볼 수 있다.

다섯째로, 신생국가의 지식층은 대체로 부정의 생리와 저항의 심리가 지배적이라는 것이다. 왜냐하면 구식민국가로부터의 독립투쟁 자체가 '저항의 정치'였고, 이미 독립을 쟁취하여 정부를 자주적으로 세운 다음 정치적 경험의 부족, 훈련된 공무원의 부족, 그리고 예외 없이 가난했던 경제적 현실로 말미암아 독립운동자들의 약속대로 행복된 생활은 좀처럼 실현되지 않고, 따라서 대중 특히 지식층은 거의 예외 없이 저항심리를 버릴 수 없게 되는 것이다. 저항의 심리는 특히 대학 사회 안에 강하고, 흔히 신진세대의 기성세대에 대한 저항으로 나타난다.

이상과 같은 신생국가의 몇 가지 특색을 고려할 때 정부와 신문의 관계는 어떤 것이 이상적이고 또한 현실은 어떠한가.

현실적으로 볼 때, 근대화 촉진이란 과제의 추진체는 대개의 경우 소수의 엘리트 집단이고 그들이 집권한 후 그들 사회를 근대화시키는 작업에 나설 때, 그들은 반드시 기존의 정치적, 사회적 저항요소와 대결하여야 하고, 다른 한편으로 경제수준의 향상 등 근대적 생활에 목마른 신진 세력의 기대에 호흡을 맞추어 주어야 한다.

균형과 견제 통해 공존관계로 발전

그러나 거의 예외 없이 신생국가의 지도층과 정부는 능력에 있어 미흡하고 또한 장기간 가난했던 개개인의 전력으로 보아 부정부패에 말려들기 쉽다. 요컨대, 신구 세력의 협공으로 정치적 불안정이 만성화되는 경향이 있고, 이에 대한 대답은 곧 전체주의적 정치체제로 가거나, 처음부터 그러한 형태로 출발된다. 이런 체제하에서 커뮤니케이션 매체는 혁명과업의 도구로 전락되고 자유사회에의 정부와 신문관계란 기대할 수 없다.

한편, 민주주의를 정치철학으로 삼는 정권이 들어선다 하더라도 그 정권은 위에서 지적한 대로 근대화란 대중과 역사의 여망을 저버릴 수는 없다.

MIT 교수 맥스 F. 밀리칸 박사 등은 신생국가의 근대화에 있어 중요한 조건으로 유능한 중앙정부를 둔 새로운 형태의 권력구조가 필요하다고 주장하고, 민주주의를 지향하는 한, 정권유지를 위해서 정부가 지향하는 근대화를 위한 모든 정책이 일반의 승인을 얻도록 정부와 민간 사이에서 충분한 의사소통이 강구되지 않으면 안 된다고 주장하면서, 매스미디어의 불비(不備)가 근대화에 큰 저해 조건이라고 본다. 따라서 근대화를 지향하는 정치 세력이 집권해서 올바른 근대화 전개를 기도한다 하더라도 이를 이해하지 못하고 한 편으로 근대화에 대한 저항 세력의 공격과 다른 한편으로 조속한 근대화에 성급한 급진주의자의 협공을 만나 정치적 불안정 내지 유해무익한 파괴적 행동으로 발전하는 경우가 많다.

여기서 신문의 역할은 오히려 명백하다. 무엇보다도 급속한 변천 과정에 있는 이행사회에서 최대의 안정을 도모하는 데 기본적 과제를 가져야 한다. 인민이 선거한 정부가 다스리는 제도하의 사회라면 우선 그런 민주제도, 헌정질서의 수단을 통해서 근대화 과정을 촉진하는 특수한 사명을 띠고 있다. 이 점 선진국가의 신문인의 역할과 다른 사명이 있다.

인도의 저명한 신문인 D. R. 만케칼은 신생국가의 신문인의 의무를 다음과 같이 말한다.

첫째, 신문은 안정된 국가를 건설한다는 지상 과업에 정부와 공동으로 기여하여야 한다.

둘째, 신문은 국가의 경제발달과 사회발전을 위한 정부의 노력에 협조하여야 한다.

셋째, 신문은 파괴적이며 분열적인 세력에 대항하여 국가 유지를 위해 싸워야 한다. 생존이 자유나 민주주의보다 우선적이기 때문이다. 그러나 이러한 의무의 정의를 내리고 결정하는 것은 정부가 아니라 신문이라야 한다.

신생국가에 있어서 이러한 의무는 어려운 현실과 관련을 맺고 있다. 신생국가에서의 정부에 대한 신문의 기능을 묘사한 런던의 「더 타임스」의 편집자 디레이의 서술을 여기서 다시 적용시켜 보는 것도 필요하다. 즉 신문이 정치인 역할을 담당하거나 관료들의 제약에 얽매일 것이 아니라, 신문은 그 자체로서의 어떠한 의무를 정부나 국가에 대하여 가지고 있다는 점이다.

나는 대체로 만케칼의 주장을 이해하는 동시에 신문은 서구 사회의 전통적·민주적 기능 즉 정부의 비위를 용서 없이 폭로하고, 탄압에 굴복하지 않고 반대하는 권리를 법적으로 또는 제도 면에서 쟁취하여야 한다고 본다. 다만, 신문이 '반대심리'에서 스스로를 해방시키지 못하고, 또한 '반대심리'에 젖은 대중에 영합해서 저항을 유일한 미덕으로 삼는다면 결코 안정 속에서의 발전은 기대할 수 없고 결국 혼란, 쿠데타, 혁명의 소용돌이 속에 사회를 몰아넣는 결과가 될 수도 있을 것이다. 4·19에서 5·16에 이르는 민주주의 황금 시기에 우리 신문은 어떠하였는가?

결국 신문이나 정부의 미숙은 신문의 자유를 말살할지도 모르는 상극적 관계에 빠뜨린다. 이미 지적하였지만 정부가 민주주의에 대한 신념을 굳게 갖고 시버트가 주장한 조정기관으로서의 정부 또는 조성기관으로서의 정부의 기능을 다해준다면, 정부와 신문은 균형과 견제의 관계로 국가의 독립보존, 정치 및 경제의 발전, 사회적 개혁에 있어 공존의 관계를 발전시킬 수 있을 것이다.

92년, 한국 대통령선거와 언론

자유사회에서 언론의 기능은 공공의 일에 관한 정보를 정확히 전달하는 것이고 공공의 일에 관한 아이디어의 자유로운 교환을 하는 것이다. 또한 언론은 어느 한 이슈에 관하여 입장이 다른 다양한 견해가 반영된 포럼을 제공하여야 한다. 그런 경우 시민은 자주적인 입장에서 공공의 일에 판단을 내림으로써 합리적이고 민주주의적 결정에 참여할 수 있다. 요컨대 언론은 건전한 여론 형성에 필요불가결의 조건이라고 말할 수 있다.

이러한 언론의 역할과 기능이 정치적으로 발휘되는 것이 일정한 기간마다 실시되는 선거다. 쉽게 말해 국민의 선택에 필요한 적절하고 올바른 정보를 제공하고 경쟁자들 간에 합리적인 정책 결정을 조장하고 선거민 간에 적극적인 토론을 유도함으로써 유권자들이 합리적인 결정을 내리도록 돕는 것이다. 한 마디로 '정보를 잘 알고 있는 유권자(Informed Electorate)'를 만드는 데 공정한 입장에서 진실된 정보를 풍부하게 전달해야겠고, 후보자들의 정치철학과 프로그램을 세밀하게 비교 분석해서 제시해야겠다.

　이상은 민주주의 하는 나라의 언론이 맡는 통상적인 기능이다. 그러나 한국의 경우에는 다른 한 가지 추가할 언론의 사명이 있다. 군사독재체제에서 문민민주주의로 옮겨가는 과도기 현상으로 자유롭고 공정한 선거의 조건을 감시하는 것이다.

'공명선거 구현'을 당면 과제로

　작년(1992년) 대통령선거기간(11월 20일 ~ 12월 18일)과 그 이전의 준비기간에 사실상 모든 언론기관이 '공명선거구현'을 사의 당면 과제로 결정하였다. 신문마다 불법, 타락선거운동을 적발·보도·비판하는 데 큰 비중을 둔다는 의지표명이 있었다. 공무원이 어느 특정 후보의 선거운동에 나선다든가 또는 후보자들이 유권자에 돈이나 선물을 주는 사례를 신고해달라는 사고가 제1면에 눈에 띄게 게재되었다.

　그러나 정보를 잘 알고 있는 유권자(Informed Electorate)를 만드는 데 있어서 언론매체가 어느 정도 공헌했느냐, 그리고 공정한 입장에서 사실을 보도하고 이해관계가 다른 견해들을 공평하게 소개해서 자유공개시장(a free and open market of ideas)을 제공했느냐 등에 대해서는 반드시 만족스럽지 못하다는 평가들이 나왔다.

　1992년 한국대통령선거에서 언론이 이룬 실적과 문제점을 요약하면 다음과 같다.

① 선거에서 정부권력의 공공연한 개입이 눈에 띄지 않았는데 정부의 지배 또는 영향 아래에 있는 신문방송 매체들이 공공연하게 직접적으로 여당인 민 자당을 후원하지는 않았고 뉴스보도에서 양적인 균형을 맞추려 노력한 흔적 은 있다. 예컨대 정부가 경영하거나 정부의 영향력이 강하게 미치는 TV뉴스 조차도 "양적인 편파보도는 눈에 띄게 개선되었다."고 공선협의 평가보고는 말한다. 방송전문가들로 구성된 공선협 언론감시반의 집계에 따르면 매일 밤 9시 종합뉴스 시간에 민자, 민주, 국민 등 3대당 후보에 배당된 선거유세 기 사의 평균 길이는 민자당 129.79초, 민주당 111.31초, 국민당 97.54초로 나타 났다. 지난봄 총선거에서 민자당 득표는 38%, 민주당 득표는 29%, 국민당 득 표가 17%였음에 비추어 유세 시간의 길이 배당은 현실적 산술적인 공정성을 유지하려 애썼다고 평가할 수 있다. 그러나 기사작성에 있어 객관성이 결여 된 '사설화'라든가 앵커들의 편파적인 용어 사용이라든가 영상처리 등에 있 어서 친여 성향이 있었다는 평가였다. 예컨대 국영 KBS 밤 9시 뉴스는 선거 기간에 380건의 선거 관련 기사를 방영하였는데 7.4%에 해당하는 28건이 친 민자당이거나 반민주, 반국민 성향이었다. 그 반대의 경우는 없었다.

② 방송이 뉴스보도에 친여성향을 띠면서도 대체로 중립적 입장을 취하려는 노력도 있었다는 것과는 대조적으로 일간신문의 경우 신문마다 개성과 색깔이 선명하여 여당후보를 반대하고 야당후보를 지지하는 신문도 존재하였다. 여 기서 먼저 지적할 것은 한국의 신문들은 '불편부당, 엄정중립' 등의 슬로건을 중요시하고 전통적으로 사설을 통하여 어느 당, 어느 후보를 지지한다고 선언 하는 일이 없다. 선거법 또한 언론매체에 종사하는 자가 "보도, 논평을 하는 데에는 표현의 자유를 남용하여 선거의 공정을 해하여서는 아니 된다."로 되

어 있으며 "특정 후보를 당선되게 하거나 되지 못하게 할 목적으로 선거에 관하여 허위사실을 보도하거나 사실을 왜곡하여 보도 또는 논평할 수 없다."는 법 규정이 있고, 위반자는 3년 이하의 징역형을 받을 수 있다. 대단히 모호한 규정들이고 언론의 자유를 억압할 수 있는 법률인데, 한국 언론계가 이런 조항을 들어 합헌성 시비를 제기한 바 없고 또한 어느 매체도 이것으로 처벌받은 일도 없다. 이론적으로 모든 언론매체는 선거에서 '공정'하여야 하고 사설로써 어느 후보, 어느 정당을 지지 · 반대하는 일이 없어야 한다. 법에 따르면 극히 제한된 논평만을 할 수 있다. 그러나 한국에는 뉴스와 의견을 엄격히 분리하는 원칙이 언론인들 사이에 존중되지도, 실천되지도 않는다.

신문의 경우 개성과 색깔 선명히 드러내

따라서 뉴스라는 간판 아래 필자 또는 언론사의 의견이 은연 중 표시되는 관행이다. 이런 관행에 관해 언론계와 언론학자들 간에 다소의 논쟁이 벌어졌으나 어떤 합의에 도달하지는 않았다. 사설로써 공식적으로 어느 당, 어느 후보를 지지하는 일은 없고 표면상 중립을 표방했으나 사실 모든 신문이 정도의 차이는 있었으나 뉴스나 특집기사의 보도에 있어 자기 입장을 드러냈다. 공선협 언론분석반이 동아, 조선, 한국, 중앙, 경향, 한겨레 등 6개 지의 보도내용을 면밀분석한 결과, 보수적인 동아, 조선 양대 신문과 진보적인 한겨레가 정치적 색채를 보다 선명히 했고 나머지가 덜했다는 평이었다.

③ 신문보도의 이른바 '편파'적 보도성향은 가장 큰 신문의 하나인 조선일보와 국민당 간의 극한적 분규를 일으켰다. '한국의 페로'로 불리는 한국 최

대의 재벌 현대그룹의 총수 정주영 씨가 대통령 후보에 나서자 '금권선거' 라는 차원에서 대부분 언론이 이에 비판적인 입장을 취하였는데, 특히 조선일보가 적극적으로 비난하는 사설, 주요기사 논평성 기사로 다루었다. 이에 격분한 정주영의 국민당은 12월 초 전국적으로 '조선일보 안 보기 운동'을 벌였고 현대재벌계열사의 조선일보 광고게재가 중단되었다. 조선일보기자의 국민당 출입도 저지되었다. 현대는 40여 개의 계열사 18만 명의 종업원으로 구성되는, 그러나 정 씨 일가족이 지배하는 대기업체이다. 조선일보는 재벌과 정당이 유착한 "유례없는 언론탄압"이라고 반박하였다. 한국신문편집인협회는 국민당의 처사를 언론의 자유에 대한 침해라고 성명하였다. 이 사태는 대통령선거기간 계속되었고 현대 측의 광고제공 중단은 93년 2월 중순에 가서 현대 측이 사과함으로써 일단락되었다. 흥미 있는 것은 대부분의 신문은 조선–국민당 싸움에 중립적인 입장을 취하였다는 사실이다.

④ 선거에 있어 언론매체가 담당할 가장 중요한 역할의 하나는 후보자 간의 정책 대결을 조장하는 것이며, 그럼으로써 선거민들의 합리적 선택을 돕는 것이다. 이점 주요 신문들은 장기 시리즈를 통하여 주요 정당의 선거공약을 분야별로 비교·해설하는 성의를 보였다. 그러나 독자들이 그러한 특집기사를 어느 정도 충실히 읽고 투표행위에 참고로 했는지는 밝혀진 바 없다. TV의 경우 다분히 시청률을 염두에 둔 결과로 보이지만 공약의 비교·분석 등 계몽적 프로그램이 별로 없었다고 공선협 언론분석반의 보고서는 말한다. 28일간의 선거운동기간에 3개 TV방송사는 "주요 3당과 관련한 727건의 선거기사를 보도하였는데 이 가운데 각 정당의 정책 공약의 비교분석은 9건에 지나지 않았다."고 보고서는 지적한다. "후보자의 자질 또는 지도력에 관한

보도"도 불과 2건이었다.

형식적인 '공정성 원칙'이 알권리 희생

선거법상 방송사와 두 후보 또는 그 이상이 합의하면 실시할 수 있는 TV토론도 끝내 성사되지 않았다. 민주, 국민 두 당은 민자당 후보를 포함한 3자토론을 끈질기게 주장하였으나 민자당은 "8명의 후보자들이 모두 참가해야 한다."고 주장하였다. 선거법은 2회에 한하여 2시간 이내의 TV토론을 허용하고 있으므로 제한된 시간에 8명이 참여하는 토론을 하는 것은 실질적으로는 아무런 뜻이 없다고 두 야당이 반박하여 끝내 합의에 이르지 못하였다. 선거기간에 벌어진 '토론' 비슷한 것은 언론친목단체인 관훈클럽이 주관하여 김영삼, 김대중, 정주영 세 후보를 각각 초청하여 두 시간 동안 네 명의 패널리스트가 벌인 질의응답이 있었을 뿐이었다. 12월 1일, 2일, 3일 저녁에 실시된 토론은 3자 간의 논쟁이 아니라 신문기자들과의 개별적인 인터뷰 형식이었으나, 선거민들의 지대한 관심을 불러일으켰다. 관훈클럽토론은 5년 전 대통령선거 때 TV에 중계되어 폭발적 인기를 끌었음에도 불구하고 이번에는 어느 TV사도 중계하지 않아 유권자들을 실망시켰다. 특정후보와의 토론을 방영하는 것은 여기에 참여하지 않는 다른 후보들에 공정치 않기 때문이라는 모호한 선거법 규정 때문이라는 이유였다. 형식논리적인 '공정성 원칙'이 국민의 알 권리를 희생시키고 TV매체의 사명을 좌절시켰는데, 이것은 TV사의 의지 부족이라고 말할 수 있었다.

⑤ 다른 나라에서도 마찬가지 현상이 벌어지지만, 이번 대통령선거에서도

언론매체는 흥미 본위의 경마식 저널리즘(horse-race journalism) 경향이 짙었다. 최대 다수의 최대 관심사를 추구하는 상업주의 언론의 본질을 고려할 때, 누가 앞서고 누가 뒤지는가에 초점을 맞추는 보도태도는 불가피하다는 것을 시인하지 않을 수 없다. 그러나 각 당의 득표전략, 갈등지향, 청중동원 비교 등 우열 비교에 열을 올린다는 것은 선거민의 후보자나 그들의 정책의 우열에 대한 올바른 판단을 흐리게 하는 것이다. 경마식 저널리즘과 연관되는 현상이지만, 팩 저널리즘(pack journalism) 또는 떼 짓기 저널리즘(herd journalism)의 성향도 뚜렷하다. 유력 후보자들을 따라다니면서 그들의 연설과 대중 집회 또는 인기 끌기 행사를 충분한 여과 없이 알려주는 본의 아닌 홍보요원 역할을 맡고, 청중의 지지·열기나 반응 등을 비교, 후보자들 간의 '서열화'를 표시한다. 그러므로 우열의 정확한 증거자료가 일반 유권자에 알려지지 않으므로 유권자들에게 서로 선두를 달린다고 주장하는 후보자들 간 선전을 그대로 옮겨 혼돈과 왜곡이 있었다. 여론 조사는 할 수 있되 투표심리에 영향을 미칠 수 있기 때문에 공표할 수 없다는 법적 규제를 존속시킬 것인가에 대해서 찬반시비가 일어났는데, 한국신문편집인협회는 선거공고 직전에 그러한 법적 규제가 언론출판의 자유를 보장한 헌법규정에 위배된다는 소송을 헌법재판소에 제기하였으나, 헌재는 선거가 끝난 후에도 판결을 안 했다. 또 한 가지 지적할 것은 정책대결의 양상이나 인물의 자질을 평가하는 데 있어 스스로의 우월성을 입증하는 적극적 선거운동(positive campaign)이라기보다는 상대방의 잘못이나 부족함을 과장 확대하는 부정적 선거운동(negative campaign)의 성격이 농후하였는데, '팩 저널리즘'을 극복하지 못한 언론의 취재보도 활동은 부정적인 선거운동을 여과 없이 그대로 받아들이는 역기능을 발휘하였다. 공선협의 조사보고서에 따르면 28일간의 선거기간 TV 3사가 방영한 선거 관련 기사는 727건이었는데 그 가운데 팩 저널리즘의 성격이 짙은 후보의 유세 보도가 261건 36%를 차지하였고, 유세 내용에는 대개 상대방을 비난하는 부분이 섞였을 뿐 아니라 매일 당 대변인이 선거본부에서 발표한 '비난 성명'이 87건 12%를 차지하였다.

대부분이 과장·왜곡 때로는 허위의 선전물인데 언론이 그러한 campaign의 도구로 이용되었다.

민주 성장의 분수령, 위선적 관행 없애야

1992년 12월 대통령선거는 한국 민주주의의 성장에 하나의 분수령이 되었다. 한 세대에 걸친 군부독재 내지는 군부지지가 힘의 바탕이 되는 정치제도가 종지부를 찍었고 그 대신 투표를 통한 문민정권이 태어났다. '군사독재 대 민주화'라는 과거의 선거등식이 없어졌고 순수한 민간 지도자들 간의 경쟁이었다. 거기에다가 국가권력이 정부 여당후보를 공공연하게 당선시키기 위해 선거에 간여했던 폐습이 이른바 중립선거관리 내각의 출현으로 적어도 표면상 종료되었다.

따라서 정부지배 또는 영향하에 있던 언론매체들 역시 그만큼 자유롭게 활동할 수 있는 여건이 마련되었다.

그리고 선거의 불법, 타락을 억제하는 데 언론매체가 과거 어느 때보다 적극적으로 열성을 보였고 그런 사례를 규탄하는 데 대대적으로 지면을 할애한 일종의 십자군 운동을 벌였다. 그 효과를 수량적으로 측정할 수 없으나 긍정적 효과가 컸다고 말할 수 있다.

그러나 상업적인 팩 저널리즘이나 경마식 저널리즘의 성향에 빠져 주요정당과 그 후보자들이 조작하는 선거유세나 비난 성명 등을 여과 없이 기계적으로 옮겨주었고 상대방의 가치를 깎아내리는 부정적 선거운동의 도구로 이용당한 경향이 있었다.

공정성의 원칙이 절대적인 TV의 경우, 어느 후보를 지지선언한다는 것은 부당한 일이지만 신문의 경우, 사설로써 특정후보를 지지하되 뉴스만은 최대한 객관성을 띠고 공정하게 다루는 것이 유권자에 대한 정직일 터인데 한국 언론의 경우 정반대의 전통을 지키고 있다. 그러한 위선적 관행은 장차 시정될 것이고 되어야 할 것이다.

1993년

제 4 부

언론 60년, 그 영욕의 발자취

미군정시대; 언론 정책의 기복

존 리드 하지 중장이 이끄는 미 24군단의 한국 진주는 두 가지의 상반된 성격을 띠고 있었다. 그 하나는 물론 일본군을 축출하고 일제로부터 한국을 해방시킨 자유의 천사로서의 모습이었다. 또 하나의 엄연한 현실은 미군은 비록 해방군이었지만 동시에 점령군이라는 점이었다. 이 두 가지는 때로는 일치되는 개념이지만 때로는 겹쳐지지 않는 개념이고 경우에 따라서는 상반되는 개념일 수 있다.

그것은 언론에도 그대로 적용되었다. 우선 한국 국민과 언론을 원천적으로 통제한 것은 태평양 미 육군 총사령부 포고 제1호 및 제2호였다. 1945년 9월 7일 일본 요코하마에서 공표된 더글러스 맥아더 장군의 포고는 영어·한국어 및 일본어 3개 국어로 되어 있는데 제1호는 한국에 진주하는 "전첩군(戰捷軍)은 북위 38도선 이남의 조선지역을 점령한다."는 것을 공표하고 조선 점령의 목적을 언급하며 ㉮ 일본의 항복문서 조항 이행 ㉯ 조선인의 인권 및 종교상 권리보호에 있으므로 여기에 한국 주민의 '원조와 노력'을 요구하였으나 "주민은 본관과 본 기관의 권한하에서 발표한 명령에 반드시 복종할 것"을 명하고 끝으로 "점령군에 대하여 반항 행동을 하거나 질서 문란을 확산하는 행위를 하는 자는 용서 없이 엄벌에 처함"을 경고하였다. 준엄한 경고였다. 같은 날 공포된 제2호는 좀 더 구체적인 명령으로 비상계엄하에서 물리적 통제를 알리는 포고령이었다. 이 포고령 제1호와 제2호야말로 미군정 3년간 한국을 통치하는 데 주춧돌 역할을 맡았다고 말할 수 있다. 물론 이 포고령은 언론 통제에도 적용시킨 것으로, 군사정부 자체의 안전보장에 동원되어 "정당한 행정을 방해한 자 또는 연합군에 대하여 고의로 적대행위를 한 자"에 가차없는 제재를 가하고, 심지어 사형도 가할 수 있는 가능성을 보였다. 이것은 한국을 해방된 나라로 보는 시각이라고 보기 어렵고 전쟁에 패한 나라를 점령한 점령국군의 태도가 아닐 수 없다.

그러나 맥아더 장군의 명령으로 한국에 진주한 존 리드 하지 제24군단 사령관은 상륙 4일 후인 9월 12일 신문기자회견에서 아주 자유로운, 아마도 미국 본국에서 누리는 제퍼슨식 언론의 자유를 허용할 용의를 보였다.

"……미군이 진주해온 후인 현재, 조선에는 문자 그대로의 절대적 언론 자유가 있는 것이다. 미군은 조선 사람의 사상과 의사 발표에 간섭도 아니 하고 방해도 안 할 것이며 출판에 대하여 검열 같은 것을 하려 하지도 않는다. 언론과 신문의 자유는 여러분을 위하여 대중의론을 진작하고 또한 여론을 소소하게 알리는 데 그 직능을 다해야 할 것이다. 이와 같이 미군은 언론자유에 대하여 취재를 방해하고 검열을 하려 하지는 않는다. 정당한 의미의 치안을 방해하는 경우는 별도로 강구하려 한다. 그러나 나는 이러한 필요까지는 없으리라 믿는다.

나는 조선에 온 뒤로 조선에 관한 역사와 조선의 신문사를 통해서 조선이 어떠한 지경에 처해 있었다는 것도 잘 알고 있다. 그런 만큼 나는 바라노니 부디 여러분은 이 기회를 조선신문사상의 일대 혁신전환 단계로 삼아주기를 바란다. 미국의 여러 신문과 같이 신문의 역할을 다 하는데 있어서는 대중을 지도하고 여론을 일으키는 지대한 역할을 해야 할 것이다."

하지 사령관 미국식 언론 자유를 도입

실로 미국식 언론의 자유를 그의 점령지역에서 실천하겠다는 순수한 동기로 보인다. 그것은 단순한 선심공세가 아니라는 사실을 뒤따른 몇 가지 법적 조치가 뒷받침하였다.

1945년 10월 9일 재조선미국육군사령관 휘하의 조선군정장관 아놀드는 군정법령 제11호를 발표하고 종전의 일반법령으로서 그 사법적 또는 행정적 적용으로 인하여 종족, 국적, 신조 또는 정치사상을 이유로 차별을 발생케 하는 것은 전부 폐지하는 동시에(동 법령 제2조) 특별법으로서 ① 정치범처벌법(1919년 4월 15일 제정), ② 예비검속법(1941년 5월 15일 제정), ③ 치안유지법(1925년 5월 8일 제정), ④ 출판법(1910년 2월 제정), ⑤ 정치범보호관찰령(1936년 12월 12일 제정), ⑥ 신사법(神社法, 1919년 7월 18일 제정) 등과 경찰의 사법권을 폐지하였다.

1948년 4월 8일 군정법령 제183호는 ① 육군형법, ② 해군형법, ③ 집회취체령(명치 43년 8월), ④ 조선불온문서임시취체령(소화 11년 8월 제령 제13

호), ⑤ 조선임시보안령(소화 16년 12월 제령 제34호), ⑥ 광무보안법(광무 11년 7월 법률 제2호)을 추가로 폐지함으로써 사상 억압과 정보 봉쇄를 위한 일제의 법령체제는 일소하게 되었다.

이 두 가지 조치는 일제가 한국인의 기본권을 직접 구속하는 법규를 청산한 것인데, 이와는 달리 1945년 10월 30일에 공포된 군정법령 제19호 제5조는 순전히 '신문 기타 출판물의 등기'를 요구하는 것으로 그것은 언론행위를 사전에 억압하는 구속적인 법률이 아니라 언론기관의 실태를 파악하는 행정 조치에 불과하였다.

군정법령 제19호 제5조를 살펴보면 우선 "언론의 자유와 출판의 자유를 보호, 유지하고 불법 또는 파괴 목적에 빠지지 않게 하기 위하여" 모든 간행물을 발행하는 기관의 등록을 명하고 그 등록 사항으로서 ① 발행 단체의 명칭, 소재지 및 종업원 ② 발행 단체를 소유, 관리, 통제, 지시 등의 방법으로 대표하는 자의 성명 ③ 발행 단체의 활동 및 종전 간행물 ④ 간행물의 형태(판형, 크기, 성격) ⑤ 보도 · 논평업무를 유지할 수 있는 재정사항 ⑥ 발행 단체에 대한 출자자 기타 출연자의 성명과 주소를 갖추라고 명령하였다.

이 법령의 입법 취지는 우후죽순처럼 늘어나는 언론기관의 실상을 파악하여 미군정 당국이 언론정책의 수립과 수행에 참고하고자 한 것이고, 따라서 동법령에 의해 등록을 하지 않고 발행하는 행위만이 처벌되었을 뿐 일단 등록한 후에는 전혀 간섭받음이 없이 언론활동이 허용되었다. 또 형식적 요건을 갖춘 등록신청에 대하여 당국이 등록을 거부할 권한이 없었기 때문에 등록제의 실시가 사전억제 등 자유의 억압으로 간주될 수 없다.

한 법률전문가는 이 법령의 특색이 첫째로 발행의 주체가 되는 단체 또는 관계인의 등록을 의무화함으로써 인적 내지 사상적 배경을 파악하려 한 점이고 이로써 미군정은 좌익 언론의 실태 파악을 염두에 둔듯하나 위장 등록 등을 방지할 대책이 없었기 때문에 그 실효성에 의문이 없을 수 없었다고 말하고, 둘째로 동 법령이 발행단체의 법령을 위한 재원이나 재산상태를 등록하도록 하는 의무를 규정한 것은 당시의 족출(簇出)한 간행물이 얼마만한 물적 기초를 구비하고 있는가를 파악하려는 데 있었다고 평가한다.

신문 등록은 하지만 간섭받지는 않아

이상 미군정은 초기 언론 정책에서 군사정부로서는 상상할 수 없는 영미식 언론의 자유를 소개하려는 의지를 표시하였고 이를 법률적으로 담보하였다. 그러나 첫머리에서 강조한 대로 군사 통치의 모범이 되는 상위 기관의 포고령이 영·미법의 개념에서 법으로 인정할 수 없을 정도로 포괄적이고 모호하여 이현령비현령(耳懸鈴鼻懸鈴)식 남용의 소지를 가지면서 국민의 기본권을 억압하는 무기로 쓰였다는 것을 지적하여야 한다. 또한 하지 중장의 역사적인 담화 가운데 언론의 자유는 완전한 것이지만 "정당한 의미의 치안을 방해하는 것이면 이런 경우는 별도로 강구하려 한다."고 유보한 것도 유의하여야 한다.

미군정이 민간정치에 아마추어이면서도 남한에서 미국식 민주주의를 시도하고 그런 차원에서 언론 출판의 자유를 기도한 것은 환상이었다. 당시 한국의 현실과 수준이 그런 이상과 합치될 수 없었다. 미군이 상륙하기 전에 이미 정계는 좌우로 분열되어 좌파는 기선을 제압하여 여운형, 박헌영 중심으로 대중조직, 대중선전에 나섰고, 우파는 보수 세력들이 해외 망명 세력을 기다리면서 한국민주당 중심으로 힘을 모으기 시작하였다. 언론 역시 완전히 좌우 정치세력의 하위 선전도구로 출발하여 강한 당파주의를 골격으로 철두철미 선전삐라 양상을 띠었다.

민주주의 운용이 절대로 필요한 신문의 보도, 논설 기능이 정치적 의도로 왜곡되고 파괴된 것이다. 참된 민주주의적 시민의 정신적 영양제로 신문은 '진실하게 알기 쉽게 그리고 포괄적으로 객관적 사실'을 알려주어 독자들에 균형 있는 종합적 세계상을 알려 주고, 거기에 대한 해설과 자유로운 의견을 제시함으로써 독자의 독자적 판단에 기여하는 것, 이것이야말로 민주주의와 자치정부를 운용하는 데 필수 불가결한 기능이고 그러기 위해서는 언론 출판은 발행, 보도, 전달, 의사표시 등에 자유로워야 된다는 논리가 성립되는 것이며 당초 미군정은 그런 데서 '완전한 언론의 자유'를 부여한다고 선언한 것이 아닐까.

그러나 현실은 판이했다. 특히 미군 진주를 전후해서 정치정세가 혼돈상태였듯이 언론 역시 그러했다. 사실상 모든 신문이 수지 타산을 무시하고 구독료 없이 무료로 뿌리는 삐라였다. 미군 진주 2주일 후인 1945년 9월 24일부 제24군단 주간정보 요약 보고에 따르면 서울에는 당시 10만 부를 찍는 일어 신문 경성일보가 있고, 역시 일어판 상공일보가 있으며 한국어 신문으로 조선인민보와 매일신보가 발간 준비 중이었으며, 영자지로 서울 타임스와 코리아 타임스가 간행되고 있었다. 동 보고는 조선인민보에 대해 이렇게 지적했다.

"발행, 편집인 김정도에 따르면 이 신문은 1945년 9월 5일에 창간되었고 지금까지 계속 발간되고 있는데 현재 구독료는 없고 부수는 약 5천 부이다.

박정선이 재정을 맡아 조선인민보 발간에 100만 원을 내기로 합의했다." 여기서 흥미 있는 것은 "현재 구독료는 없다."는 구절이다. 미군이 진주할 당시 한국어 신문으로 매일신보와 조선인민보밖에 없었는데 1개월 남짓한 10월 말까지 서울 지역에 11개의 일간지, 8개의 주간지 그리고 3개의 부정기 신문이 나타났다. 우후죽순의 속도였다.

우후죽순 서울에만 11개 일간지 나와

그러나 모두 예외 없이 앞서 지적한 대로 민주주의와 자치정부를 움직이는 데 긴요한 신문의 기능을 다하는 것은 없었고 이 점 군정 당국이 크게 실망했는지 1945년 10월 16일 정례기자회견에서 아놀드 군정 장관은 종군기자로 한국에 주재한 뉴욕 타임스의 리처드 존스톤 기자로 하여금 민주사회에서의 신문의 기능을 강의하도록 한다. 존스톤 기자는 여기서 '기자 대 기자'라는 동료의식에서 미국사람들이 말하는 언론의 자유(freedom of press)가 무엇을 뜻하느냐는 것을 말하고 싶다고 전제하고 "요컨대, 그것은 어느 정부 기관으로부터 간섭받을 두려움 없이 뉴스를 발행할 권리요 특권이다."고 말하면서, 그러나 이 권리는 동시에 기자와 편집자들이 정보를 독자에 전하는 데 조심스런 정확성과 정직성을 갖추는 책임을 동반한다고 부연하였다. 그는 자유언론이 다음 몇 가지의 경우 정직성을 상실한다고 강조하였다. 즉, ① 압력에 굴복할 경우, ② 진실을 회피할 경우, ③ 뉴스라는 간판 아래 의견을 표시할 경우, ④ 기사가 진실인지 허위인지 확인 안 한 채 보도하는 경우, ⑤ 기사가 건전한 취미라는 기본신념 및 상식이라는 기본 법칙을 침범할 경우. 존스톤 기자는 앨라배마대학 출신으로 언론사 경력 12년, 그중 4년간을 종군기자로 유럽과 아시아의 전투를 취재한 노련한 언론인인데 장황한 자유언론의 강의 끝에 다시 한 번 "뉴스 속에 의견이 포함된다면 당신은 자유언론을 상실한다."고 경고하고 한국의 언론은 틀림없이 자유언론을 원한다고 전제하며 이 점을 잊지 말라고 당부한다.

존스톤 기자는 1년 후인 1946년 9월 26일 귀국하였는데 그 전날 같은 모임에서 작별의 인사를 나누면서 지난 1년간 한국에 자유언론의 진전이 있었음을 치하하면서도 아직도 개선의 여지가 너무 많다고 주장했다. 또한 신문이 국민에 알리는 특권을 누리고 있는 만큼 이에 병행해 중대한 책임이 있다는 것을 호소하고 특히 언론의 책임이 진실을 캐내고 그것을 그대로 알리는 데 큰 사명이 있으니 여기에서 필자의 의견을 혼동하는 일을 삼가라고 당부하였다. 왜 아놀드 장군이 미국 기자를 동원하여 '뉴스와 의견의 분리'라는 기본원칙을 새삼 강의시켰는지 그에 대해 구체적으로 밝혀진 문헌은 없으나 짐작하기 어렵지 않다. 날로 무책임해지는 정론지에 크게 실망하고 있었던 것이다.

실제로 군정 초기의 언론은 좌파 지배하의 매일신보, 조선인민보 그리고 조선공산당 기관지 해방일보 등이 주류였고 그들은 신문이 공산주의 혁명을 위한 '집단적 선전자, 선동자, 조직자'임을 믿고 "보도의 목적은 뉴스를 상업화하는 데 있지 않으며 근로대중을 교육시키는 데 있고 명백히 책정된 목적에 따라 당의 지시하에 그것을 조직하는 데 있으며, 보도는 계급전쟁을 그대로 반영하는 것일 수 없다."는 공산주의 이론에 물들었던 것이다. 타스통신의 지배인 팔그노브는 뉴스에 관해 이렇게 말한 일이 있다. "뉴스는 조직되어야 한다. 그렇지 않으면, 그것은 단순한 사건 또는 일어난 일의 뉴스에 그치고 만다. 뉴스는 일정한 목적을 추구하는 것이어야 한다. 뉴스는 '사실'을 통한 선동이어야 한다. 뉴스는 교시적이고 훈시적이어야 한다."

군정 초기 좌파신문들이 언론 지배

존스톤의 정의와 좌파이론은 흑백간의 대조를 이룬다. 결국 그 후 군정 3년간 군정과 좌파언론 간에 전개된 도전과 탄압은 이렇듯 기본 철학의 대립에 기인한 것이었다. 그러나 여기서 간과해서 안 될 것은 우파신문 역시 역설적이지만 '뉴스를 조직'하고 '일정한 목적을 추구하는 것'이고 '사실을 통한 선동'이라는 점에서 원칙적으로 좌파와 일치하였다는 것이다. 다시 말해 좌우가 정도의 차이는 있었으나 다 같이 민주주의를 구가하면서도 다 같이 상대방의 존재를 인정치 않으려는 전체주의 철학을 실천했고 언론은 불행히도 대체로 그런 철학을 구현하는 하부기구였다는 느낌이다.

군정 3년 간에 발행된 신문 대부분은 타블로이드 2면이라는 제한된 지면이었다. 좌파신문, 특히 공산당 기관지는 말할 것도 없이 마르크스 레닌주의 신문 이론에 입각한 투쟁 일변도가 삐라신문이었다. 예컨대 남조선노동당 기관지인 노력인민 1948년 4월 12일 자는 1면 전체가 「인민들에 고함」이라는 박헌영의 논문 및 '박헌영 선생의 인민들에 고함에 대해 우리당은 어떻게 보답할 것인가'라는 주장으로 메워졌다. 1면 전부가 단 2건의 논문이었는데 2면은 1면에서 소화 못 한 박의 논문이 계속되었고 또한 「남조선 암흑상은 이렇다」는 논문으로 좌파 민주주의민족전선이 유엔 한국위원단에 보낸 의견서가 실렸다. 1, 2면이 단 3건의 논문으로 채워진 것이다.

물론 극단의 예지만 우파신문은 이렇듯 선전 일변도는 아니었으나 일방적인 기사만 싣는 것은 대동소이했다. 예컨대 동아일보 1945년 12월 20일 자 1면은 임시정부를 환영하는 환영대회로 메웠는데 9건의 기사 가운데 일단기사 2건이 환영대회와 관련 없는 것이었다. 또 한 가지 모든 신문에 공통된 것은 좁은 지면에 얼마 안 되는 기사 게재량인데 대부분이 정치에 관련된 기사였다는 사실이다.

예컨대 군정장관 아처 러치 소장은 1946년 1월 29일 기자회견에서 담화문을 발표하여 이렇게 말하였다.

"나는 한국의 신문이 직업윤리적으로 발전하고 있음을 축하하고 자랑으로 삼고 있다. 나는 1월 14일부터 20일까지 서울에서 발간되는 8개 주요신문에 실린 사설 전부를 조심스럽게 검토하였다. 33개의 사설이 실렸는데 그 가운데 5개만이 비정치적 사설이었다. 자유신문이 15일과 16일에 각각 '재단과 문화운동' 및 '성인교육' 에 관해서 논했고 동아일보가 14일에 '쌀값' 을, 조선일보가 15일에 '수사문제' 를, 그리고 서울신문이 15, 16, 17일 사흘 동안 '정책과 경제' 를 계속 논했다. 나머지는 모두 정치사설이다. 경제·사회문제를 사설로 다루기 바란다. 석유제품 문제, 교통의 장래, 상공업, 농업의 필요성, 의료복지, 어린이 문제 등 사설거리가 수두룩하지 않은가. 한국의 역사와 미래에 관해 사설거리가 넘쳐흐르는데 날이면 날마다 시시한 정치인들의 시빗거리만 사설화하는 이유가 무엇인가."

러치 장관은 그로부터 1년 후인 1947년 2월 21일 자 특별발표문에서 신문의 오보를 이렇게 개탄했다.

러치 장관의 한국신문 오보 개탄

"독립신보는 이틀 전 정부기구가 개편된다고 보도하였는데 그것은 사실무근이고 이 기사에 실린 허위 내지 왜곡보도와 싸우기 위한 조치가 곧 시작될 것이다. 나는 어제 기자회견에서 조직개편 계획의 현재 상황을 설명하고 한국인 관계관들에게 검토를 요청하였을 뿐, 나나 한국인 관계관이 승인한 것이 아니고 전혀 승인 안 할 수도 있다. 또한 독립신보에 실린바 특정 경찰관리가 해임되었다든가 곧 해임된다는 것도 전혀 사실무근이다. 한국신문이 확인 안 된 이야기를 게재하는 것은 대단히 위험한 습관이고 한국 사람에게 큰 위해를 주고 있다. 신문 편집자들은 정부 개편과 같은 중요한 일을 보도할 때 출판에 앞서 사실을 확인해야 할 의무가 있다."

러치 장관이 공개 경고한 정치편중 및 허위 내지 왜곡보도에 관한 불평은 빈번히 있었고 그것으로 법적인 처벌 또한 빈번히 뒤따랐다.

완전한 허위보도에 관련하여 중간파 지도자 김규식이 겪은 일화 한 가지도 인용할 가치가 있다.

1947년 7월 15일 밤 김규식이 여운형, 홍명희, 김호 등 중간파 정객과 키니, 위임스, 버취 등 군정요인들과 미군정 재무부 에드워드 배 씨 집에서 저녁을 먹으면서 밝힌 것인데 주요 내용은 다음과 같다.

그는 독립신보 및 다른 두 좌파언론인과 만나 신탁통치 및 미소공동위원회 등 당면문제를 이야기하면서 ㉮ 공동 성명 제5호에 서명한 정당, 사회단체는 미소공동위원회의 협의 대상이어야 하고 ㉯ 신탁통치문제는 지금 단계에서 왈가왈부하는 것이 유익하지도 않고 적절하지도 않으며 ㉰ 그것은 임시정부가 수립된 다음에 검토되어야 한다는 등 의견을 제시하였다. 그는 하도 미묘한 내용들이어서 기사화되기 전에 원고를 보여 달라고 부탁하였고 그렇게 하겠다는 약속을 받아 놓았다. 그리고 이틀 동안에 두 번이나 독립신보 측에 약속이행을 촉구하였으나 허사였다. 사흘째 되는 날 김 박사 부재 시에 신문사 측에서 교정쇄를 가져왔다. 그러나 그 후 좌파신문 3개에 통단제목으로 난 내용은 전혀 반대 내용인 데다가 그것은 김규식 단독의 견해가 아니라 '위대한 4대 지도자 허헌, 김원봉, 여운형 및 김규식의 공동서명'이었다는 것이다.

좌파신문의 혁명노선은 후에 다루겠지만 우파 반공 청년들도 잇따라 좌파신문사를 습격하였고 일부 극우파 신문은 폭력을 공공연하게 선동하고 인신공격을 일삼았다. 그 좋은 예가 1946년 5월 15일 3주간의 정간처분을 받은 대동신문의 경우다.

대동신문은 5월 15일 자 지상에 「민족혼을 가진 청년에게! 청년지사 박임호 군의 뒤를 이어라」란 장문의 기고를 실었는데, 그것은 좌파 지도자 여운형을 습격한 테러분자를 찬양한 것이다. 하지 중장은 즉각 대동신문의 발행정지를 명령하였다. 이는 미군정하 필화사건으로 최초의 발행정지 처분이었다.

대동신문은 창간 당시부터 저돌적인 반공신문으로 등장하여 압도적으로 우세한 좌파신문에 대항하여 공산당 및 그 동조자에 무지막지한 필주(筆誅)를 가하였다. 여기서 문제가 된 동지 논문의 일단을 들어본다.

"박헌영은 완적(頑賊)이요, 여운형은 요녀이다. 박적(朴賊)은 적색 파쇼의 본령을 발휘하여 미련스럽기가 짝이 없다. 탁치지지(託治支持)를 주장함에 민족감정도 불구하고 소련연방설을 국제 형세도 분별치 못하면서 함부로 지 껄이며…… 오히려 민족을 팔고 국가를 망치는 일에 득의양양하게 날뛰니 고 집불통도 분수가 없고 완악잔폭도 비유가 없는 박적(朴賊)으로 제명을 재촉 하며 소련의 명예를 박적(朴賊) 때문에 오해받게 하며 우리 민족을 영원히 파 멸시키는 완적 박헌영이다.

최초의 필화, 대동신문 발행 정지 처분

박의 완적형의 반대로 요녀형의 여운형 국적(國賊)은 연해 매소의 추파를 팔방으로 보낸다. 미국에는 인민당의 문서상 민주주의로 추파를 건네고 공산 당에는 노동 계급의 투쟁자로 대중인기의 웃음을 팔아먹으며 정당 명사 간에 는 건준 이래 남은 세력으로 국내에서는 자기를 빼놓으면 아무 일도 안 될 것 처럼…… 최근에 하는 짓은 하루에도 열두 번씩 변하면서 요녀 배정자는 정 식 결혼 49회라더니 요부형 여운형아 묻노니 정치적 변절 무릇 몇 번에 영영 매국적이 되고 말았느뇨. 우리는 박적의 완폭을 응징하여야 하고 여적의 요 염스러운 추파에 홀리지 말아야 한다.”

하지 중장은 5월 15일 신문 발표문에서 이렇게 개탄하였다.

“내가 여러 번 지적한 대로 나의 근본 목적은 남조선에서 완전한 출판 자유 를 육성하는 것이었다. 나는 창졸히 자유를 얻어 남용 없이 운용하는 것이 결 코 용이한 사업이 아님을 잘 이해한다. 일반적으로 조선의 신문은 이 자유를 운용하는 데 있어서 완숙의 도를 가하고 점차 이지적으로 발전하였다. 그러나 이번 신문사에 있어서는 여러 가지 언론에 있어서 종종 그 권리를 남용하여 연합국의 일원을 비방하고 훼손죄의 기본 법규를 침범했을 뿐 아니라 때때로 대중의 증오심을 자극하여 살인 등 폭행을 선동하여 살인행위를 찬양한 바 있는 것은 심히 유감스런 일이다."

여기서 하지는 대동신문이 복간 후 다시 같은 일을 반복하면 아예 폐간시키겠다고 경고하고 다른 모든 신문에 대해서도 인신공격, 명예훼손, 허위보도를 일삼는 행위에 대해 용서치 않겠다는 결의를 표명하였다.

이미 지적한 대로 미군 진주를 전후해서 전국적으로 좌파세력이 기선을 제압하였는가 하면 좌파가 언론계를 지배하였다.

일제 말 우리말 신문으로 발행된 총독부 기관지 매일신보만이 신문사로서의 완전한 시설을 갖추고 전국적 판매보급망을 가지고 있었는데 좌파주도하의 자치 동인회가 생겨 논조를 좌우하였다. 매일신보와 발맞추어 인민공화국의 대변지 조선인민보가 9월 8일 창간되었고 10월 9일에는 일인소유 근택인쇄소를 접수한 조선공산당이 해방일보를 창간하였으며, 그밖에 자유신문(1945년 10월 5일 창간), 중앙신문(1945년 11월 1일 창간) 등 좌파지가 속속 태어났다.

1945년 10월 23일 개최된 전조선 신문기자대회는 좌파기자들의 주도로 이루어져 250여 명의 기자가 모인 가운데 인민공화국 지지를 선언하고 좌파계열의 기자단체로서 조선신문기자회를 발족시켰다.

이에 반하여 얼마 안 되는 인쇄시설을 좌파에게 선점당한 우익지의 진출은 더딜 수밖에 없었다. 1945년 10월 25일 대동신문이 우익을 자처하고 발간되었고 1945년 11월 23일 조선일보, 12월 1일 동아일보가 복간되어 좌우가 어느 정도 균형을 맞추었으며 당시의 정계와 사상계의 흐름에 따라 언론계도 좌우대립이라는 혼란 속에 빠져들게 되었다.

좌파언론이 최초로 미군정에 도전한 것은 1945년 11월 10일 아놀드 군정 장관의 특별성명에 대한 보도거부 사건이다. 이날 아놀드 성명은 인민공화국이 정부일 수 없고 군정만이 유일한 정부라는 종래 입장을 밝힌 것인데, 일부 좌파언론에서 인민공화국 정부가 1946년 3월 1일에 총선거를 실시한다고 보도한 데 대해 크게 반발하여 매우 강압적인 태도로서 성명을 발표한 것이 동 성명 첫머리가 「한국의 언론에게」라는 제목이었고 첫 구절이 "오늘 내가 말하고 여러분에 건네주는 이 글은 모든 신문의 1면에 눈에 띄게 실어야 하고 이것은 명령의 뜻이 담긴 요청이다."고 전제하였다. 민주주의적 정부 발표문으로서 있을 수 없는 위압적인 것이었다.

조선 동아 복간 뒤 언론 좌우대립 혼란

폭탄 성명이었다. 무례한 용어도 있었다. 그러나 그것은 정부를 사칭하는 인공과 좌파 주도하의 모든 반군정 언론에 대한 강한 불만의 표시였다. 조선인민보, 해방일보 등 좌파신문이 아놀드 장관의 성명을 보도 거부하였는가 하면 군정청 재산인 매일신보조차 자치위원회의 간여로 제2판에서 동 성명을 삭제하는 소동이 벌어졌고 H생이란 익명으로 「아놀드 장관에게 고함」이란 글을 실어 한국 지도자를 향한 무례한 공격을 나무라면서 동 성명서를 논박하였다. 그러나 미군 정부의 강경한 태도로 말미암아 조선인민보는 이를 뒤늦게 12일 자 지상에 아놀드 장관의 성명 전문과 이와 같은 길이의 인민공화국 중앙인민위원회의 반박 담화문을 실었다.

이 사건으로 매일신보는 3일 동안 신문 발행 정지를 당하였다. 11월 10일에는 매일신보의 경영상태에 이상이 있다 하여 군정 당국이 다시 발간 중지령을 내렸다. 전 언론계가 반발하여 이것이 미국식 언론의 자유냐고 아우성쳤다. 납득이 안 가는 조치였던 것도 사실이다. 그러나 군정으로는 군정소속의 신문이고 전국 보급망을 가진 사실상 유일한 신문이 사사건건 군정에 반대하고 인민공화국 기관지 노릇 하는데 더 이상 참을 수 없다는 판단 아래 강권을 행사한 것이다. 10일 후 아놀드 장관은 새로운 임원으로 사장에 오세창, 주필에 이관구를 임명하여 제목도 서울신문으로 바꿔 11월 23일부터 속간토록 하였다. 복간 당시 부수는 10만 부로 제한하였는데 용지 사정을 감안한 것으로 단연 제일가는 부수였다.

1946년 들어 모스크바 삼상회의 결정을 에워싸고 이를 지지하는 좌파와 신탁통치를 절대 반대하는 우파 간의 대립이 도저히 타협할 수 없을 정도로 날카로워졌다. 3월에 열린 미소공동위원회도 좌우 대립을 그대로 반영, 성과 없이 결렬되고 말았다. 소련 측은 반탁세력을 조선임시정부 구성의 협의 대상에서 제외하자는 주장이었고 따라서 좌파중심의 정부를 세우자는 것이었고 미국 측은 '표현의 자유'라는 명분으로 반탁하는 사람과 단체도 모스크바 결정의 목적에 찬동하면 협상 대상에 포함시켜야 한다는 주장이었다. 사실상 모두 정치 신문이었기 때문에 좌·우 갈라서 필사적인 논전을 벌였고 곁들여 신문사를 습격하는 좌·우파 정치 테러가 잇따랐는데 신탁통치 문제를 에워싸고 갈라선 신문은 다음과 같다(1946년 4월 말 현재).

△ 좌파지=해방일보, 조선인민보, 자유신문, 서울신문, 중앙신문, 현대일

보, 독립신보

　△ 우파지=동아일보, 조선일보, 민중신문, 대동신문, 대한독립신문

　좌우파가 필봉으로 또는 폭력으로 혈투하는 가운데 앞서 언급한 대로 5월 15일에는 대동신문에 대한 3주간의 정간 처분이 내려졌다. 1945년 10월과 11월 두 번에 걸쳐 매일신보에 대한 정간 처분이 있었으나 표면상 정치적인 이유를 내세우지 않았고 매일신보가 군정청 소속 재산이라는 개념이 있었다. 그러나 대동신문에 대한 3주간의 정간은 하지 중장이 공식성명을 내면서 다른 신문에 대해 자유남용을 경고한 공식적인 것이었다. 이어 5월 15일에 정판사(精版社) 위조지폐 사건이 발생, 공산당 본부이던 정판사 건물 안에서 발행하는 해방일보가 이 사건에 도전하다가 18일 정간 처분되었다. 군정 당국 발표로는 공산당 재정부장의 지휘로 900만 원의 위조지폐가 제조되었고 50만 원이 해방일보 제작에 쓰였다는 것이다.

위조 지폐 사건으로 언론 통제 강화

　결국 조선정판사 사건으로 말미암아 미군정의 언론에 대한 자유방임정책은 그 한계점에 달했으며 또한 당시의 국제 정세가 미소 간의 냉전 체제로 굳어져 가고 있는 단계였으므로 미군정은 공산당 및 좌익지를 통제하는 정책을 실시함으로써 미군정의 존립을 보호하고 그들의 이데올로기를 남한에 이식할 수 있으리라고 판단한 것 같다. 따라서 조선 공산당의 위조지폐 사건은 좌익 언론의 수명을 단축시키는 계기가 되었으며 미군정하에 있는 언론에 대한 통제가 명문화되고 선별적 언론 통제가 강력히 실시되는 계기가 되었다.

여기서 법적으로 명문화된 것이 1946년 5월 29일 공포된 군정법령 제88호이며 이로써 자유주의적 군정법령 제19호가 없어지고 '신문국 기타 정기간행물'이 정부의 허가를 받아 태어날 수 있게 된 것이다. 법령 제88호가 공포된 때까지 이미 242개의 정치, 종교, 문예, 사회과학 등 각 분야에 걸친 일간신문, 통신 그리고 각종 정기간행물이 공보부에 등록되어 있었고 군정 당국이 이러한 법령을 공포한 것은 첫째로 무질서한 각종 정기간행물의 범람을 막는 것과, 둘째로는 좌익 계열의 결사적인 언론 선동공세를 봉쇄하는 데 그 저의가 있었다고 보아야 하겠다. 이에 관하여 그 후 7월 18일 러치 군정장관은 특별성명서를 발표하여 용지부족을 전적인 이유로 들었다. 물론 용지생산의 극도의 부진도 커다란 이유임에 틀림없었다.

이 법령의 중요성은 종전 군정법령 제19호에 의한 등록제를 허가제로 변경, 폐간·정간 등의 제도를 신설하여 사전억제를 도입하였다는 데 있다. 즉 동법령 제1조는 허가 없는 신문 등의 발행을 불법화함과 동시에 무허가 발행물의 배포, 판매, 전시 등의 행위를 모두 금하였다.

신문 등 정기간행물의 발행에는 군정청 상무부의 허가를 얻어야 하며(동법령 제2조) ① 허가 신청서에 허위 또는 오해를 불러일으킬 신고 또는 태만이 있을 때 ② 위의 요구한 바와 여한 신청서 기재사항 변경 신고에 유탈(遺脫)이 있을 때 ③ 법률에 위반이 있을 때에는 허가 당국이 그 허가를 취소 또는 정지할 수 있고(동법령 제4조), 외국간행물의 배로에도 상무부장의 허가를 요하였다(동법령 제5조).

동 법령에 의거하여 과도정부는 1947년 3월 26일 공보부령 제1호(정기간행물 허가 정지에 관한 건)를 공포하고 동일자로부터 신규 허가는 정지하며 일정 기간의 간행실적을 이행치 않는 간행물의 발행 허가가 자동 취소됨을 규정하였다.

군정법령 제88호에 따라 허가제가 실시됨으로써 한국 언론은 해방 후 불과 1년이 채 못되어 서구적인 신문 자유의 개념을 잃고 사전억제의 굴레를 쓰게 되었다.

신문 등록제에서 허가제 등 사전억제로

1946년 여름에서 가을에 이르기까지 남한은 좌파주도의 혁명적 소요가 소용돌이쳤다. 그해 5월 미소공위가 '표현의 자유' 문제로 깨지자 미국은 이승만과 김구 등 극우세력 그리고 박헌영의 공산당 등 극좌세력을 배제하는 가운데 중도세력 중심의 좌우합작을 종용하였다. 소련과 손을 잡아 38선 해소 등 남북한 통합을 기대했던 워싱턴은 이제 좌우온건세력을 합작시켜 미군 지배하의 남한에 임시 자치정부 수립을 고안한 것이고 이에 따라 김규식과 여운형의 좌우합작 운동이 벌어져 그 결과로 46년 12월에는 남조선에라도 입법위원이 발족하고 47년 봄에는 실무적인 행정에서 미군이 손을 떼는 남조선 과도정부가 성립되었다. 한편 이승만과 김구는 미군정하가 아닌 독자적인 단독정부 수립을 추진하였는가 하면 박헌영의 공산당은 대중선동에 의한 인민혁명을 시도하여 10·1 폭동이라는 민족적 비극이 벌어졌다. "우리는 여기서 하나의 혁명을 정지시켰다."는 에드가 스노우의 말은 여기서도 해당된다. 미군의 직접 개입 없이 대구폭동을 진압하기 어려웠을 것이 분명하니까.

이 혁명과 반혁명의 소용돌이 속에 당연히 좌파신문은 혁명의 집단적 조직자요, 선전자요, 선동자였다. 1946년 9월 미군 사령부는 조선인민보가 북한 소련 당국으로부터 신문 제작에 '일일지시'를 받고 있는 것을 입증하는 문서를 공개하였다. 친소반미 선전선동의 구체적인 지령이었다. 9월 1일에 들어서 하지 장군은 공산당의 허위 기만 선전을 규탄하는 특별 담화 「조선 민중에게 보내는 말」을 발표하였다.

첫째, 좌익 언론의 선동과 선전의 목적은 미군정에 대한 허위기사를 게재하여 한국 민중으로 하여금 미군정의 조선재건을 위한 원조와 노력을 불신임하게 하는 데 있었으니 포고 제2호 위반이다.

둘째, 민중의 고난과 유행병을 치료하기 위하여 미군정이 미국에서 수백만 달러의 의약과 식량을 가져와서 한국민을 위하여 사용하였는데 언론에서는 이러한 원조는 미국이 한국을 식민지화하기 위한 행위라고 허위기사를 게재했다.

셋째, 미군정은 남한의 행정부에 한국인을 등용하여 조선임시정부가 수립되기까지 남한의 행정과 운영에 관여할 기회를 주기 위하여 입법의원을 조직하려는데 좌익언론들은 이를 군정 연장의 수단이라고 허위 기사를 게재하였다.

넷째, 미군정은 식량이 필요한 전재민과 도시주민 등을 위하여 곡물을 수집하고 있었으며 수집과정에서 농민들에게 충분한 대가를 지불하고 있었음에도 불구하고 좌익언론들은 이에 대하여 거짓 선전을 일삼고 있었다. 즉 미군이 먹고, 본국에 실어가기 위해서 곡물을 수집하는 것이며 또한 수집한 곡물의 일부는 모리배에게 넘어간다고 선전했다.

다섯째, 남한의 경찰들이 국민을 보호하고 국민에게 봉사하는 책무를 충실히 이행하고 있었음에도 불구하고 경찰이 모 당의 사주를 받아서 정치운동을 한다고 허위선전을 했다.

여섯째, 따라서 이들 좌익언론들의 선동 및 선전활동에 대하여 그대로 묵인할 수가 없었으며, 이들 좌익언론에 통제를 가할 수밖에 없다.

하지 장군 특별 담화, 좌파신문들 정간

이 성명이 있은 지 며칠 안 돼 9월 6일 조선인민보, 중앙신문, 현대일보 등 극렬 좌파지가 맥아더 포고 제2호 위반으로 정간되었다. 결정적인 철추였다. "구체적으로 어떤 기사가 포고 제2호에 저촉되는가?"라는 질문에 러치 군정장관은 이렇게 답변하였다. "한 기사만이 저촉된 것이 아니라 많이 있다. 군정청에 대해서 얼마든지 비판할 수 있다. 그러나 군정을 방해하거나 없애고자 하는 것은 안 된다. 특히 미군정에 관한 것은 맥아더 사령부에 관련이 있다. 어떤 신문이든지 마음대로 써도 좋고 공산주의를 찬양해도 좋다. 그러나 미군을 조선에서 내쫓고자 민중을 선동시키는 것은 포고령 2호에 위반된다."

정간 당시 조선인민보는 약 3만 5천 부의 발행 부수였고 나머지 두 신문의 부수는 합쳐 4만 부 정도였다. 당시로써는 결코 적은 수가 아니었으므로 좌파로서는 큰 타격을 받았다.

좌파 3개지 정간에 좌우파신문은 역시 찬반으로 대립되었다. 우파의 한성일보는 "그들이 언론의 자유를 남용한다."고 동조했는가 하면, 좌파의 독립신보나 자유신문은 정간의 이유가 분명치 않다고 반박하였다. 좌파신문에 대한 통제가 심해지자 좌익계열은 이미 허가된 좌익지를 매수하여 새로운 제호로 신문을 발간하는 한편 미군정과 직접 맞서는 실력 행사를 감행하였다.

그해 9월 하오 부산 지역의 철도 종업원들이 파업을 단행한 것을 시작으로 전국에 일제히 총파업이 벌어지자 각 신문사의 종업원들도 이에 호응, 9월 26일 저녁부터 약 1주일간 신문파업을 단행하였다. 좌익계열이 중심이 된 출판노동조합의 요구 조건은 노동자에게 쌀을 4홉씩 배급하라는 것과 1946년 9월 6일 발행정지 처분을 받은 좌익계 유력지인 조선인민보, 현대일보, 중앙신문을 복간시키라는 것 등이었다.

하지 중장은 10월 12일 성명서에서 다시 한 번 신문의 자유에 동반되어야 할 신문의 책임을 강조하면서 정간된 3개 신문을 "영구히 정간시키고자 하는 것이 아니다."고 말하고 "만일 책임자들이 자기 입장을 설명하고 책임을 적당히 진다면 다시 재간할 수도 있을 것"이라고 태도를 누그러뜨렸으나 끝내 같은 제호로 같은 종류의 신문이 나타나지는 않았다.

앞에서 다룬 좌파신문의 혁명 선동과 이에 대한 군정 당국의 단호한 억제는 조선인민보, 현대일보 및 중앙신문의 정간으로 끝나지 않았다. 왜냐하면 좌파는 이상 3신문의 정간과 더불어 다른 군소지를 접수하여 이름을 바꿔 좌파대변지로 삼아 무저항 언론을 멈추지 않았기 때문이다. 남로당 기관지 노력인민과 역시 좌파주간지 건국은 위조지폐 사건이 있은 1년 후에 이 사건에 대한 반격을 시도하였다. 전자는 1947년 7월 2일 자에 위폐사건 주범인 이관술을 찬양하는 글을 실어 말썽을 일으켰는가 하면 후자는 7월 21일 자에 「반공특공대 검사와 판사」라는 기사로써 위폐사건을 다룬 사직당국을 규탄하였다. 건국의 주필 김광수는 구속기소되어 11월 11일 서울 지방심리원에서 징역 8개월에 2년간의 집행유예를 선고받았는데 근거는 포고령 제2호 위반과 광무신문지법 위반이라는 것이었다. 포고령 위반은 군정하의 실정법으로 간주되지만 구한말 1907년 7월 27일 대한제국 법률 제1호로 공포된 광무신문지법이 미군정하에 발동된 것은 대경실색할 노릇이 아닐 수 없었다.

광무신문지법은 일제가 한국을 침략하는 도구로서 구한국정부로 하여금 제정케 한 것인데 언론의 자유에 대한 광범위하고 강력한 제한 조치였다. 한일합방 이후에도 조선에서 효력을 유지한 동법은 총독부의 행정처분에 의한 발행정지 및 금지의 권한을 규정하여 일본 본토에 적용된 신문지법보다 훨씬 무거운 행정적 제재를 규정하고 있었다. 따라서 동법이 일제의 식민지 통치를 위해 강력한 무기를 제공한 반면 우리 언론에 대하여는 굴욕적인 굴레가 되었기 때문에 일제 통치기간을 통하여 그 철폐의 여론이 끊이지 않았던 것이다.

신문 수 줄여달라고 군정청에 청원서

더욱 해괴한 것은 군정청 안에서도 부처 간에 이 법의 존재 여부는 견해를 달리하고 있었다는 점이다. 함대훈 공보부 공보국장은 1947년 8월 7일 "신문지법은 치안 유지법과 함께 미군 진주 직후 철폐되었다."고 밝히는데 반하여 조병옥 경무부장은 이틀 후 "경찰이나 재판소의 견해로는 신문지법은 아직도 전부 폐지되었다고는 보지 않는다."고 그 존속 유효를 주장하였다.

피고 김광수는 일심에 불복 상고하였는데 1948년 4월 7일 고등법원 김문설 판사는 원심을 파기하고 벌금 3만 원을 판결하였다. 판결문에서는

"……신문지법은 통감부 시대인 광무 11년 7월에 제정된 것으로 한국인에게만 적용한 것은 명확한 사실이다. 8 · 15 직후 발포된 미군정 포고 제11호

2조에 종족을 이유로 하여 차별을 발생케 하는 법률은 이를 무효로 한다고 되어 있으므로 신문지법을 적용할 수 없다."고 밝혔다. 그러나 대검찰청 비상상고로 말미암아 전기 고등법원 측의 판결이 파기되었다.

신문지법은 미군정이 끝나고 대한민국 정부가 수립된 후에도 이승만 정부가 존속한다는 견해를 취하여 한국 언론사상 하나의 오점을 남겼다. 그 후 1952년 3월 19일 부산의 피난 국회에서 신문지법은 비로소 폐기결의가 가결되었다.

1947년 9월 미국대통령 특사 앨버트 웨드마이어 장군 일행이 한국을 방문, 미군정의 현실을 파악하고 돌아갔다. 미국대통령 특사를 맞아 국내 각계각층에서는 큰 기대를 걸고 면담을 하고 진정서를 냈는데, 그 가운데 한성일보 주필 이선근의 청원서가 언론인의 입장에서 매우 흥미롭다. 1947년 9월 2일 부 청원서 요지를 소개하면 다음과 같다.

"지금 남조선에는 서울에 30개, 지방에 50개 등 도합 80개의 일간신문이 있습니다. 그 밖에 수백 종의 주간지, 월간지가 있습니다. 그것은 자연 에너지와 자원의 낭비입니다. 이 사정을 시정하기 위해서는 권취(卷取) 인쇄용지의 수입이 윤전기를 갖춘 발행인들에만 허용되어야 합니다. 그러므로 자연도태를 통하여 남조선에 많아 봐야 10대 신문 정도만 남겨놓고 군소신문이 없어지고 여론을 좀 더 완전히 반영토록 해야겠습니다."

지금 생각하면 기상천외의 청원서라고 말할 수 있다. 이미 미군정은 법령 88호를 무기로, 1947년 3월 16일부로 정기간행물을 그 이상 허가 안 하기로 결정한 바 있었으나 사이비 언론 기관이 경향 간에 발호하고 있었던 것이 분명하다.

군정법령 제88호가 공포된 얼마 후인 1947년 9월 현재 군정청에 기록된 언론기관의 개요는 다음과 같다.

- 일간지 57개사가 허가되어 있고 그 가운데 실제로 발행 중인 것은 46개 뿐이었는데 월간 총 부수는 1천2백 49만 1천2백 80부로 되어 있다. 매일 발행 부수가 41만 부라는 통계이다.

- 통신지는 13개가 인가되어 있고 9개가 가동 중이었는데 월간 총 부수는 8만 3천7백 부 그러니까 하루 2천8백 부라는 것이다.

- 이밖에 주간지가 49종 인가에 33종 가동, 월간부수 1백3만 5천1백 부이다.

- 잡지는 과학 계통이 4종류 인가에 2종류 가동으로 월간부수가 1만 부, 청소년지가 29개 인가에 10개 가동에 16만 부, 공공지는 42개 인가에 21개 가동인데 월간부수가 17만 9천7백 30부 등이다.

- 이밖에 정경, 종교, 여성, 은행 등 간행물은 수십 종을 헤아렸고 모든 간행물 총수는 281종이었다.

1946년 11월 현재 서울에서 발행된 주요 신문의 부수는 다음과 같다.

△조선일보 45,321 △동아일보 43,413 △대동일보 24,328 △대한독립신문 23,000 △한성일보 25,000 △서울신문 68,479 △독립신보 12,400 △자유신문 25,000 △수산경제신문 20,000 △서울 타임스 4,563 △공업신문 13,000

미군정에서 조사한 주요 일간지 부수의 첫 기록인데 합계는 34만 2천 부로 나타났다. 이상으로 첫째 놀라운 것은 인구 2천만이 안 되고 가독률 20%밖에 안 되며 구매력이 거의 없는 상태에서 신문 등 간행물의 수가 엄청나게 많다는 것이고 둘째로는 따라서 부수가 미미하다는 것, 다시 말해서 언론의 기능과 힘이 어느 정도였는지 단정해서 말하기 어렵다.

1947년 4월 11일에 제24군단 정보처(G-2)는 남조선 일간신문에 관한 소상한 군사보고를 작성하였다. 이 보고 제1부에서는 서울에서 발간된 일간지의 성향과 부수를 다음과 같이 발표하였다.

●극우파

① 동아일보 47,000 ② 현대일보 20,000 ③ 민중일보 12,000

●우파

④ 대동신문 32,000 ⑤ 한성일보 265,000 ⑥ 경향신문 60,000 ⑦ 조선일보 49,000

●중립파

⑧ 세계일보 8,000 ⑨ 서울 타임스 3,000

●좌파

⑩ 민보 11,000 ⑪ 서울신문 65,000 ⑫ 자유신문 40,000 ⑬ 중외신보 25,000

●극좌파

⑭ 독립신보 29,400 ⑮ 노력인민 14,500

이상 15개 일간지를 소개하고 여기서 현대일보의 경우 그전 해 정간되었던 좌파 3지 가운데 하나이지만 극우 인사 서상철이 접수해서 극우로 돌았고 우파였던 대한독립신문이 민보로 이름을 바꿔 좌파로 전향하였는가 하면 좌파 자유신문을 신익희가 접수하여 좌에서 우로 돌고 있는 중이라는 주석을 붙였다. 대체로 신문은 경제적 기반이 취약하고 따라서 정치세력의 선전 도구 노릇을 하는 경향이 있기 때문에 신문의 생사와 논조의 변천이 무쌍하였다고 볼 수 있다. 이 무렵까지만 해도 신문의 좌우편향은 중도 내지 좌파가 부수에 있어서 우세하였다는 기록이 있는데 1년 후인 1948년 7월에 이르렀을 때 대세는 우파 쪽으로 기울어졌다. 이때 남에서는 48개의 일간지가 있었는데 27개가 서울에서 발간되었고 주간지는 도합 67개, 그 가운데 55개가 서울에서 나왔다. 월간 잡지는 도합 125개인데 서울에서 나온 것이 114개였다. 7개의 통신이 있었고 7개의 격월간이 있었다. 서울에서 발행된 주요 신문 부수에서 나온 모든 주요 일간지는 다음과 같다.

서울에서 발행된 주요 신문 부수

△동아일보(온건우파) 60,000 △경향신문(우파) 71,000 △한성일보(온건우파) 26,000 △조선일보(온건우파) 58,000 △서울신문(온건우파) 76,000 △자유신문(온건우파) 50,000 △평화신문(극우파) 15,000 △세계일보(좌파) 16,000 △조선중앙일보(좌파) 15,000 △서울 타임스(좌파) 3,000 △독립신보(공산계) 20,000

여기서 주목할 것은 1년 전에 좌파로 분류되었던 서울신문, 자유신문 등 유력지가 우파로 선회했다는 사실이다.

미군정의 언론정책을 크게 긍정적으로 평가할 수 있는 대목이 있다면 정례 기자회견으로써 공개행정을 시도했다는 것을 지적할 수 있다. 하지 중장은 한국에 상륙한 지 4일 만에 기자회견을 열어 광범위한 군정의 방침을 밝혔고 매주 한 번씩 화요일마다 정례 기자회견을 가졌다. 주한 미군 사령관이며 명실상부한 최고 통치권자였다. 조선조시대 군왕이나 일본 총독을 대체한 존재이거늘, 그가 이름 모를 기자들과 매주 만나 격의 없이 문답을 나눈다는 것은 전에는 상상조차 할 수 없는 일이었다.

그러나 미군의 경우 미국식 민주주의를 소개하고 주지시키고 익히게 하려 했던 것이고, 그럼으로써 한국 민중과 간접적으로 접촉하고자 했던 미국식 홍보 정책의 일환이었다. 하지 중장의 정례 기자회견은 아놀드 소장이 군정 장관으로 임명됨에 따라 10월부터 아놀드 장관의 기자회견으로 바뀌었다.

그러나 군정 당국은 최고 통치권자의 정례 기자회견에 그치지 않고 다른 날에는 공보장교의 기자회견을 열었고 일요일에는 기자회견 대신 장도빈(민중일보 사장)을 의장으로 하는 편집·발행인의 모임인 조선신문주간회와 만나 '책임 있는 언론'을 확보하려 하였다.

제24군단사(초안)는 이렇게 전한다. "기자회견은 그날 토론된 의제에 따라 대개 20분에서 한 시간가량 진행되었다. 출석인원은 15명에서 근 40명일 때도 있었다. 회합 초에는 대개 영어·한국어, 그리고 처음 얼마 동안 일어로 된 공식발표 유인물을 배부하였다. 그리고 질의 문답이 뒤따랐는데 당면 시사 문제가 제기되었다. 대부분 스스로 진보파라고 부르고 다른 사람들은 극렬파 또는 공산주의자로 부르는 분자들이었다."

여기에 대한 장기봉(당시 대동신문기자)의 회고담은 좀 더 흥미 있다.

"우리에게 신기한 것은 아침 10시에 공보부장이 직접 중앙청 제1회의실로 나와 일일회견을 갖는 것이었다. 이 제도는 미국식이지 일본적인 것이 아니었다. 기자는 누구나 제한 없이 출입이 허용되고 일일 발표문은 누구나 가질 수 있고 어떤 질문도 할 수 있으며 살인방화를 선동하지 않는 한 뉴스는 다 쓸 수 있으며 말이 군정이지 비판은 얼마든지 가능했다. 초대 군정장관 아치 볼드 아놀드 장군은 매주 화요일 오전 10시에 나와 주례 정례회견을 가졌으며 그는 이런 기회마다 미군의 목적과 정책을 알리려 했다. 그는 당시 미 제7보병사단장을 겸임한 터이었고 해서 얼마 안 가서 법률가이며 미육군의 헌병감이던 아처 L. 러치 소장이 그 자리를 이어받고 장관 대리에는 명석한 듯 보이는 미육군성의 인사국장을 했던 헬믹 준장이 그의 행정을 보좌했다.

미군정의 언론전략, 정례 기자회견 열어

미군정은 이들이 잡음으로써 본궤도에 올라선 듯했다. 식량정책, 입법의원 등 그들이 민생문제나 정책의 입법 등 주요 지표를 과감히 밀고 간 것이 이때였다. 이들의 언론정책은 미국의 전통적인 '표현의 자유' 정신에 별달리 첨가함이 없이 만족할만한 자유를 흡족히 주었으며 눈치 보고 이야기하고 귀엣말로 표현하는 것이 기자 사회에는 없었다. 해방 후의 좌우세력 속에 좌우의 언론들이 공동생활과 같은 기자단 속에서도 취재경쟁을 능력대로 할 수 있게 되어 있어서 보도의 자유가 침해된 것은 없었다. 미군정과 기자와의 언어와 소통문제도 기자 중에는 영어 실력이 있는 기자도 있고 문서를 영문으로 해독하는 기자도 많고 꼭 필요하면 한국 관리가 옮겨주기도 해서 의사의 교류에 큰 문제는 없었다.

오늘날 중앙청 기자단의 전신은 이때에 시작되고 기자들은 그 엄격한 김병로 사법부장실에 들러 차라도 얻어 마실 수 있었고 호방한 조병옥 경무부장실에 들어가도 취재에 지장을 받지 않았다.

러치 장군이 발병해서 타계하자 전쟁 시의 24사단장 윌리엄 딘 소장이 그의 뒤를 이었다. 미육군에서 제일 연소한 장군이 된 그는 무골이어서 점심때 헬믹 소장과 걸어서 육판동의 숙사까지 가곤 했고 우리들과도 자주 개인 접촉을 가질 수 있었다.

군정 3년을 돌아볼 때 미국식으로 언론이 자유로워도 정부에 지장이 없는 그런 제도가 존재할 수 있었다는 것이 의미심장하다는 것을 지금 우리는 되새길 수 있다. 하물며 그때의 혼란스러운 정치양상과는 별개로 그때는 유언비어가 없었다.

사회불안을 조성하려는 쪽에서 유언을 퍼뜨려도 그 유언은 성사를 얻지 못했다. 언론이 자유로워서 진실이 늘 보도되기에 이런 장난이 이길 수가 없었다. 숨기는 것이 없는데 의심이 가지 않는 것이었다. 자유란 선용에서 얻는 것이 많고 자유를 이 명목 저런 이유를 걸어서 눌러 때리면 그때는 도움이 될 듯해도 결과는 많은 손실이 온다. 미군정은 실정 모르는 외국인이 3년간 통치하면서도 언론자유 하나로 잘못된 모든 것을 커버한 셈이다.”

미군정의 자유주의적 언론정책은 미군정이 접수 운영한 서울 중앙방송국에 공산당을 포함한 주요 정당에 공정하게 참여할 수 있는 길을 열어준 데에서도 엿볼 수 있다. 즉 1945년 11월 30일부터 4대 정당에 15분씩 정견발표의 기회를 주었는데 제1착으로 11월 30일 조선공산당, 12월 7일에 인민당, 12월 14일에 국민당, 그리고 12월 21일에 한국민주당의 순서였다.

1945년 12월 1일에 복간된 우파신문 동아일보는 타블로이드 2면밖에 안 되는 좁은 지면인데도 12월 2일 자에 「4대 정당 정견발표 방송, 제1회 조선공산당」이라는 제목으로 소상히 보도하였다.

이와 같이 우파신문이 극좌파 공산당의 정책을 이렇듯 보도한 것은 당시의 당파주의 언론에서 보기 드문 예외였다.

방송국에 공산당 포함 정당 참여 길 열어

　미군이 진주한 직후 군사통치 기구를 만드는 데 있어 "기존 일본의 행정기구의 기능을 감독한다."는 것이 맥아더 사령부의 기본방침이었다. 그러나 워낙 한국인의 반응이 나쁘다는 것을 감지한 하지 장군은 곧 아베 총독 등 일인 통치자들을 해임하고 미군 고위장교로 고위직을 대치시켰으나 대체로 총독부 직제를 모델로 하는 통치기구를 만들어 아놀드 소장을 군정장관으로 임명하고 그 아래 민정장관을 두고 그 직속으로 사무처를 두어 총무, 외교, 정보 및 홍보, 인사, 군정 관리 및 기획감사처 등을 두었다.

　민정장관 밑에 별도로 경무국, 광공국, 법무국, 통신국, 운수국, 보건사회국, 재무국, 문교국, 농상국 등 9개국을 두었다. 이 편제는 대체로 일본 총독부기구를 답습한 것으로 민정장관을 수반하는 내각을 구성한 것이다. 정보 및 홍보처는 사무처 소속으로 독립된 국의 지위를 얻지 못하였다.

　미군이 한국에 상륙해 미군정의 통치기구가 성립하기 전 하지 중장이 이끄는 제24군단 산하의 정보처는 한국 국민에 대한 홍보를 시작한 바 있다. 제24군단사(초안) 요강에 따르면 8월 말까지 일본총독부의 홍보기능(주로 언론기관에 대한 검열 기능)은 마비되었고 서울에서는 유언비어가 만발하였다는 것이 일본총독부가 미군에 보낸 무전보고였으며 서울에 있는 일본군 사령관은 8월 28일 제24군단에 급전을 보내 법질서 유지에 미군의 조속한 진주를 호소하였다. 이에 호응하여 미군은 9월 1일과 9월 5일 두 번에 걸쳐 대량의 팸플릿을 공중투하하여 ① 한국 사람에게 질서유지를 명령하였고 ② 일본 군에 대항하는 시위나 미군을 환영하는 시위도 금지시켰고 ③ 끝으로 일본정 부의 명령도 묵시적으로 따라야 한다고 밝혔다. 뿐만 아니라, 앞서 지적한 대로 진주군은 1945년 6월 통합참모부 결정과 맥아더 사령부의 지시에 따라 기존 일본총독부를 물려받아 활용한다는 방침이었으므로 공보행정도 미군의 지시하에 일인 관리를 그대로 존속시킨다는 것이었다. 한국인의 반일 감정을 전혀 이해하지 못한 워싱턴의 결정은 진주 즉시 포기될 수밖에 없었다. 다만 일인 밑에 일하던 한인 직원은 그대로 남아 있었지만 친일파를 비호한다는 비난을 받을 수밖에 없었다.

미군정의 홍보관계 부서는 군정청사무처의 한국인관계 및 정보과(Korean Relations and Information Section=KRAI)로 명명되었고 포울 헤이워드 중령이 처장을 맡았고 그 밑에 데이비 B. 튜크 소령, 윌리엄 F. 라하트 소령 및 5명의 사병이 배치되었으며 약 20명의 한국 사람이 번역과 통역을 맡았다.

그들이 내세운 과업은 ① 한국인과 군 정부 간의 교량 역할을 맡고 ② 한국 사람을 기용하는 조사건의 역할을 맡고 ③ 한국 사람의 여론을 수집하여 반영하고 한국 사람에게 정부시책을 알려주는 일이었다.

KRAI는 미군이 서울에 진주하여 일본군의 항복을 받는 날 「조선 인민에 고함」이라는 하지 장군의 성명서를 배부함으로써 한국에서의 첫 공보활동을 시작하였고 다음날에는 한국인 기자들을 집합시켜 포고령 제1, 2, 3호를 배포하여 홍보부서의 입장과 기능을 천명하였으며 12일에는 하지 중장의 연설을 듣기 위해 모여든 정당 사회단체 대표들을 불러 정치단체 등록업무를 시작하였다.

또 미군정 고문을 선택하기 위해 저명한 한국 지도자들을 면담하여 14일까지 두 개의 후보명단 리스트를 아놀드 소장에게 건의하였다. 16일까지 조선방송협회 소속 10개 방송국을 접수하였으며 매일 오전 10시 정례기자회견을 위해 그 전날 오후 3시까지 각국은 기사 발표문을 보내오도록 조치하였다.

미군정청 사무처에 공보와 정보기구 둬

그러나 9월 20일 KRAI는 명칭을 홍보 및 정보과로 고치고 과장도 그랜뉴맨 대령으로 교체되었는데 기구도 a) 공보실 b) 여론실로 양분하여 공보실은 ㉮ 기획계 ㉯ 출판계 ㉰ 라디오계 ㉱ 영화계 ㉲ 인쇄계 ㉳ 전단계(傳單係) 등으로 세분되었으며, 여론실은 ㉮ 대민접촉계 ㉯ 조사계 ㉰ 정치분석계 등으로 분담되었다.

11월 29일에 이르러 군정법령 32호로 정보홍보과는 공보과로 개칭되었으며 1946년 2월 13일 공포된 법령 47호로 공보과가 국으로 승격, 군정청, 사무처 소관에서 독립, 공보국이 되었고 다시 1946년 3월 29일 법령 64호로 공보부(Department of Public Information)로 승격하였는데 공보부 내부는 a) 공보국 b)여론조사국으로 나누어졌다.

이상과 같이 공보기구는 그럴듯하게 벌여 놓았고 총독부 정보기구처럼 언론의 사전검열을 맡는 그런 전제주의 공보행정은 아니었으나 점령군이라는 체질에서 오는 제약은 어쩔 수 없었다.

이미 지적한 바 있듯이 미군은 '해방군' 이라기보다 '점령군' 이었고 그렇게 행세하였다. 공보요원들은 정부와 국민 사이 교량 역할을 맡는다는 것으로 되어 있었으나 맥아더 사령부의 시각은 '해방된 우방국'으로 다루는 것이 아니라 패전국 일본과 동일 선상에서 다루었고 포고령 제1호 및 제2호는 미군에 고의로 적대행위를 한 자라든가 '공중치안 질서를 교란한 자' 또는 정당한 치안을 방해한 자에 사형 또는 타 형벌을 처할 수 있게 하지 않았는가. 이것은 전승국 점령군이 패전국에 내리는 포고의 성격을 그대로 나타낸 것이라고 하지 않을 수 없다. 미군정 요원들이 초기에 받은 지시의 하나는 무기를 휴대하라는 것이었는가 하면 또 하나는 한국 사람들과 친교를 맺지 말라는 것이었다. 무기 휴대는 인민공화국을 정부로 밀고 가려는 좌파 세력의 준동에 비추어 이해할 수 있으나 대부분 장교는 동명령을 무시하였다. 그러나 한국 사람들과 사귀지 말라는 따위의 지시는 언어도단이라고 말하지 않을 수 없다.

"한국 사람들은 극도로 친절하다. 그런데 그들의 초대를 계속 거부한다는 것은 민사업무를 모르는 홍보관계에 역효과를 가져왔다."고 당시 전남지역에 배속된 장교는 지적한 바 있다. 표면상 이유는 한국 사람들과 어울려 한국 음식을 먹을 때 장염을 앓게 될 염려가 있다는 것이었다. 실로 어처구니없는 지시였으므로 서울이나 지방이나 대부분 미군 장교들이 지시에 따르지 않았으나 별 탈이 없고 오히려 대인관계가 좋아졌다는 것이다.

미군정의 홍보정책은 정책 집행→홍보 선전→여론 수집→정책 반영이라는 홍보의 순환원칙을 그대로 준용하였다.

홍보 선전의 영역에서 군정장관이 직접 주례회견을 열어 기자단과 솔직하게 일문일답을 했고 매일 공보 책임자가 각 부처에서 회부된 발표문을 전달하였다. 이밖에 방송 관계자들은 「여러분의 군정청 시간(Your Military

Government Hour)」을 설정, 군 정책 해설에 분주하였고 영어 교습시간도 마련하였다. 이 밖에 뉴스영화, 해설영화의 상영이라든가 인쇄담당자들은 팸플릿, 삐라 등을 만들어 전국에 살포하였다. 전부가 일제 시에서는 볼 수 없었던 적극 홍보였다.

그러나 전혀 새로운 것은 여론 수집분야였다. 여론조사국은 처음에 세 분야로 나누어졌는데 첫 분야는 시민접촉반이었다. 그들은 의견 표본팀으로 미국 장교와 한국인 보조원이 한팀을 이루어 전국 주요지역을 순회하면서 민심 동향을 살폈다. 이 대민접촉반이 수집한 국민 여론은 매주 「의견추세」 (Opinion Trends)라는 영문보고서 형식으로 작성되어 관련 부처에 배부되었다. 미군정이 수집한 여론의 주제는 정치, 경제, 문화 등 광범한 영역에 걸친 것이었다.

미군정에 불만 높자 전단지로 공중투하

설문에 나타난 여론은 미군정에 높아지는 불만을 보여주는 것이다. 일주일 사이에 미 · 소 양군 철수에의 찬성률은 49퍼센트에서 55퍼센트로 늘었다. 그런 철군에는 내전이 뒤따르리라고 믿는 사람들이, 그럼에도 외국군 철수를 찬성하는 사람이 70퍼센트에서 78퍼센트 늘어났다. 이것은 미군정에 대한 커다란 신임 상실을 반영하는데 아마도 심한 식량 부족에 기인한 것으로 추정된다. 대다수가 내전이 군정보다 낫다고 생각하는 것 같다. 서울에 식량을 보급하는 단호한 즉각적 조치가 취해지지 않는 한, 군정을 비난하는 소리가 시시각각 높아져 빠른 속도로 폭동 단계에 도달할 것이다.

여론국장, 존 D. 에반스 소령이 어떤 방법으로 이상의 여론을 수집했는지 기록에 나타난 것은 없다. 따라서 정확성, 신빙성 역시 자신 있게 말할 수 없다. 다만 전반적으로 우파편향의 의견이라는 것이 분명한데, 그럼에도 미군정에 대한 신뢰가 날로 떨어지고 있다는 결론을 내리고 있는 것이 주목된다.

여론국에서 맡은 또 하나의 중요 과제는 정치분석으로 역시 군정청 관계요원을 위해 정치 추세(Political Trends)라는 영문으로 된 주간보고를 작성하였다. 당초에는 한국의 정치인과 정당, 사회단체의 동향, 그들이 발표한 성명서, 정책활동을 객관적으로 기록하는 임무였으나 시일이 흘러감에 따라 한국에서 일어나는 정치적 움직임에 대한 분석과 해설을 맡는 중요한 기구로 발전하였다.

여론국과 더불어 공보부에서 중요한 위치에 있던 것은 물론 보도 부문이었다. 미군정은 일본 총독부가 실시한 검열 업무는 진주 초부터 폐지하였으나 신문에 대한 분석은 철저하였고 방송의 내용도 주의 깊게 청취하였다. 그 결과 군정 당국으로서 불만스런 대목은 언론인 단체간부들과 협의해서 그 시정을 촉구하였다. 그리고, 한국 사람들이 궁금하게 여기고 있는 질문에 대한 해명, 답변을 준비하였다.

점령 통치 초기에 빈번히 제기된 문제들은 ① 38선이 생기게 된 동기·원인 ② 일본인 재산의 매매 귀속에 관한 미국 정책 ③ 미군정이 채용하고 있는 통역인에 대한 불신 ④ 미국이 새 화폐를 발행할 것인가 여부에 관련된 통화 문제 ⑤ 물가 상승 문제 ⑥ 토지개혁 문제 ⑦ 미군정이 친일 분자를 기용한 문제 등이 있다고 「미군정사」(초안)는 지적한다.

이런 문제에 미군정 보도 관계자들은 점령 초기에 수많은 전단을 만들어 공중투하하였다.

주간 다이제스트와 농민주보로 홍보

군정청 공보부는 두 개의 인쇄매체를 직접 발행하였다. 매일신문이 군정청 재산이었음에도 군정을 적대시하는 '조선인민공화국'의 기관지 노릇 하는데 대해 군정 초기에 강권을 발동하고 사내 체제를 개편하는 등 조치가 있어 서울신문으로 제호까지 바꾸는 파동이 있었다. 그리고 발행 부수가 다른 신문에 비해 우세한 것도 사실이었으나 서울신문이 미군정의 대변지 노릇을 한 일은 없었다. 미군정은 서울신문을 좌파 또는 중립지로 규정하였다. 서울신문이 기능 면에서 정부 기관지가 된 것은 1948년 정부수립 이후의 일이었다.

미군정은 그 대신 독자적으로 주간지 두 개를 발간하여 미국 정책을 널리 알리고 선전하였다.

그 하나가 「주간 다이제스트」로써 1945년 10월 16일에 창간호가 나왔다. 부수는 무려 40만 부였고 1946년 12월에는 80만 부로 늘었다. 이 주간지의 내용은 국내외 주요뉴스, 법령, 칼럼, 기타 읽을거리로 채워졌으며 민간신문이 도달치 않는 농어촌 사람이 대상이었다. 고정란으로 「김 선생과 케이상사」라는 것이 있어 전쟁에 관한 진상을 전달하였고 연재만화 「똘똘이」는 주관이 섞인 유머 내용이었다. 내용이 전부 한글이었다는 점에 일반 상업신문과 달랐으나 농업기술 등 교육적인 것이 섞여 있었다. 이 주간신문은 민간신문과 같이 타블로이드 앞뒷면을 인쇄한 것이지만 전국 농촌 구석구석까지 반장조직에 배포되었다는 점이 특기할만하다. 주간 다이제스트는 1947년 3월에 발간이 중단되었는데 공식 이유는 용지난이었다.

주간 다이제스트와 쌍벽을 이루는 것이 「농민주보」였다. 농민주보는 1945년 12월 17일에 창간, 농업정보, 군정청 소식, 일반 국내외 뉴스, 어린이면 등이 그 내용이었다. 당초 80만 부를 찍었으나 역시 용지난으로 1947~1948년에는 30만 부로 줄어들었고 매주 1회밖에 찍지 못해 한 달에 두 번, 때로는 한 번밖에 못 찍는 수도 있었다. 주간 다이제스트와 마찬가지로 농민주보도 순 한글 타블로이드판이었다. 그러나 4페이지 내지 6페이지였으므로 그 만큼 내용도 풍부하였다고 말할 수 있다.

미군정은 1946년 「조선화보(The Korean Pictorial)」라는 대형 사진 간행물을 발간하였다. 여기에는 시사적인 사진 15매가량이 들어갔는데 10만 부를 찍어 주요 도시의 눈에 띄는 장소에 붙였다.

이밖에 수시로 대형 포스터를 제작하여 전국 주요 도시 주요 간선도로에 첨부하였다. 포스터는 한 달에 약 2회씩 제작되었는데 부수는 3만 내지 5만 부를 헤아렸고 그 내용은 쌀 수매, 전력절약, 설치류 통제, 마약, 선거 등을 다룬 것이었다.

공보부 안의 방송협회는 서울에 있는 50와트 방송국과 30와트 내지 300와트에 달하는 지방 주요 도시 9개 방송국을 운영하였다. 라디오 수신기는 해방 후 17만 5천 대가 등록되어 있었는데 그 가운데 62퍼센트가 서울에 있고 72퍼센트가 15개 주요 도시에 집중되어 있었다.

앞서 언급한 대로 1945년 12월부터 「여러분의 군정청 시간」이라는 프로가 시작되었는데 매일 밤 30분간 방송되는 이 프로는 정부 발표문을 극화해서 방송하였고 그 밖에 정부 부처에서 필요로 하는 내용이 포함되었다. 그러나 정부 부처에 따라서는 독자적인 방송시간을 가졌다. 예컨대 농림부는 「농민의 시간」을, 문교부는 「성인교육」이라는 독립 프로 시간을 할애받았다.

군정 공보부, 미국식 민주주의 계몽

미군정의 홍보정책 가운데 직접적인 것은 미군정의 시책을 알리고 해석하고 그럼으로써 국민의 이해를 촉구하는 것이었으나 밑바닥에 흐르는 기조는 모든 가능한 매체를 동원하여 미국식 민주주의적인 사고방식과 행동양식을 주입시키는 일이었다. 1947년 여름 미국 대통령 특사 웨드마이어 사절단이 서울을 방문했을 때 군정 당국이 제출한 보고서에 적힌 공보부의 기능을 다음 다섯 가지로 요약하였다.

① 미국의 목적과 정책, 한국에 대한 미국원조의 성격과 규모, 미국의 역사, 제도, 문화, 생활양식 등에 관한 정보를 전파한다.

② 자유 민주주의적인 노선에 따라 한국인의 생활과 문화발전을 고무하고 국가이익을 위해 책임 있는 정치활동의 발전을 고무한다.

③ 군정청의 계획, 프로그램 및 업적을 한국 사람들에게 알려 그들이 이해하고 받아들이고 지지하도록 한다.

④ 군정청의 정보 및 지침을 위하여 한국 사람들이 가지고 있는 여론의 증거를 수집하고 분석하고 평가한다.

⑤ 모든 정당, 신문 및 간행물의 등록, 인가, 심사 등의 업무와 신문과 간행물에 공급하는 용지의 배정에 참가한다.

이 모든 기능을 수행함에 있어 미국 민주주의 도입과 전파야말로 홍보활동의 기조를 이룬 것이라고 말할 수 있다.

군정 초기 홍보업무는 물론 소수의 미군장교와 그의 사병들에 의해 이루어졌으나 1946년부터 공보부의 한국문화가 진척되었다. 미군 진주 얼마 후인 1945년 9월 20일에 그랜 뉴만 대령이 군정의 공보책임을 맡았고 잠시 이묘묵 박사가 뉴만의 통역 및 고문 역할을 맡다가 하지 중장의 보좌역으로 승진하였다.

그 후임으로 이철원 씨가 임명되어 1946년 3월에는 뉴만 대령 아래서 공보부 차장이 되었으며 뉴만 대령이 직접 관련하지 않는 신문 발행의 허가, 용지배급, 발행, 편집인과의 연락 등을 맡았다.

1946년 9월 군정청 부장급이 한국인화됨에 따라 이씨가 부장으로 승진하고 뉴만 대령은 공보부 고문관으로 앉았다. 사실상 모든 부서가 한국 사람으로 채워진 것이다. 1946년 12월 남조선과도입법의원이 개원되고 군정청 이름도 남조선과도정부로 개칭되자 공보부 고문관으로 있던 제임스 L. 스튜어트는 1947년 4월 하지 중장에게 편지를 보내 "우리가 미국의 홍보활동을 전적으로 군정청에 맡긴다면 우리는 한국시민이 미국의 직접 메시지를 들을 수 없는 상황에 도달할 것이고 그 대신 소수의 한국인 지도자들이 그들이 들려주고 싶은 말만 한국 사람들에 전하게 될 우려가 있다."고 말하였다. 미군정의 행정업무가 한국 사람에 넘어감으로써 그들이 미국과 미군을 대변해서 홍보선전하는 데 능률적일 수 없다는 요지였다. 스튜어트의 진언에 따라 종래 공보부에서 하던 여러 활동이 주한 미군사령부 직속으로 넘어갔는데 직속 기구로 47년 5월에 민사정보처(Office of Civil Information)가 제24사단 직속으로 태어났다. 정보처로 넘어간 업무는 앞서 언급한 농민주보의 발간 업무 등인데 OCI는 이 밖에도 「세계뉴스」라는 새로운 주간지를 발간하였다.

세계뉴스는 순 한글 타블로이드판이었는데 미국적 시각으로 본 세계뉴스를 전한 것이었다. 그러나 세계뉴스는 미국의 점령 정책을 의도적으로 생략한 채 일반신문이 도달치 않은 농촌 지역에 국내외 사정을 전달하는 역할을 맡았다. 1947년 6월에 창간된 세계뉴스는 당초 5만 부를 인쇄해서 몇 달 후엔 20만 부로 늘려 역시 무료로 살포하였는데 한국의 행정조직을 통한 배포와 더불어 공중 살포 및 제6, 제7사단 장병이 주둔지역에 직접 살포하는 방법도 썼다.

민사정보처 활동 제헌의회 선거 때 결정

OCI 활동은 1948년 5월에 있었던 제헌의회 선거 때 절정에 달하였다. 이른바 5·10 선거는 유엔 결정에 따라 당초 남북한을 통한 총선거로 예정되었으나 공산 측의 거부로 좌절되자 남한만의 단독선거로 치러졌는데 물론 좌익 세력이 대대적으로 방해전술로 나왔고 김구, 김규식 등 우파 내지 중간지도자들까지 반대 불참한 가운데 이승만과 한국민주당 등 우파만이 참여한 것이다.

미국은 미소공위가 미소 두 나라 간의 이해관계 대립으로 좌절되자 한국 문제를 유엔에 상정하여 형식상 국제기구에 위임한 바 있으나 유엔 자체가 미국을 중심으로 하는 서방 진영이 주도권을 쥐고 있던 시기인 만큼 유엔 결정에 따라 '선거 가능한 지역'에 실시되는 총선거는 사실상 미국이 주도하는 것이었고 현실적으로는 미군정이 주관하는 총선거였다.

따라서 5·10 선거가 성공리에 실시되어야겠다는 것이 미군정으로서 심혈을 기울인 마지막 과제였다고 말할 수 있는데, 1948년 4월 8일 하지 중장의 정치고문 조셉 자콥스가 국무장관에 보낸 보고서에는 미군정이 5·10 선거를 대대적으로 홍보한 실적이 소상히 나타나 있다. 여기서 주목할 것은 주한 미군 사령부(USAFK) 직속의 민사정보처(OCI)가 합작해서, 다시 말해서 한미합작으로 총선거 캠페인을 벌였다는 점이다.

주요 메시지는 총선거 참여로 독립정부를 세워야 한다는 것이었다. 이 메시지를 침투시키려고 OCI 간행의 세계뉴스는 다섯 번에 걸쳐 평상시 30만 부에서 150만 부로 늘렸는데 그 절반은 교통이 불편한 산간벽지에 공중투하하는 방법으로 배포되었다. 공보부에서 발간하는 농민주보 역시 같은 목적으로 총선거 캠페인을 벌였는데 4페이지 내지 6페이지의 이 주간지는 용지난으로 30만 부씩 찍던 것을 75만 부로 늘려 농촌 지역에 살포했는가 하면 서울에서 발간되는 17개 일간신문에 '선거홍보위원회'를 조직하도록 하고 신문용지 배급량을 대폭 늘려 선거계몽을 전개토록 하였다.

당시 한국을 통틀어 17만 6천 대의 라디오가 보급되고 있었다. 지금 생각하면 지극히 미미한 보급률이지만 국민의 20퍼센트의 가동률밖에 안 되는 실정에 17만 6천 대의 라디오는 여러 사람이 듣고 퍼뜨린다는 데 있어 방송은 그런대로 가볍게 보아 넘길 수 없는 선전 무기였다. 조선방송협회(KBS)는 매일 오후 7시 반에서 8시 반까지의 시간대를 이용, 15분 내지 30분간씩 선거계몽 프로를 방송하였는데 주제는 '선거등록의 중요성', '투표의 방법', '유권자의 자격과 의무' 등이었다. 프로그램은 서재필 박사 등 저명인사의 연설을 비롯하여 좌담회, 뉴스해설, 민주주의 교육 등이었다.

군정 3년간의 신문은 질과 양에 있어 지극히 미개한 상태였다. 말이 신문이지 대부분이 타블로이드판 앞뒤를 찍은 삐라의 영역을 크게 벗어나지 못하였다. 서울에서 발간된 12개 정도 신문만이 1주일에 여섯 번 발간했을 뿐, 나머지는 정기적 발간이 아닌 경우가 많았다. 부수도 미미하였다. 인쇄시설의 미비, 용지난, 자금난, 교통통신난, 낮은 가독률, 저소득 등의 조건은 신문의 대량생산, 대량보급을 가로막았다.

군정 3년 모든 신문 정치당파의 포로

사실상 모든 신문이 정치인 또는 정치세력의 선전삐라였다. 대체로 정론지였다. 따라서 건전한 여론의 형성이나 계도나 반영기관일 수 없었고 오히려 정치 싸움을 부채질하는 도구였다.

따라서 신문의 영향력도 그만큼 제한되어 있었다. 예외가 있다면 극렬한 좌파신문이 조직적으로 선전·선동함으로써 반군정 혁명노선에 부채질하는 데 기여하였다는 것을 지적할 수 있다.

군정 3년간을 통틀어 언론의 자유는 군정의 일관된 목표였고 구호였다. 하지 중장, 리치 소장은 거의 입버릇처럼 언론의 자유를 창도하며 신문은 자유로워야 한다고 말하였다.

그러나 맥아더 포고 제2호와 법령 제88호에 묶인 군사통치하의 언론이었고 그것은 서양식 자유와 독재의 혼합이었다. 공산당 신문도 군정에 정면 도전하지 않는 한 군정 말기까지 존속하였다. 그러나 1946년 5월의 공산당 위조지폐 사건과 군정법령 제88호 발표 후 특히 정간처분 후 3개의 좌파신문은 두드러지게 거세되고 차츰 우파신문이 득세하여 1948년 8월까지는 완전히 우파지가 패권을 잡았다. 1945년 9월의 군정 초기와는 정반대 현상이었다.

사실상 모든 신문이 치열한 당파주의의 포로였다. 동시에 일반 기사에 있어서도 허위, 과장, 왜곡 등이 다반사였다. 민주주의 사회에서 여론을 계도하고 영도력과 정직성 및 창의력이 결여되었다.

결국 어느 사회든 그 사회가 누릴 자격이 있는 그런 신문을 갖기 마련이라는 격언은 미군정하의 우리 언론에도 그대로 적용될 수밖에 없었다.

1987년 10월 신문과 방송

영광과 좌절; 60년대의 언론

지난 10년간 한국의 언론은 한편으로 승리와 영광을 쟁취했고 다른 한편으로 패배와 비극을 강요당했다. 때로는 환희와 영예에 춤을 추었고 때로는 실의와 좌절감에 넋을 잃었다. 지극히 불행스럽게도 60년대를 마감하는 오늘 이 순간 더 없는 실망과 말할 수 없는 좌절감에 사로잡혀 있다. 그러나 1960년 4월 혁명으로 몰고 간 한국 언론의 용기와 의지는 아마도 세계 신문사의 한 페이지를 장식하는 데 부족함이 없을 것이다. 실로 언론은 자유민권의 투사요, 필봉은 총탄보다 강하다는 것을 실증했다. 대중의 의식이 곧 신문의 의식이었고 신문의 감각이 곧 대중의 감각이었다. 대중과 더불어 웃고 대중과 더불어 우는 하나의 권위요, 제도요, 거대한 사회적 세력이었다.

오늘의 현실은 어떤가? 대중의 신문에 대한 가혹한 비판은 덮어두고 생각해 보자. 그에 앞서 매일 신문을 제작하고 있는 우리 편집인 그리고 기자들 스스로가 자학과 자조에 가득 차 있지 않은가. 이렇게 되기까지엔 여러 가지

요인이 있을 것이다. 외부에서 오는 요인이 분명히 있다. 뿐만 아니라 소유주나 경영주들이 져야 할 책임이 있다. 그리고 우리 편집인 스스로가 깊이 뉘우쳐야 할 일이 있다. 우선 몇 가지 문제점을 솔직하게 털어놓기로 하자.

- 과연 언론의 자유는 있다고 판단할 것인가, 있다면 어느 정도 누리고 있는 것이냐, 만일 위협을 받고 있고 위험 선상에 있다면 위협의 본질은 무엇이냐 등이 핵심적인 문제가 아닐 수 없다.

- 과연 한국의 언론은 지난 10년 동안에 어느 정도 성장하였느냐가 다 같이 검토된 문제가 아닌가 생각된다.

- 과연 한국의 언론은 언론으로서 소임을 다하고 있느냐 또한 문제이다.

이 세 가지 문제점은 상호 의존, 상호 관련이 있는 것들이지만 편의상 구분했을 뿐이며 이 밖에도 많은 문제점이 있다는 것을 부정하지 않는다.

언론의 자유가 다른 모든 자유 특히 정치적 자유의 핵심이라는 데는 긴 설명이 요하지 않으리라고 믿는다. 자유롭게 자기 견해를 밝히지 못하고 또한 언론기관이 외부의 간섭으로 소신을 밝힐 수 없는 한, 다른 모든 국민의 자유는 보장될 수 없다. 그러나 아무리 자유가 보장되는 사회도 사회적으로나 법적으로 전혀 언론에 제약이 없는 국가는 현실적으로 존재할 수 없으며 자유 제도는 시간과 장소에 따라 어느 정도 다를 수 있다고 본다. 그러한 신축성을 인정하면서도 자유민주주의를 신봉하는 사회는 일정한 기준이 있다. 우선 법적으로 '사전억제'가 없어야 한다. 즉 검열이나 출판 허가제 그리고 가혹하고 부당한 법 규제 또는 여기에 유사한 조처 등을 말한다. 4ㆍ19 혁명으로 자유당의 권위주의 정부가 물러나자 악명 높던 군정 법령 제88호가 1960년 여름에 폐기되어 출판물의 허가제는 신고제로 바뀌었다. 이것은 해방 후 언론계가 거둔 최대 승리의 하나라고 자부할 수 있다. 그러나 이것만 가지고 언론의 자유의 조건을 충족시키는 것은 아니다. IPI의 기준에 따르면 발행의 자유 이외에도 ① 표현의 자유 ② 뉴스원에 접근할 수 있는 자유 ③ 배부의 자유 등이 있어야 한다는 것이다.

모든 신문이 경향신문의 비극을 외면

이러한 기준을 두고 생각할 때 오늘 한국에는 과연 언론의 자유가 존재하느냐를 우리 모두 평가하여야 할 것이다. 혹자는 그런 질문을 할 수 있다는 것이 바로 언론의 자유가 있다는 반증이 아니냐고 말한다. 우리는 전체주의 국가나 공산주의 국가에 살고 있지 않다. 우리가 자유주의를 국시로 삼는 사회에 살고 있다고 생각할 때 존경하는 김수환 추기경께서 11월 17일 자 「편집인협회보」에 기고하신 바와 같이 "이런 질문을 아직도 되풀이해야 한다는 것은 언론의 자유가 어딘가 위협받고 있다는 증거가 아니냐"는 것이다.

언론의 자유를 한 마디로 있다, 또는 없다고 단정하기보다는 위험선상에서 명멸하고 있다고 표현하는 것이 보다 적절할는지도 모르겠다. 그리고 여기에는 적어도 세 가지의 뚜렷한 이유가 있다고 생각된다. 첫째로 국가 권력의 억압이요, 둘째로 대부분의 소유주나 경영주의 그릇된 언론관 또는 신념의 결여요, 셋째로 우리 언론인 스스로의 무기력 등을 들 수 있다.

1) 국가 권력의 억압
1961년 6월부터 1963년 12월까지의 군정 기간에 있던 일을 논란할 생각은 없다. 군사 통치하에서 자유란 본질적으로 존재할 수 없는 것이고, 만일 어느 정도 있다 하더라도 그것은 결코 제도적으로 확립될 수 없는 것이기 때문이다. 군정이 끝나고 민정이 성립한 지 얼마 안 가서 우리는 소위 6·3사태를 맞았다. 6·3사태의 산물로 정부, 여당은 언론윤리위원회를 제정·공포하였다. 이때 '진정한' 언론인은 일치단결하여 국가 권력에 정면으로 도전하였고 결국 이 법을 보류하기에 이르렀다. 표면상 그것은 언론계의 승리로 간주되었지만 주목할 것은 아직도 그 법이 폐기되지는 않고 언제든지 시행할 수 있는 위협적 존재로 남아 있다는 것이다. 더욱 주목할 것은 그 무렵부터 언론의 자유는 현저하게 위축되기 시작했다는 것이다. 1965년 봄 「경향신문」사 이준구 씨가 반공법 혐의로 관헌의 조사를 받기 시작하였고 66년 1월 「경향신문」이 관권의 작용으로 강매되자 반공법 위반 혐의로 구속 중인 이 씨는 석방되었다. 중앙의 유력지요, 반독재 투쟁에 혁혁한 공을 세운 「경향신문」이 관권의 압력으로 소유권이 넘어가는 과정에서 신문 발행인 단체는 수수방관했다.

편협의 조사활동이 있었지만 중앙에서도 일개 신문만이 사설로 이 사건을 논평으로 실었을 뿐, 사실상 모든 신문이 「경향신문」의 비극을 외면하였다. 이 사건을 전후해서 1965년 봄·여름에 걸쳐 언론인에 대한 테러 사건이 연발하였으나 피해자 측 신문만이 항의 논조를 강력히 전개했을 뿐이었고, 사건의 진상은 끝내 암장되고 말았다. 1965년 말부터 1968년 여름까지에 대구의 「매일신문」, 「대전일보」 및 「동양통신」 등 반공법 위반 필화사건이 있었고, 다행히 두 사건은 곧이어 언론인의 승리로, 그리고 「매일신문」 사건은 지난 11월 17일에 이르러 대구지법 판결로 무죄가 확정되었다.

그러나 여기서 특기할 것은 이렇듯 부당한 관권의 억압에 대해 편협, 기협 등이 조사와 항의의 소리를 높일 때 극소수 신문만이 이에 과감히 동조했을 뿐, 사실상 모든 언론이 벙어리가 되었다는 것이다. 언론에 대한 외부 침략을 가장 강력하게 막아야 할 신문 경영자 단체가 일체 침묵을 지키고, 경영자의 영향하에 있는 대부분 저널리스트가 침묵을 강요당하는 경향이 1965년 이후에 명백해졌다는 것은 아마도 해방 이후 우리 언론사에 있어 가장 개탄할 일이라고 단정하고 싶다.

신동아 사건은 결정적 언론의 패배

아마도 결정적인 언론계의 패배는 1968년 12월에 있은 「신동아」 사건이었다. 주지하다시피 「동아일보」사가 발간하는 월간 「신동아」의 1968년 12월호는 공화당 정권의 차관 도입을 해부한 것이고 그것이 정치자금 조달의 수단이 되고 있다는 것을 지적한 것이었다. 이 사건으로 관련자들이 구속되자 「동아일보」는 중앙정보부의 처사를 정면으로 비난하는 사설을 게재했다. 이어 발행인, 편집인이 연행되는 사태가 벌어진 다음, 「동아일보」는 굴욕을 강요당하고 말았다. 사설 집필자와 「신동아」 편집 책임자들은 직장을 떠나야 했던 것이다. 가장 부수가 많고 정부 비판에 강력했던 「동아일보」의 이 처절한 수난에 다른 모든 신문은 역시 침묵을 지킬 수밖에 없었다.

1969년에 들어 삼선개헌 논의가 불붙기 시작하였고 10월 17일로 개헌 파동은 정부 · 여당의 일방적 승리로 막을 내렸다. 이 10개월간 중앙정보부는 언론규제의 정면에 나섰고 파견원이 중앙 각지에 일상근무하였으며 개헌 관계 기사의 취사선택에 작용하였다는 것은 우리가 다 아는 사실이다. 공무원이 대대적으로 동원되고 엄청난 자금이 살포된 가운데 진행된 국민투표에서도 유권자의 근 절반은 반대 투표했거나 투표에 참가하지 않았다. 그럼에도 불구하고 이 반대 측 의견은 크게 반영된 바 없으며 대부분 언론기관은 이 문제에 지지 또는 회피하는 지면 및 방송을 제작하였다. 기사인지 광고인지 식별키 어려운 개헌 찬성의 전면광고가 사실상 모든 신문에 실렸다. 개헌안에 반대의사를 명백히 한 것은 오직 두 일간 신문뿐이었다.

2) 경영자의 책임

오늘날 언론계의 지배자는 저널리스트가 아니라 언론기관을 소유하는 기업주라는 것을 부인할 사람은 단 한 사람도 없을 것이다. 그리고 기업주들은 상당수의 경우 순수한 언론인도 아니요, 언론기업인도 아니라는 것도 또한 명백하다. 또한 상당수의 기업주는 언론기관을 공공의 제도(public institution)로 생각하기보다는 자기의 정치적 또는 기업적 사기로 생각하는 경향이 있어 보인다. 신문방송에 뉴스를 제공하는 3대 통신은 모두 유력한 재벌이 소유하고 있다. 중앙 8대 일간지 가운데 3개 일간지는 1급 기업이 소유·경영하고 있다. 지방지에도 이런 경향이 있어 보인다. 방송계에도 강력한 KBS가 정부 직영인 데다가 다음으로 큰 규모인 방송을 여당계 단체에서 운영하고 있으며 세 번째로 큰 규모의 방송은 유력한 재벌이 소유하고 있다. 지방에 산재하고 있는 지역방송 역시 정치적 배경 또는 기업적 배경을 두고 있는 경향이 있다.

이상 단편적으로 지적했지만, 우리 언론을 지배하는 자는 대체로 정치인 또는 경제인이라는 결론이 나오는 것이다. 이미 구조적으로 언론이 독립된 사회적 세력으로 강력히 성장할 수 있는 조건은 결여되어 있다. 미국, 일본, 영국 또는 서독, 인도와 같이 언론 자체가 독자적인 기업으로 대성하고 언론이 다른 분야에서 독립해서 진정한 '제4부'로 발전할 소지가 희박해진 것이다. 불행히도 언론이 정치나 경제의 예속물이 되어 있는 이탈리아, 필리핀 또는 중남미의 유형을 모방하고 있는 지극히 개탄할 현실이다.

언론사주, 사회적 기능보다 이익 추구

따라서 대부분의 기업주들에 있어 제1차적인 관심이 공공기관으로서의 언론기관을 공공기관답게 언론의 사회적 기능을 확장해 나가는 데 있다기보다는 소유주의 정치적·경제적 이익을 추구하는 데 있을 수밖에 없고 그것은 당연히 금력 또는 권력에 예속 또는 밀착하는 결과를 초래했다.

1964년의 이른바 언론 파동 시 전체 언론계는 악법 폐기에 단결된 투쟁을 보였다. 그러나 그 당시도 신문경영자들 단체인 신문발행인협회는 이 투쟁을 외면하였으며 전국 26개 일간지 가운데 오직 「동아」, 「조선」, 「경향」, 「매일」 등 4개사 발행인만이 이 악법 시행을 거부했을 뿐이다(「대한」은 기권). 오늘의 이런 상황에서 권력 또는 금력에의 예속 또는 밀착을 거부하는 선의의 신문 기업가마저 대세에 눌려 신문의 공공 기능에 대한 신념을 잃게 하고 그것이 편집 제작진에 연쇄적으로 영향을 미치게 된 것으로 판단되는 것이다.

쉽게 말해서 언론기관을 직접 소유하고 지배하는 이들이 근대 사회가 요구하는 신문이나 방송의 사명을 수행하지 못하고 그들에 부과된 책임을 외면하고 있다는 것은 결국 언론의 자유를 스스로 포기하는 결과를 초래할 것이라는 것을 경고하고 싶다. 즉 위험선상에서 명멸하는 언론의 자유에 활력소를 고취하고 언론을 독립된 사회적 세력으로 강력히 성장시킬 수 있느냐는 아마도 신문·방송·통신을 소유하는 분들이 언론의 본질을 이해하고 언론의 기능과 사명을 다하느냐에 달려있다고 볼 수 있을 것이다.

3) 제작자의 책임

이상 지적한바 관권의 규제와 조작, 그리고 대부분 경영자들의 금력과 권력에의 예속 또는 밀착이라는 상황하에서 신문을 만들고 방송을 하고 있는 편집인, 방송인, 기자 기타 제작자의 입장은 실로 착잡하고 고통스러운 것이 아닐 수 없다.

그러면서도 주어진 여건하에서나마 제작자들이 언론인으로서의 사명을 다했느냐 하는 것은 다 같이 성찰해 볼 일이다. 과연 제작자들은 언론이 금력과 권력에서 완전히 독립해야 한다는 대의명분이 상급자인 소유 경영자들에게 어느 정도까지 작용했는지 생각해 봐야 한다. 각자 입장이 다르고 상황이 다르지만 다 같이 고려해볼 일이 아니겠는가. 또한 '작용'할 수 있었다면 어떤 효율적 방법을 행사할 수 있는지, 또는 앞으로 우리가 어떻게 해야 할는지 다 같이 연구해 보아야 할 일이 아닌가 생각된다.

또한 편집인들이 외부 압력에 처한 동료 언론인들에 대해 공동보조 또는 지면 제작을 통하여 어느 정도 적극적으로 성원했느냐 하는 문제를 제기하고 싶다.

1968년 여름 「대전일보」 사건과 「동양통신」 사건이 났을 때 편협 조사단이 작성한 보고서를 제대로 보도한 신문이 몇이나 있었는가. 편협의 성명 또는 보도 의뢰마저 큰 지면을 차지하지 못하였다는 것은 무엇을 뜻하는가. 그때그때 외부 압력이나 상부 경영층의 어떤 지시가 있었는지 모르겠으나 언론계 자체의 발등에 불덩이가 떨어졌는데도 못 본 체한다는 것은 신문 제작자로서 무기력했다고 반성하지 않을 수 없다.

결국 우리 스스로의 무사안일주의는 우리 스스로의 목을 졸라매는 결과가 된다는 것, 곧 자살행위라는 것을 자각해야 하겠다.

또 한 가지 경향 간에 우리 언론인 일부가 품위를 잃고 사회적 지탄의 대상이 되는 일이 있다면 그것은 곧 어떤 형태로든 언론 억압을 자초하는 요인이 된다는 것을 각오해야겠다. 4·19 후 5·16까지의 '황금 시절'에 자제를 잃은 경향, 특히 사이비 언론인의 횡포가 신문기자 물러가라는 데모까지 유발했다는 것은 실로 부끄러운 사실이 아닐 수 없다. 과연 그런 경향은 없는 일인지 조심스럽게 살펴볼 것이다.

신문협의 카르텔과 방송의 관권 특혜

1960년대는 '변화'의 10년이었다. 흔히 근대화(modernization)의 10년이라고 말하지만 근대성(modernity)이란 다이내믹한 변화를 뜻한다. 정치적으로는 대중의 적극적 참여를 통한 자치 정부를 뜻하며 경제적으로는 농경 본위에서 공업 본위의 산업사회를 뜻한다. 특히 경제성장을 지상 목표로 삼고 자립경제를 지향한다. 5·16 군사혁명의 주체들은 근대화라는 명분을 내세우고, 군정 후에도 계속 정치의 주체가 되어 이 사회를 다스렸다. 그들이 설정한 제1차 5개년 경제개발계획은 대체로 성공리에 끝났고 1967년부터는 제2차 5개년 계획이 진행 중에 있다. 연평균 경제성장률은 8%를 상회하여 급속한 공업화가 진행되고 있다. 공업화는 도시화를 뜻하며 교통·통신의 신속화를 가져온다. 즉 근대화는 가동성(mobility)을 뜻하는 것이다. 이런 상황하에서 매스커뮤니케이션의 수요는 급속히 늘 수밖에 없다. 근대화와 매스커뮤니케이션의 발전이 상호보완 관계에 있는 까닭이다. 그리고 경제성장률보다 수송량·교통량이 훨씬 늘어나듯이 신문·방송 등 매스미디어의 수요량도 훨씬 능가하는 것이 일반적 경향으로 알고 있다.

신문 보급률의 경우 1961년 여름 현재로 약 97만 2천 부(공보부 집계)로 인구 1천 명 당 40부 미만이었다. 1963년 여름에는 1백2만 8천 부, 1965년 여름엔 1백42만 4천 부, 1967년 여름엔 2백5만 3천 부, 인구 천 명당 76부의 보급률로 상승하였다. 금년에 실시되는 문공부 집계가 아직 나타나지 않고 있지만 2백80만 부를 넘어섰을 것으로 짐작이 간다. 대체로 연평균 20%의 상승률을 보이고 있는 까닭이다. 라디오나 텔레비전 역시 급속도로 보급되고 있는 것으로 보인다.

이렇듯 독자나 청취자의 수요 증가에도 불구하고 신문의 경우, 10년 전에 비해 오히려 줄어든 면수를 발행하고 있다는 것은 실로 기이한 현상이 아닐 수 없고, 분명히 사회의 요구에 부응하지 않고 있는 것이다. 10년 전 중앙 일간지는 조석간 각 4면씩 주 56면을 발행하고 있었다.

1962년 7월 군사정부가 '권장(勸獎)'이라는 이름으로 조석간제를 없애고 단간제(單刊制) 발행을 지시할 때 서울의 중앙지는 매일 12면 이상으로, 부산, 대구, 광주 등 세 도시의 신문은 8면 이상으로, 그 밖의 지역은 4면 이상 발행토록 하되 동 기준 발표일로부터 60일 이내에는 현 면수로 발행할 수 있다고 하였다. 그러나 발행인 단체는 용지 부족을 이유로 1964년 6월부터 주 36면으로 줄여버렸다. 국산용지의 부족, 외화 사정의 악화 등 절박한 사정하에 부득이한 조치였다고 볼 수 있다.

신문 부수는 느는데 발행 면수는 줄어

오늘의 사정은 판이하다고 하겠다. 국산지 생산량은 연 10만 톤인데 현재 신문사에서 소비하고 있는 용지량(주간물 포함)은 4만 5천 톤 정도로 추산된다. 현실적으로 4개제지 회사 가운데 2개사는 조업을 단축하고 있고 전(全) 가동하고 있는 2개 사도 2개월분 이상이 체화되어 있다는 것이다. 만일 당장 매일 8면을 낸다 하더라도 연 1만 3천 톤을 더 소모하면 된다는 것을 생각할 때 용지난 때문에 증면 못 한다는 이유는 성립할 수 없다고 보겠다. 결국 언론 기업만을 목적으로 하지 않고 다른 목적의 수단으로 삼고 있는 경영자가 상당수인 신문협회의 카르텔 조직 때문이라고 볼 수 있을 것이다. 도시 자유 기업 체제하에, 멋대로 지대를 인상하면서 지면을 멋대로 묶어놓는 현상 자체가 납득할 수 없는 일이다. 본질적으로 자유경쟁 체제로 발전시켜 질적으로나 양적으로나 특색 있는 신문을 만드는 것만이 합리적 발전의 길이라고 믿어진다.

방송의 경우 50년대에 사실상 없었던 텔레비전이 대량 매체로 등장, 약 20만대의 보급량을 나타내고 있으며, 라디오의 경우 사실상 국영 일변도에서 민방 시대로 변천하는 것이 특색이다.

그러나 라디오나 텔레비전 할 것 없이 지방 네트워크의 확장에 있어 일부 방송만이 관권의 특혜를 받고 있는 사실은 건전한 전파매체의 발전을 정부가 저해하고 있는 것과 같다. 이는 국가 발전에 결코 유익하지 않다는 사실을 정부 측이 각성할 때가 오리라 믿어 마지않는다.

1) 기준

1960년대 한국 언론의 공과 또는 질적 평가를 한두 마디로 단언한다는 것은 대단히 위험스러운 일이 아닐 수 없다. 여기에는 일정한 기준이 있어야 할 것으로 생각된다. 적절한 기준의 하나로 우리 언론계가 스스로 제정한 신문윤리요강과 실천요강이 있다. 이보다 근대적 자유사회에서 신문·방송의 몇 가지 기준을 다음과 같이 설정하기로 하였다.

① 언론은 진실하고 포괄적이고 알기 쉽게 사회 현실을 독자 또는 청취자에게 알리고 있는가.

② 진실의 보도와 더불어 건실한 논평과 비판으로 지도적 기능을 다하고 있는가.

③ 근대화 과정에 책임과 의무를 다하고 있는가.

④ 사회적 목표와 가치를 명백히 제시하고 이끌고 있는가.

2) 평가

첫째 기준에 대해 적어도 1960년대 후반기에 들어 명백히 실패하였다고 단정하고 싶다. 정치 보도에 있어 더욱 그러했다고 생각된다.

일당우위체제(One Party Dominant System)하에서 신문의 진실보도 기능은 더욱 강조되는 것임에도 불구하고 국회에서 토론된 내용까지 신문에 왜곡되고 때로는 묵살된 다음, 묵살된 발언 내용이 다시 말썽이 되자 비로소 보도되는 정도로 사태는 악화하였다. 반면 보도할 가치가 전무한 사생활, 성관계 등이 특히 주간지 등에 선정적으로 보도되고 있음은 개탄할 노릇이 아닐수 없다.

60년대 초 영광이 60년대 말 좌절로

둘째 기준은 더욱 한심스럽게 생각된다. 주로 외부 압력과 경영주의 지시에 기인한 것이지만 '사설부재(社說不在)' 시대를 맞이하였다고 스스로 비판치 않을 수 없다. 한·일 회담, 월남파병 또는 삼선개헌 등 이슈가 중요하면할수록 신문은 벙어리가 되고 사소한 사회문제 또는 무난한 국제문제 등에나큰소리를 외치는 정도다. 1950년대 말기에 보였던 용기나 기개는 이유야 어쨌든 완전히 시들었고 1960년대 초의 영광은 1960년대 말의 좌절로 전락해여러분들과 더불어 슬퍼하지 않을 수 없다.

셋째 기준 역시 실패하였다고 주장하고 싶다. 이 기준은 발전도상에 있는후진국의 입장에서 언론의 사명을 염두에 두고 설정한 것이다. 예를 들어 자유롭고 민주적인 정치발전에 언론이 어떻게 공헌할 수 있느냐, 국가의식 고취 또는 국민 간의 합의에 언론의 역할은 무엇이냐, 급속한 경제발전과 사회개혁에 언론의 책임은 무엇이냐 등 많은 문제점이 있는데 앞에서 지적한바신문·방송 기업구조 자체의 변칙화 등으로 말미암아 일부 신문·방송을 제외하고는 괄목할 역할을 하지 못했다. 오히려 일부 지방신문이 지역사회 발전에 선도적 역할을 시도했다고 보겠다.

네 번째 기준에 있어 매스미디어 사회에 해로운 독소를 뿌리는 경향이 있다고 볼 수 있겠다. 일부 신문에서 발행하는 주간물의 저속한 내용은 사회의 빈축을 사고 있다. 일부 민방의 경우도 대중 취미·대중문화의 질적 저하를 초래하고 있다고 생각한다.

이상 네 가지 기준을 두고 생각할 때 1960년대의 한국 언론은 양적인 비약에도 불구하고 질적으로 저하되고 있다는 점을 강조하고 싶다.

3) 밝은 측면

물론 밝은 측면이 있었다. 1960년대 4·19와 더불어 언론의 자유가 오용되고 사이비 언론과 언론인이 사회질서를 혼란시키자 '언론의 책임성'을 들고 나온 것이 바로 신문 편집인이었다. 자율 규제로 자유롭고 책임 있는 저널리즘을 확립하겠다는 결의는 1961년 9월 한국신문윤리위원회를 탄생시켰으며 이 기구는 세계적인 이목을 끌었다. 언론의 질 향상을 도모키 위해 신문연구소가 발족, 직업언론인의 훈련에 크게 기여했다. 1950년대에는 거의 없었던 해외 특파원도 1960년대에 대폭 늘어 일본, 미국, 월남, 영국, 불란서 등에서 상당수의 우리 언론인이 활약하고 있다. 뿐만 아니라 국내외 재단의 후원하에 장래성 있는 직업언론인 상당수가 해마다 해외에서 수학하였다. 장기적으로 볼 때 미덥고 자랑스러운 경향이라고 자부할 수 있겠다.

국제적 수준의 일급 언론인이 속속 태어날 가능성을 말하는 것이다.

자본주의 체제하의 신문 또는 기타 매스미디어는 두 가지 얼굴을 가졌다. 그 하나는 공공적 기능이고 다른 하나는 영리적 성격이다. 신문 발생 시부터 그러했고 전파매체가 생길 때부터 이 두 가지 측면을 지녔으며 언론의 역사는 이 두 가지 측면이 확대·강화되는 과정이다. 그리고 이 두 가지 요소는 신문이 존재하는 사회적 상황과 긴밀한 관련성을 띠고 있다.

오늘의 한국 풍토에 오늘의 한국 언론이 존재하는 것이지 이론적으로나 실제적으로나 양자가 분리해서 존재할 수는 없는 것이다. 지난 10년간은 변화의 시대였다. 전통사회에서 근대사회로 옮겨가는 이행 사회의 성격을 띠고 있다.

앞에서도 지적했지만 정치적으로는 권위주의 체제에서 대중이 참여하는 자치체제에 도달할 때 자유민주주의 근대화일 것이며, 경제적으로는 공업 본위의 사회에 도달해야만 근대화라 할 것이다. 지금 공업화가 급속히 추진되고 있지만 정치적 발전의 차원에서 볼 때, 효율적인 자치정부 체제는 아닌 것으로 판단된다.

언론이 권력과 금력의 시녀로 전락

국회가 행정부의 시녀라는 것을 국회의원 스스로가 고백하고 있다. 부정·부패가 만연되었고, 권력만능주의·금력만능주의가 사회 각층에 팽창하고 있다. 이런 상황하에서 불행하게도 언론이 권력과 금력의 시녀로 전락하고 있다고 극언할 수 있을는지도 모르겠다. 기업주들은 영리적 성격에 치중하고 말썽나기 쉬운 공공적 기능의 확장은 아예 외면하자는 생각에 지배되어 있는지도 모른다. 독자가 읽어야 할 것을 제공하기보다 독자가 우선 읽고 싶어 하는 것, 예를 들어 섹스나 스캔들 같은 것을 많이 실어 최대 다수의 최대 관심을 끌어모으는 게 낫다는 상업주의 정신에 지배되어 있는지도 모른다. 황색 주간지의 붐이 무엇을 말하겠는가.

여기에 대해서 어떻게 대비할 것인가. 모든 언론인이 도덕적 용기로 공동 보조를 취하지 않는 한, 한국이 일류 공업국가로 발전하는 경우에도 언론은 독립된 사회 세력의 위치와 역할을 차지하지 못하고 정치세력 또는 재벌들의 목적을 위한 도구로 영영 전락될 것이라는 점을 경고하고 싶다.

1969년 11월 제6회 한국신문편집인협회 세미나

언론의 패배주의; 70년대의 보도

개발도상국의 정부는 사실상 예외 없이 그들의 개발 정책의 순조로운 집행에 매스미디어의 전폭적인 협력을 요구한다. 정치 및 관료 엘리트들은 그들만이 국가 발전의 지도세력이라는 독단에 빠지기 쉽고, 그들의 안목에서 볼때 반대파나 신문의 비판 공격을 흔히 파괴적이고 발전에 저해적인 것이며 따라서 자유로운 언론을 포함한 민주주의 제반 원칙이 개발도상국가에 적합지 않다고 믿게 된다. 그들은 필요하다면 입법 조치와 기타 방법으로 언론의 '협력'을 추구한다. 물론 언론은 이에 반발하고 협력의 정당성을 인정하더라도 독자적인 판단에 입각한 협력을 주장하고, 정부의 언론에 대한 부당한 간섭을 반대하고 최소한의 존경과 위엄으로 대해 주기를 기대하며 권력에의 예속이나 강제적 굴복을 증오할 것이다.

결국, 선진 민주국가에서도 그렇지만 개발도상국가에서도 정부와 언론은 밀월 관계가 성립할 수 없으며 해서도 안 될 것이다. 여기서도 균형과 견제

관계가 바람직하며 그것이 국가의 활력과 건강에 기여할 것이라고 믿는다.

근대적인 자유사회를 건설하는 데 언론이 해야 할 일은 언론계가 22년 전에 채택한 신문윤리요강 및 그 후에 채택한 신문윤리실천요강에 명시되어 있지만 나는 언론활동의 기준으로 10년 전 편집인협회 세미나에서 다음 네 가지를 제시한 일이 있다.

첫째, 언론은 진실하고 포괄적이고 알기 쉽게 사회 현실을 독자 또는 청취자에게 알리고 있는가.

둘째, 진실의 보도와 더불어 공정한 논평과 비판으로 지도적 기능을 다하고 있는가.

셋째, 근대화 과정에 책임과 의무를 다하고 있는가.

넷째, 사회적인 목표와 가치를 명백히 제시하고 이끌고 있는가.

이 가운데서 첫째 항에만 국한하여 보도의 기능과 의의를 부연하고자 한다.

먼저 지적하려는 것은 매스미디어가 취재해서 국민 대중에게 제시하는 사회적 환경은 반드시 실존 환경과 일치하지도 않고 일치시키기도 어렵다는 사실이다. 이상적으로 말할 때 독자에게 사회적 환경을 거울처럼 비춰, 다시 말해 사회 구성원에게 외부 세계를 정확히 신속하게 포괄적으로 알려주고 올바르게 해설하고 여기에 어떻게 적응할 것인가를 제시하면 되는 것이다. 그러나 그것은 저널리스트의 꿈이고 이상이다. 막상 그대로 실천에 옮기기에는 문제가 많고 장애물이 첩첩이 가로놓여 있다. 무엇보다도 저널리즘이 옮기는 사회적 환경은 무수히 일어나고 있는 사회현상을 취사선택해 추상화한 세계이지 실존의 세계 그 자체는 아니다. 이 과정에서 아무리 객관적인 입장을 취한다 하더라도 어느 특정 사실을 보도할 가치가 있느냐 없느냐는 취재하는 기자의 주관적인 판단에 크게 좌우된다. 뉴스는 어떤 사실 그 자체라기보다는 취재기자가 취재해서 기사로 쓴 '사실의 재현'이다. 다시 말해 저널리즘이 독자에게 옮기는 세계는 실존하는 진실의 세계 그 자체가 아니라 그것을 복사 재현한 것이며, 따라서 우리가 적응하고 있는 사회적 환경은 브러커가 말하는 "여섯 대륙과 30억의 인간을 포함한 실존의 세계가 아니라 우리 머릿속에 도달한 현실의 세계를 복사한 세계"라는 것이다. 이를 좀 더 설명하면 첫째로 머릿속에 도달한 사실은 실존 세계에서 사실이든 아니든 그에 있어서는 사실이 되며 둘째로 그의 머리에 도달하지 않은 사실은 실제로는 엄연히 사실임에도 불구하고 그에 있어서는 사실로서 존재하지 않는다는 것이다.

저널리즘의 이상은, 특히 취재의 숭고한 사명은 실존의 세계와 복사 재현의 세계를 일치시키는 작업이라 할 것이다. 그러나 그러기에는 너무도 많은 정치적·경제적·기술적 조건의 제약을 받는다. 안으로 고도로 훈련된 보도 및 편집 인원을 확보해야 하고 밖으로 자유기업 원칙에 입각한 독자 시장을 확보해야 하며 자유롭게 취재원에 접근하여 취재한 자료를 자립적으로 판단, 취사선택할 수 있는 독립성 등이 제도적으로 확보되어야 한다.

1. 현실 : 경제성장과 언론 함수

1) 양적 비대

역사적으로 다른 선진 지역에서 입증이 된 것이지만, 한국에서도 사회 산업화가 가져오는 경제성장과 커뮤니케이션의 성장과는 긴밀한 관계가 있다. 이른바 국민총생산(GNP)의 증가와 정비례해서 신문의 발행 부수나 라디오·텔레비전의 수상기가 늘어난다는 것이다. 지난 20년간, 특히 지난 10년간 양자 간의 상관관계는 우리 사회에서 뚜렷이 나타났다. 정부 통계에 따르면 1970 년 현재로 GNP는 75억 5천8백 달러였으며 그 해 1인당 연 소득은 당시 경상 가격으로 248달러였다. 1979년 GNP는 약 581억 달러로 추정되고 개인당 연 소득은 1,500달러로 추계된다. 적어도 숫자상 엄청난 증대로 이들 수치를 다 시 불변가격으로 환산할 때 9년간의 부와 실질 증대는 약 2, 3배를 헤아린다.

사회 산업의 측면에서 볼 때 1969년을 계기로 농업 종사 인구는 50% 이하로 줄기 시작, 1978년 말 현재 약 38.4%로 줄었으며 그 대신 제조업이 23.2%, 서비스업 38.4% 등 2차 및 3차 산업이 60% 이상을 차지하게 되었다. 이런 현상은 도시로의 인구 밀집을 뜻하며 또한 교통 통신의 획기적 단축을 뜻한다.

한편 한국에서 발간되는 일간신문의 발행 부수는 1969년 현재의 약 260만 부에서 1978년 말 현재의 약 550만 부로 증가되었다. 전자매체의 성장은 더욱 극적이다. 1972년에서 1978년까지 6년간 TV 수상기는 5배가 늘어 1978 년 말 현재로 5백만 대가 넘어섰고 라디오의 경우 1,200만대로 추계된다. 20 년 전, 유네스코는 개발국가의 최저기준으로 인구 1,000명에 일간신문 100 부, 라디오 50대, TV 수상기 20대라는 기본 보급률을 제시한 바 있다. 그런 기준은 라디오, TV 수상기의 제작비가 상대적으로 비쌀 때의 이야기이기는 하지만, 오늘날 한국의 매스미디어 보급상태는 유네스코 기준을 훨씬 상회한다. 즉, 인구 1000명에 일간지는 150부, 라디오는 300대, TV 수상기는 137 대의 높은 보급률이다. 그러므로 대중 매체의 물리적 보급에 관한 한 '발전도상'이라기보다 '거의 발전한' 상태에 도달했다고 표현되는지도 모른다.

이는 다시 말해 급속한 사회적 산업화는 역시 급속한 미디어의 대량화, 즉 매스커뮤니케이션의 시대에 도달하고 있음을 시사하는 것이다. 그러나 이러한 양적인 상승이 곧 언론의 질적 향상으로 연결되는 것인가?

양적 비대화에 따른 질적 향상 없어

2) 언론인이 본 취재보도의 평가

매스미디어의 양적 비대화는 확실히 부인할 수 없는 현상이다. 그러나 역시 부인할 수 없는 현상은 그러한 양적인 비대화가 그와 대등한 질적 향상을 수반하지 않았다는 것이다. 언론은 가난하지만 건전했던 지식 산업에서 이윤 추구 본위의 기업으로 변모하고 있다는 측면이 있다. 진실의 보도와 공정한 평론이라는 공공적인 기능에 집착하기보다는 무사안일로 현실에 안주하면서도 영리 목적에만 용감하다는 비난이 있다. 결과는 상당수의 언론인이 이미 전직하였으며, 1960년도 최고 수준의 대학졸업생들이 언론계에 쇄도하였을 때와는 대조적으로 2류급의 졸업생을 끌어들이는 현실이다. 여기에 대해 언론계 밖에서의 정확한 판단을 자신 있게 짐작할 길은 없으나 적어도 신문계에 종사하는 언론인 스스로는 매우 비관적인 의견에 거의 합치되고 있어 보인다. 1979년 1월부터 2월에 걸쳐 한국신문연구소가 전국 신문사를 대상으로 실시한 '70년대 한국 언론인 의식 구조조사'는 매우 시사적이다. 특히 언론인 스스로가 그려 낸 언론 현실의 자화상적 성격을 띠고 있어 주목되는데, 다음은 보도 경향에 관한 동조사보고서(1979년 『한국신문방송연감』 수록)를 발췌한 것이다.

"다섯 번째로 오늘날 한국 신문의 보도 경향이 어떠한가를 〈표1〉과 〈표2〉를 통해서 살펴보았다. 크게 두 가지 경향을 나타내고 있는데 하나는 독자의 궁금증을 풀어주지 못하고 있다는 것으로 신문이 독자에게 알리는 기능을 제대로 수행하지 못하고 있음을 의미한다. 이에 대한 응답은 총 응답자 중 중앙사 75.3%, 지방사 81.5%였다. 또 하나 기타란의 관급 기사에만 치중한다거나 핵심적인 문제는 교묘히 빠져나간다는 것으로 총 응답자 중에서 중앙사의 경우 74.9%, 지방사 74.8%가 지적하고 있다. 이들 반응은 결국 개성을 발휘 못 하는 이유 중에서 제약 여건(별도 설문)과 기사 작성 시에 중압감을 주는 문제(별도 설문)에 나타난 바와 상통하는 것으로 국민의 알 권리의 옹호자로서의 언론, 비판자로서의 언론의 역할을 수행하는데 잠재적 또는 실재적으로 민감한 반응을 보이는 것으로 판단된다.

〈표 1〉 오늘날 한국신문의 보도경향

설 문	중앙사 % (N=794)	지방사 % (N=325)	계 % (N=1,119)
1. 센세이셔널리즘이 심하다	27.8	25.8	27.3
2. 공정한 보도로 독자를 제공하고 있다.	2.9	1.8	2.6
3. 독자들의 궁금증을 풀어주지 못하고 있다.	75.3	81.5	77.1
4. 특정 단체, 강한 자에 약함	1.9	0.9	1.6
5. 기타	74.9	74.8	7.9

※오늘의 한국 신문의 보도경향을 직위별 응답 분포에서 볼 경우 지역별에서 나타난 바와 같이 독자의 궁금증을 풀어주지 못하고 있으며 〈기타〉 응답에서 시사해 주는 것처럼 취재원의 자유로운 접근이 이루어지지 않고 있음을 알 수 있게 해준다.

설 문	부장급 이상 % (N=102)	차장급 % (N=135)	평기자 % (N=712)	기타 %(N=20)	계% (N=969)
1. 센세이셔널리즘이 심하다	28.4	27.4	27.7	30.0	27.8
2. 공정한 보도로 독자를 제공하고 있다.	3.9	0.7	3.4	5.0	2.4
3. 독자들의 궁금증을 풀어주지 못하고 있다.	76.5	78.5	77.0	65.0	76.9
4. 특정 단체, 강한 자에 약함	1.0	0.7	2.1	0	1.8
5. 기타	80.4	74.8	74.6	80.0	75.3

그 밖의 보도 경향으로는 센세이셔널리즘이 심하다고 응답한 것이 모든 직위별에서 약 28%를 차지하고 있다. 또한 공정한 보도로 독자를 계도하고 있다고 응답한 경우는 총 응답자 중 2.6%에 불과하였다.”

3) 신문 개선의 조건들

신문연구소의 같은 조사에 따르면,

• 신문의 보도가 선정적이라는 데 85.4%가 동의하고 있으며,

• 신문에 개성이 없다는 비판에 99%가 동의하고 있으며, 개성을 발휘 못하는 이유에 대해, 70.5%가 ‘제약여건 때문’이라고 보도, 20.9%가 편집이 독립되어 있지 않기 때문이라고 답변하였으며,

• 신문이 중점을 두어 보도하여야 할 영역으로 부정부패 문제가 70.7%, 부의 분배 문제가 60.1%, 국민총화와 안보 문제가 27.3%, 통일 문제가 14.1%, 자연보호 및 공해 문제가 13.3%의 순서로 지적되었으며,

• 신문의 건전한 발전의 선행 조건으로 ① 기타(언론의 자유화, 언론의 독

립, 언론의 본래 기능 회복, 언론의 외적 요소 배제 등)가 80.5%로 제일 관심 사였으며, 이어 ② 경영의 합리화가 61.4%, ③ 신문인의 질 향상이 41.5% 등의 순서였다.

이 모든 설문에 대한 언론인들의 의견은 대체로 외부 제약에 그 원인을 돌리고 있으나, 언론인의 자질 향상, 경영의 합리화 등 내적 책임도 지적되고 있다. 특히 제도적인 면에서 출입 기자단에 비판적인 의견이 강하였고, 또한 이른바 대기자 제도에 관하여 이 제도를 "꼭 두어야 한다"는 적극적인 의견이 67.8%를 차지하고 있으며, 두기는 하여야겠지만 "현실 여건이 둘 수 없게 되어 있다"는 소극적인 찬성이 22.5%로 양자를 합하면 98%가 대기자제를 희망하고 있는데, 기자단 문제와 더불어 대기자 제도는 취재보도의 문제점으로 심각하게 드러나 있어 보인다.

신문연구소 조사는 또한 증면문제에 사실상 응답자의 전원이 이에 긍정적 의견이고 특히 주당 12면 증면이 다수를 차지하였는데, 증면 역시 취재보도의 문제와 긴밀한 관계가 있다.

이상 조사는 취재보도의 자유를 가로막는 두꺼운 벽이 있는 현실을 반영하는 것이며 취재기자가 경관에게 집단 구타당하여도 이렇다 할 시정조치가 안 보이는 안타까운 상황이 빚어내는 취재기자들의 좌절감을 이해할 수 있으며, 이로 말미암은 신문 기능의 침체를 개탄하지 않을 수 없다.

2. 대내적 문제들

1) 사례 : 어느 문화부의 경우

다년간 어느 신문사의 문화부장을 지낸 노련한 고참 기자가 지적한 문제점들이다.

(1) 분야별 전문가가 없다.

문화 뉴스의 수집, 그리고 문화예술의 비평 등 광범위한 분야를 다스리지만, 대부분 기자의 경우 이 분야에 각별한 자질이나 지식이나 경험이 있어 배치된 것이 아니며 또한 기자 근무 연조가 비교적 짧다. 음악을 담당하는 기자가 음악개론, 음악사, 심지어 전문 술어에조차 익숙지 못한 수가 있어, 음악대가와 수준 높은 대화가 형성되기 어렵다. 연극·미술·문학 등 모든 고급예술과 학술·과학 분야도 같은 현상이다. 따라서 취재는 자연히 본질보다는 지엽적인 것, 사람에 관련된 이른바 가십거리에 기울기 쉽고, 따라서 관심 있는 독자들에게는 전람회나 음악회, 연극 등에 대한 비판이 '깠다' 아니면 '보아주었다'는 흑백논리로 받아들여지게 마련이다.

초연한 입장에 서야 하고 말려들어서는 안 되지만, 비록 그런 정신자세를 갖추었다 하더라도, 상황과 내용을 자주적으로 판단하고 이해해서 이들 독자에게 평이한 용어로 옮겨주는 능력이 부족하다. 아는 것이 힘인데 역부족이라는 이야기다.

(2) PR 과잉이다.

한편 대부분의 연주자나 발표자는 자기 홍보에 거의 수단방법을 안 가린다. 담당기자 상대로 잘 안 되면 사 간부에 손을 대고 어떤 수단을 써서라도 우선 지면에 반영시키고 다음엔 유리한 방향으로 유도한다. 담당기자 스스로 자주적 판단을 내릴 능력이 부족한 데다가 상·하·좌·우의 압력과 청탁 속에 곤경에 빠진다.

이런 상황에서는 적극적인 취재로 권위 있는 보도나 논평은 불가능하고 결국 현실타협주의, 무사안일주의에 빠져 소극적인 취재보도로 낙착된다. 극단의 경우, 주최자 측에서 만든 홍보자료에 입각해서 적당히 처리하는 경우가 생기기도 한다. 여기서 대·소·경·중을 가려 반영하는 저널리즘의 기본 원칙은 수행될 길이 없다.

(3) 참된 평론이 있기 어렵다.

어느 신문이나 '보아준 것 아니면 때린 것'으로 규정짓는 풍토이고 보면, 또한 의연한 자세로 올바르게 비평하고 일체의 사내 압력을 이겨낼 수 있는 강한 입장일 수 없는 일이고 보면, 초연한 입장에서 시는 시, 비는 비라는 평론은 불가능하다. 어떤 필자, 어떤 연주자, 어떤 화가에도 칭찬은 당연한 것이고 비판은 적대행위로 간주된다. 어떤 수단방법을 써서라도 불리한 비평은 막아낸다. 결국은 '일독을 권한다'로 결론짓는 서평이 나오든가, 아니면 알맹이 없는 신간 소개에 그칠 뿐이다. 쉽게 말해서 자체 역량의 미흡과 밀어닥치는 내·외 압력의 십자포화에 문화부는 평론기능을 아예 포기하든가, 발휘하지 못하는 현실이다. 서평의 경우 신문사에서 책을 사서 익명의 비평자에게 읽히고 비평자 이름의 발표 없이 게재하는 방법도 시도했으나 이마저 큰 효과는 없었다.

(4) 지면이 부족하다

지면은 대부분 1일 1면인데 학술, 예술, 여성, 과학이 나누어 쓰고 거기에 연재소설, 고정란 등이 있다. 길이가 길고 포괄적이고 힘들여 취재한 특집물이 한 건 들어가고 정기적 연재물을 싣고 나면 별로 남는 스페이스가 없다.

문화부에 할당된 스페이스는 다른 부에서도 마찬가지지만 지난 20년간 이렇다 할 변화가 없다. 그러나 고급예술의 활동은 양적으로 크게 늘었고 대중 문화 영역은 더욱 그러하다.

(5) 결론

문화부의 경우 ① 전문 직업주의 미확립 ② 사내 상부 등의 부당한 간섭 ③ 외부의 간섭과 압력 ④ 신문의 보도 논평을 그 자체 독립적인 실체로 인정 않고 반드시 기사 내용에 나타난 어느 측과 관련시켜 판별하는 사회풍토 등 을 취재 기능의 저해 조건으로 들 수 있다. 그 결과, 적극적인 취재·적극적 인 논평을 포기 내지 기피하고 취재와 집필에 전후좌우를 살펴야 하는 삐뚤 어진 여건이 형성되어 있고 마침내는 자포자기함으로써 자칫하면 부패에 말 려들 수도 있는가 하면 적어도 말썽과 시비를 안 일으키는 가운데 나날을 보 내는 무사안일주의로 치닫게 한다. 특히 문화부는 정치적 경제적인 압력을 별로 안 받는 비교적 안전지대임을 생각할 때, 정치·경제·사회 및 일선 취 재 부서가 당면한 고통은 훨씬 크다고 보아야 할 것이다.

기자의 자치권 확립, 내외 압력 배제

여기에 대한 대안은 ① 직업주의의 확립 ② 문화부장과 담당 기자의 자치 권의 확립 ③ 내외 압력의 배제 등에 의한 적극적인 취재보도라 할 것이다. 자치권의 확보와 직업주의 확립은 상호 관련이 있다. 이 방면에 자질이 있는 기자를 발견하고, 키우고, 장기적으로 근무시켜 본인의 명성을 확립시키는 사의 방침이 서야 한다.

(6) 「더 타임스」의 경우

상황이 워낙 다르기 때문에 비교하기는 어렵지만 영국 「더 타임스」의 사례를 참고삼아 소개한다.

• 스페이스 ; 38면을 발간한 어느 날의 경우, 1페이지에 8칼럼(단), 도합 304단, 이날 광고가 142단, 따라서 편집 면이 162면인데, 이 가운데 여성 6단, 예술 5단, 책 10단 등 21단이 우리 신문의 경우 같으면 문화부 지면이었다. 광고가 47%를 차지하므로, 21단이 편집용이라는 것은 5면을 차지한다는 이야기다. 이밖에 토요일엔 6페이지의 평론 특집이 있다.

• 취재 영역 ; 여성부와 여성면은 따로 독립되어 있으므로 논외로 하고 예술면의 경우 음악, 연극, 미술, 영화, 발레, 텔레비전, 대중음악 등이고 책의 경우 월 500권 정도 신간을 일단 열독한다.

• 인원 ; 예술 부문에 예술부장은 차장(그는 문화부장 겸임), 음악 담당과 2명의 차석 및 10명의 외부 음악 평론가, 미술 담당 1인, 연극 담당 1인과 촉탁 평론가 1인, 영화 담당 1인과 촉탁 1인, 발레 담당 1인, 편집 정리 1인, 비서 1인 등을 거느리고 있다.

담당은 모두 영국의 전문가. 가령 예술부장 존 하긴스는 49세, 지난 9년간 같은 자리에 있었고, 그에 앞서 7년간 「파이낸셜 타임스」의 예술부장을 지냈는데, 사실상 예술부장 직책 자체가 전문직업화된 사람이라는 얘기다.

음악평론 담당 윌리엄 맨은 34년간 같은 직책을 맡은 '산 역사' 같은 존재다. 서평의 경우, 예술부 차장(Assistant Arts Editor)에 문학부장(Literary Editor)의 직함을 가지고 비평 담당 1인 및 비서 1인을 거느리고 40명의 프리랜서 서평자들을 촉탁으로 쓴다. 이들 촉탁들이 「더 타임스」에 들어오는 책을 전문별로 분담해서 매달 500권의 책을 읽고 약 절반은 어떤 형태로든

지면에 반영한다. Arts Editor는 「더 새터데이 리뷰(The Saturday Review)」라고 불리는 6페이지의 주말 특집을 책임지는데, 여기에는 각 분야의 평론기획기사 이외에도 정원 가꾸기, 여행 관련 기사, 브리지, 장기 등 오락물까지 포함된다.

저널리즘, 다른 전문직 비해 후진적

2) 직업주의(Professionalism)

근대화된 사회일수록 저널리스트의 전문 직업주의의 필요성은 더해진다. 근대화되기 전 사회 가령 전통사회에서는 근대 커뮤니케이션이 존재도 안했지만 근대 사회로 이행하는 단계만 하더라도, 다시 말해 우리의 경우 불과 20년 전만 해도 저널리스트는 신문사에 들어와 수습을 받고 비교적 간명한 사회현실을 보도하면 되었고, 어려운 평론이나 논설은 사계의 권위자나 전문가를 별도로 초빙 또는 채용해 진행했다. 지난 20년간 사회 각 분야는 엄청난 변화와 발전을 거듭했으며 기자들이 대하는 취재원인 실무 관료 또는 기타 직종의 중견들은 각각 전공분야에 엄청난 전문지식을 갖추게 되었다. 문화부 기자들이 상대방 전문가와 대화할 때 지식수준의 차이에서 오는 취재의 어려움을 이야기했는데, 이것은 사실상 대부분의 출입처에 해당한다고 보아야 한다.

다시 말해 아직도 저널리즘은 법이나 의술이나 대학교수 등에 비해 후진적인 전문직업이다. 그러나 우리는 저널리즘이 고도의 전문지식 및 기술과 윤리의식을 갖춘 전문직업임을 확신한다. 왜냐하면 근대사회와 근대인간이 제대로 작동하는데 필수불가결한 것이 곧 저널리즘, 다시 말해 인류의 일체 움직임을 관찰하고, 설명하고, 분석하고, 비평할 수 있는 종합적 직업이 바로 이것이기 때문이다.

다른 개별적인 전문직업과는 달리 저널리스트는 평균 이상의 교양인— 모든 분야에 조금씩은 알고 특정분야에 모든 것을 아는(everything about something and something about everything) 사람이어야 한다는 저널리스트의 기본 자질이 요구된다.

3) 직업주의 확립의 문제점

신문연구소가 실시한 '70년대 한국 언론인의 의식구조 조사'는 명백히 대기자 제도의 필요성을 열망하고 있다. 무려 98.1%가 원하고 있는데, 다만 22.5%는 현실 여건이 이를 어렵게 하고 있다는 것으로 나타났다. 현실 여건이란 무엇인가? 사실상 모든 관련자가 원하고 있고 그것이 신문의 질 향상에 절대로 바람직하다면 만난을 극복하고 대담하게 시도할 수 있는 일이 아닐까. 그 실천에 있어 몇 가지 검토되어야 할 문제점을 제시한다.

(1) 인사제도에 문제가 있다.

전문직업화하려면 거기에 합당한 인사정책과 제도가 있어야 한다. 지금 우리가 채택하고 있는 호봉제(직급)와 국부장제(직위)는 관청에서 쓰는 지극히 권위주의적 서열제도이며, 그것은 군대나 관청에서 또는 각자의 독립성과 능력이 크게 문제 안 되는 규율 본위의 회사·공장 등에 적절한 것이다. 그런 분야에서 적절한 것은 권위주의적인 명령형의 리더십이 능률적이기 때문이다.

신문사의 경우, 적어도 편집진에 관한 한 권위주의적 인사 체계를 버려야 할 것이다.

(2) 전문직업의 인사 체계가 연구되어야 한다.

일본의 경우, 권위주의적 체계를 극복하는 시도로 부장·국장으로 직위가 승진하는 체계와 병행해서 편집위원의 직위를 주어 대기자제를 만들었다. 적어도 「아사히신문」의 경우 몇몇 편집위원은 부·국장의 감투 없이 그러나 특정 분야의 전문가로 전국적인 명성을 떨치고 있고, 적어도 그들로서는 골치 아픈 관리행정직에 별 매력이 있을 것 같지 않다. 영국 「더 타임스」와 기타 일류 신문의 경우, 전문기자는 공고한 제도로 확립되어 있다.

부장, 국장 올라가도 취재하고 기사 써야

우선 editors라고 불리는 부장, 국장, 주필 등 관리직은 연공서열과 전혀 관계없이 회사의 필요에 따라 임명되고, 근무 기한은 무기한이며 40대에 어느 editor에 임명되면 더 좋은 자리로 승진하든가 아예 그만두지 않는다면 정년 때까지 계속되는 것이 관례이다.

한 예로 「더 타임스」의 정치부장 데이비드 우드(David Wood)의 경우 그는 1914년생인데 16세 때 지방신문부터 시작, 기자경력 18년 후에야 「더 타임스」 기자로 중앙무대에 진출했고, 다시 9년 후에야 이른바 정치 전문기자(political correspondent)로 승진했는데 이때가 나이 43세, 다시 11년 후에 정치부장 자리가 궐위되자 54세에 정치부장이 되었고 1977년 은퇴 시까지 9년간 재임하였다. 그의 후임으로 이미 나이 60이 가까운 정치부 차장이 승진하지 않고 40세 갓 넘은 워싱턴 특파원이 임명되었다. 여기에 분명한 것은 관리직과 연공서열과는 전혀 관계없다는 것, 심지어 타사에서 모셔온다 하더라도 전혀 이상할 것이 없다는 관례이다. 결국, 기자로서 명성이 나고 널리 인정되면 correspondent로 승진하고 정년 때까지 근무하는 것이다.

대학교수 자리와 마찬가지다. correspondent가 되면 개인 사무실이 제공되고 비서가 배속되고 그러나 전공분야를 출입하면서 '출입기자' 가 되기도 하고 또는 중요한 기획 기사만 쓰기도 하지만, 바이 라인은 원칙적으로 correspondent가 쓴 것에만 들어간다는 것이 예우다.

일본이나 영국의 경우가 우리 실정에 어느 정도 참고가 되는지 잘 알 수 없다. 특히 권위주의적인 관료제도에 수백 년간 젖어 온 권력 추구형의 한국 사회는 각별히 감투자리에 민감한 문화적 배경을 갖고 있다. 그러나 대학사회에서 강사, 조교수, 교수라는 개인 자격이 있고, 그들 가운데서 행정 관리직이 위촉된다든가, 또는 종합병원에서 인턴, 레지던트, 전문의 등의 개인 자격이 있고, 그 가운데서 과장, 원장 등 행정관리직이 나온다든가, 또한 판 · 검사 등 법조계 및 다른 전문직업에서의 인사체계 · 호칭 문제 등을 참고로 연구하여야 할 것이다.

(3) 지위가 높아도 취재 · 집필해야 한다.

앞서 「더 타임스」의 경우 각종 editor(부장, 국장, 주필)가 된다는 것이 결코 취재 집필을 포기한다는 뜻이 아니다. 계속 전문분야에 관해 집필하고 필요하다면 취재하되 다만 신문 제작의 정책 수립과 집행에 참여하고 편집 기구를 움직이는데 특정의 책임을 맡는다는 뜻이다. 역시 앞서 언급했던 정치부장의 경우 1주일에 4회씩 개인 고정란을 쓰고 중요 정치기사를 기명으로 쓰며, 필요한 경우 사설도 쓴다. 이것은 정치부장에만 해당되는 것이 아니라 editor(주필 겸 편집국장격)조차도 1주일에 한두 번 사설을 쓰고, 또한 기명 칼럼을 쓴다.

결국 editor들은 correspondent 및 leader writer(논설위원)들과 더불어 언론의 크고 작은 스타들을 구성하고 있으며, 특정 분야의 스타가 때로는 A지에서 B지로 옮겨가고, 그럼으로써 스타를 추종하여 팬(독자)들이 A지에서 B지로 옮겨지는 현상이 빚어진다. 이것은 이른바 엘리트 독자를 상대로 하는 고급지의 경우 뚜렷한 현상이다.

종신고용제에서는 무사안일에 안주

4) 취재기자의 채용과 훈련

전문직업에 적절한 인재를 기용하고 훈련하고 발전시키는 것은 신문 발전의 기본요소인데 행인지 불행인지 우리는 편집국 편제로부터 시작해서 기자채용에 이르기까지 일본식을 그대로 답습하고 있다. 우리는 경쟁이 심한 입사 시험을 거쳐 적어도 1960년대엔 우수한 대학졸업생을 받아들였고, 학력에 관한 한 대학 이상 출신이 91%로 세계 어느 선진국의 언론인에 뒤떨어지지 않는다. 그러나 때로는 영어를 구사 못 하는 주미 특파원, 불어에 능하지 못 한 주불 특파원, 일어를 잘 모르는 주일 특파원이 존재하는가 하면, 대단히 중요한 인터뷰 기사에 하지 않은 말을 인용하여 말썽을 일으킨 사례도 있으며, 구속 영장이 떨어진 것을 가지고 '구속됐다' 고 구속 사실을 확인 안 하고 사회면 톱기사를 쓰는 경우를 볼 수 있다.

이는 전문직업화는커녕 저널리즘의 기초도 익히지 못했으면서 전문기자가 맡아야 할 막중한 책임을 맡고 있는 것이다. 일본의 경우 종신고용주의로 신분은 보장되어 있으나, 특색은 모든 취재에 대량의 인원을 투입하여 무분별한 취재경쟁을 벌이는가 하면 기자단 등 배타적인 조합주의로 '단합' 하는 폐습이 있다. 공평한 자유경쟁이 아닌 편의주의 경향이 있어 보인다.

영·미에서는 훨씬 합리주의적인 채용과 훈련을 제대로 하고 있어 보인다. 영국의 경우, 고등학교만 나오면 신문사에 입사하되 3년 반의 연수과정을 거친 다음에 기자 자격시험을 치르고 합격해야 정식 기자로 인정되며, 시시한 신문사에서 실적을 쌓아올려 가면서 일류 신문사로 전출되는 과정을 겪는다.

미국의 경우 대개 4, 5년간의 신문학과 수업을 마친 후에 역시 군소 신문사에서 시작해서 능력에 따라 대 신문사에 옮겨간다. 따라서 초년 단계에서의 능력 있는 기자일수록 전직률이 높고, 일류 신문사에 정착할 때까지는 심한 실력 경쟁으로 전문기자의 수준에 도달한 자들이라고 보아야 한다.

우리나라에서 기자의 재훈련이 자주 거론되고, 실제로 외국 유학과 연수의 기회도 차차 넓어지고 있는데, 선진국의 신문사라 해서 특별히 재훈련의 기회가 남달리 많은 것 같지는 않다. 그보다 기자에게 취재 집필의 기회를 많이 주는 것, 이것이야말로 제일 적절한 훈련의 방법이며, 충분한 휴가와 더불어 전문지식 습득에 필요하다면 일정 기간 휴직의 기회가 주어지는 것 같다. 한 가지 예로「월 스트리트 저널」지는 한 기자가 한 문제로 몇 달씩 걸리는 취재 계획을 세우게 하고 예산을 아끼지 않고 외국 취재까지 시키고 있으며, 양과 질이 다 같이 엄청난 답사 기사를 게재한다. 이런 '대작' 에 실패하면, 그의 장래는 어둡다고 해야 할 것이다.

종신고용제의 원칙에서 오는 무사안일주의에 안주하고 있는 한, 언론인의 질 향상을 위한 어떤 방안도 실효를 거두기 어려울 것이다.

5) 취재제도와 기구의 합리화

인류의 모든 행동을 취재 대상으로 하고 있는 아무리 충분한 인력을 가졌다 하더라도 극도의 합리성을 가지고 활용하지 않으면 부족하게 마련이다. 우리의 경우 사회산업화하는 엄청난 환경의 변화에도 불구하고 취재제도 기구 등에 이렇다 할 개혁이 시도되지 않고 있다는 것은 오히려 이상한 일이다. 여기에 몇 가지 문제점을 제기하면,

(1) 취재지휘체계에 관하여

대개의 경우, 내신은 정치·경제·사회·지방·스포츠·문화·사진 등으로 분리되어 있고 국제문제는 외신부가 맡는다. 그리고 국장 또는 부국장이 취재 부서를 지휘·감독·조정한다. 각 부의 부장이 있고 차장들이 보좌하며, 한두 명의 내근이 전화 송고를 받고 기타 잡무를 담당한다. 이런 제도에서 큰 단점은 동열동등의 취재부장 간의 협동과 조정이 잘 안 된다는 것이다.

출입기자단 개성있는 신문제작 저해

편집국장단이 조정 역할을 맡지만 그들은 정책, 행정, 내외 연락 등에 시간과 정력을 빼앗긴다. 가령 공해문제를 취급할 때, 행정부서는 보사부(사회부), 전문지식은 대학교수나 전문가 또는 과학기술처(과학부 또는 문화부), 그리고 문제가 석탄 문제로 생겼다면 동력자원부나 석공(경제부) 등 여러 군데가 관련된다. 그것이 국회에서 발단되었다면 정치부까지 동원되어야 한다. 어디에나 조직이 있으면, 다소의 먼로주의가 있게 마련이고 보면, 그리고 어떤 뉴스나 읽을거리도 어느 한 부의 관심거리에 국한될 수 없는 복잡성을

띠고 있다면, 종합적인 안목에서 취재를 기획 조정하는 제도가 고려되어야 한다.

가령, 일체의 내신 취재를 내신취재본부를 두어 지금의 각 부와 전문기자인 편집위원을 지휘감독할 수도 있을 것이다. 「더 타임스」의 경우는 the editor 아래 내신국장(home editor), 경제국장(business editor), 외신국장(foreign editor)으로 3분되어 있는데, 경제와 외신이 독립되어 있는 것은 영국의 특수성에 기인한다.

국내에서 일어나는 모든 뉴스는 스포츠 뉴스를 포함해서 내신국장의 지휘 감독을 받는다(단, 외무성 관계는 외신국 소관, 경제 관계는 경제국 소관). 편집국장(managing editor)은 있으나 순전히 행정예산 등 문제에 주필을 보좌하는 행정직이다.

(2) 예산확보와 제도에 관하여

어떤 조직을 움직이든 어떤 사업을 진행하든, 그것은 인력 배치와 예산 집행의 문제다. 돈과 사람을 어떻게 쓰느냐로 시작하고 끝이 난다. 특히 예산 없이 정책 없고, 정책 없이 예산 없다. 마땅히 충분한 예산 뒷받침이 있고 인건비, 출장비, 판공비를 포함해서 국 책임자와 부 책임자에 명백한 재량권이 부여되어야 한다. 주먹구구식 편집국 운영은 지양되어야 한다.

또한 취재에 필요한 예산은 반드시 확보되어야 한다. 예컨대, 광고부원이 필요한 접대를 위해 쓰는데, 신문 제작의 원자재를 공급해주는 취재원을 대접하기는커녕 정반대의 현상이 당연시되고 있으니, 신문의 체면과 위신이 설 수 있겠는가. 아마도 취재의 능률 향상에 제일 긴급한 선행조건이라고 단언하고 싶다.

(3) 사무 인원의 확보에 관하여

지금 우리 현실에 주필·편집국장도 능력 있고 자격 있는 비서를 두고 있지 않으며, 부·차장 및 내근하는 기자들이 직접 빗발치는 전화를 받고 있는 실정이다. 고작해야 심부름하는 사동 한 사람이 한 부에 있을 정도이다.

주필, 편집국장, 부·차장 등의 막중한 책임을 생각할 때 그들이 사소한 사무적인 일에 시간을 빼앗기는 것이 얼마나 경비를 낭비하는 일인가를 경영자들이 깨달아야 한다.

모두가 부수확장과 이윤추구에 혈안

(4) 출입기자단에 관하여

우리 신문윤리실천요강은 "기자는 각 출입처에서 취재 자유 보장을 위한 것 이외의 목적으로 결속되어서는 안 된다."고 훈시하고 있다. 이 훈시를 준수하고 있는 기자단이 단 한 군데라도 있는지 묻고 싶다. 그보다 출입기자단은 자칫하면 신속한 기사의 보도, 개성 있는 신문의 제작을 저해할 때가 있고 기타 특정 목적으로 존재하기도 한다. 기자단 존재의 긍정적인 의의가 있다면 공보관 등을 통해 출입 부처와의 관계를 원만히 하는 것이지만, 지나치게 원만한 나머지 거의 예외 없이 무료 외국관광 등을 집단적으로 실천하는 현실을 아니 우려할 수 없다. 그동안 정부의 알릴 의무, 국민의 알 권리는 어쩌자는 것인지, 정부와 언론의 위신을 다 같이 손상시키는 폐풍이 아닐 수 없다. 때로는 출입처와 원만한 사이가 깨지는 경우에(이유야 무엇이든) 취재 보이콧, 또는 특정기사 집필 거부의 결의가 있고 이를 거부한 회원이 처벌을 받는 경우도 있었다. 이것은 분명히 편집 책임자에게 있는 편집권을 일선 기자들이 가로채는 월권행위라고 지적하지 않을 수 없다. 이런 출입기자단이라면 아예 해체하는 것이 옳다고 생각한다.

신문연구소 조사에 의하면, 출입기자단의 존재를 긍정적으로 보고 있는 언론인이 34.9%임에 반하여 부정적으로 보고 있는 언론인이 49.4%로 나타났다는 것도 흥미 있는 일이다.

6) 개성 있는 신문을 위하여

신문연구소의 조사에 따르면 조사 대상자의 99%가 개성 없는 신문을 만들고 있다고 자아비판 하고 있다. 설문자의 의도나, 또는 응답자의 진의가 무엇인지는 잘 알 수 없으나 요즘 신문들이 모두 비슷하다는 것이 정평이다. 그리고 같은 조사 결과로 보면 개성을 발휘 못 하는 이유로 70.5%가 '제약 여건 때문'이라 하고 20.9%가 '편집과 경영이 독립 안 되어 있기 때문'이라 한다. 법적 · 정치적 제약이 반체제적인 언동의 보도를 금하고 있는 것이 사실이고 이것으로 말미암아 말썽이 생길지 모르는 기사는 아예 손을 안 대는 경향이 있는 것도 사실이다. 그러나 비정치적인 소재에 이르기까지 모든 신문제작자들에 자주적 창의력이 결여되어 있다는 비난도 있을 수 있다고 생각하며, 개성의 결여 역시 일제가 물려 준 달갑지 않은 잔재가 아닌가 생각된다.

오늘날 자유로운 일본의 종합지의 경우, 체제나 내용이 대동소이한 인상을 준다. 서양에서 보는 바와 같은 대중지도 아니고 고급지도 아니며 최대 다수의 최대 관심거리만 찾다 보니 백화점식으로 모든 것을 빠짐없이 갖추어야 하고 모든 독자의 비위를 맞추는 사설을 써야 하니 자연 개성이나 특색이 없어질 수밖에 없다.

(1) 슈퍼마켓식 저널리즘의 시비

일본 신문이나 우리 신문의 특색은 소량이지만 되도록 많은 것을 총망라하는 데 있다. 하루에 30~40면씩 나가는 일본의 경우 그래도 중후한 기사나 착실한 해설이 들어갈 여지가 있으나 우리의 경우 지면 관계로 그것은 사치에 속한다. 자연히 빈약하고 천박한 토막기사의 나열이 되는데 거기에 센세이셔널리즘까지 가미되어 큰 제목이 한몫 보니 내용은 더욱 공허할 수밖에 없다. 모두 부수 확장과 이윤추구 우선에 혈안이 되어 있기 때문에 거의가 저속한 관능을 자극하는 천박한 대중지의 습성을 띠게 되었으며, 소중한 일간지 지면에 에로기(氣)가 섞인 연재소설을 예외 없이 실어야 하는 편집자들의 고충을 탓할 수만도 없다.

신문의 지면제한 철폐하고 자유경쟁

그러나 양적 제일주의보다 질적 제일주의에 관심을 갖는 발행인이 생겨 진지한 엘리트용 신문도 하나쯤 나왔으면 좋겠다. 또한 다 같이 우수한 신문이면서도 「뉴욕 타임스」와 같이 공정하고 포괄적 뉴스 제일주의 신문도, 「더 가디언」같이 주관적 색채를 강하게 풍기는 선별적 뉴스 내지 분석적인 신문도 나타났으면 한다.

(2) 전문기자의 활용방식

지금 동경에 약 20명의 특파원이 나가 있고 워싱턴에 근 10명의 특파원이

나가 있다. '특파원' 하면 대외적으로 내세우는 전문기자이어야 하고 무게 있는 분석, 해설, 평가, 전망 등이 들어와야 한다. 그러나 대부분의 경우 1단짜리까지 모든 신문이 비슷한 내용의 자사 특파원 기사를 싣고 있다. 사소한 기사를 모든 사가 빠짐없이 실어야 할 이유도 없거니와 싣는다 해도 통신을 쓰면 되는 것이다. 그보다 주관적 선택에 따른 읽을거리 등으로 자사 특파원의 특색을 살릴 수 있지 않을까. 국내 기사에서도 마찬가지. 급속한 사회 산업화에 따라서 희비극이 매일 벌어지고 있다.

지난 20년간 농촌 인구가 전체의 70% 이상에서 40% 이하로 줄었다. 엄청난 역사적 변화임에 틀림없다. 물리적 변화는 당연히 정신적인 변화를 수반한다. 교통·통신·매스미디어의 발달로 농촌 역시 도시와 같은 생활권에 들어있다. 또한 농업인구의 격감은 도시 근로자의 격증을 뜻하며 이들의 희망·우려·생활양식 등에 엄청난 변화와 갈등이 일고 있다. 이 두 분야에 각각 1명 이상의 기자를 배치하고 있는 신문사가 단 한 개라도 있는지 묻고 싶다. 모든 신문이 그래야 할 필요는 없겠지만 단 하나의 신문도 이 분야에 전혀 관심이 없어 각각 1명의 기자 역시 농림부와 노동처 등 관급 기사 취재를 주로 하고 있다는 것을 생각할 때 취재 편제와 방향에 창의력이 없다는 이야기가 된다.

7) 증면문제

기자의 질적 향상과 신문의 특색 발휘를 가로막고 취재에 무사안일주의가 지배하고 있는 또 하나의 근원이 제한된 지면 때문이라고 보는 사람도 있다. 1962년 당국의 '권장' 사항에도 중앙지가 1일 12면 발행을 기준으로 했으나 그 후 용지 사정으로 주 36면을 발행하다가 1970년 3월에 주 48면으로 묶일 때와 10년 후인 1979년의 오늘과는 모든 분야에 엄청난 변화진전이 있었다. 1962년 당시 국제수지는 1억 달러 미만이었는데 지금은 수출입이 도합 300억 달러가 넘는다. 그때는 국산 용지가 희귀하여 귀한 외환으로 수입에 의존하여야 할 때였다. 지금은 연산(年産) 20만 톤의 국산 시설이 있으며, 180억 불에 달하는 물자수입을 생각할 때 용지난이나 외화 때문에 신문이 자유경쟁을 못 한다는 것은 정당한 이유가 될 수 없다. 이론적 가정에서 지적했듯이 사회산업화는 엄청난 정보의 소통을 필요로 한다. 경제 규모가 지난 17년간 어느 정도 비대해졌는지 경제활동에 간접 직접 종사하는 인구가 얼마나 늘었는지는 새삼 지적할 필요가 없다. 새삼 지적해야 할 것은 17년 전이나 지금이나 같은 인원의 경제부가 같은 스페이스의 경제면을 같은 방법으로 배우고 있다는 초라한 현실이다.

내적 개혁으로 책임있는 언론 실현

아무리 재훈련을 받고 아무리 깊이 있고 폭넓은 취재를 하여도 이를 지면에 반영할 수 없는 상황이라면 그 훈련 그 취재에 무슨 소용이 있겠는가. 오늘날 침체와 무기력의 수렁 속에 방향감각을 잃고 갈피 잡지 못하고 있는 원천적 이유의 하나는 자유경쟁의 기본바탕(지면)을 확보하지 못하고 있는 데 이유가 있어 보인다.

증면이 지니는 또 이점은 광고시장의 확대라는 긍정적 경제 효과다. 지금 중앙 일류지의 전면 광고는 흑백이 2만 4천 달러, 색도가 약 3만 6천 달러이다. 아마도 세계에서 제일 비싼 광고료로, 수요공급의 원칙이 그렇게 만들었다. 여기서 두 가지 부작용이 나타난다. 첫째로 원칙적으로 거대한 기업만이 이에 참여할 수 있다는 것이고, 둘째로 비싼 광고료는 궁극적으로 소비자가 지불한다는 것이다. 여기서 파생하는 역기능은 소수의 광고주가 신문 광고 시장을 독과점하고 그만큼 그들이 신문경영에 고삐를 잡고 있다는 것이며, 그들이 본격적으로 압력을 가할 때 애써 취재한, 그리고 꼭 국민에게 알려야 할 기사까지 경영의 압력으로 제거되는 비극이 벌어진다. 그럴 때마다 기자들은 사기를 잃고 허탈 상태에 빠지는 것이다.

지면 제한은 철폐되어야 하고 신문은 자유경쟁의 장을 찾아 특색을 살리고 능력을 발휘하고 그럼으로써 질과 양을 향상시킬 가능성을 찾을 수 있을 것이다.

3. 결론

급속한 사회산업화가 진전되고 있는 상태에서 언론의 보도적 기능이 적정히 발휘되어 실존의 세계와 복사 재현의 세계를 일치시키는 필요성이 더욱 절실해지고 있음을 인식해야 한다.

그러나 매스미디어의 양적 비대에도 불구하고 여러 보도적 기능 수행의 제약으로 말미암아 두터운 장벽이 가로놓여 있다는 것도 엄연한 오늘의 현실이며, 이러한 외적 조건을 빙자한 패배주의가 팽배해지고 있는 경향을 부인할 수 없다. 또한 대내적인 문제점들이 방치되어 타성화하고 있다는 것도 대담하게 인정하여야 할 것이며, 슬기로운 개혁이 촉구된다. 그 가운데, ① 직업주의 확정을 위한 제도적인 개혁은 충분히 가능한 것이며, 언론계 스스로의 역량과 능력 향상에 노력할 수 있을 것이며, ② 소극적인 취재에서 적극적인 취재로의 기구 개혁, 예산 투자 등은 과감히 시도할 수 있는 일이며, ③ 개성 있고 다양성 있는 신문 제작에 근본적 정책 개선과 더불어 ④ 지면 제한 철폐로 공정한 자유경쟁 체제를 갖춤으로써 취재보도는 물론, 신문제작 전반에 활력과 창의력을 소생시키는 좋은 계기가 마련될 수 있다고 보여진다.

외적 조건이 어렵다고 개탄만 하는 것이 사태 해결의 첩경인 것 같지는 않다. 그보다 외적 조건의 향상 즉 취재의 자유, 언론의 자유 확보에 부단히 투쟁하여 국민의 알 권리를 최대한 수호하여야겠으며, 무엇보다도 이러한 가치에 확고한 신념을 포기하지 않는 마음가짐이 중요하다. 또한 정부나 기타 세력도 언론이 독립적이고 책임 있는 사회세력으로 발전하는 것이 정부와 사회에 유익하다는 것을 알아야 하고, 또한 자유로운 보도가 가져오는 원활한 정보의 소통이 무정보나 왜곡된 정보보다 훨씬 생산적이라는 것을 이해해야 할 것이다. 끝으로 언론계는 내적 조건의 대담한 개혁으로 저하된 사기를 되찾아 자유롭고 책임 있는 언론의 실현을 지향하고 앞당길 수 있을 것이라고 믿어진다.

1979년 10월 한국신문편집인협회 세미나

국가권력과 자유언론의 위기;
80년대 한국 언론

　1987년 6월 29일의 이른바 6·29선언은 한국의 정치발전에 엄청난 이정표를 이루었다. 그것은 전두환의 군사통치가 붕괴하는 분수령을 이루었고 이 나라 민주화의 긴 여로가 시작된 하나의 중대한 시발점이었다. 6·29선언은 무엇보다도 정부 선택권을 국민에게 돌려주었다는 점에서 국민 요구에 대한 항복이라고 말할 수 있겠으나 그에 못지않게 '언론의 활성화' 라는 이름 아래 서구적인 의미의 언론 출판의 자유가 서서히 부활하는 역사적인 계기가 되었다.

　6·29 후 꼭 4개월만인 1987년 10월 29일 헌법이 개정됨으로써 국민은 박탈당한 대통령선택권을 되찾았으며 언론 출판은 '허가나 검열' 없는 민주적 자유를 보장받았다. 곧이어 한 달 후에는 악명높은 언론기본법이 폐지되어 적어도 제도적으로 발행의 자유가 어느 정도 신장하는 등 괄목할 개혁이 이루어졌다. 그 해 12월 16일 대통령 선거 그리고 88년 4월 26일 국회의원 선

거에 언론은 전에 없는 활기를 띠었고 취재와 보도의 자유 및 표현의 자유는 거의 완전한 것이었다. 아마도 1945년 8월 해방 후와 1960년 4월 이승만 정권 붕괴 후에 누렸던 언론출판의 자유가 소생한 것이다. 적어도 정치권력이 공공연하게 신문 등 인쇄매체 제작에 압력을 가한 사례는 거의 없었다.

만일, 언론기관의 자치권이 언론의 자유 유무를 판가름하는 기준이고, 언론매체가 편집정책이나 제작활동을 결정짓는데 자치권이 없거나 거의 없는 것을 권위주의(authoritarian) 언론이라고 한다면, 6 · 29 전 언론은 전형적인 권위주의 언론이었고 6 · 29 후 이 땅의 언론은 점진적으로 권위주의적 굴레를 벗어나 공개된 경쟁 속에서 자율적인 의사결정을 내리는 자유주의(libertarian) 언론으로 발전하였다고 말할 수 있다.

5공 언론, 체제에 협조적 권력에 종속적

그러나, 언론 상황을 권위주의적 통제냐 자유주의적 자율이냐로 간단하게 양분하여 관찰하는 데는 문제가 있다. 권력과 언론의 관계를 그렇듯 단순화해서 '자유가 있다 없다.' 고 단언할 수 있을까? 물론 공산주의 파시스트체제 하의 언론이라든가 정반대로 현대민주주의 사회에서의 언론의 경우에는 의심할 여지 없이 그러한 이분법이 적용되는 수는 있겠으나, 개발도상국의 경우 두 가지 유형 가운데 어느 한 틀에 완전무결하게 들어맞지 않고, 권위주의적인 요소와 자유주의적인 요소가 공존하는 복합형이 있을 수 있다. 우리나라의 경우, 아마도 복합절충형에 속한 시기가 대부분이 아닌가 생각되고, 가령, 5공 치하만 해도 초기 계엄하의 물리적 통제하에서는 완벽한 권위주의 언론이었으나 민주화 투쟁의 진전에 따라 언론의 독립 정도가 향상되었으며, 방송, 신문, 잡지, 서적 등 매체별로 누리는 자유도 일정치 않았다. 예컨대, 사실상 정부직영이나 다름없는 KBS나 MBC 두 방송매체는 거의 100% 정부에 예속된 매체로 대중의 심리조작 무기로 활용되었지만, 민간소유의 일간신문들과 정부관계는 반드시 그렇지도 않았으며, 잡지저널리즘은 보다 자율적 제작이 묵인되었다.

따라서 5공 시대의 언론이 전 기간 모든 매체가 같은 강도의 권위주의적 통제를 받고 있었다고 말할 수도 없다. 그럼에도 불구하고 대체로 모든 매체는 5공 체제에 협조적이었고 권력에 종속적이었다고 말할 수 있겠고 그것은 6·29 이후 민주화 시대의 문이 열린 다음에도 대체로 체제에 협조적이라는 타성은 지속되고 있다고 볼 수 있다.

이 점, 어느 미국학자의 방법론은 참고가 된다. 즉, '존 시 메릴'은 이렇게 말했다.

"우리는 언론의 대정부 관계를 다른 방법으로 생각해 볼 수 있다. 즉, ① 대등한 경쟁자(an equal contender)로서, ② 협조하는 머슴(a cooperating servant)으로서, ③ 강제된 노예(a forced slave)로서이다.

첫째, 언론매체는 독립적이고 또한 매체끼리도 자유경쟁을 하므로 각자는 독자적으로 발전하고 자주적으로 운영된다.

둘째, 언론매체는 어느 의미에서 정부와 동반관계를 형성하고 언론은 자진해서 정부에 협조한다. 정부와 '사회 공익'을 동일시하고 거기서 언론을 협동관계로 유도한다.

셋째, 강제된 노예로서의 언론은 정치권력에 종속적이고 그것은 정치권력의 강요로 정부에 협력한다. 5공 치하의 권력과 언론의 관계는 다분히 메릴이 말하는 제3의 유형에서 출발하여 제2의 유형으로 옮겨갔으며, 6·29선언 후 제1의 유형으로 발전하고 있어 보이지만 이른바 '권(權) 언 유착' 관계가 명실 상부하게 청산되지 않아 제2의 유형에 입주하고 있다고 말할 수 있다.

80년 언론대학살 제대로 규명 못 해

걱정스런 것은 대담한 5공 청산을 머뭇거리는 가운데, 사회적 논란이 격화되고 급진적 혁명 세력이 등장, 사회적인 안정을 크게 위협하고 지속적인 경제발전이 중단될 때 있을 수 있는 보수반동의 역풍이다. 극좌, 극우 모두 사회민주주의를 부정하고 그들이 믿는 목적과 대의를 위해서는 수단과 절차를 무시하거나 경시하는 사고에 있어 동일하다. 이 두 가지 극단세력 가운데 어느 세력이 권력을 장악할 때 사회민주주의는 빛을 잃고 만다. 모든 시민이 민주적인 결정을 내리는 데 필요한 정보와 의견을 정직하게 전달하는 것이 자유언론의 기본기능인데, 극좌 극우세력의 등장은 그러한 언론의 기능을 말살할 수 있는 가능성을 증대시킨다.

1988년 11월과 12월 이른바 '언론 청문회'가 텔레비전 중계리에 실시되었다. 여기에는 80년 언론인 추방, 언론기관 통폐합 및 언론기본법 제정 등 권위주의 언론체제 확립의 주역들이 소환되었다. 제한된 시간이고 비조직적인 심문이었기 때문에 이른바 '80년 언론대학살'의 진상이 제대로 규명되지는 않았으나, 5·17군사 쿠데타 세력에 편승한 언론학살 책임자들의 비열한 변명 등을 통해서 어느 정도 윤곽은 드러났다.

5 · 17군사정권이 권력구축의 제1차 수단으로 단행한 것이 언론인의 대량 숙청이었다. 이 대량숙청으로 1980년 여름 언론사에서 강제 추방된 언론인 총수는 무려 933명에 이르렀다. 쿠데타 세력의 중심이었다던 국군보안사령부에서 작성, 문공부를 거쳐 언론사에 통보된 인원이 336명이었는데, 이 가운데 298명이 실제로 쫓겨났고, 나머지 635명은 언론사가 독자적으로 해직시킨 것이다.

이 숙청의 제1차 대상은 계엄체제에 비판적이고 군 검열에 비협조적인 언론인이었으며 "반체제 · 용공, 불순분자, 또는 이들과 직접 간접으로 동조한 자" 등이었다. 이 밖에 "부조리 부정부패한 자"라든가 "특정 정치인 경제인과 유착하여 국민을 오도한 자"와 "기타 사회의 지탄을 받은 자" 등을 해직 대상자로 규정하였다.

숙청 방법으로는 3단계로 나눠 △ 1단계(7월 25일~7월 30일)는 문공부 주관으로 한국신문방송협회의 긴급 총회를 소집해 자율적인 숙청을 결의하고 △ 2단계(8월 1일~8월 10일)가 각자 발행인 책임하에 언론자체정화위를 설치, 자체숙청 △ 3단계(8월 11일~8월 30일)는 소기의 성과가 없을 때는 경영주를 포함해 합수단(合搜團)에서 조사 처리하는 것으로 돼 있다.

이상의 해직규정 및 방법에 따르면 당국에 밉게 보인 언론인은 무슨 핑계로든지 쫓아낼 수 있었고 "소기의 성과가 없을 때에는 경영주를 포함해 합수단에서 조사 처리한다."는 강제수단이 수립되어 있었다. 말을 안 들으면 잡아다가 사법처리하겠다는 것이다. 해직된 언론인 933명 가운데 편집직 종사자가 717명이었으므로, 당시 일간 신문 · 방송 · 통신 등에 종사하는 보도 및 논설진을 약 4천 명 정도로 잡을 때 18%가 졸지에 직장에서 쫓겨난 것이다.

두 번째로 5·17 쿠데타 세력이 단행한 일간신문, 방송 등의 통폐합조치에 앞서 문공부는 그 해 7월 30일 "사회정화"라는 미명하에 전체등록정기간행물 1천 4백 43종의 12%에 해당하는 1백 72종(주간 15, 월간 1, 백 4, 격월간 13, 계간 16, 연간 24종)에 대해 무더기 등록취소조치를 내렸다. 문공부는 이날 발표를 통해 등록취소의 표면적 이유로 △ 각종 비위, 부정, 부조리 등 사회 부패요인 △ 음란, 저속, 외설 또는 범죄조장 및 퇴폐적 내용 △ 계급의식 조장 및 사회불안 조성 △ 발행목적 위반 또는 법정발행실적미달 등 4가지를 내세웠다. 그러나 이날로 폐간된 정기간행물 중에는 잡지계에서 가장 비판적이고 영향력 있었던 「씨알의 소리」(월간), 「뿌리깊은 나무」(월간), 「창작과 비평」(계간), 「문학과 지성」(계간) 등 잡지문화를 이끌어온 월 계간지와 기자협회의 기관지였던 「기자협회보」(월간), 「저널리즘」(계간) 등이 포함돼 있었다.

사회정화로 대량해직, 언론사 통폐합

심지어 한양대의 「한양타임스」와 서강대의 「서강타임스」 등 몇몇 대학신문까지도 등록취소돼 '정기간행물정화'의 저의를 드러냈다. 당시 「창작과 비평」은 발행 부수 2만 부, 「뿌리 깊은 나무」는 8만 부로 각각 그 영역에서는 최고의 발행 부수를 자랑하면서 청년학생층과 지식인층에 큰 영향을 끼치고 있었고 사실상 지식인의 거점 역할을 하고 있었다. 따라서 이 같은 정기간행물을 퇴폐 부실잡지와 한데 묶어 폐간시킨 것은 언론탄압 인상이나 의도를 조금이라도 희석시키기 위한 것이었다고밖에 볼 수 없다.

그러나, '잡지청소' 작업은 언론매체 정리의 서론에 불과했다.

717명에 달하는 언론인 숙청은 형식상 신문협회와 방송협회 등의 '언론인 자율정화 및 자질향상에 관한 결의'로 집행할 정도로 언론계에서 전혀 저항을 받지 않았다는 것이 특징이었다. 군부정권의 광주학살을 목격한 언론계에는 겁을 집어먹었거나 아니면 강한 자에 붙어야 한다는 '사대주의' 기류가 만연하였으므로, 군부의 언론장악은 매우 용이하였다. 무저항이었다.

군부정권은 더욱 자신을 얻어 그해 11월 마침내 언론통폐합을 단행한다. 통신은 연합통신 간판 아래 단일화되었다. 국내외 뉴스공급을 단일화하고 명색은 신문방송사가 주주이지만, 실제로는 정부에서 간부임명권을 갖는 등 사실상의 국영통신이 되었다. 건국 후 처음 있는 일이었다.

더구나, 일간신문은 발행되는 시도 이외에 주재기자를 둘 수 없게 만들었으므로 거의 완전한 국내뉴스 통제가 가능하였고 외국뉴스 역시 '연통'의 데스크에서 친권력 성향으로 여과되어 권력유지의 수단이 되었다. 방송은 '공익'이라는 간판 아래 비판적인 동아방송 등의 모든 민영이 국유 KBS에 흡수되었다. 단 남은 것은 KBS와 MBC 두 네트워크뿐인데, 이름뿐인 공영방송 MBC조차 주식의 65%를 KBS에 귀속시켰고 나머지 35%가 5·16장학회 소유였으므로 완전히 정부관리하에 들어갔다. 민방 가운데 예외적으로 기독교방송(CBS)이 살아남았으나 보도 및 광고기능을 박탈당하였으므로 이미 정상적인 방송은 아니었다. 방송 못지않게 결정타를 맞은 것은 일간신문계였다. 통폐합조치로 서울에서는 경향, 동아, 서울, 중앙, 조선, 한국의 6대 종합지, 그리고 한국경제와 매일경제 등 2개 경제지 등이 살아남았고, 지방에서는 시, 도에 각각 일간지 하나로 통합되었다. 언론인의 대량추방과 언론매체의 통폐합으로 언론계에 대한 물리적 수술은 종결되었다.

그러나, 언론계 장악작전은 거기서 그치지 않았다. 일시적인 수술만으로는 항구적인 지배가 어렵다고 본 것이다. 여기서 제도적으로 언론통제를 굳힌 것이 '언론기본법'의 출현이다. 언론기본법이야말로 5공 시대에 언론을 지배하고 이어 크게 영향을 미친 권위주의 언론의 법적인 기둥이었다고 말할 수 있다. 즉, 5·17로 집권한 군부세력의 6개월에 걸친 통제 작업이 '화룡점정(畵龍點睛)'한 것이 바로 언기법이었는데, 입법 취지에 그 제정 동기가 잘 나타나 있다.

제도적인 언론통제 '언론기본법'

"언론은 국가 사회 개인 생활의 모든 영역에서 큰 영향력을 미치고 있기 때문에 고도의 자유와 함께 공공적인 책임이 요구된다. 이에 따라 언론의 자유와 권리를 제도적으로 보장하는 한편, 민주적 기본질서의 테두리 안에서 언론의 책임을 강화하기 위해 언론기본법의 제정이 필요한 것이다."

언론의 자유와 권리를 제도적으로 보장하는 것이 주요 목적이라는 것, 여기에 언론의 책임을 강화하기 위하여 제정된 법이라는 것이다. 과연 그런 요소가 있는 것일까.

언론법 가운데 아마도 가장 가혹한 언론규제는 언론기관의 생과 사를 다같이 문화공보부 장관이 좌우할 수 있는 조항들이다. 같은 법 제20조에 따르면 정기간행물(신문, 통신 기타 동일한 제호로 연 2회 이상 발행하는 간행물)은 제호, 종별, 발행인, 편집인 및 인쇄인의 인적사항, 발행목적과 발행내용, 인쇄시설 등을 기재하여 문화공보부에 '등록'하여야 한다고 규정하였다. 법의 취지상 등록에 필요한 서류를 갖추어 문공부에 제출할 때 당연히 '등록'이 가능해야 마땅하겠지만, 현실적으로는 문공부 장관의 재량권에 속한다. 이 법이 시행된 7년간 단 1건의 일간신문도 '등록'된 바 없다. 잡지는 상당수가 '등록'된 바 있으나 문공부의 '사전허가'를 얻은 자에 한정되었다. 누구나 형식적 구비조건만 갖추면 등록이 가능한 것으로 되어 있지만 등록은 하지 아니하고 정기간행물을 발간한 자는 2년 이하의 징역에 처하게 되어 있으니, 관의 허가사항임이 분명하다. 다시 한 번 양두구육의 성격을 드러낸다. '발행 목적과 발행내용'이 정치적인 성격을 띨 때 '어용적'인 간행물 이외에는 사전허가가 있을 까닭이 없다. 바로 그런 언론을 규제하는 것이 법의 취지이고 운용방침일 터이니까.

결국, 이 땅 이 나라에서 언론기관을 신설하려면 정부의 특허를 받아야 하며 정부에 반대 입장에 있는 사람은 말할 것도 없고 대부분의 국민들로서 언론기관을 시작할 기회는 실질적으로 박탈되어 있어 "모든 국민은 언론 출판의 자유와 집회 결사의 자유를 가진다"는 당시 헌법 제20조 제1항의 기본권 보장을 원천적으로 빼앗는 것이었다.

어디 그뿐인가. 언기법은 곧이어 '등록의 취소'라는 무서운 처벌 규정을 두어 문공부 장관이 언론기관 생살여탈의 대권을 발동할 수 있는 법적 근거를 마련한 것이다.

등록취소요건에는 "사위 또는 부정한 방법으로 등록한 사실이 있을 때"를 비롯하여 일곱 가지의 경우를 규정하였는데 여기서 각별히 주목할 것은 네 번째에 규정한 "정기간행물의 내용이 등록된 발행목적이나 제3조 제4항에 의한 공적 책임을 반복하여 현저하게 위배할 때"에 문공부 장관이 "등록을 취소하거나 1년 이하의 기간을 정하여 그 발행의 정지를 명할 수 있다."는 것이다. 이 조항이야말로 문공부 장관이 귀걸이 코걸이로 신문을 정간시킬 수도 있고 폐간시킬 수도 있는 가장 가혹한 벌칙이다. 우선 '발행목적'이라 한정시켜, 그것을 정부가 일일이 검토하여 처벌하겠다는 발상 자체가 자유로운 언론의 기본원칙에 어긋나는 것이다. 뿐만 아니라 게재된 내용 가운데 어느 부분이 '발행목적'에 합당하고 부당한가를 어떻게 판단할 수 있단 말인지, 예컨대 여성이나 가정을 상대로 교양잡지를 만들겠다는 내용의 발행목적을 등록서류에 기재했을 경우 정치적 기사, 경제기사를 실을 수 있느냐 등 문제가 생길 것이 분명하고 결국, 문공부 관료가 출판물을 위협해서 정부정책에 동조시키려는 규정이다.

언론기본법, '등록 취소'로 언론 생살여탈

다음으로 언기법 제3조 4항 공적 책임 조항의 "반복하여 현저하게 위배한 때에도 등록을 취소할 수 있다."는 조항이야말로 언론의 목을 졸라매는 독소조항이었다. 그러면, 제3조 제4항의 공적 책임이란 무엇인가. 그것은 "언론은 폭력행위 등 공공질서를 문란케 하는 위법행위를 고무·찬양해서는 아니 된다."는 것이다. 폭력행위까지는 그래도 개념이 비교적 명료하다. 그러나 "공공질서를 문란케 하는 위법행위"라는 것은 막연하고 모호하기 그지없다. 가령 반정부 시위에 나선 학생들의 움직임을 당국의 요청을 묵살하고 대대적으로 편집 보도할 적에 '고무 찬양'하는 것으로 몰아붙일 것이 분명하다. 이 조항이야말로 문공부가 주관적인 판단으로 언론기관을 위협하고 탄압하는

데 손쉬운 무기로 사용할 수 있을 것이다.

그런데, 본질적인 문제점은 여기에 있지 않다. 실로 가공할 일은 그런 것을 빌미삼아 문공부 장관이 독자적인 판단으로 언론기관의 생명을 끊어버릴 수 있다는 것이다.

5공 정부는 ① 언론인 대량추방으로 언론종사자에 대한 물리적 통제 및 심리적인 위협을 가하여 새로운 군부 파시스트체제에 대한 순종을 유도하고 ② 언론기관의 통폐합으로 역시 반체제, 반정부 언론이 싹 틀 수 있는 여지를 원천적으로 봉쇄하고 ③ 언기법 공포로 역시 반체제 반정부 메시지가 실존매체를 통해 나갈 수 있는 길을 봉쇄하였다.

이런 완전무결한 언론규제는 한국 언론 100년 사상 그 유례를 찾아볼 수 없는 완벽한 것이었다. 특히 메시지 통제는 언기법만으로 완성되는 것이 아니었다. 그 구체적 조치는 문공부에 홍보조정실을 두어 이 기구에서 매일 보도지침을 만들어 각 언론사에 시달하였다. 이 보도지침이 얼마나 신문제작에 반영되었는지는 매체에 따라 시기에 따라 차이가 있으니 일률적으로 말할 수는 없다. 가령, 5공 초기와 말기와는 큰 차이가 있겠고 신문과 방송에 역시 순응도가 전혀 달랐고, 가령 밤 9시 KBS, MBC 양 텔레비전의 종합뉴스의 경우 '9시 15분 뉴스'라고 불릴 정도로 첫 15분간은 무조건 전두환 대통령의 동정으로 충당하던 때가 있었다.

개인적으로 1984년 9월 29일 남북 간에 물자교류가 있었던 날의 뉴스를 보고 '보도지침'이 얼마나 정확히 실천되는가를 목격하였다.

그날, 북한적십자사가 '수재위문'이라는 명목으로 5만 석의 쌀, 10만의 시멘트, 50만의 천, 7백 상자의 약품을 실어왔다. 이에 답례로 트랜지스터 라디오, 전자시계, 화장품, 담요 등이 든 1천 6백 개의 가방을 북에서 온 트럭과 배에 실어 보냈다. 6·25전쟁 이후, 남북이 실시한 첫 물품 교환이었다. 그때까지 남북대화의 목적으로 사람이 오간 일은 있었으나 모두 도로에 그쳤다. 그렇게 보면, 물품 교환은 피차간에 실질적인 이득이 있는 큰 뉴스로, 획기적인 사건이었다. 그러나, 그날 밤 9시 두 TV는 첫 20분간을 잠실 경기장 가운데 하나가 준공되었다는 뉴스를 내보냈다. 역시 전두환 대통령의 식사 등에 포커스를 맞춘 '뉴스 쇼'였다. 겨우 9시 20분경에야 역사적인 북쪽의 물자 전달광경을 보여주었다. 북쪽의 배가 인천과 동해에 도착하여 하역작업이 벌어지고 북쪽 트럭이 판문점에서 짐을 내리는 장면을 보는 데, 20분을 기다려야 했다.

홍보정책실에서 매일 언론사에 보도지침

신문보도도 역시 마찬가지였다. 석간 동아일보의 경우 남북물자 교환뉴스는 1면 톱뉴스가 아니었고, 1면 좌상부에 5단 제목으로 판문점 소식을 요약하였고 7면(사회면) 좌상에 4단 제목의 '스케치' 기사로 내보냈다. 1면 톱뉴스는 역시 경기장 준공식이고 사회면 톱뉴스는 '취직에 비상 걸렸다.'는 소식이었다. 조간 조선일보의 경우 역시 남북물자교환뉴스는 석간 동아와 똑같은 위치에 같은 크기의 제목이었으며, 1면 톱뉴스는 '소련지도부에 개편이 임박했다.'는 예상기사였고 7면 톱뉴스는 역시 잠실 경기장 이야기였다.

보도지침에 따라 편집된 것이 너무나 명백하지 않은가. 동아와 조선 등, 그래도 가장 독립적인 것으로 간주되는 대신문까지도 중요한 뉴스에 관한 한

'보도지침'을 준수하고 있었다는 것이 거의 확실하다. 홍보정책실에서 81년부터 매일 보도지침을 각 신문사에 은밀하게 시달하고 있다는 것은 공개된 비밀이었다.「한국일보」편집부의 김주언 기자가 1985년 10월부터 1986년 8월까지 문공부가 각 언론사에 시달한 보도지침 584건에 대해 1986년 9월 6일에 발행된「말」지 특집호에 실음으로써 세상에 공개했고, 이 특집호에 관련된 '언협' 사무국장 김태홍 씨(80년 기자협회 회장), 실행위원 신홍범 씨(75년「조선일보」해직기자), 그리고 제공자 김주언 기자가 구속되었다. 이들 3명은 1987년 6월에 선고 유예(신홍범), 집행유예(김태홍, 김주언)로 석방되었다.

80년대 언론통제의 표본인 보도지침은 어떤 것이었는지,「말」지를 통해 그 일부를 살펴본다.

△ 1986년 2월 25일

① 필리핀 사태, 1면 톱기사로 올리지 말 것

② 3당 대표회담에서 거론된 89년 개헌 관계 기사를 취급할 때 개헌내용에 관한(직선제, 이원집정제 등) 해설기사나 기고, 논쟁 등을 싣지 말 것

③ 오늘 열린 검사장회의 관련 보도는 제목에서 '서명기도, 엄벌' 운운으로 뽑지 말 것. 대신 '헌정질서문란…'으로 할 것

4대 일간지는 이날 보도지침 중 첫째 항인 '필리핀 사태 1면 톱으로 올리지 말라'는 것을 모두 무시하고 1면 톱으로 올렸다. 그러나 셋째 항은 4대 일간지가 그대로 따르고 있다.

△ 1986년 2월 26일

① 이민우 총재가 청와대 회담에서 밝힌 '89년 개헌반대' 의사는 신민당의 공식당론이 아니므로 쓰지 말 것

② 서울대 졸업식 소동은 사회면 2단 정도로 조용하게 보도할 것. '4천 명이 참석한 졸업식에서 박봉식 총장이 축사를 하자 2천여 명의 졸업생이 노래를 부르며 방해하면서 퇴장했고, 이어 손제석 문교부 장관이 축사를 하자 1천여 명이 퇴장'

△ 1986년 2월 27일

① 대통령 유럽순방기사는 1면 톱기사로 쓰고 또 해설 등 기획물도 눈에 띄게 보도 바람

② 필리핀 사태 1면 3단 정도로 취급하고 나머지는 간지에 싣되, 4면(외신면)과 5면(체육면)에만 한정시키고, 정치인들의 논평은 가급적 보도하지 않도록 하고 대변인 논평만 싣고, 해설 좌담 등에서 '시민불복종운동'을 우리 현실과 비교하거나 강조하지 말 것

신문지면에 실제 반영된 보도지침

그러나 보도지침이 실제로 신문지면에 얼마나 반영되었는가는 앞서 언급한 대로 일률적으로 단정할 수는 없다. 다만 서강대 유재천 교수(신문학)가 간이분석을 한 결과를 「기자협회보」에 기고한 바에 의하면 다음과 같다.

즉, 여권신문의 경우는 보도지침 가운데 '보도불가'는 약 96%, '보도요망'은 100% 반영된 것으로 나타났고, 비여권 신문의 경우는 '보도불가'는 약 67%, '보도요망'은 약 30% 반영되고 있다는 것이다. 모든 언론이 언제나 모든 지침을 전적으로 따랐다고 말할 수는 없다. 그리고, 5공 초기와 5공 체제에 금이 가기 시작한 1985년 2월 총선거를 고비로 언론계에서 간간이 저

항의 기미가 보였으므로 사정은 조금씩 나아졌다. 그러나, 본질적으로 5공 치하 언론은 '강제된 노예'의 성격을 벗어나지 못하였다고 말할 수 있다.

5공의 언론통제는 언론인 숙청, 매체통폐합, 보도지침 등 '매질'만 가지고 성공한 것은 아니었다. '매질'과 대립개념인 '당근'이 효율적으로 공급되었다. 회유, 매수 또한 주요 무기였다. 이 수단은 다시 두 가지로 나누어 논할 수 있다.

첫째는 언론계 전체에 대한 구조적인 것이고, 둘째는 언론인 개개인에 대한 '촌지'라는 제도이다.

구조적인 '당근제공'은 우선 언론사 통폐합으로 말미암은 '독과점' 체제가 가져온 엄청난 언론기업의 물질적 번영을 지적할 수 있다. 5공 8년에 국가경제규모는 2배 이상으로 늘었다. 개인당 생산고(GNP)는 연 1,500불에서 3,000불 가까이 늘었다. 엄청난 호황이었다. 언론사가 구체적으로 어느 정도 경제적으로 성장하였는지는 알 수 없으나 가령 1984년 조선일보와 동아일보의 순이익은 각각 30억 6천 6백만 원과 27억 9천 3백만 원이었다는 기록이 있다.

총 매상 600억 정도 기업으로서 그 정도의 '순이익'이라면 대단한 것이다. 언론사의 흑자재정으로 언론인의 처우 또한 현저하게 향상될 수밖에 없었다. 1988년 말 현재 동아일보사 기자 초봉은 연봉으로 따져 1천 2백 35만 6천 원이고 조선일보사의 경우 1천 1백 40만 5천원으로 재벌기업의 초봉보다 훨씬 많다. 다른 신문들도 이 두 신문만은 못하지만 큰 차이가 나는 것은 아니다.

언론인의 물질적 수입은 소속사에서 받는 고임금에 그치는 것이 아니다. 갖가지 '과외혜택(fringe benefit)'이 실질적인 것이다. 대표적인 것이 20%

에 해당하는 소득세 면세 혜택이다. 취재활동비라는 명목으로 제작에 종사하는 취재편집직에게는 소득의 20%인 갑근세가 부가되지 않는다. 대학교수에만 해당하는 권력 측의 의도적인 특례조치라고 말할 수 있다. 지식인들의 입을 막기 위해서 '엿'을 먹이는 제도적 장치이다. 모든 언론사 종사자들은 방송광고공사의 이른바 공익자금에서 중고등학교 재학중인 자녀들의 공납금을 지급받았다. 이것은 사원들에게 권력이 부여하는 특혜자금인 동시에 사실은 사주들의 배를 불려주는 결과를 자아냈다. 왜냐하면, 웬만한 기업이면 사원 자녀 학비는 지급해 주는 것이 우리 사회의 관례로 굳어져 있으니까 말이다. 1981년부터 1988년까지 언론인 자녀들에게 지급된 광고공사의 학자금은 무려 1백 20억 4천 9백만 원에 달하였다. 이 밖에도 역시 '공익자금'으로 해마다 해외연수에 나가는 언론인 수가 30명을 헤아렸으며, 역시 상당수의 언론인이 기자단별로 해외시찰여행이라는 혜택을 입었다. 이상은 제도적으로 5공 치하 언론인들이 받은 공공연한 제도적 수혜였다.

언론인이 누리는 제도적 과외혜택

이 밖에 주로 기자단별로 취재원으로부터 받는 '촌지'를 거론 안 할 수 없다. 취재원의 대부분이 국가기관이고 보면, 공공연한 국가권력의 언론매수 수법이라고 말할 수 있다. 긴 설명이 필요 없이 경향신문이 「순치의 마약 촌지」라는 제목하에 심층 분석한 특집기사로 이 문제의 심각성을 이해할 수 있다. 1987년 7월 16일 상오 11시경 대검찰청 공안부장실, 이날 하오 인천 지검에서 발표될 '부천서 성고문사건'의 수사결과에 대한 검찰 수뇌부의 입장 및 향후 수사방향 등을 취재하기 위해 20여 명의 검찰 출입기자들이 공안부장실에 모여 있었다. 11시가 조금 넘자 법무부 ○대변인이 불쑥 안으로 들어왔다. ○대변인은 곧바로 ㅊ공안부장에게 다가가서 그의 귀에다 대고 무슨 말인가 소곤거렸다. ㅊ부장 앞에 앉아있던 출입기자단 간사 2명이 ○대변인에게 "무슨 일이냐"고 묻자 그는 빙긋 웃으며 "다른 때보다 조금 많다"고 대답했다. 그때 기자들은 좁은 방안에서 서로 웅성거리며 사건에 대한 의견교환에 열중해 있었기 때문에 ○대변인의 "조금 많다"고 한 말을 대부분 듣지 못했고 ○대변인이 ㅊ부장에게 '노란 봉투' 하나를 건네주는 것도 몇 명 외에는 보지 못했다. ○대변인이 대검찰청청사를 방문한 지 사흘 뒤인 19일 검찰출입기자들은 난데없이 두툼한 봉투를 나누어 받았다. '2진', '3진'으로 불리는 신참기자들과 '1진(수석기자)'들은 각각 액수가 다른 봉투를 받은 것으로 밝혀졌다. 당시 당국이 은밀히 밝힌 '봉투'의 내역은 통상적인 여름 휴가비에다 법무부장관취임 1주년 '인사비'가 합쳐진 것으로 전해졌다.

같은 날 하오 2시 서울 명동 성당에서는 재야단체들이 '성고문 용공조작 범국민 폭로대회'를 열고 있었다. "성적 모욕행위가 없었다"는 허위발표에다 한술 더 떠서 부도덕한 공권력에 의해 무참하게 인권과 성적 순결을 유린당한 권인숙 씨를 "성을 도구화한 공산혁명분자"로 날조 매도한 검찰의 처사를 규탄하기 위한 모임이었다. 특히 재야언론단체인 민주언론운동협의회는 「성고문 사건 관련 '촌지'를 받은 제도언론을 규탄한다」는 제목의 성명을 발표하고 "검찰담당기자단 및 언론사 간부들이 이 사건과 관련해 거액의 금전을 받은 것은 군사독재권력과의 뻔뻔스런 유착일 뿐만 아니라 최소한의 양심마저 저버린 행위"라는 비난을 퍼부었다.

언론인들이 권력기관이나 기업체, 특정사건 관련자 등으로부터 '보도협조'한 명목으로 받는 금전, 이른바 '촌지'는 최근에 갑자기 생겨난 것은 아니다. 수많은 언론사들이 백화제방(百花齊放)하던 해방 이후나 자유당 시대, 혹은 그 훨씬 이전부터 존재했으며 그로 인한 폐해는 철저한 비밀에 감싸인 채 언론계 내부에서 자괴 섞인 비판의 대상이 되어왔었던 게 사실이다.

고질적인 악폐, 촌지 관행 제도화

그러나 '촌지'는 박정희, 전두환 정권을 거치면서 일반화, 공식화, 제도화돼 '고질적인 악폐'로 굳어져 폐해의 심각성을 가중시켰다. 특히 전두환 정권에 이르러서는 언론종사자들의 급여가 사회적 평균임금보다 크게 높아졌고 기자들에 대해서는 소득세 특별감면, 해외연수 등 각종 '물적 특혜'가 주어졌다. 또한 촌지라는 '비판마취제'는 '인플레현상'마저 일으켜 언론인들을 언론 귀족으로 만들 상황을 조성했다. 이처럼 '떳떳지 못한 당근'의 실체를 언론 스스로가 규명하고 그런 상황으로부터 벗어나지 않는 한 언론이 주장하는 '자유언론', '민주언론', '기자 정신' 등의 구호는 영원히 구호 자체로 남을 수밖에 없을지도 모른다.

그러면 촌지의 내용은 어떤 것이며 주로 누가 어떻게 받는가. 앞서 말한 '성고문 사건' 때처럼 '특별한' 사태에 뿌려지는 수도 있지만 그런 사안이 없을 경우에도 준급여화의 성격을 갖는 곳도 있다. 행정부처와 정치단체 등은 과거 매월 20만 원 내외의 촌지를 출입기자들에게 정기적으로 뿌려왔으며, 추석과 연말연시, 그리고 여름 휴가철 등에는 이보다 2~3배 많은 특별촌지를 할당했다. 대부분의 기자실에는 출입기자들의 대표격인 '간사'들이 2~3명씩 선임돼 있는데 이들은 기자실을 대표해 출입처 관계자들과 취재와 관련한 의견교환을 하기도 하지만 '촌지의 공급과 분배'에 관해 전권을 갖고 있었다. 언론사의 경우 여러 부서 중 정치, 경제, 사회부 등이 통상 주요부서로 지칭되며 사내에서만 근무하는 '내근부서'와 구별돼 '외근부서'로 불리고 있다. 정치부 기자들의 경우에는 취재영역 자체가 눈먼 돈이 많이 사용되는 '정치판'이다 보니 이른바 '떡고물' 또한 다른 영역에 비해 상대적으로 많았다.

특히 천문학적 자금이 살포된다는 선거철이 되면 '조그마한 성의'의 뜻을 가진 '촌지'라는 말 자체가 무색하리만큼의 금품이 기자들에게 건네지는 것으로 평판이 나 있다. 제13대 대통령선거 유세기간 중이었던 지난해 11월 말 여당의 한 고위 당직자는 서울 시내 ㅍ호텔에서 각 언론사 정치담당 데스크들과 만나 저녁 식사를 함께한 뒤 "부서원들과 저녁이라도 하라"면서 1백만 원씩을 건네주었다. 여당의 선거대책본부는 그와 별도로 12월 10일 경 각 언론사의 정치담당 데스크들과 개별적으로 접촉, 역시 1백만 원씩을 전달했다는 소문도 파다했다. 이 같은 '홍보협조비'는 야당 측도 예외가 아니어서 야권 3당의 고위 당직자들도 정치담당 데스크 등과 1~2차례 회동, 얼마씩의 촌지를 건네준 것으로 소문났었다. 여당후보 담당 기자들도 수십 차례의 대통령 후보 순회유세 때마다 20만 원 정도의 '촌지'를 중앙당으로부터 받았고 선거 막바지에 이르러서는 그 규모가 더욱 커져 기자들 사이에서도 "너무 많다"는 말이 나올 정도였다고 한다. 당시 여당을 출입했던 어느 기자는 "유세에 모인 인원이 '조정' 되는 등 '촌지' 의 위력을 실감할 수 있었다."고 씁쓰레한 표정을 짓기도 했다.

'돈' 자체가 취재영역인 경제부처 역시 '물 좋은 곳' 으로 통한다. 86년 초부터 시작된 부실기업 정리 때 주무부처 재무부와 해당 기업들의 거래은행을 맡고 있는 금융단 출입기자들도 '보도협조비' 명목으로 건당 30만 원씩의 촌지를 받은 것으로 전해졌다. 거래은행의 임원들은 기업정리를 할 때마다 재무부와 금융단의 기자실을 방문, 촌지를 풀었다고 한다. 이처럼 은행 측이 재무부와 금융단 담당기자단 양쪽을 동시에 상대한 것은 양 기자단 사이에서 일어날 수도 있는 '갈등' 을 예방하고 확실하게 '진실보도' 를 막기 위한 작전이기 때문이었다.

누가 어떻게 얼마나 촌지를 받는가

권력은 부패하는 경향이 있고 절대권력은 절대 부패하기 마련이다. 언론은 부패권력을 견제하는 본분을 버리고 대담하게 부패권력의 일부로 편입되어 부패의 온상이 되었다. 이미 지적된 대로 5공 언론은 '강제된 노예' 에서 시작하였다. 물리적 강제로 비판정신이 강한 언론인이 무더기로 추방되고 비판적 잡지 매체가 섬멸되고 '일도일지(一道一紙)' 라는 편리한 매체통제가 성립하고 무서운 언기법으로 불순한 내용이 발붙일 수 없게 만들었다. 언론인으로 살아남기 위해서는, 언론매체로 살아남기 위해서는 순응할 수밖에 없었다. 보도지침대로 움직일 수밖에 다른 도리가 없었다. 완전한 권위주의 언론체제가 확립된 것이다.

그러나 군사정권의 '당근' 작전으로 언론사와 언론인은 신속하게 부패체제에 편입되어서 마취되기 시작한다. 군사탈권자 전두환 장군 및 그가 이끄는 5공 정권에 대한 아첨으로 나타난다. 어느 유력한 일간지는 1980년 8월 23일 자로 '인간 전두환'을 이렇게 표현하고 있다.

"불의를 보고 참지 못하는 천성적인 결단은 그를 군의 지도자가 아니라 온 국민의 지도자상으로 클로즈업시키기에 부족함이 없었다. 12·12사건만 해도 그렇다. 정승화 육군참모총장 쪽에 서면 개인 영달은 물론 위험부담이 전혀 없다는 걸 그도 잘 알았으리라. 이미 고인이 된 대통령의 억울함을 규명한다고 하여 누가 알아줄 리도 없는 일이었다. 그러나 그가 배우고 익혀온 양식으로선 참모총장이 아니라 그보다 더 높은 상관일지라도 국가원수의 시해에 직접 간접적인 혐의가 있는 사람이면 누구든 철저히 그 혐의가 규명되어야 바른길이었다. 그의 어떤 판단은 육사 선후배라는 사사로운 정리를 떠나 국가 장래를 내다보는 대승적 윤리관에서 내려진 결론임은 두말할 나위도 없다. 10·26사태 이후 그가 보여준 일련의 행위는 육사에서 익히고 오랜 군대생활에서 다져진 애국심을 바탕으로 한 도덕적 행위라는 게 주위의 얘기다. 변화는 고통이다. 그러나 그것은 어느 때 어느 사회에나 필요한 것일지도 모른다. 더 밝은 사회, 더 좋은 나라를 만들기 위해 잠시의 고통쯤은 참고 견디는 길만이 우리 모두가 승리하는 길이다."

그 다음 날(8월 24일) 같은 신문의 통단사설 「길-새로운 길잡이가 나타나는데 붙여」는 완전히 '군의 정치개입'을 정당화하고 있다.

「조국과 민족 위해 무엇을 했으며 무엇을 하고 있으며 무엇을 할 것인가를 생각하라」는 제하의 「전두환 장군 어록」을 곁들였던 다른 일간지의 찬양시리즈는 '보병 만세'라 적힌 생도앨범의 문구로 서두를 장식하고 있다.

이런 기사를 읽을 때 어찌 '강제된 노예'의 글이라고 말할 수 있겠는가. 그것은 마음에서 우러나온 협조형, 그러나 어디까지나 시녀적 성격을 띤 봉사언론이었다.

당근작전으로 언론 신속하게 부패시켜

6월 항쟁으로 말미암은 6·29선언은 5공 권력의 붕괴를 뜻하였다. 민주주의를 절규하는 범국민적 봉기에 5공 권력이 굴복한 것이다.

6·29 이후, 여야는 손쉽게 새 헌법에 합의하였다. 제21조는 ① "모든 국민은 언론출판의 자유와 집회결사의 자유를 가진다." ② "언론출판에 대한 허가나 검열과 집회결사에 대한 허가는 인정되지 않는다." ③ "통신방송의 시설과 신문의 기능을 보장하기 위하여 필요한 사항은 법률로 정한다." 그리고 ④ "언론출판은 타인의 명예나 권리 또는 공중도덕이나 사회윤리를 침해하여서는 아니 된다. 언론출판이 타인의 명예나 권리를 침해한 때에는 피해자는 이에 대한 피해의 배상을 청구할 수 있다." 등을 규정하였다.

여기서 ①과 ④는 구 헌법 제20조를 그대로 옮겨놓은 것이고 ②와 ③이 신설된 것, 특히 언론 출판에 '허가, 검열' 등 사전억제를 배제한 것이다. 그러나, ③은 "통신방송의 시설기준과 신문의 기능을 보장하기 위하여 필요한 사항은 법률로 정한다."로 되어 있다. 전파는 '공유'인 만큼 전파사용을 전제로 하는 방송통신을 설치하는데 국가가 개입하는 것은 '교통정리'라는 뜻에서 당연한 일이다. 그러나 '신문의 기능을 보장하기 위하여' 입법할 수 있다는 것은 사실은 그 전항에서 적시한 언론의 자유보장과 특히 '허가제' 금지 조치를 무효화할 수 있는 여지를 남긴 것이다. 실제로 정부여당과 일부 야당의 원까지도 무작정 발행의 자유를 인정하면 4·19 후처럼 '사이비' 언론기관이 발호하여 걷잡을 수 없는 사회적 혼란을 야기시킬 수 있다는 심각한 우려를 가지고 있고 그러한 우려가 ③의 형태로 헌법에 삽입된 것이다. 쉽게 말해서 일정한 재력이 있는 자만이 인쇄매체를 운영할 수 있어야 한다는 견해가 지배한 것이다. 실제로 일간 신문을 시작하려면 몇십억 원 내지 몇백억 원이 있어야 건물, 인쇄시설을 갖출 수 있다. 그러나, 반드시 그런 막대한 시설을 갖출 수 있는 자만이 일간신문을 만들 수 있다는 식으로 헌법에까지 발행의 자유가 돈 있는 자의 특권으로 제한된다면 모든 국민이 누려야 할 평등한 권리로서의 언론의 자유는 빛을 잃고 마는 것이다. 원칙과 본질을 파괴하는 것이 아닐까. 몇십억씩 드는 인쇄시설을 직접 설치할 것 없이 그런 시설을 갖춘 인쇄소에 위탁 인쇄시킬 수 있는 길을 막는 것이다.

이 헌법에 이어 언론기본법이 폐기된 것까지는 좋았으나, 1987년 11월 28일에 공포된 '정기간행물의 등록에 관한 법률'은 신문용 인쇄매체설립에 일정한 시설기준을 요구하고 있는가 하면 '등록취소 요건'을 언기법 규정을 다소 완화한 채 계속 존치하여 사실상의 '허가제'를 채택하였다.

이 법 제12조 제2항에 따르면 "허위 기타 부정한 방법으로 등록한 사실이 있을 때" 또는 "정기간행물의 내용이 등록된 발행 목적이나 발행 내용을 현저하게 반복하여 위반할 때"에는 문공부 장관은 "6개월 이하의 기간을 정하여 당해 정기간행물의 발행정지를 명하거나 법원에 정기간행물 등록취소의 심판을 청구할 수 있다."로 되어 있다. 실로 가공할 독소조항이 그대로 살아

남은 것이다. 국가 권력이 마음만 먹으면 얼마든지 신문 잡지의 생명을 끊을 수 있는 칼을 가지고 있는 것이다. 도대체 '발행 목적'이나 '발행 내용'을 어떻게 사전에 '등록'할 수 있단 말인가. 결국, 귀걸이 코걸이식 애매모호한 규정으로 필요하다면 반정부적 언론을 교살할 수 있다는 이야기다. 더구나, 문공부 장관의 독자적 판단으로 무려 6개월간이나 정간될 적에 과연 수십만 수백만 독자를 무슨 재주로 붙들어 두며 수백 명의 종업원을 무슨 재원으로 먹여 살린단 말인가.

사실상의 정기간행물 허가제 법적 규제 여전

아예, 권력의 판단으로 언론매체의 생명을 끊을 수 있다는 발상 자체가 자유언론에 대한 중대한 위협이 아닐 수 없다. 가령, 건설회사가 설립목적과는 달리 밀수행위 등 기타 상행위를 하였다고 하자. 그런 경우, 행위자를 의법 처단하면 되었지, 건설회사의 기능을 6개월간 정지시킬 수 있겠는가. 하물며, 권력을 매일 비판, 견제하여야 할 언론기관을 권력이 애매모호한 법 조항으로 목조를 수 있는 무기를 가지고 있으니, 이는 발행의 자유, 비판의 자유에 결정적인 위협적 요소다.

그럼에도 불구하고, 이 법이 준비되고 통과되는 과정에서 언론매체에서는 별반 이론이 없었다는 것은 무엇을 뜻하는가. 그런 규정이 그들에는 별로 위협으로 느껴지지 않았다는 것으로 해석할 수밖에 없다. 5공 시절 권력과 유착관계를 유지하면서 독과점의 감즙(甘汁)을 즐겼던 타성이라고 볼 수밖에 없다. 아니 자진해서 협조하는 머슴 노릇만 충실히 하면 권력은 오히려 온갖 특혜로 보호해 주었다는 것을 잊지 않고 있는지도 모른다. 이와 같은 독소조항은 방송을 관장하는 방송법에도 있다. 가령 방송위원회는 대통령, 국회, 법원 3자가 각 4명씩 12명으로 구성되지만, 실제로는 정부, 여당이 손쉽게 그 구성을 좌우할 수 있는가 하면 방송위에 방송의 엄격한 감독권을 부여하고 심지어 "1년 이하의 기간을 정하여 관계자의 출연정지 또는 징계를 명령할 수" 있게 되어 있다. 언론의 법적인 규제에 관한 한 6공하에 들어서 별로 달라진 것이 없다. 언론사의 생과 사를 여전히 관이 좌우할 수 있는 제도적 장치가 건재하고 있다는 것을 지적하지 않을 수 없다.

다만 6공에 들어서면서, 아니 6·29선언 이후 정치적 분위기가 달라졌다는 것은 다행한 사실이다. 가령, 시설기준을 갖추어야 등록이 가능하다는 점은 매한가지지만, 5공 치하에서는 요건만 갖추면 등록이 가능해서 언론기관이 우후죽순처럼 경향 각지에서 태어나고 있는 것이 크게 다르다. 실제로, 80년 언론통폐합 후 88년 3월까지 30개(종합일간지 26, 특수일간지 4)였던 일간신문이 88년 말까지 등록을 마친 일간지 가운데 21개사(중앙 2, 지방 9, 경제 3, 금융 2, 특수 4, 기타 1)가 신문을 발행하고 있다. 정부는 반정부 성향이 짙은 한겨레신문을 포함한 어떤 신문도 시설기준이라는 요건만 갖추면 '등록'을 받아주고 있다. 시행령에서 발행의 자유는 억제하지 않고 있는 것이 분명하다.

그러나 시국의 변수에 따라 정치적 기류가 험난하여질 때, 정부는 언론매체를 규제할 수 있는 힘은 늘 보유하고 있다는 것을 명심하지 않으면 아니 된다. 법적인 차원에서 정부와 언론은 아직, '대등한 경쟁 관계(an equal contender)'의 입장에 이르지 않았고 언론이 국가권력의 눈치를 살피는 종속관계에 있다는 것이 지적되어야겠다.

그렇다면 현실적 관계는 어떠한가. 표면상, 5공 치하의 '강제된 노예' 상태에서 언론이 해방된 것은 분명하다. 그러나, 이미 5공 시대에 성립한 '협조하는 머슴' 관계가 계속되고 있다고 말할 수 있다. 물론, 6공 치하에서 '제도언론'에 대한 대안을 자임하면서 태어난 한겨레신문 같은 예외는 있지만. 좋은 사례로 1988년 가을 국정 감사 시에 폭로된 것인데, 6 · 29선언 이후 이른바 민주화 시대에서 '보도지침'은 없어졌으나 문공부 홍보조정실이 조직적으로 언론계를 회유하고 있었다는 '접촉' 활동 보고서 사건이다.

종속관계, 언제든 언론매체를 규제할 수 있어

이 보고서에 따르면 문공부 홍보정책실에서는 매체 조정활동계획에 따라 언론사별로 접촉 대상자를 선정하고 홍보정책관들이 요식업소 등에서 개별 접촉, 보도협조 요청사항을 알려주고 해당 언론사 내의 주요 동정을 전해 듣고는 이를 보고서로 작성, 월별로 묶어 대외비로 보관한 것이다. 이 보고서는 국정감사기관 중 문공위 소속 위원들이 보도지침자료를 찾기 위해 문공부 지하창고를 뒤지다가 발견된 것인데, 이 보고서가 기록하고 있는 내용은 대단히 충격적이다. 일단 접촉대상자 중에 언론계 중진 인사들이 상당수 차지하고 있고 개중에는 '빈번한 접촉'도 있다. 또 보고서상에 나타난 대로라면 주고받은 내용이 자사의 동정에서부터 노조와 젊은 기자들의 움직임, 사설 논조의 흐름까지를 일일이 짚고 넘어가고 있어 개별 접촉의 '긴밀성'을 그대로 노출시키고 있다. 접촉대상에는 이사 논설위원 편집국장 및 편집부 간부, 그리고 간혹 평기자도 단독 면담이 이뤄지며 심지어 노조간부까지 접촉한 사실이 기록돼 있다. 그리고 지방사의 매체 조정이 보다 수월했었음을 시사해주고 있다. 이 경우는 대개 월 1회 개최됐다.

또한 신생언론사인 한겨레신문과 국민일보의 일부 간부진들까지 88년 3월부터 개별접촉을 하고 있어 '언론조정'의 신속성을 엿보게 하였다. 역시 제도언론의 '협조하는 머슴'이라는 성격이 6공 치하에서도 계속되고 있음을 잘 나타낸다. 이 점은 청와대 출입기자단의 경우 더욱 명료해진다. 5공 시절 청와대 기자단이 완전한 청와대 홍보요원이라는 빈축을 샀던 것은 무리가 아니다. 독재자 동향을 취재하는 입장이고 보면 자유스런 서구언론, 가령 백악관 출입으로 비유할 수는 없는 것이다.

그러나, 민선대통령이고 스스로 민주화의 강한 의지를 보인 노태우 대통령과 기자단의 관계는 5공 시절과는 본질적인 변화가 바람직스러웠다. 그런 기대가 쏠리는 가운데 지난 1월 17일 노태우 대통령 연두기자회견이 미국식으로 진행되었다는 보도도 있었고 얼핏 보아 그렇게 보였다. 말이 미국식이지, 기자들이 즉석에서 대통령에게 질문하고 즉석에서 대통령이 답변하는 것은 너무나 당연한 기자회견방식이다. 다만 전직 대통령들처럼 대통령이 국민 앞에 일방적으로 말하고 싶은 것을 출입기자를 시켜 질문케 하면 준비된 답변자료를 낭독하는, 사전에 면밀히 준비된 '쇼'를 이제는 지양한다는 뜻이었다.

그러나 실제로는 마찬가지였다. 기자협회보 1월 20일 자 보도에 따르면 노태우 대통령의 연두기자회견은 청와대 측의 주문에 따라 사전에 질문자와 질의 내용을 선정한 뒤, KBS · MBC 두 방송사와 청와대 출입기자단이 시나리오를 그대로 연출한 것이다. 노 대통령의 이번 연두기자회견은 이례적으로 청와대 출입기자단 이외에 신생 언론사 기자들까지 포함, 1백여 명의 정치부 기자들이 초치됐고 회견형식마저 '미국식'을 도입, 기자들이 손을 들면 노 대통령이 직접 지명하고 질의에 답변하는 장면을 연출했는데, 이 '1문 1답식 진행'은 실상 청와대 공보비서실과 청와대 출입기자단이 사전에 질의자와 질의 순서를 정하고 질의 내용까지 미리 결정해 각본에 따라 진행됐다고 기 자협회보는 전했다.

청와대 기자회견, 준비된 "쇼" 변치 않아

사전에 작성된 질의서는 청와대 출입기자단에만 미리 배포했고, 확정된 질 의 순서는 기자 좌석 배치도와 함께 질의 마이크 대에 설치돼 순서에 따라 마 이크가 움직이도록 준비됐다. 이에 따라 청와대 출입이 허용돼 있는 주요 일간 지 기자들은 질의 내용을 아예 기록조차 하지 않았고, 이를 모르고 참석했던 신생언론사와 지방지 기자들은 열심히 받아 적는 해프닝을 연출하기도 했다.

한편 「한겨레」, 「국민」, 「CBS」 등 청와대 출입이 허용되지 않은 언론사 기 자들은 질문을 하지 않는다는 조건으로 회견장 취재가 허용됐는데, 질의 순 서에 없던 모 기자는 5번이나 손을 들었지만 무위에 그쳤고, 질의 순서를 잊 어버린 기자에게는 기자단 간사가 손짓으로 알려주는 장면이 벌어지기도 했 다. 더욱이 이날의 회견은 실제 9시에 시작됐으나 TV 중계는 10시부터 방영 하면서 생중계인 것처럼 오도해 비난이 일고 있다. MBC는 회견 전날 부장단 회의에서 생중계로 방침을 정했다가 급히 녹화방송으로 바꿨음에도 불구, 다 음날 회견장면 방영 시 녹화 방영임을 명기하지 않아 전 국민이 생중계처럼 느끼게 만들었다. 신문의 경우는 이런 사실을 일체 보도하지 않으면서 도리어 미국식 기자회견 방식의 도입으로 연두기자회견이 돋보였음만을 시사했다.

여기서 분명해지는 것은 아직도 권력과 언론은 대등한 수평관계가 아니라 '자진해서 협조하는 머슴'이라는 종속관계임에 별다른 변화가 없다는 사실이다.

겉으로 민주화 바람이 거세게 불고 언론이 입법 행정 사법의 3부에서 독립한 제4부라는 독립적인 위상을 결정해야 할 시기에 이르렀음에도 불구하고 유신 이래 15년간 지속된 예속관계는 좀처럼 무너지지 않고 있다. 6공하 '민주화'라는 구호가 얼마나 공허한 것인가를 통감하지 않을 수 없다.

5공 언론이 권위주의 언론이라면 6공 언론은 자유주의 언론이어야 한다. 그것은 언론이 국가권력으로부터 독립하여 스스로 편집정책을 정하고 독자적으로 행동하여야 한다는 것을 뜻한다. 적어도 외견상, 그렇게 질적 변화가 어느 정도 일어난 것도 사실이다. 법적 규제도 상당히 풀렸고, 신문사의 생과 사가 아직도 문공부 장관 손에 있는 것도 사실이지만 법 운영은 그렇지 않은 것도 지적하여야 한다. 악명 높은 '보도지침'이라는 명령통제도 없어졌다. '강제된 노예'라는 욕된 예속 체제는 청산되었다.

그러나, 권력에 '협조하는 머슴' 역할이라는 관계에는 본질적 변화가 없다. 언론에 자유가 주어졌는데도 왜 주어진 자유를 자기 것으로 다져 떳떳한 자치권을 행사하는데 주저하고 있는 것일까. 여기에는 다음과 같은 요소가 작용하고 있는 것으로 추정된다. 권력 측이나 언론계 할 것 없이 인적 구성에 큰 변화가 없다는 것, 노태우 대통령이 비록 선거를 통해 당선된 대통령이어서 전두환 씨와는 정통성에 있어 판이하지만 그의 권력기반인 고급관료와 당의 지도자 등 거의가 5공 인물이다. 5공 청산 없이 기득권 세력이 민주주의라는 새로운 간판을 갈아 봤을 뿐 사고 방식과 행동양식에 별 변화가 없다. 이 점, 언론계의 지배세력도 마찬가지다. 구조적 개혁 없이 기능의 개혁을 기대하는 것은 무리가 아닐까.

돈 오는 데서 명령이, 기득권 포기해야

언론계 안에 '자정 혁명'의 소리가 일고 있는 것도 사실이다. 주로 언론노조, 기자협회 등에서 전개한 언론의 개혁운동이다. 정부 입김이 강한 방송매체와 여당계 신문에서 관선 경영진을 추방하는 운동이 격렬하게 전개돼, KBS, MBC, 경향신문, 서울신문, 부산일보 등 경영주가 바뀌었다는 것은 1988년에 이룩한 두드러진 변화이고 노조, 기협 등 밑으로부터 솟는 압력으로 이들 매체의 공정 보도에 비약적인 향상이 있었다.

그러나, '최고경영자'만 교체되었을 뿐, 유신 5공 시 굳혔던 지배체제가 본질적으로 바뀐 것은 아니고, 유신 5공 체질은 획기적 쇄신 없이 그대로 존재하고 있어 '자정 혁명'의 불은 타오르지 않고 있다. 언론의 독립, 권력과 언론의 민주주의적 관계 수립에 암적인 요소가 이른바 '촌지'라는 부패 관행이다. 자정 혁명의 핵심은 권력이 베푸는 물질적인 시혜를 근절하는 데 있다고 단언할 수 있다. '기자단'이라는 기구를 통해 정기적으로 금품이 수수되고 있는 제도는 적어도 선진국에서는 유례를 찾아볼 수 없는데도, 그리고 언론인의 봉급수준이 다른 어느 직종에 비해 높은 편인데도 '촌지'라는 이름의 매수제도는 버젓이 횡행하고 있다. 권언유착의 제일급이다.

돈이 오는 데서 명령이 온다. 언론 경영인도, 편집간부도, 기자들도 이 문제에 어떤 단안을 내리지 못하고 있다. 기득권을 포기하는 용기가 없는 것이다. 결국 권력에서 독립, 대등한 경쟁자로서의 언론이라는 위상이 성립하기는 구조적인 어려움이 있고 따라서 언론의 자유라는 가치가 국민 전반에 무엇을 뜻하는 것인가라는 회의가 일 수 있다. 언론의 자유가 언론인과 언론매체가 권력과 짜고 스스로의 권익을 추구하는 것 정도로 인식된다면 그런 자유는 결코 국민의 지지를 받지 못하고 따라서 뿌리내리지 못할 것이다.

헌법이나 법에 관한 한 국가 권력이 언론의 자유를 제한할 수 있는 여지가 넓고, 문공부 장관의 판단으로 정부신문을 6개월간 문 닫게 할 수 있는 권위주의적 무기도 있다. 언론에 대한 국민이나 정부의 신뢰가 형편없이 떨어질 때, 많은 뜻있는 국민이 언론의 자유의 효용을 의심하기 시작할 때, 결과는 어찌 될 것인가.

1989년 성균관대학교 사회과학연구소 논문

90년대 이후; 한국 언론 무엇이 문제인가

　개인은 말할 것도 없고 모든 사회집단, 단체 나아가 대통령, 의회, 재판소에 이르기까지 언론매체의 적정한 뉴스전달 기능 없이는 아무 일도 할 수 없을 정도로 언론의 힘이 막강해졌다. 언론매체가 정확하고 객관적이며 공정한 뉴스를 전해주고 주요 뉴스가 함축하는 포괄적인 의미를 소개하고 거기에 대한 다각적인 해석과 다원적인 의견을 제시할 때 비로소 우리 시민은 올바른 판단을 내릴 수 있고, 그래서 민주주의 체제가 움직일 수 있다. 행정 입법 사법의 3권에 버금가는 '제4부'라는 것은 결코 헛된 말이 아니다.

　오늘 우리 한국사회에서 언론매체가 과연 충분한 양의 '사실들'을 정확하고 균형 있게 공급하고 그 사실들에 대한 다원적 의견들을 제공함으로써 '공론의 장'을 전개하고 있느냐 하는 것은 이론의 여지가 있지만, 우리나라에서 언론이 막강한 힘과 영향력을 누리고 있다는 데에는 이론의 여지가 없다.

　예컨대 1995년 10월 26일 자 「시사저널」이 보도한 '누가 한국을 움직이는

가' 라는 특집기사에 따르면, 한국의 각계 전문가 1,074명은 정치집단을 제1위(73.2%)로 꼽았고, 재계를 제2위(36.4%)로, 그리고 언론을 제3위(21.9%)로 꼽았다. '정치집단'은 국가권력을 행사하는 공직자들의 집합명사이므로 당연히 이 나라를 움직이는 영향력 행사에 압도적일 수밖에 없다. 그러나 언론 다음 순위가 행정부(18%), 청와대(13.1%), 시민단체(12.5%)였고, 군부(3.1%), 학생(1.7%), 안기부(1.5%) 등이 이 나라를 움직이는 데 미미한 힘을 행사하는 것으로 나타났다. 한 가지 부연할 것은 94년 조사에서는 정치집단이 51.9%로 역시 제1위였으나 언론이 26.3%로 22.5%의 재계를 앞질렀다는 사실이다.

분명한 것은 언론과 언론인에 대한 국민의 신뢰도가 결코 호의적이지 않음에도 불구하고 언론의 힘이 정치권력·재계와 더불어 3대 권력집단을 형성하고 있다는 사실이다. 흔히 한국 언론의 힘이 의외로 강하다는 말을 듣는다. 이 점, 다른 나라에서의 언론의 위상과 비교해볼 연구과제가 될 수 있지 않을까 생각된다.

그러면 우리 언론은 스스로 누리고 있는 막강한 영향력(또는 권력)에 상응하는 의무를 다하고 있는 것일까. 흔히 언론은 ① 자유사회의 시민이 바른 판단을 내리는 데 필요한 사실을 정직하게 전해 주어야 하고 ② 공공의 관심을 끄는 사안에 대한 다원적 의견을 교환하는 공공토론의 포럼이어야 하며 ③ 사회의 가치와 기준을 반영하고 문화와 전통을 전수시켜야 한다고 말한다. 언론의 사회적 공공기능을 규정한 것이다.

그 가운데 가장 기초적 기능은 두말할 것 없이 뉴스를 때 묻지 않고 정직하게 전하는 것이다. 정확성·객관성·공정성의 원칙에서 단편적인 사실만 알리는 것이 아니라 포괄적 '진실'을 전하는 것이다.

이 점, 우리 언론은 해방 50년간 놀라울 정도의 양적 팽창에도 불구하고 놀랄 정도로 질적인 향상이 없었다고 본다. 한 가지 재미있는 일화가 있다.

2년 전 어느 세미나에서 서울에 12년째 주재하고 있는 일본 특파원 구로다는 "한국 언론을 인용보도하는 것은 아주 위험하다."고 개탄하였다. 그는 한국 언론이 오보를 많이 내고 부정확한 것은 "한국 언론의 본질은 보도가 아니라 주장"이라는 데 있다고 규정하였다. 그의 말은 계속 이어진다.

"한국 언론은 사실에 의존하기보다는 논하거나 주장하는 것이 기자의 역할이라는 사고방식이 있는 것 아닌가. 한국신문의 또 하나의 특색은 신문의 칼럼을 일선기자가 자기 이름과 얼굴을 내고 쓰는 것인데, 나는 기자생활 30년 동안 내 얼굴이 신문에 나는 일이 거의 없었다. 젊은 기자들이 사실을 추구하는 데 노력하는 게 아니라 사실취재는 적당히 하고 자기 하고 싶은 말, 소감들을 열심히 칼럼에 쓰는 것 같다."

뉴스와 논평의 분리원칙을 지켜야

실제로 어느 신문도 찰스 스콧이 갈파한바 "사실은 신성하되 의견은 자유다."라는 뉴스와 논평의 분리원칙을 아직도 익히지 못하고 있는 게 현실이다.

필자는 사회적으로 대단한 존재도 아니지만 필자에 관련된 중대한 기사가 나갔을 때 왜곡되었거나 거두절미하였거나 때로는 전혀 근거 없이 허위 날조된 경우가 있었다. 몇 해 전 국회제도개선위원회에서 일할 때 만나지도 않았고 전화 통화한 일도 없었는데 직접 인용부호까지 붙여 필자의 말이 버젓이 보도된 일에 아연실색하였다. 필자에게 특별히 악의적인 의도로 그런 것도 아니고 아마도 습관적으로 확인전화 한마디 없이 도청도설로 써버린 것 같다. 하물며 당파적인 또는 금권적 이해관계로 어느 한 개인이나 집단을 매도할 목적에서 그런다면 어찌 될 것인가.

매일같이 정당 대변인 성명 등 무책임한 발언을 그대로 옮기고 고의적인 허위가 활자화되고 음성으로 유포되고 있다. 최규하 전 대통령이 175억 원을 전두환 씨로부터 받았다고 어느 정치인이 불어대니 당사자나 검찰 당국의 확인 없이 대서특필한 것이다. 사실이 아니라면 그로 말미암은 명예훼손을 어찌할 것인가.

이것은 한국 언론의 질을 크게 후퇴시키고 언론에 대한 국민의 불신을 자초하며, 나아가 언론자유의 가치에 회의를 일으킬 것이다. 이런 경향이 바로잡히지 않는다면 국민의 이름으로 자유 그 자체가 위태로워질 수 있지 않을까 우려된다.

우리 언론의 정확성 · 객관성 · 공정성에 대한 비판은 각계각층에서 일어나고 있다. 언론인 하면 '믿고 이야기할 수 없는 경계할 직종의 사람' 이라는 고정관념이 팽배해 있다. 언론기관 하면 상대할 수 없는 공포집단이 되고 있다. 이러한 부정적인 시각은 30년, 40년 전에 비해 더 심해지고 있다는 것이 필자의 인상이다.

언론인에 대한 일반 국민의 인식이 어떤 것인지는 좀 더 객관적이고 과학적인 조사연구가 있어야 할 것이다. 우리 언론이 어느 정도 정확하고 객관적이며 공정한 보도 및 논평을 하고 있는지도 철저한 조사의 대상이다.

그러나 선진국 언론에 비해 신뢰도가 크게 떨어진다는 것은 누구도 부정하지 못하고 있다. 그런 전제하에서 실시되었다고 보이는 한국언론연구원의 '전국기자 직업의식조사(1989년부터 매 2년마다 실시)'의 결과는 문제의 핵심이 어디에 있는가를 명료하게 알려준다.

우선 공정보도의 주된 저해요인은 1995년 조사에서 언론사의 노력 부족(27.5%), 언론인의 자질 부족(25.3%), 사 간부들의 간접 통제(21.3%) 등으로 나타났고 정부의 간섭과 통제는 14.4%로 나타났다. 89년 조사 때만 해도 정부의 간섭과 통제가 25.4%였는데, 91년에는 27.6%로 올라갔다가 93년 15.1% 그리고 95년 14.3%로 떨어졌다. 그러나 간부들의 간섭과 통제는 89년 13.2%, 91년 14.2%, 그리고 93년 15.3%였는데 95년에는 21.3%로 급증하고 있다. 언론 경영주들과 정부 및 대기업 간의 '유착' 관계가 심화되고 있다는 일부 비판이 어느 정도 사실이라면 '간부의 간섭과 통제' 역시 관의 간접적인 언론조작이라고 말할 수 있다는 가설이 성립된다.

언론사의 노력 부족, 기자의 자질 부족

전반적으로 큰 문제는 언론사의 노력 부족, 언론인의 자질 부족, 그리고 사 간부의 간섭과 통제 등 언론사 내부에 언론의 공공기능을 저해하는 요인이 있다는 점이다.

공정성 문제와는 달리 정확성 문제와 관련, '오보'를 낸 원인에 관해 가장 큰 원인으로 '기자의 부주의'가 34.5%로 가장 높고 '매체 간의 지나친 경쟁'이 28.9%로 다음으로 높았다. 세 번째는 '기자의 전문성 결여'가 13.9%였으며, '마감 시간 임박'이 7.2%, '기자의 고의적 실수'가 4%였고 기자의 고의적 날조(1.6%)도 있었다.

대부분의 오보가 언론계 내부사정으로 일어난 것이고 외부요인은 '뉴스원의 고의에 의한 부정(9.4%)'과 '뉴스원 측의 실수(4%)' 등 13.4%에 불과했다. 또한 언론이 인권침해를 야기하는 원인으로는 상업주의로 인한 매체 간의 지나친 경쟁이 43.8%로 단연 우세했고 언론인의 전문지식 및 윤리성 결여가 22.9%, 마감 시간 등 제작특성에 의한 부정확 보도가 14.7% 등으로 나타났다.

같은 조사는 취재 및 보도활동을 위협하는 요인으로 '사주의 상업주의적 경영관(58.2%)'을 으뜸으로 지적했고, 다음은 '권력자의 권위주의적인 언론관(22%)'이었으며, '언론담당부처의 언론정책(9%)', '언론자유를 충분히 보장하지 못한 언론 관련 법제(6.8%)' 순으로 나타났다.

이상의 조사결과를 보고 얻을 수 있는 결론은 언론매체를 경영하는 언론소유주 측의 상업주의와 그들 지시하에 움직이는 기자들의 자질 부족, 책임의식과 직업주의 결여 등이 진실보도를 막고 인권을 침해하고 공정성을 해치고 있다는 것이다. 한국 언론이 사명을 다하지 못하고 있는 병리를 완벽하지는 않지만 어느 정도 파악할 수 있는 자료임에 틀림없다.

다만 우리 언론이 상업주의에 빠져 어느 정도 진실의 보도나 공명정대한 입장을 취하지 못하고 있는지는 이 조사에 나타나 있지 않다. 그 피해가 어느 정도인지 폭넓고 깊은 조사가 요구된다.

공정성 상실, 오보, 인권침해 등 결정적인 과오가 한편으로 언론사 간의 경쟁과 상업주의에 기인하는가 하면, 다른 한편으로 언론인 스스로의 직업주의 미숙에 있다는 것을 언론인 스스로 진단하고 있다는 것은 주목할 만한 대목이라 하겠다.

물론 경쟁은 미덕이다. 1644년 『실낙원』의 시인 존 밀턴이 언론의 자유를 제창한 이론적 근거로 제기한 것이 '자유롭고 공개된 아이디어의 시장(a free and open market of ideas)'이었다. 선과 악, 진리와 허위 할 것 없이 모든 정보, 모든 의견이 교회나 국가의 권력에 제약 없이 자유롭고 공개된 마당에서 경쟁하면 인간은 이성적인 동물이므로 반드시 선과 진리가 살아남고 이긴다는 가설이었다.

발행의 자유 역기능, 사이비 언론 창궐

그러나 다른 영역에서도 그렇지만 언론의 시장에서도 그대로 방치하면 필연코 독과점의 폐단이 생기게 마련이다. 이 점 6·29 이후 근 10년간 한국의 언론시장에 자유는 신장되었으나 매우 우려할 징후가 보이고 있다.

군사정부 시절, 국내외 뉴스를 제공하는 통신사가 준국영 연합통신 하나로 통합되었고, 지금도 독점체제는 그대로 존속되고 있다(북한뉴스를 독점 배급하는 내외통신이 있기는 하지만).

신문 등 출판매체의 경우 6·29 이후 발행의 자유가 인정되어 누구나 재력만 있으면 언론시장에 뛰어들 수 있게 되었다. 일본 군국주의 시대의 망령인 '1도 1지' 정책이 5공 시절 언론통폐합으로 되살아났으나, 이제 우리는 발행의 권리를 되찾아 6·29 전 28개였던 일간신문이 약 114개(1996년 5월 31일 현재)로 늘어나 바야흐로 '백화제방, 백가쟁명'의 시대에 들어간 느낌을 주고 있다. 형식적으로 매우 반가운 일이다.

그러나 자유가 반드시 공동의 선을 가져다주지는 않는다. 공정한 뉴스경쟁, 그리고 다양한 의견의 제공으로 독자에게 합리적 판단의 기본자료를 제공하는 자유언론의 이상은 구현되지 않고 있다.

여기에는 적어도 두 가지 이유가 있다. 언론시장에 뛰어든 대부분의 사주들이 언론의 공공기능에 대해 문외한으로, 그들이 이미 누리고 있는 기업적 이익을 보호하려는 건설업자, 운수업자, 기타 지방의 군소재벌들이다. 모든 신생매체의 발행자들이 그렇다는 것은 아니지만 언론의 사명이나 책임의식 없이 언론의 자유를 상업적 목적으로 이용하고 있는 경우가 있다. 다음으로 그들이 채용한 언론인들이 직업적 훈련을 제대로 받은 직업 언론인들이라기보다는 상업적 수단으로 채용한 급조 언론인들이 많기 때문이다.

사이비 언론의 발호·창궐은 사이비 언론사주, 사이비 언론경영자들을 전제로 하고 있다. 그들은 언론권력을 이용하여 신문 구독을 강요하고 광고수주에 기자들을 직접·간접으로 동원하며, 따라서 지방지의 시군 단위 주재기자들은 지방유지들한테 원성과 비난의 표적이 되어 있다. '신문공해'라는 낱말이 유행하고 있다. 지방유지의 약점을 들추어 일종의 '비게재료'를 징수하기도 하고 경우에 따라 '게재료'를 받아내는 악덕행위가 벌어지고 있다. 심지어 5공 언론통제의 주역 허문도 씨가 다시 나와야 한다는 역설도 일고 있다.

정부 당국이 '사이비 기자 고발센터'까지 두고 이 사회악 색출을 시도하고 있고 금년 들어 5월 말까지 공갈, 갈취 등의 혐의로 35명이 구속되었다. 지방에 따라서는 '기자단'이 조직폭력집단과 비슷한 '범죄집단'을 이루고 있다는 보도도 있다. 이런 사태가 시정되지 않고 지속될 때 조만간 발행의 자유, 그 자체를 훼손할 '교각살우'의 비극이 밀어닥칠 수 있다.

어떤 형태든지 납득할 수 있는 자정노력이 전개되어 언론의 신뢰를 회복해야 한다.

신문 공해 판촉경쟁이라는 '사회악'

'신문이 공해' 라는 비난은 지방지에만 국한되지도 않고 국한될 수도 없다. '사이비' 기자가 협박, 공갈하는 그런 공해가 아니라 당당한 중앙 언론사들이 벌이고 있는 부수 확장경쟁이야말로 가히 살인적이고 급기야 무가지 배포 경쟁 때문에 살인사건까지 벌어졌다. 수단 방법 안 가리는 부수 확장경쟁이 빚은 비극이다.

필자는 얼마 전 전직 중앙일간지 편집국장한테 충격적 목격담을 들었다. 아침 5시경 산책을 나갔는데, 아파트 동과 동 사이 빈터에 200부 정도의 신문 덩어리가 비닐 포장지에 쌓인 채 버려져 있더라는 것이다. 놀란 것은 우리나라에서 최고부수를 자랑하는 신문 가운데 하나였다는 것이다. 왜 이렇듯 포장도 풀리지 않은 채 신문뭉치가 버려졌는가. 엄청난 양의 확장용 무가지가 본사에서 오고, 동시에 배달에 필요한 경비가 내려오기 때문에 배달 안 하고 무더기로 버리면 배달지원금을 거저먹을 수 있기 때문이라는 것이다.

7월 16일 「문화일보」 보도에 따르면 현재 중앙 일간지 총 발행 부수는 1,200만 부로 추정되는데 이 가운데 50%에 가까운 550만 부가 무가지로 배포되고 있다. 공칭 부수 230만 부의 어느 일간지의 경우 90만 부 정도가 무가지이며, 다른 어느 일간지는 발행 부수의 60%가 무가지라는 것. 더욱 기막힌 사실은 무가지의 60%가 넘는 350만 부는 아예 배달조차 안 되고 폐지 공장으로 직행한다는 것이다. 연간 1천억 원 이상이 쓰레기장으로 직행한다. 20년생 나무 300만 그루가 사라지는 것이다. 김영삼 대통령은 95년 6월 "연간 신문용지 수입액이 무려 3억 5천만 달러에 달했다"고 개탄하고 "특히 신문의 20~50%를 무가지로 찍어 쓰레기를 산처럼 만들고 있다."고 말하였다. 그러나 김 대통령은 이렇듯 명분 없는 국력낭비를 개탄하는 데 그쳤다.

낭비는 신문용지와 외화에만 그치지 않는다. 부수확장에 쓰이는 인건비와 수송비 그리고 '사은품' 값까지 따질 때, 천문학적인 경비가 뒤따른다.

이러한 살인적 무가지 경쟁은 본질적으로 '자유롭고 공정한 시장'의 원리를 파괴하는 것이지만, 독자의 입장에서 볼 때 자유로운 선택의 권리를 박탈당하는 것이다. 실제로 담배 끊기보다 어려운 것이 구독사절이고 여기서 신문에 대한 혐오감이 일어나고 있다. 신문이라는 상품의 가치를 스스로 떨어뜨리는 것이다. 일방적으로 인쇄 · 살포한 부수를 판매 부수로 위장하고 광고주를 속이려는 술책이다. 무가지 살포, 판촉경쟁에 뿌리는 그 막대한 자금을 좋은 신문 만들기에 투자할 수는 없는 것인지, 자기 신문 부수를 정직하게 말하려 하지 않는 신문사에 신문기사의 정직성을 기대할 수 있는 것일까.

이제 부도덕하고 파렴치하고, 독자나 광고주나 언론계 어느 쪽에도 도움이 안 되는 '판촉경쟁'에 종지부를 찍어야 할 때가 왔다.

목표는 소비자의 선호가 존중되는 시장경제원리에 따라 공정하고 명랑한 판매제도를 도입해야 한다. 언론사가 직영하는 보급제도를 지양하고 다른 모든 상품처럼 판매는 뉴스 딜러에 일임하는 것이다. 독자가 알아서 A지를 읽다가 B지로 바꿔 달라고 딜러한테 요구할 수 있는 제도여야 한다. 만일 언론계 스스로 자율적으로 이 문제를 해결하지 못할 때, 진정한 국민의 의사를 대변하는 국회나 정부가 부수판매 경쟁이 야기하는 '사회악' 제거에 적극적으로 나선다면 어찌할 것인가.

그러나 본질적으로 신문을 발행하는 소유주, 경영주의 상업주의 일변도의 '언론관'이 시정되지 않는 한 근본적 해결은 기대하기 어렵다고 생각된다.

대기업 언론지배, 광고주에 굴복

지난번에 일어난 '판촉 살인'은 재벌기업이 언론매체를 소유하고 막대한 자본력을 동원하여 격렬한 시장 쟁탈전을 벌여 고작 중소기업에 불과한 순수한 언론기업을 무너뜨리려 한 데서 시작되었다.

만일 재벌언론이 순수언론기업을 질의 경쟁이 아니라 자본의 힘으로 굴복시킬 때 언론의 자유, 언론의 독립은 어찌 될 것인가.

오늘날 한국을 움직이는 3대 세력은 정치권력, 재계 및 언론계로 나타났는데, 만일 재계가 언론계를 지배하고 재계는 지금까지의 경험에 비추어 정치권력에 예속 내지 유착될 때 과연 실질적인 의미에서 민주주의를 존속할 수 있을까.

6·29 이후 형식적인 의미의 언론의 자유가 크게 신장된 사실을 부인할 수 없다. 그러나 재벌언론이 선도한 증면경쟁은 신문의 질 향상 경쟁보다는 대중의 저급한 취향에 영합하는 선정주의적 경쟁으로 치닫고 있다. 무게 있고 사려 깊은 보도·논평 등 진지한 저널리즘보다는 단편적인 가십성 기사를 나열한 공허한 상품으로 만들어 오해, 오보 그리고 국가 간, 국민 사이에 심리전

쟁을 부채질하는 '악성 세균'을 아침마다 전국적으로 뿌리고 있는 느낌이다.

더욱 위험한 일은 하루 48면 또는 그에 가까운 지면을 내는데, 필연적으로 대기업의 광고수주를 필요로 한다. 재벌언론이 풍요한 재력으로 48면을 내면 순수언론도 48면을 내야 하고 이 경쟁을 지속하려면 큰 광고주(재벌)에 굴복하든가 타협하여야 한다. 재벌이 직접 소유하는 신문이거나 재벌이 주는 광고수입에 의존해야만 존재할 수 있는 언론이 지배하는 사회를 상상해볼 때 위험천만하다는 생각이 든다.

근년에 두드러진 현상은 재벌의 비위·비리를 폭로, 규탄하는 비판정신이 쇠퇴하였다는 것이다. 몇천만 원의 관공리 뇌물사건을 선정적으로 대서특필하면서 몇백 억의 전두환 씨 비자금을 실명화하는 과정에서 은닉, 보관까지 한 어느 전 재벌총수 정치인에 대한 신문·방송의 보도, 논평기능은 너무나 대조적이다.

지난달의 일이지만 어느 일간지 발행의 주간지가 모 재벌 회장 아들 소유의 주가 올리기에 관련된 기사를 실었다가 배포 전에 거의 전량을 폐기하고 그 대신 그 지면을 관련 재벌의 광고로 메워 재발행한 사태가 있었다. 결국 재벌이 직접 소유하든가, 재벌의 영향력을 받는 것이 당연한 것으로 인식될 때 언론은 독립성을 잃고 국민의 신뢰를 잃게 된다.

이런 사태가 제동이 걸리지 않고 지속될 때 한국 언론은 어찌 될 것인가. 국민 앞에 군림하는 정치권력이나 재벌을 감시·견제·비판하는 '제4부'의 기능이 이미 크게 위축되었는데, 그런 조건에서 '언론이 사회를 왜곡 없이 바로 비춰주는 거울'이 될 수 있을지 걱정스럽고, 확고한 견해를 가지고 용기 있게 자기 의견을 발표하여 국민대중에 민주주의적인 자주적 결단의 촉매제가 된다는 자유언론의 원칙을 지킬 수 있을지 걱정스럽다.

언론이 앞장서 오늘의 사회모순을 지적하고 내일의 비전을 찾는 데 능동적인 역할을 맡아야겠는데, 언론이 재벌에 예속되거나 유착관계를 맺게 될 때 언론의 자유와 민주주의는 어찌 될 것인가.

소유와 경영, 경영과 편집 분리돼야

미국의 제너럴모터스나 AT&T, IBM은 세계적 대기업인데, 만일 그들이 자본력을 동원, 「뉴욕 타임스」나 「월스트리트 저널」을 누르는 신문기업을 시작한다고 할 때, 또는 일본의 미쓰이나 미쓰비시 아니면 도요타가 「아사히」나 「요미우리」에 맞서는 언론매체를 시작할 때, 그럴 경우 미국이나 일본의 언론과 민주주의는 어찌 될 것인가.

우리의 경우 재벌의 언론 장악, 중소기업들의 지방언론 진출 같은 추세가 야기할 미래상을 연구해야겠다. 최소한 재벌기업 소유의 언론매체가 기왕 재벌의 소유에서 떠나 언론기업으로 독립할 수 없는지, 소유와 경영이 분리될 수 없는지, 경영과 편집이 분리되어 언론의 공기능이 살아날 수 없는지 진지한 검토가 있어야겠다.

언론은 과연 고급 전문업인가라는 명제가 선진사회에서는 빈번히 제기된다. 인간의 신체를 다루는 의사, 인간의 얼을 다스리는 성직자, 인간의 사회활동을 규제하는 법률가 등은 전통적인 전문업이다.

언론이 막강한 영향력에 비추어 고도의 기술훈련과 윤리의식으로 무장된 종합적 전문업이라는 주장이 있고, 미국 같은 나라에서는 언론학과가 크게 발달하여 언론의 질이 크게 향상되었으며 지식과 기술과 책임감 그리고 영향력으로 제4부라는 사회적 위상을 확보하였다.

우리는 이제 시작이다. 언론의 자유 권리가 없는 상황에서 책임 의무도 있을 수 없었고 정치권력의 홍보도구에 불과할 때 고도의 책임 있는 전문업으로 발달할 리 없었다. 이제 발행의 자유가 있고 취재, 전달의 자유도 크게 신장되었으며 의견표시의 자유도 존재한다.

그렇다면 책임 있는 전문업으로 발전하고 있는 것일까. 여기에 대한 답변은 지금까지의 추이로 보아서는 결코 긍정적이 아니다. 근본적으로는 언론연구원의 '전국기자 직업의식 조사'에 나타난 대로 '언론사주의 상업주의 경영관'이라든가 지나친 경쟁이 바른 언론 지향을 가로막고 있고, 기자의 자질부족과 직업의식 결여 등에 그 이유가 있다.

우선 언론사를 시작하는데 거대한 자본이 필요하다는 현실적인 이유 때문이지만, 언론인으로 전혀 자격이나 경력이나 사명감이 없는 자들이 돈을 가졌다는 한 가지 이유로 하루아침에 언론사 정상의 자리에 앉아 그 막강한 권력을 행사한다. 때로는 말단기자만도 못한 타 분야 사람이 하루아침에 정상급 '언론인'이 되고, 그런 사람일수록 신문제작에 직접 간여한다.

법률가 아닌 사람이 사법부의 정상에 오른다든가, 의사 아닌 사람이 종합병원의 원장이 된다든가, 성직자 경험이 전무한 사람이 성직자 집단의 우두머리가 된다고 할 때 과연 법조, 의료, 성직자 집단이 '전문업'으로 존재할 수 있을까.

이런 조건에서 진정한 언론, 참다운 언론인은 나올 수 없다. 세계 일류의 시설을 갖추고 일류의 '판매 부수'를 만들고 일류의 사옥 속에서 일류의 급여를 받아도 절대로 일류의 신문은 나올 수 없다.

물론 자유사회이니까 법으로 발행의 자유를 규제할 수는 없다. 오직 양식 있는 신문기업주들이 솔선수범하여 좋은 신문을 만들고 좋은 신문이 기업적으로 성공할 때 제도화될 수 있다. 언론의 공공기능을 말살하는 상업주의적인 소유주가 만드는 언론에 협조를 거부하는 직업주의적인 편집인, 기자가 나와야 한다.

편집인 중심 아니고 사주 중심의 언론

독일에서 최고권위를 자랑하는 「쥬드 도이체 차이퉁」은 5명의 자본주가 합의해서 자유주의적 성격의 사시 또는 편집노선에 알맞은 편집인을 고용하되 편집국 간부들의 3분의 2가 반대하면 취임할 수 없게 만들었다. 일단 임명된 편집인은 임기 동안 자신의 책임하에 편집국을 운용한다.

100만 부 이상을 팔아 큰돈도 벌고 큰 영향력을 행사하고 있는 주간 「슈피겔」지는 몇 해 전 사주가 주의 절반을 사원에 넘겼고 25%를 다른 언론재벌 소유의 「슈테른」지에 팔았으며 자기 스스로 25%를 소유하고 있는데, 편집인 임명 등 중대한 결정은 76% 이상의 찬성을 얻게 만들었다. 사실상 사주와 사원대표가 합의만 하고 이로써 사원들은 모두 주인의식을 갖고 일하고 있다.

필자는 몇 차례 국제신문협회(IPI) 총회에 참석한 일이 있다. IPI는 편집인들 중심으로 자유언론을 수호하고 질 향상을 기하는 국제기구다. 발행인 중심의 FIEJ라는 기구가 따로 있는데도 IPI에 참석하는 우리나라 사람들은 거의 사주, 발행인들이었다.

그들은 대부분 유신, 5공 시절 권력과 공생관계에 있던 '언론인'들이고, 따라서 국제사회에 나가 "한국에 언론의 자유가 있다."고 강변하던 언론인들이다. 지금도 그런 상황에 본질적 변화가 없다. 편집인 중심의 언론이 아니라 사주·발행인 중심의 언론임을 입증한다.

1992년 1월 초 현대 정주영 회장이 정계 입문을 선언하면서 노태우 대통령에 200억 원의 정치자금을 헌납했다고 폭로하였다. 경천동지할 뉴스였다. 무슨 이유에서인지 언론은 이 중대한 스캔들을 추궁하지 않았고 정치 문제화하지도 않았다. 언론의 직무유기였다.

3년 후 1995년 9월 서석재 총무처 장관이 노태우 씨가 거둔 비자금이 4천억 원이나 된다고 누설하였고, 「조선일보」가 용기 있게 '오프 더 레코드' 발언을 1면 톱으로 터뜨렸다.

그러나 검찰은 전격 수사로 서석재 발언을 은폐하는 방향으로 몰고 갔다. 다시 한 번 경천동지할 일은, 모든 언론이 예외 없이 검찰의 은폐 수사에 동조함으로써 서석재 발언은 용두사미가 되고 말았다는 것이다. 그러나 불과 한 달 후 박계동 의원의 국회발언으로 서석재 발언은 사실임이 밝혀졌고 모든 언론은 노태우 규탄으로 급변하였다.

검찰이 '12·12사건 기소유예, 5·18사건 공소권 없음'으로 결정하였을 때 여기에 감히 이의를 다는 언론이 몇이나 있었는가. 그러나 같은 검찰이 스스로 검사동일체원칙을 무너뜨리고 전두환 노태우 양씨를 구속기소 할 때 모든 언론은 박수갈채를 보냈다. 권력의 뜻을 받들어 시시각각 변모하는 카멜레온 저널리즘의 극치를 이룬 사례다.

우리 언론은 과연 정치권력으로부터 독립하였다고 말할 수 있을까. "유신만이 살길이다."라고 외치고 전두환 씨를 동해에서 떠오르는 태양이라고 추켜세우고 노태우 정부에 참여한 정치인과 지식인들이 '문민정부'에도 참여, '개혁의 나팔'을 불면서 전·노 씨를 규탄하는 경우가 있다. 그들과 유착관계에 있던 언론이 이제는 '민주화'와 '문민 개혁'을 선도하고 있는 것도 이 시대의 해학이 아닐 수 없다.

언론인으로 기본철학 부재가 큰 과제

존 메릴은 언론과 정부의 관계를 강요된 노예, 협조하는 머슴, 대등한 경쟁자로 구분하였는데, 오늘날 우리 언론의 경우 '강요된 노예'라고까지 말할 수는 없으나 대부분의 방송·신문이 '협조하는 머슴'의 위상을 버리지 못하고 있다.

여기에는 적어도 두 가지 원인이 있다. 첫째, 언론의 공공기능을 버린 상업주의적 사주·경영주가 제작의 대권을 쥐고 있고 그들 상당수는 권력 및 재력과 유착관계에 있다는 것, 둘째, 언론인 역시 권력과 금권의 유혹에서 자주 독립하지 못하고 있기 때문이다. 유신 이후 정부요로와 정치인이 된 언론인이 174명이나 된다. 이른바 '촌지' 저널리즘은 국제적인 조소거리가 되었다.

1995년 11월 11일 「뉴욕 타임스」는 "한국신문들은 노태우를 규탄하고 있지만, 한국기자들이 그들이 집필하는 사람과 회사로부터 현금을 받는 것은 오랜 관행이다."라고 보도하였다. 이 기사가 전적으로 진실은 아니지만 그렇다고 전적으로 허위라고 말할 수 있겠는가.

한국 언론이 당면한 제일 큰 과제는 위는 발행인으로부터 아래는 평기자에 이르기까지 언론인으로서 해야 할 것, 안 해야 할 것에 관한 기본철학이 부재하다는 것이다. 오랫동안 아름다운 신문윤리강령이 있고 구체적인 실천요강이 있고, 그것도 모자라 지난 4월에는 언론계 이름으로 개정·보완까지 하였다. 모든 신문이 매일 신문 제호 아래 "본보는 신문 윤리강령과 실천요강을 준수한다."고 게재하고 있다. 그러나 발행인으로부터 기자에 이르기까지 '강령'과 '요강' 전문을 진지하게 읽어보고 성찰하고 있는지조차 의심스럽다.

한국 언론의 문제는 너무 많고 고쳐야 할 일이 너무 많다. 자유롭고 책임있는 언론, 그것은 지금 단계에서는 영영 접근할 수 없는 한낱 공염불 같다.

필자는 얼마 전 서울대학교 고위정책과정 토론에서 정부 고위관리한테 이런 말을 들었다.

"우리 부처는 2, 3년 만에 출입기자가 갈린다. 때로는 1년이 안 되어 갈리는 수도 있다. 어찌 된 셈인지 전문지식이 전무·태무한 젊은 기자가 배치된다. 새로 온 기자는 얼마 안 돼 반드시 우리 부처에 관련된 장문의 기획기사를 쓰는데, 내용이 대개 착오투성이고 때로는 악의도 섞여 있다. 힘을 과시하는 것이다. 우리 부의 관련자들은 전전긍긍할 수밖에 없다. 왜냐하면 출입기자가 쓴 잘못된 기사가 정책의 입안, 수립, 집행에 국회의원의 발언보다 훨씬 영향이 크기 때문이다. 그러니 어떻게 해서든지 달래고 설득하고 잘 보이도록 노력해야 한다."

얼마나 추악한 이야기인가. 필자는 이 이야기가 반드시 보편적인 현상이라고는 믿고 싶지 않다. 하지만 어느 정도는 사실이라고 추정하면서 신문의 질 향상을 위해 실무 면에서 어떤 대담한 개혁을 시도해야 할지 정리하고 싶다.

• 판형부터 획일주의에서 벗어나 다양성을 지향해야 한다. 신문의 수와 면

수가 늘어나 다소 다양성을 띠고 있으나, 본질적으로 획일주의 바탕을 떠나지 못하고 있다. 전면 한글 횡서로 짜는 중앙·한겨레 등 예외가 있으나, 그밖의 종합일간지는 국한문 혼용 종서이고 중간 면은 한글 횡서로 짜고 있다. 모든 교과서와 서적, 잡지가 한글 횡서인데, 사실상 모든 신문이 국한문 종서를 원칙으로 하고, 횡서쓰기 간지는 오른쪽으로부터 장을 넘겨야 하는 기형적인 판형이다. 전혀 설명이 안 되는 수구주의에 묶여 있다고 본다.

판형부터 획일주의, 다양성 지향해야

기사의 배치순서 역시 획일주의가 지배한다. 1면이 종합면이라는 데는 이의를 제기할 수 없으나, 1면 아래 5단 광고와 바로 그 위의 단평란의 위치를 비롯하여 말미의 사회면까지 대동소이하다. 대체로 아직도 일본신문의 획일주의를 그대로 답습하고 있는 느낌이다. 판형부터 개성이 없고 다양함이 없다.

지면이 늘어나 이른바 '섹션신문'이라는 낯선 변화가 시도되는 것은 좋은 변화이다. '뉴스와 의견의 분리원칙'을 선명히 하고 사의 성격을 나타내기 위한 오피니언 페이지를 시도하고 있는 것도 진일보한 것이다. 필자는 「인터내셔널 헤럴드 트리뷴」을 볼 때 다른 면은 모두 스쳐 가도 중간에 2면으로 구성된 오피니언 섹션만은 눈여겨본다. 세계적 주요 이슈가 집결, 다양한 논평이 있기 때문이다.

• 획일주의는 보도내용에도 해당된다. 우선 대부분이 '출입처'에서 발표한 '홍보대행 저널리즘'의 성격을 띠고 있다. 뉴스의 의제를 반드시 언론 측에서 정할 수 없지만, 의제의 선택에서나마 언론 측이 주도권을 쥐어야겠다는 것

이다. 공보처가 분석한 95년도 9개 일간지 1면과 사회면의 톱기사 80%가 정부발표 내지 정부 관련 기사였고 대통령 관련 기사가 1면 톱의 25%였다.

어떤 발표나 이벤트, 사건에 보도진이 구름처럼 집단적으로 움직여 집중호우식 보도경쟁이 전개되며, 내용은 대동소이하다. 의식적으로, 때로는 무의식적으로 뉴스원의 홍보도구가 된다. 미국에서 규탄받는 팩 저널리즘이 일본이나 우리의 경우 더욱 심하다. 여기에 배타적인 기자단 중심의 획일주의가 한몫한다. 지금 형태의 기자단 제도에 획기적인 개혁이 이루어져, 소극적 홍보대행 저널리즘에서 독자적인 취재 본위의 이슈 저널리즘으로 바뀌었으면 좋겠다. 관이나 생산자나 정치가가 발표하는 뉴스가 아니라 민이나 소비생활자나 유권자의 입장에서 취재하는 이슈 저널리즘으로 전환되어야 한다. 당연히 뉴스의 생과 사, 기사의 취사선택이 달라지고 매체마다 개성과 특색이 달라질 수 있다.

• 속보주의와 단편적 정보의 나열에서 벗어나 심층보도, 조사보도가 늘어나야 한다. 무한경쟁에 입각한 속보제일주의는 오보·왜곡보도를 야기한다. 뉴스원이 발표한 것을 제대로 이해할 수 없는 가운데, 또는 전반적 진실을 파악할 수 없는 가운데 보도할 때 뉴스원의 홍보기능을 자초한다.

뉴스의 속보성은 전자매체의 역할이고 슈퍼마켓식 단편적 정보는 통신사에 의존할 수 있다. 사마다 독자적인 철학으로 취재력을 집중활용함으로써 특색을 살릴 수 있다. 그런 뜻에서도 부처마다 출입 기자를 고정시키는 일본식 제도를 지양하고 서구식 기능주의 접근을 시도할 때다. 영국식으로 국내취재부로 종합취재 체제를 갖추고 분야마다 전문기자 한둘씩을 두되, 더 많은 수의 일반기자의 풀이 있어 편집 책임자의 판단에 따라 집중동원하는 제도를 생각해 볼 수 있다.

• 낯간지러운 자사 홍보주의 언론활동은 중단되어야 한다. 창간연회 같은 자사행사에 참여한 수백 명의 인사 명단을 일일이 나열하여 낸다든가, 심지어 화환 보내준 기관의 이름까지 낸다든가, 자사 주최의 체육 문화 기타사업에 저명인사를 동원, 대서특필한다든가, 심지어 대기업의 '협찬'으로 기획취재 활동을 벌여 학자를 동원하는 수도 있다. 언론사 대부분이 걸핏하면 외국의 '석학'을 동원하고, 심지어 한반도 문제까지 그들의 고견을 옮겨 싣는 값싼 사대주의의 포로가 되어 있다.

속보와 단편 정보에서 심층 조사보도로

그런가 하면 자사의 기자들이 외국의 거물과 만나는 경우가 있으면 뉴스밸류와 상관없이 과장보도하고 면담한 기자의 사진까지 눈에 띄게 낸다. 사장, 주필, 논설위원, 기자 등이 자기 의견을 제시하는 것은 좋으나 필자의 사진까지 때로는 엄청난 크기로 내는 자아도취는 역시 상업주의적인 동기가 아닐 수 없다. 언론은 좀 더 겸손해야 한다.

신문마다 '사람' 란이 필요불가결한 것이 되어 있으나 뉴스가치가 거의 없는 사교모임(예컨대, 현직 장관이 전직 장관들을 모신 만찬)으로 한 면을 채우는 획일주의가 지배하고 있다.

• 명실상부한 전문기자제도를 도입, 실천할 때가 왔다. 그러나 학위소지 등 전문지식이 있다는 한 가지로 전문기자가 될 수 없다. 기본적으로 취재경험과 능력, 판단력, 표현력을 고루 갖춘 노련한 기자로서 오랜 시일 전문지식

을 갖출 때 전문기자가 되는 것이다. 그런 뜻에서 네댓 과목의 필기시험이 주종이 되는 지금의 기자모집제도로써는 해당자가 과연 저널리스트로 적당한가조차 분간할 길이 없다. 미국식으로 4, 5년간 저널리즘과에서 스스로의 적성을 테스트하고 소양을 검증받은 후 언론계에 들어가든가, 영국처럼 훈련과 시험을 통해 자질이 검증된 사람이 입문하고 지속적 근무 실적에 따라 전문기자가 되고 에디터가 되는 과정이 바람직스럽다.

일단 전문기자가 되면 그 자리에 오래 있어야 한다. 예컨대 외국 특파원은 분명히 주재국에 관한 한 '전문기자'여야 할 텐데 그 나라말도 제대로 못 하는 특파원이 있고, 게다가 3년쯤 있으면 으레 교체된다. 엄청난 예산 낭비, 인력 낭비다.

• 전문기자가 반드시 우리가 말하는 '대기자'는 아니다. 전문기자로서 대성하고 원숙한 단계에 들어선 자가 곧 대기자가 아닐까 싶다. 그것은 본인의 자질과 노력이 있어 다수 독자들이 인정하고 따르는 직업인이어야 한다. 그러나 그런 전문기자, 대기자를 기르는 제도적인 뒷받침이 있어야 한다.

우선 부장, 국장이 될 수 없어 인사 편의상 위촉되는 '편집위원'이라면 처음부터 권위가 떨어진다. 민완형사가 반드시 명경찰서장이 될 수 없고, 명의가 반드시 명병원장이 될 수 없으며, 명교수가 반드시 명대학 총장이 될 수 없다. 취재력이 뛰어나고 글 잘 쓰고 전문지식이 높다고 해서 부장이나 국장에 적임일 수 없다.

그런 논리에서 전문기자, 대기자의 개념이 떠오르지만 지금의 입사제도, 연공서열, 종신고용식 인사제도에서 전문기자제가 성공하고 '대기자'가 태어날 수 있을지 의아스럽다. 지금의 인사제도에서는 필연적인 인사적체가 나타나, 한 군데 오래 있을 수도 없고 한 자리에서 오래 일할 수 없다. 아래로부터 솟아오르는 압력으로 부장만 되면 글 안 쓰고 부장을 지내면 국장급으로 올라가지 않는 한 별 볼 일 없는 조로현상이 벌어진다. 다른 분야에서도 그렇지만, 언론계에서도 노·장·청의 조화로 질 높은 저널리즘을 기해야 한다.

전문기자로 대성해야 대기자 된다

• 또 한 가지 손쉽게 개혁할 수 있는 제도의 하나로 사내 전문인력으로 비판 평론 기능을 강화하는 것이다. 일본, 미국, 유럽 어느 나라에서 대학교수·박사의 글이 매일 신문에 나는 것을 볼 수 있는가. 대학교수는 어느 한 분야의 전문가이므로 기자들이 그들의 의견을 물어 기사화할 수 있고 평론에 참고할 수 있으나, 그들을 저널리스트나 직업적 평론가로 대입시킬 수 없지 않은가. 우리 기자들은 우수한 바탕에 훌륭한 잠재력을 가지고 있어 신문사에 들어올 수 있었던 인재들이다.

사내에서, 또는 언론계 안에서 필진을 발굴하고 스타로 기르는 노력 없이 '교수, 박사'의 기고에만 의존하는 것 자체가 안이하고 비굴한 권위주의적 발상으로, '언론의 질 향상과 대기자' 지향에 역행하는 것이다. 저널리스트나 다름없는 학자들도 있고 학자 전문가의 글을 실어야 할 경우가 있다. 그러나 그것은 어디까지나 예외다. 우리의 경우, 예외가 통례가 되어 있다. 원칙은 전문가의 지식을 기자가 소화해서 독자에게 전하는 것이다.

1996년 10월 신문연구

군사통치하에서 신문을 만든다는 것

언론생활 51년 반. 보고 듣고 쓰고 전달하는 보도적 기능은 대체로 젊었을 때 하는 것이고, 나이 들고 경험을 쌓으면서 기자들이 취재·수집한 수많은 정보 가운데 알려야 할 가치가 있는 것을 골라 대소경중을 가려 지면에 배열하는 편집 작업을 맡고 지휘한다.

보도·편집하는 일과는 별도로 일단 알려진 사회현상에 관하여 해설·분석 및 가치판단을 내려, 독자들의 인식과 이해를 돕고 주장을 펴는 논설기능이 있다.

전자를 뉴스(보도)기능이라고 한다면 후자는 의견(논설)기능이다. 선진언론은 뉴스와 의견을 가능한 한 엄격히 분리한다. 사실을 정확히 전달하고 그러한 사실에 대해서 다양한 의견을 자유롭게 제시하며 자기주장을 내세우기도 한다.

영국의 유명한 「맨체스터 가디언」지의 창설자 찰스 스콧 주필은 "사실은 신성하고, 의견은 자유"라는 불후의 명구를 남겼다. 가령 어느 모임에 열 사람이 참가했다면 열 사람이라는 '사실'은 어느 누구도, 하느님도 고칠 수 없는 신성불가침의 원칙이다. 열한 사람이 될 수도 없고 아홉 사람이 될 수도 없다. 이것이 사실보도의 철칙이다. 반면에 그 모임의 성격이라든가 내용이라든가 그런 것들에 대한 가치판단은 보는 사람의 입장이나 시각에 따라 얼마든지 다를 수 있고 그 다양한 견해가 자유롭게 표시될 수 있다. 이렇게 언론활동이 자유롭고 공개시장을 이룬 사회를 우리는 민주주의 사회라고 규정한다.

자유롭지 못했던 언론환경 속에서

불행히도 나의 언론 51년의 대부분은 그렇듯 자유로운 환경은 아니었다. 특히 1961년 5월 16일에 일어난 군사 쿠데타 이후, 18년간의 박정희 시대에 때로는 삼엄한 계엄통치하에 있기도 했다. 그런 경우, 모든 기사는 '사전 검열'을 받게 되니까 언론의 자유란 아예 기대할 수 없었으며, 그렇지 않은 경우에도 유무형의 감시·간섭으로 통제된 '준계엄 통치'였기에 보도취재나 해설논평을 제대로 할 수 없는 어렵고 힘든 상황이었다. 독자는 '행간(行間)을 읽는다'고 해서 인쇄된 글의 뒤에 숨어 있는 뜻을 상상력을 동원해서 파악해야 한다.

물론 대부분의 언론사나 언론인들은 권력의 통제에 잘 적응해서 적절하게 처신하고, 경우에 따라서는 권력과 유착해 생존하는 데 그치지 않고 때로는 부귀영화까지 누림으로써 독자의 눈살을 찌푸리게 했다.

내가 1962년 5월부터 1980년 8월까지 18년간 일했던 당시 동아일보는 군사통치라는 현실에 타협하여 세상을 편히 사는 '대부분의 언론'과는 달랐다. 어떤 의미에서 1960, 70년대의 동아일보야말로 우리나라에서 고난의 역정을 거부하지 않았던 유일한 언론이었다고 말하고 싶다. 과연 선진국 수준의 '유일한 참 언론'이었느냐를 따질 때에는 이론의 여지가 있을 것이다. 그러나 가혹한 현실 속에서 찰스 스콧이 말한 그런 언론의 기본 원칙을 지키려고 몸부림친 언론이었다는 것만은 자신 있게 말할 수 있다. 그것은 결코 쉬운 일이 아니었고, 심각한 고뇌와 비장한 결단뿐만 아니라 때로는 사(社)의 운명과 필자의 안위를 거는 큰 도박이었다.

자유언론 하면 미국언론을 생각한다. 특히 제왕적 대통령, 리처드 닉슨을 축출한 워싱턴 포스트의 '워터게이트' 사건 폭로야말로 용기 있는 언론의 백미로 칭찬하는데, 그 당시 2년간 이 사건 보도를 지휘한 워싱턴 포스트의 편집상무 벤 브래들리는 은퇴 후, 『A Good Life(좋은 삶)』라는 자서전을 써 세인의 주목을 끌었다. 이 경우 남다른 모험심과 뛰어난 용기와 높은 도덕성이 충만했지만, 미국에서는 언론인이 잡혀가고 얻어맞고 쫓겨나고 언론사가 문을 닫고 생사를 위협받지는 않는다. 상상할 수 없는 일이다. 말하자면 브래들리는 소신대로 일할 수 있고 '좋은 삶'을 영위할 수 있는 안전지대, 즉 좋은 나라에서 일한 것이다.

군사통치, 계엄령 또는 준계엄 상태에서 신문을 만든다는 것, 그런 제작환경에서 어떻게 '좋은 삶'이 가능했겠는가?

내가 편집국장으로 있던 1972년 10월에 유신 쿠데타가 일어났는데, 한 달에 한두 번은 누군가가 남산 정보부에 끌려갔다. 또는 동빙고의 보안사 고문센터에 끌려가 얻어맞고 고문당하고……. 그럼에도 할 말은 해야겠다는 언론

집단에 몸을 담고 그 어려운 환경에서 살아남아서 글을 쓸 수 있었다는 것은 지금에 와서 생각할 때 나름대로 하나의 '좋은 삶'이었는지도 모른다.

나의 경우 그나마 1980년 8월까지만 일할 수 있었고, 1980년 여름 군부정권의 명령으로 추방된 후 대부분 기간 아예 집필이 금지되거나 제한되었다. 다음에 소개하는 두 가지의 에피소드는 그래도 동아일보라는 큰 간판 밑에서 일할 때 이야기다.

박정희의 3선 개헌 전야 신동아 사건

5·16군사 쿠데타에 성공한 군사혁명 주체 세력은 1963년 대통령 선거에서 박정희 후보를 내세워 윤보선 야당 후보를 15만 표 차로 간신히 이겼다. 득표율은 박이 46.65%, 윤이 45.1%였다. 1967년 5월에는 박정희 후보와 윤보선 후보의 격차가 현저하게 벌어져, 박은 51.4%를 얻었고 윤은 41%에 그쳤다. 그해 6월에 있은 국회의원 선거에서도 박의 공화당이 129석(득표율 50.6%), 신민당이 45석(득표율 32.7%)으로 여당이 압승하였다. 여당 압승의 배경에는 급속한 가시적인 경제성장으로 지지세력이 크게 늘어난 점을 들 수 있겠으나, 그에 못지않게 조직적인 금권부정선거의 결과이기도 하다. 오죽하면 야당은 선거 후 6개월간 선거부정 시정을 요구하면서 등원을 거부했겠는가? 결국 여당 스스로 6명의 공화당 의원을 축출시켰다.

박정희의 정부·여당이 대대적인 관권·금권선거를 감행한 것은 헌법을 뜯어고쳐 박정희 대통령에게 3선의 길을 열어놓자는 것. 당시 그들이 내건 정치 구호가 '중단 없는 건설'이었다. 당선된 129석 중에서 부정선거가 현저

하게 드러난 6명을 제거하였으나, 개헌에 필요한 원내 3분의 2(117석)를 웃
돌았다.

또한 1968년 5월, 5 · 16 쿠데타 주역들 가운데 김종필을 후계자로 옹립하
려던 추종세력들이 철퇴를 맞았고, 군사정부 출범부터 반대 내지 협력을 거
부한 동아일보에 대해서는 1968년 11월 '신동아 사건'을 조작하여 치명타를
가하였다. 박정희 정부는 이미 모든 언론을 장악, 길들였으나 유일하게 동아
일보만은 멋대로 안 되는 눈엣가시였다.

마침 월간지 「신동아」 1968년 12월호에 김진배 정치부 기자와 박창래 경
제부 기자가 공동집필한 「차관」이라는 폭로기사가 권부 심층부를 건드렸다.
내용인즉, 일본에서 물밀듯 들여오는 거액의 차관사업들은 당대 실력자 4인
이 사전에 심사해서 일정한 커미션을 떼어 정권유지 및 정치자금으로 쓰고
있었다는 것. 누구나 알 만한 사람은 알고 있었지만 누구도 감히 입을 열지
못하는 '성역'이었다. 당시 중앙정보부가 주요 신문기사 내용을 사후 체크할
뿐 아니라, 더욱 중요한 것은 사전에 예방 조치하는 통제시스템이었는데 아
마도 감시 부족으로 이 기사가 활자화된 것이었다.

일단 기사가 나가자 청와대 정보부가 발칵 뒤집혔고 곧바로 동아일보는 가
혹한 탄압을 받아야 했다. 김상만 발행인과 천관우 편집인이 남산에 끌려가
심문을 받았고 필자 김진배, 경제부 박창래 기자, 신동아 주간 홍승면, 신동
아 부장 손세일 등이 구속되는 등 선풍이 불어닥쳤다.

결국 며칠 후 부사장 김상만 씨는 발행인 자리를 내놓았고 주필 천관우 씨
는 주필 자리를 내놓고 동아일보를 일단 떠났다. 또 홍승면, 손세일 씨 역시
그만두었다가 다음 해 봄 복직하였다. 「차관」의 필자 김진배 씨는 정치부 기

자를 그만두고 출판부로 쫓겨났다. 이른바 신동아 사건이다.

　실은 신동아에 실렸던 「차관」을 문제 삼을 수가 없었다. 모두 사실이니까 이를 사법처리할 수가 없었던 것이다. 그래서 신동아 1년분을 샅샅이 뒤져 재미학자 조순승 교수가 신동아 1968년 10월호에 실은 '중·소 대립과 북한'이라는 글에서 김일성이 항일 유격대에 참여한 일이 있다는 내용을 찾아냈다. 이를 빌미로 김일성을 찬양했으니 '반공법' 위반이라고 몰아붙인 것이다.

3선 개헌을 앞두고 걸림돌 제거

　그것은 3선 개헌을 앞두고 최대 걸림돌의 하나를 제거하는 작전이었다. 동아일보는 결국 천, 홍, 손 세 사람을 일단 내보낼 수밖에 없었다. 대대적인 개편을 단행하였다. 천관우 주필 후임은 이동욱 논설위원이 되었다. 나는 1968년 11월 런던특파원으로 갈 예정으로 모든 준비를 갖추고 비행기 표까지 예약했으나 김성열 편집국장 대리가 당국의 미움을 받았던 관계로 그가 런던으로 갔고, 다음 해 2월 내가 그의 자리로 옮겨갔다. 또한 편집국장 변영권 씨가 그만두고 신동아 사건으로 쉬고 있던 홍승면 씨가 그 자리를 맡았는데 홍 씨와 나는 1962년 한국일보 논설위원에서 동아일보 논설위원으로 함께 옮겨온 막역한 사이였다. 변영권, 김성열 두 분이 동아일보에서 출발한 정통 주류에 속했다면 우리 두 사람은 외부에서 스카우트된 신진파였다.

　내가 편집국으로 옮겨간 무렵, 박정희 대통령이 이끄는 민주공화당은 1971년 대선 때 박 대통령이 세 번째로 나갈 수 있는 3선 개헌에의 길을 확실히 다지고 있었다. 이미 1968년 5월에 이른바 '국민복지연구회' 사건으로 김종필 씨를 후계자로 추대하려는 5·16 주체세력인 김용태 씨 등을 축출하였고, 1969년 4월에는 권오병 문교부 장관 불신임안이 야당과 김종필 추종파 합작으로 가결되자 김 씨계 의원 5명을 제명하는 등 공포 분위기를 조성하였다. 다른 한편으로 야당에서 변절한 3명을 포섭하여 개헌 통과선인 원내 3분의 2(117석)가 넘는 119명으로부터 개헌 지지 서명을 받았다.

이에 앞서 1969년 1월 윤치영 공화당 의장은 3선 개헌을 검토한다고 공식 선언하였는가 하면, 야당인 신민당은 즉각 3선 개헌 저지 범국민투쟁위원회를 결성, '결사투쟁'을 다짐했고 산발적인 학생데모가 간헐적으로 서울의 큰 거리를 누볐다. 개헌의 회오리가 일기 시작한 것이다.

당사자인 박정희 대통령은 적어도 표면상 개헌을 원치 않는 듯한 애매한 태도를 보였다. 즉, 개헌을 추진하겠다는 윤치영의 발언이 있은 지 며칠이 안 된 1월 10일 기자회견에서 이렇게 말했다.

"현행 헌법은 과거 어느 헌법보다도 잘 되어 있는 헌법이라고 생각한다. 그 가운데 부분적으로 고쳐야 할 점이나 모순점이 몇 가지 있는 것도 사실이다. 법이란 운용의 묘를 기하는 데 생명이 있는 만큼, 특별한 사유가 없는 한 내 임기 중에는 고치지 않았으면 하는 게 내 심경이다."

이렇게 애매한 입장이었던 박 대통령은 차차 입장이 달라지더니 7월에 들어서 본색을 드러냈다. 7월 7일에는 개헌에 반대하지 않는다로 바뀌었고, 7월 25일에 공식 담화문을 내 노골적으로 공화당더러 빨리 개헌안을 제의하라고 지시하였다. 아예 가면을 벗어던진 것이다. 그 정도가 아니라 만일 개헌안이 국회 그리고 국민투표에서 부결된다면 이를 박정희 대통령 스스로에 대한 불신임으로 간주하고 '즉각 사퇴하겠다'고 선언하였다. 말하자면 폭탄선언이라 할까, 국회와 국민에 대한 협박이었다.

　예컨대, 경부고속도로 건설은 우리 경제 도약의 출발이었다. 그러나 야당은 찬성하지 않았다. 그런 야당에 권력을 내줄 수 없다는 소신이었고, 그렇다고 박 대통령이 그만둘 때 김종필의 주류파와 반대파로 양분된 공화당이 이긴다는 보장이 없었다. 그보다 자기가 해야겠다는 욕심이었다. 한편으로 주로 중앙정보부가 사회 각 부문을 감시·통제하는 정보정치·철권통치 속의 '개발독재'가 성공하고 있는데 도중하차할 수 없다는 것이다. 그러한 '나 아니면 안 된다'는 자신감과 사명감, 나쁘게 말해서 끝이 없는 권력욕 때문에 스스로 만든 헌법을 온갖 편법을 동원하여 뜯어고치고 부정한 수법으로 1971년에 3선 대통령이 되었고, 다음 해에는 '유신'이라는 이름 아래 비상계엄을 선포하여 국회를 해산하고, 다시 헌법을 고쳐 종신대통령의 길을 걷다가 1979년 10월, 기구하게도 다른 사람이 아닌 직속부하, 중앙정보부장의 총탄에 맞아 생을 마감한다.

개헌 반대 사설 쓰겠다고 사장에 자청

　그런 뜻에서 1969년의 3선 개헌은 박정희 비극의 시작이었다.

　박 대통령의 7·25 담화가 나왔을 때 야당과 일부 학생들의 저항이 있는 등 국내 사정이 어수선할 뿐 큰 분란은 없었다. 입이 있어도 열 수가 없고 귀가 있어도 들을 수 없는 무거운 침묵. 3선 개헌은 박 대통령이 그의 진퇴를 건 '배수진' 선포로 이미 기정사실로 굳어졌고, 그저 요식·절차가 남아 있을 뿐이었다.

언론은 대부분 정부 편. 강약의 차이는 있었지만 3선 개헌을 지지하고 나섰다. 오직 동아일보의 향방에 관심이 쏠렸을 뿐이다. 나는 편집국장 대리였기 때문에 논설회의에 참가하지 않았고, 사설이 나가고 안 나가고 간에 책임이 없는 입장이었다. 그것은 국민적 관심사였고 사내에서도 물밑에서 말이 많았는데 그렇다고 함부로 아무나 나서서 입을 열 수도 없었다. 이거야말로 회사 차원에서 대표이사 사장만이 결정할 일. 논설위원 개개인이 왈가왈부할 성질의 일도 아니었다.

그러나 제작 실무를 맡은 편집국 간부로서 여간 답답한 것이 아니었다. 편집국 젊은 기자들은 동아일보가 개헌 찬반에 대한 입장을 선명하게 밝혀야 한다는 흐름이었다. 7·25 담화 발표 후 사흘이 지나도 아무런 말이 없었다. 나는 고재욱 사장을 만나뵙고, 진언하기로 작심했다. 그도 그럴 것이 대단히 엄격한 분이었지만 적어도 내가 하는 말은 으레 경청해주고 용납해줄 정도로 총애를 받고 있었기 때문에 어떤 사명감 같은 것이 작용했다. 나는 어렵게 말문을 열었다.

"사장님, 온 국민이 동아일보를 바라보고 있습니다. 사장님께서 어려운 결단을 내려주실 것을 기다리고 있습니다. 동아가 이 중대사안에 그냥 침묵으로 넘어갈 수는 없는 일이지 않습니까?"

잠시 침묵이 흘렀다. 그리고 그는 답했다.

"알아. 그러나 가볍게 결정할 성질의 일은 아니지 않나. 나 개인의 문제라면 간단하지. 그게 아니고 동아일보의 사활로 직결되는 일이 아닌가. 신중을 기해야지……."

이렇게 말꼬리를 흐렸다. 나는 내친김에 한 걸음 더 나갔다. 내 말이 먹혀

들고 수용될 여지가 있다고 생각했기 때문이었다. 다만 아버지와 같은 어른에 대해 최대의 예의를 지키면서…….

"사장님, 사실 여부를 떠나 신동아 사건으로 동아일보가 정권에 항복한 것으로 보는 사람들이 많습니다. 일시적으로 세가 불리해서 백기를 들었다고 하더라도 거기서 그쳐야지 언제까지 굴종할 수는 없지 않습니까. 눈앞의 늑대도 무섭지만 등 뒤의 호랑이가 더 무섭지 않습니까. 국민의 시선, 역사의 평가가 더 무섭습니다. 사장님의 명예, 아니 동아의 명예……."

그는 원래 입이 무거운 분이었다. 한참 천장을 바라보다가,

"그래, 그렇게 동아일보를 걱정한다면 박 군이 한번 써봐. 단, 정면으로 대결하는 것이 아니라 우국충정으로 호소하고 타이르는 논조여야 해. 옛날 선비들의 상소문같이."

15매 상소문 같은 사설 사장에 전달

나는 다음날 원고지 15매 분량의 사설원고를 써서 직접 고 사장에게 제출했다. 아무도 몰랐다. 현실을 감안하고 어떻게 해서든지 활자화가 되어야 했기에 박 대통령의 경제건설 업적을 극구 찬양하면서, "박 대통령이 경제건설과 국가방위에 초석을 깔아 놓았듯이, 헌정제도를 건전히 운용하는 데 필요한 관례를 세워줬으면" 한다고 호소하였다.

또 "미국의 국부, 조지 워싱턴이 여야 지도자와 다수 국민의 만류에도 불구하고, 대내적으로 다난했고 대외적으로 유럽의 식민세력의 위협을 받고 있는 난국에 직면해 있었음에도 불구하고, 그리고 3선의 문이 이미 헌법상 열

려 있었음에도 불구하고, 그가 미국의 대통령으로 3선 연임할 것을 단호히 거부하는 데 발휘한 현명함과 용기야말로 미국이 오늘과 같은 민주번영의 기틀을 잡게 한 것이라고 믿는 바이다."라는 논리로 전개하였다. 이에 앞서 "본보는 개헌안에 반대하는 입장을 명백히 하지 않을 수 없다."고 밝혔다.

나는 이 간곡한 사설이 곧바로 나갈 줄 알았다. 결코 박 대통령의 감정을 상하게 하는 강경한 논조가 아니고 정중한 '상소문' 격이었기 때문이다. 그러나 그것은 나의 희망 사항이었다. 하루를 기다리고 이틀을 기다리고 사흘을 기다려도 아무 말이 없었다. 고 사장 개인의 영욕에 그치는 것이 아니라 불과 8개월 전 '신동아 사건'에서 겪었듯이 동아일보의 운명을 좌우할 수 있는 중차대한 결정이기 때문이었다. 나 역시 개인의 명예만 따진다면 내가 쓴 것보다 훨씬 강한 논지를 전개할 수 있었을 것이다. 나 스스로 너무도 박 대통령의 비위를 맞춘 것이 마음에 걸렸다. 그러나 고사장은 산전수전 다 겪은 백전노장이 아닌가. 대소고처에서 넓게 판을 읽고 대국을 살펴야 하는 것이다.

내가 사설 원고를 드린 지 10여 일이 지난 8월 7일 오후 나는 고 사장의 호출을 받았다. 학생데모를 취재하던 우리 젊은 기자 한사람이 취재과정에서 어떤 실수를 했고 불확실한 기사를 쓴 것이 밖에서 말썽을 일으킨 것이다. 사장은 단호한 조치를 취하지 않으면 편집국 질서 확보에 지장이 생길 수 있다며 경고했다.

나는 반발했다. 개헌 찬반이 국민적 초미의 관심사인데 거기에 대해 아무런 의사표시도 못 하는 비겁한 동아일보가, 본질문제에 침묵을 지키면서 지엽적인 일을 문제 삼을 때 오히려 영이 서지 않는다고 좀 과한 말로 대들었다. 그 순간, 고 사장의 얼굴색이 벌게졌다. 무척 기분이 상한 것이다. 아마도

'비겁한' 이라는 형용사가 그의 심기를 몹시 자극한 것 같았다. 순간, 나는 몸을 움츠렸다. 벼락이 떨어질 것 같았기 때문이다.

사설 나가자 반응 좋아 "역시 동아는 다르다"

한참 숨을 고르는 듯하더니, 그가 자리에서 일어나 그의 책상으로 가서 오른쪽 맨 윗서랍에 열쇠를 꽂아넣어 서랍을 열더니 거기서 내가 드렸던 원고를 꺼내지 않는가. 그리고 내 앞에 던지면서, "갖다 내⋯⋯"라고 말했다. 노여운 목소리였다. 나는 감을 잡을 수 없었다. "갖다 내⋯⋯"라는 한마디. 내일 사설로 게재하라는 뜻인지 진의를 알 수 없었다. 순간적으로 "예?" 라고 말꼬리를 높였다. 그랬더니, "박 군 소원대로 내일 신문에 내란 말이오."라는 부연 설명. 약간 좀 부드러워진 목소리. 나는 순간적으로 "감사합니다."라고 말하였다. '아차, 내가 큰 어른께 버릇없이 굴었구나.' 하는 송구스런 마음이 치솟았다. 곧이어, "제가 결례했습니다. 사장님의 충정도 모르고⋯⋯"라고 사과했다.

또 "그럼, 이동욱 주필께 보고드리고 허가받는 절차를 밟겠습니다."라고 말하고 일어섰다. 사장실을 나가 문을 닫는 순간 등 뒤에서 "박 군" 하는 소리가 들렸다. 뒤돌아섰더니, "박 군의 원고, 너무 악필이야. 손 군한테 베껴 쓰게 하면 어때?"라고 부드럽고 다정한 목소리로 말했다. 손 군은 기획취재부장 손세일 씨. 그가 아끼는 사위였다. 내 필적이 너무 독특하기 때문에 손쉽게 중앙정보부가 알게 되고 그러면 곧바로 보복이 있을 수 있다는 점을 고려한 노파심이었다. 그럴 정도로 험악한 세상이었다. 순간, 눈물이 핑 돌았다. 얼마나 엄격한 가부장적인 고 사장인데, 다른 한편으로 이렇듯 부하를 아끼는 온정이 있구나 하는 감음이 절로 솟았다.

"괜찮습니다. 문장 투로 보아 제가 쓴 것, 알 만한 사람은 어차피 알게 되는 걸요. 저들이 귀찮게 하면 얼마나 하겠습니까? 못 합니다."라고 말하였다. 사장실을 나와 옆에 있는 이동욱 주필을 찾아 경위를 보고했다. 그는 전혀 모르고 있었다. "아, 고맙소. 임자가 나를 살려주고 동아일보를 살려주는구려." 그는 원고를 읽더니, "빼고 보탤 것 없어. 그냥 내지. 내게 맡겨……"라고 말했다.

그 원고는 다음날, 8월 8일 단일 사설로 동아일보 2면 오른쪽 사설란 전체를 차지했다.

다행히 평은 좋았다. 개헌을 반대하는 사설이 나갔다는 것 자체가 당시의 공포 분위기 속에서는 뉴스였다. "역시 동아는 다르다."는 국민적 반응들이 있었다. 유일한 신문다운 신문이었다. 과연 '동아일보'라는 것이었다. 최소한 체면이 선 것이다. 재미있는 것은 청와대 반응이었다. 물론 공식반응이 있을 수 없었고, 그렇다고 가시적인 보복도 없었다. 적어도 동아가 중요한 일에 자기들 편이 아니라는 것을 다시 한 번 인식했을 것이다. 또한 반대를 위한 반대는 아니라는 것도 인식했을 것이다. 다만 정보 보고에 따르면 박 대통령은 이 사설을 숙독하고 "알았어. 옛날, 임금이 어떤 정승을 그만두게 하려면 남들 앞에서 그가 일 잘한다고 치켜세웠다는 거야. 동아가 나를 치켜세우면서 그만하라는 것 아니냐"고 논평했다는 것이다. 확인할 길이 없으나 사실이라면 제대로 본 것이다.

이 사설이 나간 지 두 주일쯤 지나, 관훈동 어느 밥집에서 김상만 부사장과 그의 친구 두 사람과 넷이서 저녁 식사를 같이 했는데, 식사 도중 갑자기 김 부사장이 내게 술잔을 내밀더니 "박 형, 축하해요."라고 큰 목소리로 말하였다(고재욱 사장은 '박 군'이라고 불렀는데, 나이가 비슷한 김상만 부사장은 으레 '박 형'이라고 불러주었다). 무슨 영문인지 몰랐다.

"박형, 축하해요" 김상만 부사장이 격려

"무슨 말씀이죠?"라고 반문하였다. 그랬더니, "박 형이 쓴 사설 말이오, 개헌을 명백히 반대한다고 하지 않았소? 정말 고맙소."라는 것이었다. 사설이 나간 지 두 주일은 지났고, 그렇게 감격했다면 진작 구내전화로라도 한마디 했을 법한데 싱거운 분이라는 생각도 들었다. 그러나 1년 전 남산에 끌려가 갖은 고초를 겪었던 분. 평소에 자기 속마음을 좀처럼 드러내지 않는 분. 편집과 경영의 분리원칙을 소중히 여겨 신문제작에 일절 말을 삼가던 분. 곧, 편집은 고재욱 사장이, 경영은 김상만 부사장이 책임지고 서로 간섭하지 않는 역할분담이었다.

해방 후 동아가 복간하고 고 사장이 1971년 물러날 때까지 편집권은 그가 독자적으로 행사하였는데, 개헌 찬반에 관하여 설혹 반대소리를 천명해야 한다는 것이 김 부사장의 견해였다 하더라도 그 뜻을 고 사장께 직접 표시하지 않는 사이였다. 그렇기 때문에 뒤늦게 개헌반대의 방침이 사설로 밝혀졌지만 김 부사장으로서는 내놓고 가볍게 왈가왈부 논평하는 것을 삼간 것이었다.

나는 김 부사장의 '축하' 인사에 내 사설이 개헌 반대의 의사표시만 했을 뿐, 내용이 너무나 허약해서 면목이 없다고 변명하였다. 이에 대해 김 부사장의 답변은 달랐다. "무슨 소리오? 더도 말고 덜도 말고 아주 적절했소. 지금이 어느 판이오? 우리가 어디 거리에서 데모하는 젊은이들처럼 정면으로 대들 수는 없지 않았소? 국민 앞에 역사 앞에 우리 의무를 다하면 되었지 소아병적인 모험주의는 금물이오."

역시 노인의 지혜였다. 세상일을 젊은이의 열정에만 맡길 수 없는 신중함이 있었다.

공화당의 개헌안은 1개월간의 공고기간을 거친 다음 9월 12일 상정되었다. 야당인 신민당 소속 의원들 40여 명은 국회 본회의장을 재빨리 점거하였고 3,000여 명의 학생들이 국회의사당(지금의 서울시의회 자리) 밖에서 연좌데모를 벌였다. 금요일인 9월 12일 이효상 국회의장은 다음 월요일인 15일에 본회의를 속개한다고 선언하고 물러갔다.

그래놓고는 일요일 14일 밤 통행금지 시간인 오전 2시 반, 개헌지지 서명을 한 공화당 의원과 무소속 의원 122명이 태평로 건너 국회 별관(지금의 파이낸스빌딩 자리) 3층 회의실에 집결, 눈 깜짝할 사이에 이효상 의장 사회로 찬성 122, 반대 0으로 통과시켰다. 비겁한 날치기였다.

그리고 다시 한 달 뒤인 10월 17일, 국민투표에서 총 유권자의 77%가 투표에 참가, 65.1%의 찬성으로 박정희 대통령이 세 번째 출마할 수 있는 길이 열렸다. 나는 10월 9일 자 '국민투표와 국민의 현명'이라는 제하의 사설에서 국민투표의 공정성 보장을 요구하고 부정과 강압이 개입되는 일을 경계하였으며, "어떤 유혹·위협·선동에 굴하지 않고 의연한 자세로 소신대로 투표하는 도덕적 용기를 발휘해 달라"고 호소하였다.

동아일보는 언론기관으로서 주어진 여건·환경하에서 최선의 노력을 다하였다. 그것은 외로운 싸움이었다. 처음부터 이기리라고 예측할 수 있는 싸움이 아니었다. 그러나 독자와 역사 앞에 죄를 짓지 않겠다는 언론 정신은 살아 있었다. 미력하나마 개헌반대라는 의사표시를 분명히 함으로써 역사의 한 기록을 남긴 것, 영예롭게 생각한다.

봄은 봄인데 봄이 아닌 서울의 봄

내가 사설에서 지적한 대로 박정희 장군이 조지 워싱턴의 선례에 따랐던들 그의 아내 육영수 여사가 흉탄에 쓰러지지 않았을 것이고, 그 역시 비명에 가지 않고 존경받는 어른으로 여생을 유유자적했을 것이다. 경제 건설의 아버지인 동시에 이 나라 민주헌정의 제도화의 아버지로 숭앙되었을 기회를 놓친 것이다. 우리나라의 민주화도 훨씬 앞당겨졌을 것이다. 잔인한 광주 사태도, 5공 통치도 없었을 것이다.

그로부터 11년이 지났다. 1971년 4월엔 박정희·김대중 간의 아슬아슬한 대결이 있었고, 1972년 10월 17일엔 유신선포가 있었다. 나는 1973년 8월, 2년 4개월간의 편집국장직을 내놓고 런던특파원으로 떠났다. 편집국장이 특파원이라니, 좀처럼 있을 수 없는 이상한 인사였으나, 박정희 대통령의 명령통치에 그 이상 견딜 수 없었고, 김상만 회장으로서는 후일을 기약하고 이름과 몸을 아껴 멀리 가 쉬고 있으라는 깊은 뜻이 있었다. 그 당시만 해도 런던에서 취재해서 보낼 기사가 별로 없었다. 말하자면 장기휴가요, 유학이었다.

4년 후 귀국했을 때, 세상은 최악의 길로 치닫고 있었다. 결국 1979년 10월 26일 박정희 대통령은 직계부하인 김재규 정보부장이 쏜 총탄에 맞아 파란만장한 생을 마감하였다. 유신독재가 한순간에 무너졌고 나는 김상만 회장의 부름을 받아 '편집인 겸 논설주간'이라는 감투를 썼다. 1980년 1월 1일부로 편집대권을 쥔 것이다. 동아일보에서 편집인은 제작의 총책임을 지는 자리였고 사주인 김상만 회장은 "누구의 간섭도 받지 않고 편집권을 곧고 바르게 행사하라"고 당부하였다.

그러나 세상은 하루가 다르게 악화일로였다. 그 전해 12월 12일에 있은 전두환 보안사령관 중심의 12·12 쿠데타로 군의 실권이 그들에게 넘어갔고, 이른바 3김은 대권경쟁에 한창 열을 올리고 있었다. 이른바 '서울의 봄'이었다. 언론에 있어서 유신통제를 벗어난 봄이었으나 현실적으로는 매일 군의 사전검열을 받는 계엄통치 시기였다.

봄이 아니었다. 언론의 자유란 있을 수 없었다. 계엄 당국의 눈치를 보며, 포고령을 따라야 하고 모든 보도·논평에 스스로 한계를 헤아리는 자율검열이 앞섰다.

5·18 광주사태가 벌어졌을 때, 나는 마침 IPI 총회 참석차 외국에 가 있었으나 동아는 '무사설'로 대응하였다. 6월 1일 이른바 군사통치기구인 국가보위비상대책위원회(국보위)가 탄생했을 때, 나는 이를 지지하는 사설을 써달라는 요청을 간접적으로 받았으나 무시해버렸다. 논설 제목을 정하고 필자를 지명하고 집필된 내용을 감수하는 전권을 논설주간인 내가 쥐고 있었으나, 책임 있는 군 당국자들은 나를 아예 상대하지 않았다. 모든 신문이 국보위 발족에 아부성 사설을 쓰는 판에 동아만이 독야청청하였다.

8월 9일, '숙정'이라는 회오리바람 속에 동아일보를 떠날 때까지 그들과 불편한 관계가 지속되었는데, 가장 어렵던 것이 7월 6일 발표된 김대중 내란음모사건이었다.

나는 군 당국이 작성한 숙청자 명단에 두목급으로 끼어 있다는 것을 알고 있었다. 이미 동아투위 복직문제로 회사방침과 뜻이 달라 4월 중순에 사표를 제출한 상태였으므로, 그만두는데 아무런 미련이 없었다. 따라서 그들에게 머리를 숙일 의향도 필요도 아예 없었고 최후의 일각까지 떳떳해야겠다는 생각뿐이었다.

"용기 있는 주필" 천관우 존경심 절로

김대중 내란음모사건 발표문이 워낙 길어 신문 한 페이지를 도배질할 정도였다. 당연히 국보위 입장을 지지해달라는 지시가 간접적으로 왔다. 그런 말을 전달하는 자에게 "왜, 그들은 직접 전화도 못 거나?"하고 쏘아댔다. 사설을 쓰기는 써야겠는데, 논설회의에서는 누구도 거론하는 자가 없었다. 사실 모두가 기가 죽어 있었다. 누군들, 총칼 앞에서 화를 자초할 만용을 부릴 이유가 있겠는가.

'만용'은 내가 맡기로 작심했다. 나는 10여 년 전 '신동아 사건'이 터졌을 때가 생각났다. 필화사건 등 언론관계 분야를 맡아서 쓰는 것이 바로 나였는데 사회를 보던 천관우 주필이 굳이 자기가 꼭 쓰겠다고 하기에 나는 반대했다. "첫째로, 언론관계는 제 소관이고, 둘째로 정부 조치에 항의하는 내용으로 써야 할 텐데 그러면 반드시 신분상 위험이 뒤따를 것이고, 셋째로 주필이 끌려갈 때 회사의 논설기능이 마비될 것이니, 책임자가 직접 집필하는 것은 현명치 못하다."는 논리를 폈다.

그러나 천 주필은 단호했다. "사의 운명을 좌우할 위험하고 중대한 사설은 책임자인 내가 쓰는 것이 당연하다."는 것. 그는 정보부의 조치를 규탄하는 사설을 썼고 그날로 연행되었으며 며칠 후 자리를 내놓고 회사를 떠났다. "용기 있는 주필이구나"하는 존경심이 절로 일었던 기억이 났다.

기왕에 나는 떠날 사람이 아닌가. 사실은 이틀 전인 7월 4일 김상만 사장과 미 8군 골프클럽 식당에서 점심을 같이 했는데, 그 자리에서 김 사장은 이렇게 말했다. "어젯밤, 전두환 사령관 측근 민간인과 만났는데 그는 박 주간이 김대중 씨 사람으로 동아일보를 이용했다는 것이 전 사령관의 확고한 인식이라는 거야. 나는 그것이 모략이라고 했고, 2월 25일에 인촌기념관에서 있었던 3김 회동도 내가 한 것이고 박 주간은 심부름한 것이라고 말했어." 이렇게 말한 김 사장이 갑자기 톤을 낮추더니 영어로 "당신에 대한 구속이 임박했으니, 몸을 피했으면 좋겠다."고 말하는 것이 아닌가.

그날 아침 전화로 점심을 제의하면서 선약이 있더라도 취소하고 꼭 나오라는 말을 이례적으로 강하게 이야기한 이유를 알아챘다. 사실, 5·18 당시 외국에 가 있지 않았던들 김대중 내란음모사건에 연루되어 구속되었을 것이라는 말을 5월 말 미국에서 돌아왔을 때 들었으므로, 김 회장의 경고가 새삼스러운 것은 아니었다. 그가 한국말을 중단하고 영어로 한 것도 한국인 종업원이 가까이 있었기 때문이었다.

김 회장의 도피 권고에 나는 "제가 도망가면 어디로 가겠습니까. 도리없는 거죠."라고 말씀드렸다. 그런데 이틀 후에 김대중 사건이 터진 것이다. 나는 김대중 사건에 대한 사설을 내가 쓰기로 결심하였다. 그러나 '신동아 사건' 때와는 달리 지금은 반드시 계엄 당국의 사전 검열에 통과되어야 하는 어려움이 있었다. 검열에서 전문 삭제될 것이 뻔한 것이라면 아예 제출할 필요조차 없는 것이었다.

김상만 회장 "구속 임박 몸을 피하라"

다시 말해, 검열을 통과할 수 있는 테두리 안에서 최대한 할 말을 해야 하는 한계선을 미리 짐작해야 한다. 쉬운 일이 아니다. 아예 안 쓰면 제일 편한 일이지만 그럴 수 없다. 아예 신문사의 문을 닫는다면 그것이야말로 제일 편한 일이나, 현실적으로 그럴 수도 없는 것. 도리 없이 그들의 비위를 어느 정도 맞춰가면서 언론의 사명을 다해야 한다. 고도의 기술이 필요하다.

나는 원고지 8매 정도의 글을 썼다. 한 시간이면 되는 길이인데 두 시간 이상 걸렸다. 제목은 엉뚱하게 '자유와 안전과 단결'이라고 붙였고, 부제로 '김대중 사건의 수사 발표에 관련하여'라고 달았다.

그리고 4분의 3가량을 당면한 현실과 위기상황을 설명하고, 우리는 스탈린주의적 공산독재체제와 대결하는 데 있어 자유체제하에서 단결해야 한다는 것을 역설하였다. 거기에는 법과 질서, 단결과 능률 등 가치가 자리 잡아야 한다는 것을 강조함으로써 "민주주의는 우유부단이고 민주주의는 분열이고 민주주의는 이기주의로 전락하며 독재주의는 곧 능률이요, 단결이요, 충성심의 대명사가 된다면 민주주의가 국민에게 자유를 주되 안전 보장이라는 기본요소를 주는 데 실패할 수 있다."고 우려를 표시하면서 "오늘의 현실에서 더욱 절실히 요구되는 것은 안전보장 없이 자유 없고 화해·단결 없이 안전보장 없으며 자유 없이 화해·단결 없다."는 순환논리를 지루하게 전개하였다.

그런 연후에 이런 논리에서 5·17 사태는 가혹한 민족의 시련이며, 당국이 발표한 김대중 사건에 접한 국민의 충격은 실로 크다고 지적하고 "국내외에 큰 충격을 준 이 사건에 대해 법의 심리과정에서 진실이 소상히 밝혀질 것이고 공정한 법의 심판을 기대하거니와 신문윤리요강에 따라 재판의 판결에 영향을 주는 평론을 삼가코자 한다."고 결론 아닌 결론을 내렸다. "다만 이 불행한 사건의 귀추를 지켜보고자 한다."고 부연하였다.

지금 다시 읽어보아도 무슨 소리를 했는지 알 수 없는 졸작이었다. 딱 부러지게 지적한 사설이 아니다. 추상적 결론만 있지 결론을 뒷받침하는 논리전개가 없었다. 한 가지 분명한 것이 있다면 다른 신문들처럼 김대중 씨를 엄히 처벌하라고 외치는 그런 비겁한 논조가 아니라 진실의 규명과 공정한 재판을 요구했다는 것이다.

유감스럽게도 할 소리를 제대로 못 한 것이 아쉬웠다. 사설이라고 말할 수 없을 정도의 것이었다. 부끄러운 일이다. 이 사설을 넘긴 후 나는 계동 인촌 기념관에서 IPI 이사장 환영 만찬에 참석하였는데, 밥 먹는 도중 쪽지가 들어왔다. 내가 쓴 사설이 검열과정에서 '보류' 되었다는 보고였다. 검열장교들이 판단을 내리지 못하고 상부의 판단을 상신한 것이다. 그리고 1시간 후, 만찬이 끝날 무렵 다시 쪽지가 들어왔다. 전문 삭제 결정이 내려졌다는 것이다.

차라리 후련했다. 나 스스로도 무슨 말인지 무슨 뜻인지 분명치 않은 그런 사설인데, 그것이 활자화되어 독자 앞에 전달되는 것이 오히려 부끄럽고 쑥스러운 일이기에 차라리 '무사설'이 죄를 덜 짓는 것이라고 자위했다. 참고로 검열 당국이 몰수한 이 부끄러운 사설 전문은 다음과 같다.

〈계엄사가 몰수한 사설 전문〉

자유와 안전과 단결

- '김대중사건'의 수사발표에 관련하여-

이 시점에서 새삼 지적하고 다시 한 번 강조하고자 하는 엄연한 현실이 있다. 즉 우리는 북에 도사리고 있는 '스탈린'주의적 공산독재체제와 끊임없는 경쟁 관계에 있다는 사실이다. 우리가 생존하기 위해서는 이 대결과 이 경쟁에서 항상 견디어내야 하고 반드시 이겨내야 한다. 그러기 위해서 우리는 강해야 한다.

우선 물리적 힘을 갖추어 군사적 도전을 물리쳐야 한다. 군사적 세력 균형으로 평화를 수호해야 할 뿐 아니라 경제적으로 북을 압제하여 통제경제에 대한 자유경제의 우수성을 과시해야 한다. 적과의 대결에서 더 우위에 설뿐 아니라 정치체제에 있어 북한공산독재를 눌러야 한다. 즉 자유와 민주주의가, 사회정의와 인도주의가 뿌리내린 자유기지를 굳건히 다져 이른바 「북반부혁명기지」에 자유의 바람을 불어넣어야 한다. 자유체제의 구현, 그것이 3·1독립선언에 명시된 민족의 비전이요, 이것이 해방 후 이룩한 건국의 이념이 아니겠는가.

그러나 자유체제를 확립하는 과정에 있어 어쩌면 우리 모두 간과하기 쉬운 요소들이 있다. 法과 질서, 단결과 능률 등 제 가치의 체득 없이 자유와 민주주의는 성립하기 어렵고 성립한다 해도 붕괴될 수밖에 없다는 것이 역사의 교훈이다.

그런 상황 아래서는 민주주의는 우유부단이고 민주주의는 분열이고 민주주의는 이기주의로 전락하며, 독재주의는 곧 능률이요, 단결이요, 충성심의 대명사가 되고 만다. 여기서 민주주의가 국민에게 자유를 주되 안전보장이라는 기본요소를 주는 데 실패할 수도 있다.

언제나, 그리고 오늘의 현실에 더욱 절실히 요구되는 것은 안전보장 없이 자유 없고, 화해·단결 없이 안전보장 없으며, 자유 없이 화해·단결 없다는 순환논리다.

이상의 논리에서 5·17사태와 5·17을 가져오게 한 일련의 사태는 실로 가혹한 민족의 시련이며 5·17에 앞서 일어난 학생중심의 사회혼란과 관련, 당국이 발표한 '김대중사건'에 접한 국민의 충격은 실로 크다고 본다. 계엄당국은 김 씨 등 37명을 "내란음모 국가보안법 반공법 외국환관리법 및 계엄포고령 위반혐의로 계엄보통군법회의 검찰부에 구속 송치할 방침"을 밝힌 바 있다.

국내외에 큰 충격을 준 이 사건에 대해 법의 심리과정에서 진실이 소상히 밝혀질 것이고 공정한 법의 심판을 기대하거니와 신문윤리요강에 따라 '재판의 판결에 영향을 주는 평론'을 삼가고자 한다. 다만 이 불행한 사건의 귀추를 지켜보고자 한다.

그런데 흥미 있는 후일담이 있다. 그해 지루한 여름이었는데, 8월 9일 나는 동아일보를 떠났다. 그에 앞서 7월 말엔 편집인 겸 논설주간 자리가 떨어지고 '통일연구소 연구위원'으로 격하되었다. 어떻게 해서든지 나를 구출하고자 하는 회장, 사장의 충정인 듯싶었으나, 열흘이 못 가 '자기 정화'라는 이름으로 사표를 쓰고 물러났다. 당연히 외신에 대대적으로 보도되었다(동아일보는 편집 총책임자가 그만두었지만 단 한 줄의 퇴직 관련 기사도 인사발령도 내지 않았다. 검열에 통과되지 않았는지도 모른다).

특히 로스앤젤레스 타임스의 샘 제임슨 기자는 내가 50년대 미국의 노스웨스턴대학에서 저널리즘을 공부할 때 같이 다녔던 동창생 친구. 그는 8월 13일 '남한, 400명의 언론인 숙청'이라는 장문의 기사를 냈고, 거기에 동아일보 편집인인 내 이름을 대표적으로 냈다. 노스웨스턴 출신으로 한국에서 가장 존경받는 언론인의 한 사람이라고 부연하였다. 그것이 LA타임스 신디케이트를 통해 수백 개의 미국 신문에 보도되었으며, 노스웨스턴에 있는 시카고 트리뷴지는 이 기사를 받아 8월 19일부 사설에서 내 이름을 거명하며 '남한의 병영민주주의'를 규탄하였다.

독자가 읽을 수 없는 사설 쓴 것 큰 보람

런던의 더 타임스는 8월 21일 자 외신면 톱으로 동경특파원 피터 헤젤하스트 기자의 소상한 '언론숙청 캠페인' 기사를 실었다. 그 기사 일부는 다음과 같다. "그들(숙청된 자들) 가운데는 동아일보 편집인 박권상 씨가 포함되어 있다. 동아일보의 전 런던특파원이었던 박권상 씨는 구속 중인 야당지도자 김대중 씨에 대한 공정한 재판을 요구한 사설을 군검열관에 제시함으로써 정부 당국을 화나게 하였는데, 그 사설은 인쇄되지 못했다. 언론에 대한 테러 캠페인은 철두철미하다. 내가 오늘 아침 서울의 자택에 있는 박 씨에게 전화했을 때 그는 '내 상태가 안 좋으니 지금 당신을 만나지 않는 것이 좋다. 추후에 만나자. 이해해주기 바란다.'고 대답했다."

이 기사는 동아가 또한 내가 김대중 내란음모사건의 공정한 재판을 요구했다는 사실을 전 세계에 알리고 역사에 기록하게 한 것이다. 그 후 얼마 안 되어 헤젤하스트 기자를 만나, "아는 사람이 몇 없었을 텐데, 어떻게 계엄 당국의 검열에서 전문 삭제된 사설이야기를 들었느냐"고 물어보았다. 사실 희한한 일이었기 때문이다. 그는 미국대사관 측의 확실한 소스로부터 들었다는 것이다. 진실은 아무리 감추려고 해도 햇빛 아래 드러나게 마련이라는 서양 격언이 생각난다.

독자가 읽지 않았고 읽을 수 없는 사설을 썼다는 것, 그것은 보람 있는 일이었다.

2003년 10월 관훈저널

자유 언론을 지킨 거인

그는 한국의 대표적인 군자요, 신사였다. 단순한 언론인이나 언론기업가가 아니었다. 한국 사람의 위신과 명예와 긍지를 대외적으로 대표하는 위엄 있고 거대한 국가의 대원로였다.

1993년 5월 10일. 나는 국제신문협회(IPI) 제42차 총회에서 사무국장 피터 갤리너 씨의 기조연설을 듣고 있었다. 40개국에서 모여든 300여 명의 편집 발행인들 앞에서 갤리너 씨는 지난 1년간 IPI 활동을 중심으로 하는 세계언론의 현황을 요약했다. IPI의 존재 이유가 '언론의 자유의 증진과 보장'에 있는 만큼, 그의 보고 역시 초점은 바로 언론의 자유에 관련된 것이었다.

그의 연설은 40분간 계속되었다. 그는 독일 태생의 영국 사람. 독일식으로 다소는 딱딱한 영어발음이었으나, 유창하고 감동적인 연설이었다. 그도 그럴 것이 75년 이래, 18년간 IPI를 사실상 움직였던 사람이 이제 자리를 내놓는 순간이었다. 마지막으로 행하는 고별연설이었다. 따라서 단순히 1년간의 업적보고에 그치지 않고 18년간의 활동을 회고·정리한 것. 적어도 갤러너로서는 대단히 감상적인 순간이 될 수밖에 없었다.

이 연설에서 그는 두 번에 걸쳐 일민 김상만 회장의 이름을 언급했다. 한번은 IPI가 언론 탄압이 일어날 때마다 관계 정부 당국에 항의하고 세계여론에 호소했다는 사실을 거론한 대목이었다. 여기서 그는 IPI의 그러한 활동은 자유 언론을 위해 싸웠고 박해를 받은 '저명한 언론인과 편집인들'의 참여와 지원으로 성공할 수 있다고 지적하면서 10여 명의 이름을 거론했는데 "나는 여기서 특별히 그리스의 헬렌 브라코스, 한국의 김상만, 터키의 루비스(이상 생략)……에 고맙게 생각합니다."고 말했다. 모두 숨을 죽이며 그의 연설을 경청했다. 그의 연설은 계속되었는데, 약 10분 후에 그의 입에서 다시 한 번 김상만 회장의 이름이 나왔다.

"나의 사무국장 임기 중 언론의 자유가 없거나 제한된 나라들의 저명언론인들의 회원자격이 늘어났는데 그들은 언론의 자유를 수호하는데 개인적으로 궐기했고 개인적으로 고통을 받고 위협을 무릅쓴 사람들입니다. 이점, 가장 유명한 표본이 곧 한국의 거대한 노인 김상만 박사입니다."

'한국의 거대한 노인' 이렇게 번역하면 별 감흥이 없고 그의 참뜻이 제대로 전해지지 않는다. 영어에서 'The Grand Old Man of Korea'라는 표현이 각별한 뜻을 함축한다는 것을 아는 사람은 안다.

나는 책에서 'The Grand Old Man(G.O.M.)'이라는 표현을 읽은 일이 있다. Grand란 형용사는 '거대하다'는 뜻이고, '장엄하다'는 뜻이고, '우두머리'라는 뜻이고, '가장 중요하다'는 뜻이다.

원래 19세기 후반기 영국이 세계 최대의 제국을 건설할 무렵, 벤저민 디스

레일리와 윌리엄 글래드스톤 등 두 사람의 명재상이 교대로 영국을 이끌었는데, 보수당의 디스레일리가 먼저 죽고, 자유당의 글래드스톤이 홀로 온누리에 장엄한 빛을 뿌리고 있었다. 그때 그를 가리켜 세상 사람들이 부르기 시작한 것이 바로 G.O.M.이었다. 이렇듯 만년에 들어선 글래드스톤에 대한 존칭으로 시작한 것이 G.O.M.이라는 말이었는데 그 후 정치계뿐 아니라 예술, 학술, 법조 등 전문업에서 대업을 이루고 국민적 존경을 받는 국가의 대원로에 부여되는 국민적 존칭이 되었다.

총회에서 '한국의 그랜드 올드 맨'으로

앞서 말한 대로 'G.O.M.'이란 말을 사전이나 글에서 읽은 바 있으나, 나로서 어떤 모임에서 직접 들어본 것은 갤리너 씨가 세계 언론인들 앞에서 김상만 회장에 부여한 것이 처음이다. 실로 가슴 뿌듯한 순간이었다.

'한국의 G.O.M.'으로 명명될 때 김 회장은 현장에 있지 않았다. 베니스에서 두 시간 정도의 비행거리밖에 안 되는 그리스의 아테네에서 쉬고 있었다. 사모님과 더불어 IPI 총회에 참가할 예정이었으나 겹친 피로 때문에 베니스 여정을 취소한 것이다. 정말 안타까웠다.

나는 열흘 후 런던의 하이드 파크 호텔에서 건강한 모습의 김 회장과 사모님을 뵈었다. 그리고 IPI에서 들었던 갤리너의 연설내용을 전하고 한국의 'G.O.M.'이 된 것을 축하했다.

그는 좀처럼 희노애락을 표시 안 하는 동양식 군자였다. 바위처럼 무겁고 언제나 위엄을 잃지 않는 서양식 신사였다.

그러나 'G.O.M.'에 관한 자세한 설명을 들었을 때, 파안대소 정말 기뻐하는 것을 보았다. 다음날인가 리젠트 파크에 있는 폴 핀리(런던 필하모니 책임자) 집에서 오찬을 같이할 때 IPI에서 G.O.M.의 칭호가 주어졌다는 말을 옮기자 핀리 씨 역시 어린애처럼 "닥터 김이 한국의 G.O.M.이 되셨다고요? 당연하지요, 당연해. 이 말처럼 닥터 김에 딱 들어맞는 말이 있겠어요? 축하합니다." 김 회장은 가벼운 미소로 핀리 씨의 인사를 받았다.

나는 30년 이상 김 회장의 지우를 입었고 편집국장 시절에는 발행인 사장으로, 편집인 겸 논설주간 시절에는 회장으로 모셨다. 80년 여름 타의로 동아일보사를 떠난 다음에도 인간적으로 가까운 사이였다.

그러므로 그의 성품과 언행을 비교적 잘 아는 편이지만 근엄하고 신중한 그의 얼굴에 희색이 만연한 것을 본 것은 드문 일이었는데, 만년에 들어서 '한국의 G.O.M.'이라고 칭호를 받았을 때 한 인간으로서 무엇인가 성취감을 느꼈던 것이 아닌가 생각한다.

그렇다. 그는 한국의 대표적인 군자요, 신사였다. 단순한 언론인이나 언론기업가가 아니었다. 한국 사람의 위신과 명예와 긍지를 대외적으로 대표하는 위엄있고 거대한 국가의 대원로였다는 것, 평소에도 그런 느낌을 안 가졌던 것이 아니나, 막상 그분이 세상을 떠났을 때, 국내외에서 일어난 애도의 정을 보고 새삼 거인이었구나 하는 생각이 든다. 극히 예외적으로 현직 국가원수가 직접 빈소를 찾아 조문한 것 역시 결코 우연한 것이 아니다.

따지고 보면, 한국의 G.O.M.에 대한 국민감정을 대통령이 대신 표시한 것으로 보아야 할 것이 아닐까.

그는 명예라 할까 체면이라 할까 자존심이라 할까, 그런 의식이 남달리 강한 분이었다. 김 회장 스스로 명예나 체면도 소중하지만, 선친인 인촌 선생의 명예를 손상시키는 일이 없어야겠다는 것, 인촌의 유업을 대과 없이 이어가고 가능한 발전시켜야겠다는 데 인생의 목적을 둔 분이었다.

편집은 주필에, 발행인은 경영만 전담

나는 1962년부터 동아일보 논설위원으로 있었고 당시 김 회장은 최두선 사장, 고재욱 부사장 아래 전무로 있었으나 편집은 편집인 주필인 고재욱 부사장이 맡았고 김상만 전무는 발행인이면서 업무 쪽을 전담했다. 1965년 가을 고재욱 선생이 사장이 되고 김 전무가 부사장이 되었으나 업무분담은 동일했다.

따라서 김 부사장이 편집 제작 일에 관여하는 일이 없었고 어떠한 의사표시도 없었다. 일개 평논설위원이었으므로 회사 돌아가는 것을 자세히 알 수 있는 입장은 아니었으나 가회동 자택에서 자주 벌어지는 파티에 불려다니면서 그분을 가까이 모실 수 있었으나 일체 제작문제에 관해 언급하는 것을 보지 못했다.

내가 1969년 1월 편집국장 대리가 되어 편집 업무의 일선에 나섰으나 그분으로부터 가타부타하는 소리를 들어본 일이 없다. 그것은 고사장의 영역이었다.

1973년 8월 나는 편집국장 자리를 내놓고 런던특파원으로 갔다. 나는 1971년 봄의 대통령 선거, 가을의 위수령 사태, 마침내 1972년 10월의 유신 쿠데타 등 파란만장한 기간 편집국장으로 있었다. 그에 앞서 1971년 2월 김상만 부사장이 발행인 겸 대표이사 사장이 되었다. 고재욱 사장이 회장으로 승격했으나 회사 운영의 책임에서 손을 뗐다. 동아일보에 명실상부한 김상만 시대가 열린 것이다.

취임 후 첫 인사가 나를 편집국장에 임명한 것이었다. 이미 나는 3선개헌 반대 입장표명 등으로 권력 당국으로서는 협력대열에 편입시킬 수 없는 불순분자였다. 따라서 국장임명에 간접적인 작용과 압력이 있었다. 설이 구구했고 잡음이 대단했다. 그러나 4월 1일 나는 발령장 수여 절차 없이 국장으로 전격 임명되었고 그 전날인가 김 사장은 두 주일간의 해외여행에 떠났다. 이미 박정희 씨와 그에 도전하는 젊은 김대중 씨 간에 치열한 공방전이 벌어지고 있었다.

동아일보는 공정한 사실 보도에 전심전력했다. 누구도 지지하는 입장을 취하지 않았다. 그것이 법의 규정이었고 살아남을 수 있는 길이었다. 그러나 다른 모든 신문이 노골적으로 또는 간접적으로 정부의 영향력을 받고 있었으므로 동아일보에 대한 탄압은 날로 심해졌다. 특히 3선 후 박정권이 점차 독재화의 길을 가속화하자 동아일보는 논평과 기사의 취사선택에서 명백히 반정부적 색채가 진해졌다.

결국 1973년 8월 나는 편집국장을 그만두고 이유 설명 없이 런던으로 가서 외신부장 지시로 움직이는 특파원이 되었다. 나는 '동아 광고사태'라는 엄청난 시련을 지구 저쪽 편에서 피했다.

그러던 1979년 박 대통령이 비명에 갔다. 나는 1977년 서울에 돌아왔으나 '통일연구소'라는 데서 세월을 보내다가 유신체제의 붕괴와 더불어 1980년 1월 1일 편집인 겸 논설주간이 되었다. 말하자면 화려한 복권이었다.

유신독재의 어려운 시절 런던에서 난을 피해 편히 쉬게 한 것은 사주인 김 사장으로서는 계산이 있었다. 후일을 대비해서 '투자'했다는 것이다. 일본이 군국주의 치하에 전쟁에 들어서자 일본 아사히 신문이 논객 류 신타로 등을 유럽으로 피신시켰다가 전후 아사히 재건의 대임을 맡겼다는 일화를 말하는 사람도 있었다.

런던으로 피신시켜 후일을 대비한 투자

나는 이미 회장이 되신 김상만 선생을 모시고 유신 시대의 굴욕을 청산하고 동아일보의 진면목을 살리려 무척 애썼다. 1980년 2월 25일 계동 인촌기념관에서 3김씨를 회동시킨 사건도 질서 있는 민주주의의 소생을 염원하는 김 회장의 충정이었다. 나 스스로 극비리에 '견마지로'를 다한 것. 정말 보람 있는 일이었다.

이미 김 회장은 '그랜드 올드 맨 오브 코리아'였다. 인촌기념관 안, 인촌 선생 사진 아래에서 3김씨와 정일권 의장을 좌우에 거느리는 사진은 당시 혼란스럽던 세상에 희망과 기대를 집중시킨 정치사의 단면이었다. 3김씨가 정정당당하게 선의의 경쟁을 벌였으면 하는 것이 그의 염원이었고 그런 분위기 조성에 벌인 만찬이었다.

좁은 계동 골목에 150명의 내외 기자들이 몰려든 것을 생생하게 기억한다. 1971년 이후 3김씨가 처음 자리를 같이한 것이다. 김 회장의 만족도는 상상 이상이었다. 역시 무엇인가를 이루었다는 성취감이었다.

그 다음 날, 그러니까 2월 26일 밤 김 회장은 사모님과 같이 나의 누추한 아파트를 찾아 저녁 한때를 즐겁게 보내셨다.

그때 하신 한마디 "이봐, 잘해보자구."라는 말과 그리고 또 하나의 당부의 말씀이 있었다.

'서울의 봄'은 잠깐이었다. 그해 여름은 무척이나 더웠고 피곤했다. 이미 5·17을 계기로 권력은 전두환 장군의 군부에 넘어갔고 5·18 광주비극이 일어났고 6월 초 국가보위비상대책위원회가 발족했다. 군부통치기구였다. 다투어 국보위의 출발을 경축하는 사설이 나왔다.

나는, 그리고 동아일보는 침묵을 지켰다. 이때 침묵이 무엇을 뜻하는가. 물론 김 회장의 뜻이었다. 그렇게 하라는 지시가 있었던 바는 아니었으나 암묵간의 양해사항이었다. 무저항 비협력이었다.

7월 3일 '김대중 내란음모사건'이라는 장문의 서툰 작문이 발표되었다. 어느 석간지는 이 계엄사 발표문과 동시에 김 씨를 규탄하는 사설을 실었다.

바로 그날 나는 김 회장의 전화 명령으로 8군 골프클럽식당에서 점심을 같이 했다. 대부분이 미국사람들이었는데, 식사 도중 갑자기 음성을 낮추더니 뜻밖에도 "너의 구속이 임박했다. 피하라."고 권고했다. 그날 아침 골프모임에서 "우리의 공통의 미국친구"가 귀띔하더라는 것이다. "회장님, 어디로 피하겠어요. 때리면 맞고 잡으러 오면 잡혀가야죠."라며 씁쓸하게 웃었다. "그럼, 그려. 동아일보 편집인의 위엄은 지켜야지."라고 말했다. "참고삼아 말하는데, 며칠 전 전 사령관(전두환 장군 지칭)의 측근이 왔어. 그가 하는 말이 계동 3김 모임을 박 주간이 김대중 씨를 위해 꾸몄다고 말하면서 전 사령관이 몹시 불유쾌해하더라고 말하더군." 나는 이 말에 논평을 가하지 않았다.

그러나 그렇게 몰아붙이는 군부의 의도를 알 수 있었다. 바로 그 김대중 씨를 대역죄로 다스리고 있지 않는가. 그렇다면 나에게 닥쳐올 운명도 뻔한 것 아닌가. 나의 구속이 '임박했다(imminent)'라는 김 회장의 조금 전 말과 부합된다.

한참 침묵이 흘렀다. 김 회장은 말을 이었다.

"내가 단호하게 말했어. 그 모임이 어째서 김대중 씨를 위한 것이냐. 3김씨들 모두를 위한 것이지. 신문에 김대중 씨 이름 석 자도 못 냈는데……. 그리고 그 만찬은 전적으로, 전적으로 내가 내 책임하에 진행한 것이고 박 주간은 직책상 내 심부름을 집행한 것이오. 그렇게 전하시오, 라고 말했지."

"계동 3김 모임 김대중 위해 꾸며"

그날이 목요일이었다. 사흘 후 그러니까 7월 6일 일요일 오전 11시 나는 가회동 댁으로 김 회장을 찾아 '김대중 내란음모사건'에 관한 사의 입장을 정리했다. 다른 모든 신문이 일제히 포문을 열어 김 씨를 죄인으로 단죄하는 판이었다. 가능하면 침묵으로 지내고 싶었다. 그러나 그렇게 할 수 없는 사의 입장이었다. 무서운 압력이 밀어닥치고 있었다.

나는 결론적으로 이렇게 말씀드렸다. "오늘의 현실을 외면할 수 없습니다. 그러나 10년 후 독자를 두려워하지 않을 수 없습니다."

이에 비통한 표정의 김 회장은 무겁게 말씀했다.

"사설은 쓸 수밖에 없구. 박 주간이 알아서 최선의 작품을 만들어 주어."

그 다음 날 아침 일찍 출근, 내가 스스로 펜을 들었다. 어차피 나의 운명은 경각에 달렸다는 것을 느끼고 있었고 각오가 서 있었다. 다른 사람에 씌우고 싶지 않았다. 다만 내 명예 때문에 신문사에 지나친 피해를 끼칠 수 없다는 노파심이 앞을 가렸다.

떨리는 손으로 쓴 사설의 결론 부분에서 당국의 발표가 사실이라면 "공정한 재판으로 진실이 소상히 밝혀져야 한다는 것"이었다. 7월 7일의 일이었다. 그날 낮 인촌기념관에서 IPI 회장인 인도 더 스테이츠맨 발행인 그라슈이라니 씨를 위한 오찬이 있었다. 오찬 도중 간단한 쪽지를 받았다. '사설 전문 삭제'라는 내용이었다. 계엄사의 검열에서 전문이 날아간 것이었다. 내가 쓴 마지막 사설이었다. 불발로 끝난 마지막 사설이었다. 그래서 동아일보는 김대중 내란 음모사건에 침묵을 지킨 유일한 신문이 되었다.

　한 달 후 나는 이른바 '언론대학살'에 당연히 걸려들었다. 8월 9일 오후 5시 이동욱 사장이 울먹이면서 "최선의 노력은 했소마는……"하고 말을 잇지 못했다.

　바로 광화문 본관을 나섰다. 33명의 부하동료가 '의원면직'이었다.

　다음 날 김 회장과 건축가 이천상 씨와 셋이서 하루를 충청도 화양계곡에서 보냈다.

　김 회장은 이 씨가 잠시 자리를 비운 틈에 내 손을 덥석 잡더니 "박 주간, 낙심 말아. 이 세상이 얼마나 가겠어? 풀리면……."

　얼마 후 입법회의라는 것이 생겼다. 군부가 임명한 입법기관이었다. 국민이 선출한 국회가 날아갔다. 학계, 언론계에서 대단한 인사들이 대거 참여했다. 김상만 회장한테도 집요한 압력이 들어왔다. 그는 단호하게 거절하고 나중에는 시골로 몸을 피했다.

　탄압과 굴욕의 미친 바람이 소용돌이치는 계절이었다. 그러나 끝내 악의 세력과 타협을 거부한다는 것이 어디 범상한 인간으로 가능한 것인가. 대부분의 지식인들이 줄지어 아첨대열에 줄 서는 오욕의 세상이 아니었던가. 이른바 덕망과 학식을 겸한 석학이라는 고명한 분들이 군부정권에 기웃거리고 있는 광란의 세월이었다.

"박주간, 낙심 말아. 이 세상 얼마나 가겠어?"

일민 김상만 선생, 그는 끝내 탁류를 거절하고 고고했다. 그러나 수양산에서 고사리 먹고 죽는 그런 선비가 아니라 엄청난 현실을 피하지 않고 정면으로 받아넘기는 탁월한 경세가였다.

원칙을 고수하고 불의에 굴욕을 거부한 '그랜드 올드 맨 오브 코리아'. 그는 만인의 아쉬움 속에 저승길에 올랐다.

나는 그가 운명하기 며칠 전, 머리가 까맣고 주름살이 없고 건강했던 그의 젊은 모습을 보았다. "아니, 다 나으셨어요. 그리고 60년대로 돌아가셨네요……." 하다가 잠을 깼다. 꿈이었다. 깨고 나니 몹시 아쉬운 꿈이었다.

1994년 3월 신문과 방송

제 5 부

특별기고

언론인 박권상 선생의 활동과 사상, 그 역사적 의미

김영희 (서울대학교 언론정보연구소 책임연구원)

김영희 서울대 언론정보연구소 책임연구원의 「언론인 박권상과 한국 현대 언론」이 2014년 7월 한국연구재단의 저술출판지원사업 과제에 선정되었다. 2017년까지 3년간 수행될 이 연구 저술에서 김영희 박사가 한국 언론사에서 처음으로 특정한 인물을 통해 해방 이후 전개된 한국 현대 언론의 역사를 조명하는데 그 주인공이 바로 박권상 선생이 었다. 이 시기 박 선생의 추모문집을 준비하던 기념회에서 김 박사에게 왜 박권상을 한 국 언론 현대사의 주역으로 선택했는지 특별기고를 요청했다.

이화여대 신문방송학과, 서울대 대학원 신문학과(현 언론정보학과) 졸업 및 박사과정 수료,

한양대 대학원 신문방송학과 언론학 박사

한국언론학회 커뮤니케이션과 역사연구회 회장 역임

『한국사회의 미디어 출현과 수용:1880~1980』(2010년 학술원 선정 우수학술도서), 『한국 현 대언론인 열전』(공저), 『한국 신문의 사회문화사』(공저) 등의 저서와 다수의 논문 발표, 2010 년 한국언론학회 학술상(희관저술상), 2014년 한국언론학회 우수발표논문상 수상

언론인 박권상 선생의 활동과 사상, 그 역사적 의미

김영희 (서울대학교 언론정보연구소 책임연구원)

1. 인물중심의 한국 현대 언론사 연구 필요성과 박권상 선생

역사적으로 접근하는 다양한 연구 가운데 인물사 연구가 있다. 인물사 연구는 말 그대로 활동의 주체인 인물에 초점을 맞추어 그 인물의 활동과 역할을 통해 그 시대를 이해하는 역사 연구이다(김영희, 2009a). 어떤 제도나 조직이든 주도하는 인물에 따라 상당히 다른 성격을 보이기 마련이다. 정책과 제도, 조직구조 또는 산업적 측면의 역사적 연구는 물론 필요하지만, 인물연구는 그런 연구에서 드러나기 어렵고, 말해주지 않는 내면의 역사, 살아 움직이는 역동적인 역사 이해를 가능하게 한다.

특히 언론은 참여하는 인물이 만들어내는 정신적 산물이라는 점에서 참여 인물에 대한 연구는 언론사 연구에서 매우 중요한 연구 과제라고 할 수 있다. 그중에서도 각 시기의 대표적인 미디어에서 주도적으로 활동했던 인물에 대한 연구는 우선적으로 필요하다. 미국의 언론사 연구에서 개별언론인에 관한 전기적 연구는 언론사 전문학술지 「*Journalism History*」가 창간된 1974년에서 2000년까지 가장 많이 연구된 주제이며, 현재도 매우 활발하게 언론인 연구가 이뤄지고 있는 것은 그런 연구의 필요성 때문일 것이다(Cloud, 2000, pp.142~143).

잘 알려진 바와 같이 박권상 선생은 1950년대에서 2000년대까지 합동통신사의 기자에서 시작하여, 1960~70년대 한국을 대표하는 신문이었던 「동아일보」의 논설위원, 편집국장, 논설주간, 해외특파원으로 활동했고, 그 후 자유기고가로 활동하다가 독립 주간지 「시사저널」의 편집인을 거쳐 한국방송공사의 사장 등 언론계의 주요 보직을 맡아 활동했다. 이와 같은 언론인으로서의 활동과 함께 선생은 1950~60년대 한국 언론학 초기 제도화시기에 언론인이면서도 언론학 교육에 참여했으며, 언론을 주제로 많은 논문을 꾸준하게 발표하고, 관련 서적들을 번역했다. 또한 선생이 발표한 수많은 칼럼들은 단독 저서만 19권의 책으로 묶어 발간되었다. 언론인으로서 이와 같은 저술 간행은 한국 언론사에서 처음 있는 일이고, 앞으로도 쉽게 출현하기 어려울 것이다. 이런 여러 사항을 고려할 때, 박권상 선생은 인물중심으로 한국 현대 언론의 역사를 이해하는 데 있어 우선적으로 연구가 필요한 인물이라고 할 수 있다.

여기서는 이와 같은 언론인 박권상 연구의 의의와 필요성에 대한 문제의식으로 선생의 활동과 업적 가운데 언론인으로서의 면모, 한국 현대 언론사상 형성, 언론학 교육과 연구를 중심으로 간단히 살펴보고, 그 역사적 의미를 검토하고자 한다.

2. 한국 현대 언론사상사 형성과 박권상 선생

한국 현대 언론사상 초기 형성과정

언론사상이란 보도와 논평기능을 수행하는 언론현상(Journalism)에 대한 체계적인 관점과 견해를 의미한다. 한국 현대 언론사상의 형성은 개화기와 일제 식민지시기를 거치면서 언론사상의 지배적 경향으로 형성되었던 계몽언론사상이 해방 이후에도 일정하게 이어져 내려온 것이 그 바탕이 되었다고 할 수 있을 것이다. 계몽언론사상에서 언론인은 독자를 계몽하는 지사(志士)로서, 언론은 한국 사회가 나아갈 방향과 과제를 제시하고 가르치는 역할을 담당한다고 보는 인식이었다. 이런 전통적인 인식에 미군정기 이후 자유민주주의제도가 도입되고, 서구 자유언론사상을 수용하여 기존의 사상에 새로운 개념과 인식들이 추가되면서 한국 현대 언론사상이 형성되기 시작했다고 할 수 있을 것이다.

미군정기에 서구의 자유민주주의 제도가 소개되고 자유언론사상이 유입되었으나, 해방 이후의 혼란했던 정치사회 상황에서 언론계 역시 좌우이데올로기로 나뉘어 테러가 빈번했던 상황이었으므로 차분하게 자유언론사상의 인식논리와 체계가 검토되고 수용되기는 어려웠다. 그런 점에서 서양의 자유언론개념이 한국에 본격적으로 소개되기 시작한 것은 1950년대이고, 이와 관련한 논의가 본격화한 것은 1960년대라고 할 수 있다.

해방 이후 구미 언론이론과 사상의 직접적인 접촉과 수용은 1950년대 일부 언론인들이 미국에서 연수를 받은 경험들이 중요한 계기로 작용했다(차재영, 2014). 한국전쟁기와 그 이후 미국에 연수를 다녀온 언론인들을 중심으로 매스커뮤니케이션이라는 단어가 사용되고, 언론의 자유주의 이론과 함께 언론의 사회책임이론을 수용해 논의하기 시작했다(박권상, 1983). 알 권리, 알릴 권리, 프라이버시의 권리, 명백하고 현존하는 위험 원칙 등의 개념도 본격적으로 연구되기 시작했다(장용, 1969). 1957년 언론인으로서의 자질향상을 목표로 한 연구친목단체 관훈클럽의 창립, 한국신문편집인협회의 조직, 신문윤리강령의 제정, 신문의 날 기념행사 개최 등은 이와 같은 구미의 언론이론과 풍토에 영향받은 새로운 시도들이라고 할 수 있을 것이다.

1950~60년대 한국 현대 언론사상 형성과 박권상 선생의 위치

박권상 선생은 1950년대 이후 한국사회에 서구 언론사상이 수용되는 과정에서 매우 활발하게 활동하면서 자신의 언론사상을 형성해 갔다. 선생의 언론사상은 통신사의 기자, 정치부장과 신문사의 논설위원, 편집국장 등의 직책으로 언론현장에서 활동하면서 형성한 언론사상이라는 점에서 더욱 의미가 크다.

박권상 선생은 1955년 당시 기자로는 매우 드물게 6개월간의 미국 언론 연수를 다녀와 기자들의 연구친목단체인 관훈클럽 창립 회원으로서, 정치적 선정주의 경향이 지배적이었던 1950년대 언론계에서 언론의 당면 문제들을 진단하면서 바람직한 새로운 언론풍토를 모색하는 데 중요한 역할을 담당했다. 선생은 이어 1957년 6월 미국의 노스웨스턴(Northwestern)대학에 가서 저널리즘 전공으로 대학원 과정을 마쳐, 언론에 대해 학문적으로도 지식과 역량을 키웠다. 선생은 이렇게 쌓은 지식을 바탕으로 언론현장에서 언론인으로 활동하면서도 매우 활발하게 관련 주제 논문을 발표했다.

선생은 또한 IPI 총회 참석 후기 형식으로 신문과 잡지에 세계 언론계의 동향을 꾸준히 소개했고, 해외 특파원으로 해외 저명 언론인이나 언론학자들의 인터뷰 기사를 통해 언론자유의 필요성과 중요성을 환기시키기도 하였다. 이런 선생의 발표활동은 언론인은 물론 언론에 관심을 갖는 일반 독자들이 언론에 대한 새로운 사조와 동향을 이해하고, 수용하는 데에도 적지 않은 영향을 미쳤다고 할 수 있을 것이다.

한국 현대 언론사상에서 박권상 선생이 중요한 역할을 담당했다고 말할 수 있는 다른 하나는 박권상 선생이 이 기간 한국신문편집인협회의 언론 주제 세미나에서 주제발표를 자주 맡았다는 점이다. 선생은 1965년 한국신문편집인협회가 주최한 제1회 세미나의 주제논문 「정부와 신문은 공존할 수 있는가」를 발표했다. 언론계 간부급 인사들이 모인 세미나에서 주제논문을 발표한 것이다.

1966년 한국신문편집인협회가 '신문과 사회'를 주제로 개최한 제2회 신문연수세미나에서도 박권상 선생이 주제논문을 발표했다. 이 세미나에는 중앙 및 지방신문과 통신사, 방송국의 편집국장급 30여 명과 편협 간부와 공보부, 미 공보원 측 관계자 10여 명이 참석했다. 박권상 선생은 1969년 4월 11일 '언론과 국가발전'을 주제로 관계자 30명이 참석한 제3회 잡지윤리세미나에서도 주제발표를 담당했다. 이외에도 박권상 선생은 1960년대 여러 기관이 주최하는 세미나의 주제발표자로 활동했다.

이와 같이 이론과 현실을 넘나들며 전개된 선생의 논문발표와 세미나 주제발표 활동은 다른 언론인에게서 찾아보기 어려운 사례이다. 이것은 언론계에서 박권상 선생이 언론 관련 이론과 지식 면에서 지도적 위치에 있음을 의미할 것이다. 따라서 선생의 논문과 세미나 발제를 접한 언론인들에게 선생이 소개하는 서구 언론개념은 물론 선생 자신이 정립한 언론사상이 직접, 간접으로 적지 않은 영향을 미쳤을 것으로 보는 데 무리가 없을 것이다. 이런 점에서 1950년대와 1960년대 선생이 발표한 언론학 관련 논문과 세미나 발제문들은 한국 언론학 초기 형성기의 매우 중요한 연구 성과이며 동시에 한국 현대 언론사상 초기 형성기의 중요한 이론적 기초자원이 되었다고 평가할 수 있을 것이다.

박권상 선생의 자유언론사상

앞으로 박권상 선생의 언론사상에 대한 본격적인 검토가 필요하겠지만, 이 시기 선생의 언론사상의 핵심은 한국의 언론 현실에 대한 성찰을 바탕으로 한 자유언론사상이라고 말할 수 있을 것이다. 다음은 이에 관한 선생의 견해이다(박권상, 1983).

"흔히 많은 비판론자들은 본질적으로 서구 사상인 자유언론이 이 땅에 뿌리내려 뻗어날 수 있느냐에 회의적이다. 나는 그렇게 보지 않았고, 보지 않는다.

'자유화의 발전'이 아무리 고통스러워도 반드시 우리가 나아가야 할 바른 길이라 확신하고, 그것이 때로는 반동의 소용돌이에 휘말려 절망의 깊은 늪에 빠져 헤매어도 그것은 반드시 극복되어야 할 민족의 과제라고 믿는다.

여기서 언론의 기본 의무는 어려운 역경 속에서도 진실을 진실대로 국민에게 전달하는 직업적 원칙을 고수하고 발전시키며 자칫 상업주의의 포로가 되는 것을 경계하며, 국가와 민족의 건강과 발전이라는 가치와 항상 균형을 맞추는 지혜가 요구된다고 하겠다."

3. 한국 언론학 초기 연구사와 박권상 선생

한국 언론학 초기 연구사에서의 박권상 선생의 의미

1950년대 후반에서 1960년대는 한국 언론학 초기 형성기이다(양승목, 2005, pp.4~5 ; 서울대학교언론정보연구소50년사간행위원회, 2013, pp.16~27). 1950년대에 주요 대학에서 언론학 관련 과목을 개설하여 가르치다가 언론학을 전공으로 하는 학과가 설립되기 시작했다(김영희, 2012, pp.143~150). 우리나라에서 언론학 관련 학과가 처음 설치된 것은 1954년 3월 홍익대학의 신문학과이다. 홍익대학에 이어 1958년에는 중앙대학교에 신문학과가 설치되었다. 1960년대에 들어서 이화여자대학교, 한양대학교, 고려대학교 등 서울의 6개 종합대학교에서 언론 관련 학과를 설치했다.

이와 같이 한국에 언론학 관련 학과가 대학에 설치되면서 관련 교육과 연구가 점차 활성화되던 시기에 박권상 선생은 언론학 전문 학자가 아닌 언론 현장에서 활동하는 언론인이면서 언론학에 관심을 갖고 1960년대에 계속 언론학 교육에 참여했다. 그러면서 언론학을 주제로 한 많은 논문을 발표하고, 미국의 대표적인 매스커뮤니케이션 관련 서적들을 번역했다. 이런 선생의 언론학 교육과 연구 활동은 한국 언론학 초기 연구사에서 그 역사적 의미가 매우 크다고 평가할 수 있다. 선생의 연구 활동은 물론 1970년대 이후에도 이어지지만, 1970년대부터는 대학의 언론학 관련 학과에 자리 잡은 전문 언론학자들의 연구 성과들도 늘기 시작하여 다른 양상이 전개된다. 이런 점을 고려하여 여기서는 특히 언론학 연구사의 측면에서 주목되는 1950년대 말에서 1960년대를 중심으로 살펴보기로 한다.

박권상 선생의 언론학 교육

박권상 선생은 1958년 미국에서 저널리즘 전공 석사과정을 마치고 귀국해 세계통신 정치부장으로 활동하면서, 서울대학교 사회학과에서 「매스컴론」을 강의했다. 이 강좌에 대해 선생은 "서울대에서의 강좌는 매우 인기 있는 강좌로 소문이 나 우수한 학생들이 구름떼처럼 몰려들기도 해서 강의를 하는 우리 쪽이나 학생들 쪽에서도 매우 흡족해했다. 서울대에서는 당시 유일한 매스커뮤니케이션 강좌여서 학생들의 관심은 해마다 높아졌다."고 회고한 바 있다(박권상, 1999, pp.352~353). 새로운 학문에 대해 학생들의 관심이 많았던 것으로 보인다.

이렇게 시작한 박권상 선생의 매스커뮤니케이션 이론 강의는 1963년 3월 우리나라 대학으로는 처음으로 서울대학교에 신문연구소가 설립되어 언론인을 대상으로 한 1년 기간의 교육프로그램이 운영될 때도 이어졌다. 매스컴 각 분야 연구와 교육을 목적으로 설립된 서울대 신문연구소는 5인의 연구원을 위촉했는데, 당시 「동아일보」 논설위원이었던 박권상 선생도 그 한 사람이었다(서울대학교 언론정보연구소50년사간행위원회, 2013, p.44). 박권상 선생은 신문연구소 연구원으로서 신문연구소 연구생을 대상으로 강의를 담당했다. 신문연구소 1기 연구생이었던 이강수 한양대학교 신문방송학과 명예교수에 의하면 당시 선생이 사용한 교재는 찰스 라이트(Charles Wright)가 1959년 저술한『*Mass Communication-A Sociological Perspective-*』이었다. 최신의 미국 원서를 교재로 사용한 것이다. 매스커뮤니케이션 현상을 사회학적으로 분석한 이 책은 1975년 제2판, 1986년 제3개정판이 나온 이 분야의 대표적 개론서다. 선생은 1967년 이 책을 번역해 발간했다. 박권상 선생은 1968년 서울대학교에 신문대학원이 설립되었을 때도 신문대학원 전임 교수들과 함께 신문연구소의 연구원으로 참여하고, 강의를 담당했다(서울대학교 언론정보연구소50년사간행위원회, 2013, p.48).

이와 같이 1950년대 말 한국 최초로 미국에서 저널리즘을 정규 대학원 과정으로 공부한 박권상 선생은 한국에서 언론학 교육이 본격화되던 1950년대 말에서 1960년대에 미국의 매스커뮤니케이션이론을 소개하고 가르친 것이다. 선생이 관훈클럽에서 발행하는『신문연구』에 6회에 걸쳐 발표했던 '강좌 매스커뮤니케이션'은 이와 같은 대학 강의의 연장선상에서 이루어진 작업이었을 것이다. 이 강좌는 매스커뮤니케이션의 개념, 구조, 기능, 사회적 효과, 언론자유사상의 역사적 기원과 전개과정, 미디어 발달사 등을 다루었다(참고문헌 참조).

박권상 선생의 언론학 연구

이처럼 박권상 선생은 언론현장에서 언론인으로서 활동하면서 다른 한편으로 언론학 교육에 참여했다. 뿐만 아니라 선생은 언론을 주제로 한 많은 논문을 발표하고, 미국의 대표적인 서적들을 공동으로 번역하거나 단독 번역했다. 언론학을 주제로 하여 발표된 논문과 저술이 매우 드물던 당시 선생의 연구 활동은 언론학 전문 학자를 포함해서 가장 활발하게 논문을 발표한 연구자였고, 가장 많은 번역서를 간행하여, 1960년대 한국 언론학계의 서구 언론학 초기 수용과 체계화에 크게 기여했다고 할 수 있을 것이다.

1960년대는 한국에서 언론학이 하나의 독립된 학문으로 연구와 교육이 체계를 갖추기 시작한 연대로서 그 역사적 의의가 있다. 이 시기에 한국에서 언론학의 연구 영역이 신문매체에서 매스커뮤니케이션 전반으로 확대되고, 연구 주제도 다변화하는 양상이 나타났다. 당시 언론학계는 일제 식민지 시기 이래 일본에서 공부한 학자들의 전통이 이어지고 있었고, 일본에서 공부한 이후 독일로 유학해 독일 공시학을 소개한 학자들이 출현하기 시작했다(차배근, 1990; 김영희, 2009b).

이런 학문적 전통과는 다르게 1960년대는 미국의 매스커뮤니케이션이론이 본격 수입되었다. 이를 주도한 대표적인 인물로 김규환, 장 용 교수와 박권상 선생을 들 수 있다. 김규환 교수는 우리나라 대학으로는 처음으로 서울대학교에 신문연구소가 설립되는 데 주도적인 역할을 했다. 그는 일본에서 공부했으나, 미국의 매스커뮤니케이션 이론에 관심이 많아, 1960년대 한국 언론학계에 미국의 매스커뮤니케이션 연구를 적극 도입하여 우리나라 언론학의 성격을 미국적인 매스커뮤니케이션 연구를 지향하게 하는 데 큰 영향을 미쳤다(양승목, 2005). 특히 그는 언론학계에서 처음으로 내용분석방법과 조사연구 등 양적인 분석방법을 활용하여 당시 현안 문제에 대해 신문연구소 연구생들이 조사 분석하여 그 결과를 발표하도록 지도했다. 한편 미국에서 한국인으로는 처음으로 언론학 전공의 박사학위를 받은 장용 교수는 언론법이 주 전공이다(장용, 1969). 박권상 선생은 이들과 마찬가지로 영미의 학문적 전통을 배경으로 한다는 점에서 공통점이 있다. 그러나 구체적인 연구 관심대상과 접근방법에는 차이가 있다.

1950년대 말 한국 사람으로는 매우 드물게 미국에서 서구 저널리즘을 공부한 박권상 선생이 발표한 연구주제들은 표현의 자유, 언론의 자유사상, 언론의 사회적 책임과 윤리, 언론인의 직업적 정체성 문제, 알 권리, 취재의 자유와 명예훼손 등 주로 역사적, 규범적인 문제들이었다. 이런 주제들을 다양한 측면에서 깊이 있게 고찰하여 영미 전통의 자유언론사상을 한국에 본격적으로 소개했다는 점에서 선생의 연구 성과는 한국 언론학의 연구사적으로 그 의의가 매우 크다고 할 수 있을 것이다. 그전에는 이런 주제들을 다루었더라도 대부분 단편적이거나 체계적이지 못했기 때문이다. 선생은 또한 이와 같은 언론의 다양한 주제들을 연구하면서, 한국 언론 현실을 성찰하고 바람직한 방향과 과제를 제시했다는 점에서도 의미가 있다. 이와 같은 연구에서 선생이 주로 활용한 연구방법은 역사적, 질적인 방법이었다. 따라서 연구 주제와 방법 면에서 장 용 교수와는 일부 공통되는 면이 있으나, 양적인 분석방법을 주로 활용하여 한국 언론 현실을 분석한 김규환 교수와는 연구대상과 연구방법이 다르다고 생각된다.

선생이 이 시기에 번역한 책의 내용을 간단히 살펴보면, 먼저 에머리(Emery) 등이 저술한『매스컴 론』(1960/1963)은 당시 미국에서 발행한 매스커뮤니케이션 입문서로서 그 후 여러 차례 개정판이 나온 대표적인 교과서이다. 이 책은 커뮤니케이터로서의 미디어의 개념, 사회구조 속의 미디어의 역할, 미디어의 역사, 뉴스기능, 여론조성기능, 오락기능 등 미디어의 사회적 역할과 기능의 변천 과정, 신문, 잡지, 라디오와 텔레비전, 출판, 영화, 통신사, 광고, PR 등 다양한 미디어 산업 개관, 언론학 교육 등을 포함한 매스커뮤니케이션 종합 개론서이다.

휴던(Hudon)의『근대국가와 언론자유』(1963/1965)는 미국 수정헌법 제1조에 대한 설명에서 시작하여 미국이 영국의 식민지 시절 언론 상황 속에서 외국인· 선동방지법, 명백하고도 현존하는 위험 원칙 등 언론 관련법들이 어떤 과정에서 출현하고 변화되었는지 검토한 저술이다. 라이트(Wright)의 『매스컴 사회학』(1959/1967)은 개념, 제도, 수용자, 사회적 효과 등 매스커뮤니케이션의 주요 현상을 사회학적 시각으로 분석했는데, 이 책 역시 그 후 두 차례 개정판이 나온 이 분야의 대표적인 저술이다.

이상에서 살펴본 것처럼 1950년대와 1960년대 한국 언론학 초기 형성기에 박권상 선생의 교육과 연구 활동 성과들은, 당시 언론학 분야에서 발표되는 논문이 많지 않고 언론학 관련 서적도 매우 드물던 시절 서구에서 발전된 새로운 학문인 저널리즘과 매스커뮤니케이션 이론을 한국 사회에 알리는 데 중요한 역할을 했다고 평가된다.

4. 언론인 박권상 선생의 자세와 사상

박권상 선생은 1952년 만 23세의 나이에 합동통신 정치부 기자로 언론활동을 시작했다. 선생은 「세계통신」 정치부장, 「한국일보」 논설위원을 거쳐 1960년대와 1970년대 한국에서 발행 부수가 가장 많으면서 사회적 영향력도 가장 컸던 「동아일보」의 논설위원, 편집국장, 해외 특파원, 편집인 겸 논설주간 등을 지냈다. 선생은 전두환 신군부세력이 권력을 장악한 이후인 1980년 8월 해직된 이후에도 언론 관련 활동을 이어갔지만, 특히 해직 이전까지의 기간 언론현장에서 매우 역동적으로 활동했다.

1960년대 30대의 「동아일보」 논설위원 시절, 신문 사설 집필 이외에도 기획기사나 칼럼 란의 고정 필자로 칼럼을 집필했고, 수시로 해외에 특파원으로 파견되어 세계 정치, 사회, 언론계 동향을 전하는 역할을 맡았다. 1964년

「동아일보」가 설립한 동아방송에서 보도해설위원으로 활동하기도 했다.

언론인 박권상 선생의 모습

이렇게 활동한 박권상 선생의 언론인으로서의 진면목은 다음 두 사례에서 짐작할 수 있다. 먼저 박권상 선생 자신이 군사정권 시절 보람된 일로 기록한, 1969년 박정희 정권이 3선 개헌을 추진하기 시작하던 때에 3선 개헌 반대 사설을 집필한 사례이다.

1969년 상반기까지 3선 개헌에 대해 애매한 태도를 보이던 박정희 대통령은 7월 초 개헌에 반대하지 않는다는 입장을 밝히며 속내를 드러냈다. 그런 발언이 있은 지 얼마 되지 않은 7월 25일 박 대통령은 개헌을 공식 요구하면서 만일 개헌안이 국회와 국민투표에서 부결된다면 그것은 자신에 대한 불신임으로 간주하고 '즉각 사퇴하겠다'는 담화문을 발표했다. 국회와 국민을 협박하는 듯한 담화문에 대해 아무도 함부로 입을 열지 못하고, 3선 개헌은 이미 정해진 사실이 되어 형식적인 절차만 남은 셈이 되었다.

이때 대부분의 언론이 3선 개헌을 지지했다. 「동아일보」도 어떻든 입장을 밝혀야 했다. 당시 제작 실무를 책임진 편집국장 대리였던 박권상 선생은 반대 사설을 집필하게 되었다. 「동아일보」는 한동안 뜸을 들이다가 8월 8일 박권상 선생이 집필한 사설 "헌법개정과 우리의 견해"로 「동아일보」의 입장을 밝혔다. 완곡한 반대의견이었다. 이 사설에서 선생은 "경제건설과 국가방위에 초석을 깔아놓았듯이 헌정제도를 건전히 운용하는데 필요한 관례를 세워줬으면 하는 국민의 염원을 강조하고 싶다."고 간곡하게 호소했다. 당시의 공포 분위기 속에서 개헌을 완곡한 형태로나마 반대하는 사설을 게재했다는 것 자체가 뉴스였다고 한다. 그런 식으로라도 「동아일보」는 잘못된 것을 지적하고, 대안을 제시하는 언론의 역할을 수행하려고 한 것이다.

선생은 10월 9일 다시 '국민투표와 국민의 현명'이라는 제목의 사설에서 국민투표가 공정하게 치러져야 한다고 강조하고, 국민에게 "어떤 유혹·위협·선동에 굴하지 않고 의연한 자세로 소신대로 투표하는 도덕적 용기를 발휘해 달라"고 호소했다. 물론 이런 시도만으로 당시의 상황을 변화시킬 수는 없었다. 3선 개헌 헌법은 통과되었다. 하지만 선생이 "미력하나마 개헌반대라는 의사표시를 분명히 함으로써 역사의 한 기록을 남긴 것, 영예롭게 생각한다."고 회고하듯이(박권상, 2003, p.52), 당시 상황에서 선생이 할 수 있었던 최선의 행동이었을 것이다.

다른 사례는 박권상 선생이 해임되던 그해에 있었던 일이다. 선생은 1980년 1월 1일 자로 「동아일보」 편집인 겸 논설주간이 되었다. 「동아일보」 제작의 총책임을 맡은 것이다. 1979년 10월 26일 박정희 대통령이 저격당하면서 유신체제가 끝났으나 전두환 등 신군부세력이 정권을 장악해가던 때였다. 1980년 5·18 광주 항쟁 당시 선생은 IPI 총회 참석차 외국에 가 있었는데, 「동아일보」는 이 사태에 대한 입장을 밝히지 않은 채, '무사설'로 대응했다. 이어 6월 1일 군사통치기구인 국가보위비상대책위원회(국보위)가 설치되었는데, 모든 신문이 국보위 발족을 지지하는 사설을 썼고, 선생도 이를 지지하는 사설을 써달라는 요청을 간접적으로 받았다. 그러나 선생은 이를 무시했다고 한다. 모든 언론이 신군부를 지지하며 빠르게 변신하던 무렵이었다. 선생은 전두환 정권에 대해 비판적인 자세로 일관하면서, 신군부세력의 압력을 받아 결국 그해 8월 강제 해직되었다.

선생 역시 해직되어 직장을 그만둔다는 것이 가정을 가진 생활인으로서 얼마나 어려운 일인 줄 모르지 않았을 것이다. 그럼에도 자신의 입장을 굽히지 않은 것이다. 이런 박권상 선생의 행동은 기자라는 직업에 대한 선생의 철학과 사상을 행동으로 보여준 것이었다.

박권상 선생의 기자 정신

선생은 1964년 쓴 "신문인의 자세를 위한 노트"에서 저널리즘의 가치와 기자가 어떤 사람이어야 하는지에 대해서 다음과 같이 설명했다(박권상, 1964b, p.22).

"나는 저널리즘은 물질적 보수 이상의 무엇, 단순한 생활 방편 이상의 어떤 높은 가치가 있다는 것을 발견하였다. 내가 얻은 결론은 저널리즘이 비단 하나의 직업일 뿐만 아니라 가치 있는 삶의 길이라는 것이다. 사회를 위하여 봉사한다는 마음 없이 들어가서는 안 되는 직업이라는 점이다. 다른 어느 직업보다도 고된 일이요, 다른 어느 직업보다도 정신적 수련을 요하는 일이요, 때로는 자아 부정과 희생까지 감수해야 하는 일이기 때문이다. (중략) 나는 위에서 저널리즘을 고결한 삶의 길이라 했지만 좀 더 구체화해서 저널리즘은 신사의 업이라고 본다. 신사에는 여러 가지 정의가 있겠으나 그것은 높은 품격을 갖춘 사람이 아닌가 생각한다. 정직과 관용 그리고 신의에 서는 사람, 사리에 앞서 공리를 생각하는 사람, 억강부약하는 사람, C.P. 스콧이 주장한 바와 같이 '사실은 신성하고 논평은 자유'라고 생각하고 실천하는 사람이 아닌가 생각한다."

이 글을 쓸 당시 선생은 35세의 젊은 논설위원이었는데, 글의 내용은 당시 이미 저널리즘이 어떤 직업이며, 언론인이 어떤 존재여야 하는가에 대한 선생 자신의 견해가 확립되어 있음을 보여준다. 그런 점에서 이 글은 언론인으로서의 선생 자신의 삶의 자세를 설명한 것으로 볼 수 있을 것이다.

5. 해직 이후 박권상 선생의 문제의식과 관심 주제

제5공화국 정권의 언론통제와 언론인 해직

제5공화국 전두환 정권 시기는 유신체제에 이어 언론통제가 더욱 강화되던 시기였다(김민환, 2002, pp.507~517). 신문의 경우 중앙은 6개 신문, 지방은 1도 1신문으로 통합시켰고, 통신은 「합동통신」과 「동양통신」을 통합해 연합통신사를 설립했다. 방송은 방송공영화라는 명분으로 KBS를 중심으로 종교방송을 제외한 모든 방송을 장악해, 사실상 국영방송화 했다.

이어 언론인들을 다수 해고했다. 1980년 7월 신문협회, 방송협회, 통신협회가 언론의 자율정화를 결의한 것이다. 자율결의 형식이었으나 신군부의 강제에 따른 것으로, 문화공보부가 전달한 해고기준에 따라 각 언론사가 언론인들을 해고했다. 이때 전달된 해고기준은 부패 언론인, 정치성향이 강한 언론인, 시국관이 오도된 언론인, 언론검열 거부운동에 앞장선 언론인 등이었다. 자의적인 해석이 얼마든지 가능한 기준이었다. 이런 기준으로 37개 언론사에서 717명의 언론인이 해고되었다. 엄청난 수의 언론인들이 갑자기 직장을 잃게 된 것이었다.

해직기간 박권상 선생의 언론인으로서의 자세

신군부의 불법적이고 폭력적인 권력 장악에 비판적이던 박권상 선생은 신군부가 통지한 해고대상 1순위 언론인이었다. 선생은 결국 「동아일보」 편집인 겸 논설주간으로 활동하던 1980년 8월 9일 해직되었다. 해직 이후 선생은 미국과 영국의 연구기관과 대학에서 연구했고, 귀국 후 자유기고가로서 여러 신문과 잡지에 칼럼을 기고했다. 그렇게 발표한 칼럼들을 모아서 거의 매해 저서로 간행했다. 1987년 민주항쟁 이후에는 주간지 「시사저널」의 편집인으로 활동했고, 대학의 석좌교수 등으로 언론 관련 활동을 이어갔다.

선생은 해직 당시를 "언론을 '자유 · 명예 · 의무'로 연결시키려던 꿈과 이상을 안고 일했지만 사나운 총칼 앞에서 어쩔 수 없었다."고 회고했다(박권상, 1991, p.5). 그럼에도 "아무리 암담해도 비굴해서는 안 돼, 떳떳해야 한다. 죽어도 깨끗이 죽어야지……." 하면서, 늘 언론인으로서의 자세에 어긋나지 않도록 스스로 채찍질했다고 한다. 그러나 선생에게 잔인한 암흑의 세월은 의외로 길었다. 선생에게 박힌 5공 정권의 미운털이 좀처럼 빠지지 않은 것이다. 그에 따라 해직기간이 길어져 정신적으로, 경제적으로 힘든 시기였음에도 박권상 선생의 언론에 대한 신념과 사상은 조금도 변하지 않았다. 시련 속에서 오히려 더욱 원숙해졌다고 할 수 있을 것이다. 동아일보에 연재한 시론을 묶어낸 서문에서 선생은 해직기간 자신의 집필원칙과 사명을 다음과 같이 밝혔다(박권상, 1991, p.7).

"집필하는 원칙이나 철학은 변함없는 그대로이다. '약자 앞에서는 이리와 같이 사납고 강자 앞에서는 양같이 순한 지식인'의 비루함을 거부하는 것,

파사현정의 기상을 표시하는 것이다. 자유를 사랑하고 사회정의를 부추기고 거짓을 규탄하고 진실을 밝히는 꿋꿋한 언론의 정신, 어떤 형태이든 전체주의를 배격하고 우리 사회를 좀 더 건강하고 민주적으로 개혁하려는 의지의 표명, 이것이 내가 글을 쓰는 동기요, 사명이었다."

1989년 독립적인 시사주간지를 지향한「시사저널」의 초대 편집인이 되어 활동하던 시기에 집필한 다음 글 역시 소설가 최일남 선생의 표현처럼 '진품 언론인' 이었던 선생의 언론과 언론인의 자세에 대한 확고한 신념을 분명하게 보여준다(박권상, 1989, p.12).

"언론과 언론인에게 있어서 가장 중요한 일은, 아니 가장 중요한 자질은 역사에 대한 지식도, 인간의 지혜도 아니다. 구체적으로는 어떤 사실의 핵심을 포착하는 민첩한 통찰력도 아니다. 사실을 바로 객관적으로 균형 있게 표현하는 문장력도 아니다. 기사 내용에 적절한 제목을 뽑는 편집 재능도 아니다.
언론으로서, 언론인으로서 역사의 지식, 인간의 지혜, 통찰력, 표현력, 그리고 사물을 요약하는 지능, 어느 한 가지도 소홀히 할 수 없다. 그러나, 아마도 가장 소중한 것은 디오게네스가 대낮에 등불을 들고 다니면서 추구했다는 '진실' 에 대한 신앙이 아닐까. 그것은 어떤 단편적인 사실이 아니라 나타난 사실을 둘러싼 포괄적이고 완전한 진실이다. 그런 진실을 찾고 알리고 부추기고 가꾸고 꽃피우는 것, 그것이 곧 언론의 생명이요, 빛이요, 뜻이라고 말할 수 있다."

해직기간 박권상 선생의 문제의식과 저술활동

이런 신념과 자세로 일관한 해직 기간 박권상 선생의 저술 내용을 살펴보면 크게 세 가지 주제로 나눌 수 있다. 첫째는 언론인으로서 박권상 선생이 꾸준히 관심을 갖고 연구해온 언론현상의 여러 주제에 관한 논문을 모은『자유언론의 명제』(1983)이다. 이 책은 특히 1950년대 말부터 시작해 1970년대까지 선생이 언론현장에서 활동하던 시절 발표한 글을 모은 것으로 선생의 언론에 대한 인식과 사상을 담고 있다.

둘째, 해직기간 선생의 칼럼이 다룬 관심영역은 크게 확대되었다. 해외 선진국가의 민주주의제도와 그 사회상을 고찰한 저술들을 다수 간행한 것이다. 특히 선생은 특파원으로 4년 가까이 머물렀던 영국에 대해 관심이 많았다. 런던 특파원을 마치고「신동아」에 영국을 주제로 연재했던 글을 모아 간행한『영국을 생각한다』(1979)에 이어, 해직기간 영국을 주제로 발표한 칼럼들을 모아『(속) 영국을 생각한다』(1983),『영국을 다시 본다』(1987),『영국을 본다』(1990)를 꾸준히 간행한 것이다. 이 저술들을 통해 선생은 민주주의제도를 잘 구현하는 영국의 제도, 정치, 사회, 문화의 여러 모습을 구체적으로 보여주었다.『미국을 생각한다』(1985)는 같은 관점에서 선생이 해직기간 연구원으로 활동하며 지낸 미국의 사회상을 다룬 칼럼을 모은 저술이다. 이어 선생은『민주주의란 무엇인가: 서독, 오스트리아, 그리스, 스페인』(1987)을 간행해 네 나라의 민주주의 현장과 특징적인 모습들을 보여주었다. 또한『대권이 없는 나라』(1992)는 대통령제를 채택하는 미국과 프랑스(Ⅰ권), 의원내각제를 채택하는 영국과 일본(Ⅱ권)의 정치제도가 운용되는 실제를 직접 현장취재하여 비교, 검토한 칼럼 모음집이다. 이와 같은 세계적인 시야의 관찰과 분석을 통해 선생은 한국 정치의 과제와 문제 해결의 대안이 무엇인지를 제시하고자 한 것이다.

셋째, 선생은 또한 이 기간 자유 민주주의제도에 대한 깊은 이해를 바탕으로 진실과 정의를 사랑하는 언론인으로서 당시 한국 사회의 여러 문제들을 끊임없이 성찰하여, 그 대안을 모색하는 많은 글을 발표하고, 책으로 묶어 펴냈다. 『웃물이 맑은 사회를』(1985), 『감투의 사회학』(1987), 『권력과 진실 : 박권상이 본 요즘 세상』(1989), 『박권상의 시론』(1991), 『저자세 고자세가 아닌 정자세로 : 박권상 정치평론』(1991), 『예측이 가능한 세상이었으면』(1994), 『오늘 그리고 내일 : 박권상 칼럼 1 : 거짓의 신전을 무너뜨려라』(1996), 『오늘, 그리고 내일 : 박권상 칼럼 2 : 밤하늘의 성좌처럼』(1996) 등의 시사평론집이 이에 해당된다. 이런 책들은 "의견은 자유이지만, 사실은 신성하다."는 신념을 지녔던, 반듯한 자세의 시사평론가로서의 선생의 사상과 식견을 잘 보여주고 있다.

6. 박권상 선생의 역사적 의미

이상에서 박권상 선생의 언론인 50년의 활동과 사상 가운데 기자로서의 활동, 현대 언론사상 형성, 언론학 교육과 연구 활동을 중심으로 간단히 살펴보았다. 앞에서 살펴본 바와 같이 박권상 선생은 한국 현대 언론사, 한국 현대 언론사상사, 한국 언론학 초기 연구사 등 여러 분야에 걸쳐 매우 중요한 위치에서 역동적으로 활동한 인물이었다. 이런 점에서 선생의 활동은 각 분야의 역사 전개에 큰 영향을 미쳤다고 평가할 수 있을 것이다.

박권상 선생이 1979년 처음으로 간행한 저서 『영국을 생각한다』의 첫 페이지에는 "이 책을 자유와 민주주의와 사회정의를 믿는 분들에게 드린다."라고 적혀 있다. 자유와 민주주의와 사회정의를 믿고, 실천한 선생의 확고한 신념을 그대로 말해준다. 선생은 그런 철학과 사상을 말과 행동으로 일관되게 보여준 언론인이라는 점에서 그 품격이 느껴진다. 그런 선생이 더욱 의미가 있는 것은 군부 권위주의 정권 시기 극심한 언론통제가 시행되면서 한편으로 언론과 언론인에 대한 회유로 정관계로 진출하거나 정권에 협조적이었던 언론인들도 적지 않았는데, 선생은 그런 유혹에 휩쓸리지 않은 언론인으로서 평생을 일관했다는 점이다.

이런 여러 사실들로 볼 때, 언론인 박권상 선생에 대한 본격적인 연구는 한국 언론사에서 매우 필요한 과제라고 할 수 있다. 앞으로 선생이 각 분야에서 전개한 활동과 광범한 저술내용에 대한 보다 면밀한 분석과 고찰을 통해 그 역사적 의미들이 더욱 체계적으로 밝혀지기를 기대한다.

참고문헌

강명구(1993). 『언론전문직의 사회학』. 나남.

김민환(2002). 『한국언론사』 개정판. 나남.

김영희(2009a). 「한국의 언론사 연구 50년 : 성찰과 과제」. 한국언론학회편. 『한국언론학회 50년사』. pp.359~422

김영희(2009b). 「우범(牛凡) 이해창(李海暢)의 언론학과 언론사 연구에 관한 고찰」. 『한국언론학보』, 제53-5호. pp.129~152

김영희(2012).「우리나라 초기 언론학 교육의 출현과 그 성격」.『한국언론학보』, 제56-1
호. pp.132~155

박권상(1963a). 강좌 매스콤뮤니케이슌 (1).『신문연구』5호, pp.124~129.

박권상(1963b). 강좌 매스콤뮤니케이슌 (2).『신문연구』6호(겨울호), pp.96~106.

박권상(1964a). 강좌 매스콤뮤니케이슌 (3).『신문연구』7호(봄호), pp.97~105.

박권상(1964b). 신문인의 자세를 위한 노트.『신문평론』2호, pp.22~24.

박권상(1965).「매스커뮤니케이션의 효과」.『신문연구』9호(가을호). pp.116~126.

박권상(1967). 강좌 매스ㆍ커뮤니케이션.『신문연구』12호, pp.116~123.

박권상(1968). 강좌 매스ㆍ커뮤니케이션 〈매스ㆍ콤의 발달사〉.『신문연구』13호(봄호),
pp.116~123.

박권상(1979).『영국을 생각한다』. 동아일보사.

박권상(1983).『자유언론의 명제』. 서울: 전예원.

박권상(1989).『권력과 진실 : 박권상이 본 요즘 세상』. 서울: 삼성문화개발.

박권상(1991).『박권상의 시론』. 서울: 열림원.

박권상(1999). 김규환과 나, 그리고 IPI. 서울대학교 신문대학원 동창회 엮음.『저널리즘
과 아카데미즘의 교차로에서 남정 김규환 박사의 학문과 실천』
(pp.349~354). 한길사.

박권상(2003). 군사통치하에서 신문을 만든다는 것.『관훈저널』88호, pp.37~58.

박용규(2013).「저항적 '지사'에서 전문적 '정보전달자'로 : 한국 언론인의 직업 정체성
과 독자 인식의 변화」. 박용규ㆍ김영희ㆍ윤상길 외.『한국 신문의 사회문
화사』. 한국언론진흥재단. pp.71~127

서울대학교 언론정보연구소 50년사 간행위원회(2013).『서울대학교 언론정보연구소 50

년사』. 커뮤니케이션북스.

양승목(2005). 「초창기 한국 언론학의 제도화와 정체성 변화 : 남정 김규환 소고(南汀 金圭煥 小考)」. 『커뮤니케이션이론』, 창간호. 한국언론학회. pp.1~34

장 용(1969). 『언론과 인권 : 한·미 언론법과 판례의 비교연구』. 선명문화사.

차배근(1990). 희관 임근수 박사의 언론사 연구입장. 『고 희관 임근수박사추모 언론사 연구발표회 논문집』. pp.1~24

차재영(2014). 「1950년대 미국무성의 한국 언론인 교육 교류 사업 연구 : 한국의 언론 전문직주의 형성에 미친 영향을 중심으로」. 『한국언론학보』 58권 2호, pp.219~245

Cloud, B.(2000). The Variety of Journalism History : 26 Years of Scholarship. *Journalism History*, 26(4), pp.141~146

Emery, Edwin, Phillip H. Ault & Warren K. Agee(1960) *Introduction to Mass Communications*. 장용·박권상 공역(1963). 『매스콤론』. 을유문화사.

Hudon, Edward Gerard(1963). *Freedom of Speech and Press in America*. 박권상·고명식 역(1965). 『근대국가와 언론자유』. 을유문화사.

Wright, Charles R.(1959). *Mass Communication–A Sociological Perspective–*. 박권상 역(1967). 『매스컴·사회학』. 범문사.

편찬을 마치고

1957년 1월 관훈클럽 탄생시킨 박권상의 관훈동 하숙집
58년 뒤 옆 골목서 후배들 추모문집 내 관훈동시대 마감

"저널리스트는 고된 직업이다. 고된 데 비해 대가는 적다. 그래도 평생 직업이 될 수 있다. 이 직업을 다른 목적을 위한 수단으로 격하시키는 일은 없어야 한다. 만약 언론을 그런 도구로 악용한다면 이 직업과 이 직업에 종사하는 스스로가 비참해진다."

1968년 5월 박권상 선생이 기자협회보에 '10년 전의 나, 10년 후의 나'란 제목으로 쓴 글의 마지막 구절입니다. 2014년 2월 생애를 마감하기까지 그 후 10년이 아니라 46년 동안 선생은 그런 저널리스트 한길 원칙을 지키고 가셨습니다.

그 언론인 현역 50여 년에 그가 남긴 글이 2천여 편, 언론에 관한 것만 960편에 이릅니다. 이 글들을 모아 책으로 엮은 것이 22권, 번역과 공저를 빼고 언론에 관련해서 쓴 글을 모아 책을 낸 게 19권입니다. 1979년 영국 특파원을 마치고 돌아와 낸 첫 책이자 대표작 중의 하나가 『영국을 생각한다』입니다. 그 뒤 1985년까지 『(속) 영국을 생각한다』, 『미국을 생각한다』가 나왔습니다. 영국과 미국의 선진 정치와 언론을 소개하면서 우리 언론의 후진적 현실이 불거질 때마다 저널리즘의 원칙을 깨우치고 언론철학을 강조한 그는 행동하는 기자이자 생각하는 학구적 언론인이었습니다. 그래서 전후 1세대 저널리스트로서 그가 반세기 영욕의 한국 언론사에 이룩하고 간 귀중한 행적을 조명한 추모 평전의 제목을 '박권상을 생각한다' 로 이름 지었습니다.

1권 '박권상을 생각한다' 의 중심 특집에는 시대별 영역별 활동을 다섯 시기로 구별해서 같은 시대 함께 일하거나 가깝게 지낸 언론계 원로 후배 다섯 분이 참여했습니다.

1기 기자 시절에서 김진배 전 동아일보 기자는 20대의 초년 기자 박 선생이 미국과 서독을 넘나들면서 종횡으로 활약하던 기사를 찾아 신문문장 현대화의 선각자 행적을 추적했습니다. 1955년 시카고의 미국사회 르포 시리즈, 1956년 워싱턴의 양유찬 대사 정치망언 특종, 1959년 서베를린의 브란트 시장 인터뷰 등 60여 년 전의 문헌적 가치가 돋보이는 기사들을 찾아 구시대 문장과 비교하면서 그가 개척해놓은 서양 선진 저널리스트 면모를 소개했습니다.

2기 논객 시절에서 남재희 전 서울신문, 주필은 숨은 정치 논객으로서 박 선생이 보여준 탁월한 역량을 공개했습니다. 선생은 90년부터 여야의 중량급 정치인 간담회를 만들어 노련하게 운영한 막후 정치 논객이기도 했습니다. "그가 아직 살아있다면 억지와 극단의 주장이 판치는 거대 언론들을 보고 어떻게 말할까…… 난데없이 야권의 연합 공천을 큰 잘못인 것처럼 공격하는 매카시즘적 행태에 대해……." 지난 9월 26일 한겨레신문은 추모 문집에 기고한 글의 일부를 전면에 특집해 주변의 관심을 끌었습니다.

3기 저술가 시절에서 김민환 고려대 미디어학부 명예교수는 방대한 선생의 글들을 체계적으로 분류해서 '박권상의 언론사상'으로 새롭게 평가해 놓았습니다. '언론은 자유 명예 그리고 의무와 연결시키는 꿈이었다'는 고인의 독백을 지칠 줄 모르는 자유혼의 파랑새였다고 회고한 김 교수는 언론 자유에 대한 그의 지적 탐험은 학계에서도 독보적이었다고 감탄했습니다.

4기 잡지인 시절에서 창간 멤버이자 대학 영문과 후배인 표완수 전 시사저널 국제부장은 2년여 준비 기간의 막바지 치열한 작업 열기를 현장 중계하듯 전해 주었습니다. 시사저널의 출현은 한국 주간잡지 역사 특히 뉴스 주간지의 역사를 바꾼 분수령이었습니다. 시사저널이 나오기 이전의 선정적 주간지 시대에서 정통 시사주간지 시대를 연 전환점에서 그는 영국 고급 주간지 이코노미스트의 기사 문장을 꿈꾸면서 새로운 매체를 통해 양심의 소리를 담으려고 땀 흘렸습니다.

5기 방송인 시절에서는 같은 시기 함께 일한 류 균 전 KBS 보도국장은 신문인 박권상 선생이 한국 최대 TV 방송사를 맡기까지 김대중 대통령에게서 방송의 독립을 보장받는 메모에 서명을 받고 취임했다는 놀랍고 역사적인 비화를 발굴해 세상에 알렸습니다.

　권력으로부터 인사 편성 재정의 독립과 불간섭을 요구하는 7개 항목의 메모는 제목이 'KBS 사장 수락을 위한 약속'이었습니다. 이 메모를 전달받은 DJ는 "역시 박권상답구만" 그러면서 사인했다고 합니다. KBS가 신뢰와 영향력에서 1위 매체로 올라선 박 사장 재임 5년, 그 뒤 지금까지 아무도 이런 비밀 약정의 존재를 몰랐습니다. 박 사장이 무덤까지 가지고 간 그 특유의 신사도 정신 때문이기도 합니다.

　2월 중순 삼우제 지내고 열흘 뒤 박 선생이 자주 다니던 서초동 한식집에서 김진배 선생이 기념회 예비모임을 마련했습니다. 유족과 후배들이 모인 이 자리에서 1주기를 기념해 추모 문집을 두 권 내기로 의견을 모았습니다. 1권은 평전이고 2권은 유고집이었습니다. 그러자 최일남 선생이 유고집을 언론 중심의 글로만 만들자고 제의했습니다. 50년 동안 남긴 글의 절반은 민주주의와 정치와 선거 등 소재가 다양합니다. 그 가운데 언론의 명제들만을 모아 해방 뒤 독립과 전쟁과 정변이 교차한 혼돈의 공간에서 한국 언론이 어떤 길을 걸어왔는지 그의 글을 통해 조명하고 그 기록들을 '박권상 언론학' 문헌으로 후대에 남기자는 취지였습니다.

　'박권상 언론학'이 처음 활자로 소개된 것은 1991년 출간된 『박권상의 시론; 동아시론 모음집』에서 서울대 환경대학원의 김형국 교수가 책 끝에 교유기를 쓰면서였습니다. 1982년 가을 김 교수는 박사학위 논문을 완성하기 위해, 박 선생은 해직 뒤 미국 연구원 생활로 버클리대학에서 만났습니다. 그 시절 김 교수는 5개월 동안 매일처럼 박 선생을 만나 30년 언론 생활의 경험과 식견에 흠뻑 빠져 스스로를 '박권상 언론학의 개인교습생'이란 글을 남겼습니다. 그 박권상 언론학을 이번 추모 문집에서 고대 김민환 교수는 '박권상 언론사상'으로 한 단계 학문적으로 재평가했습니다.

　3월 중순 인사동에 조그마한 기념회 준비 사무실을 마련하고 자료 수집에 들어간 지 석 달 만에 여러 군데 흩어져 있던 자료들이 정돈되었습니다. 그때부터 시대별 분야별 기사를 분류하고 주제에 따라 영역별로 조합된 기사 중에서 겹치는 대목들을 추려 순열을 맞추는 작업을 계속했습니다. 그렇게 해서 960편의 원고를 60편으로 줄여놓고 정선을 거듭해서 최종 34편으로 '박권상 언론학'의 구성을 확정했습니다. 김종심 전 동아일보 논설실장이 이 어려운 작업을 도우셨습니다. 이 과정에서 김민환 교수가 중요한 정보를 주셨습니다. 서울대 신문정보연구소의 김영희 책임연구원이 2014년 7월 한국연구재단으로부터 '언론인 박권상과 한국 현대 언론'을 주제로 저술출판을 지원받았다는 내용이었습니다. 그 김 박사의 특별 기고문을 싣게 된 것은 대단한 행운입니다.

KBS에서 박권상 사장의 보좌관으로 인연을 맺어 이제는 그를 기리는 기념회 운영을 보살피고 있는 박인택 대표, 5년 전 조세형 선생의 추모문집 3부작을 만든 전력 때문에 차출돼서 수고한 정학연구소의 박광순 이사와 박규한, 조나연 두 젊은 디지털 세대의 기민한 도움 그리고 출판을 맡은 상상나무 여러분 모두에 고마움을 전합니다.

우연이랄까, 1957년 1월 관훈동 84의 2 하숙방에서 박권상 선생은 청운의 뜻이 같은 새내기 기자 10명을 모아 한국 언론의 새로운 비전을 걸고 관훈클럽을 탄생시켰습니다. 그로부터 58년의 세월이 흘렀습니다. 그리고 2015년 1월 바로 그 관훈동 옆 골목 기념회사무실에서 그에게서 언론인의 삶과 길을 배우고 따른 후배들이 '박권상을 생각하고 박권상의 언론학'을 영원히 기리는 추모 문집의 편찬을 마감합니다. 아울러 60년을 관통해온 선생의 관훈동 한 시대도 막을 내립니다. 그렇게 만든 문집 두 권을 삼가 그의 영전에 바칩니다.

2015년 1월 박권상기념회 추모문집 편찬실

편찬위원; 김진배 최일남 서동구 김종심 류 균 진홍순 박종렬 박광순 박인택

5~6평되는 좁은 박권상 선생의 서초동 서재 한쪽은 50여
년 한국 현대사의 축도인 양 역사적인 기록 사진들로 가득
차 있다.